高等学校交通运输与工程类专业教材建设委员会规划教材

公路工程造价编制与管理

(第4版)

刘 燕　周安峻　**主编**
李红镝　　　　**主审**

人民交通出版社股份有限公司
北京

内 容 提 要

本书系统介绍了公路建设项目全寿命期各阶段的造价编制原理和方法及公路建设项目造价管理的相关内容。全书共分八章,内容包括绪论,公路工程建设项目造价依据,公路工程建设项目造价费用组成及计算,公路工程建设项目估算、概算、预算编制,公路工程建设项目工程量清单编制,公路工程建设项目结算、决算编制,公路工程建设项目养护造价编制,工程造价管理等。本书理论联系实际,在介绍造价编制原理和方法基础上,辅以丰富的案例,便于读者更好地理解和掌握造价编制的方法。

本书可作为工程造价、工程管理等专业的教材,也可作为工程造价培训、工程项目中从事工程技术和造价管理工作的专业人员学习和工作的参考书。

图书在版编目(CIP)数据

公路工程造价编制与管理 / 刘燕,周安峻主编. — 4 版. — 北京:人民交通出版社股份有限公司,2021.7(2025.2 重印)
ISBN 978-7-114-17290-8

Ⅰ.①公⋯ Ⅱ.①刘⋯ ②周⋯ Ⅲ.①道路工程—工程造价—编制②道路工程—建筑造价管理 Ⅳ.①U415.13

中国版本图书馆 CIP 数据核字(2021)第 087047 号

高等学校交通运输与工程类专业教材建设委员会规划教材
Gonglu Gongcheng Zaojia Bianzhi yu Guanli

书　　名:	公路工程造价编制与管理(第4版)
著 作 者:	刘　燕　周安峻
责任编辑:	李　瑞
责任校对:	孙国靖　宋佳时
责任印制:	张　凯
出版发行:	人民交通出版社股份有限公司
地　　址:	(100011)北京市朝阳区安定门外外馆斜街3号
网　　址:	http://www.ccpcl.com.cn
销售电话:	(010)85285911
总 经 销:	人民交通出版社股份有限公司发行部
经　　销:	各地新华书店
印　　刷:	北京印匠彩色印刷有限公司
开　　本:	787×1092　1/16
印　　张:	20.5
字　　数:	503 千
版　　次:	2002 年 5 月　第 1 版　2009 年 7 月　第 2 版
	2014 年 8 月　第 3 版　2021 年 7 月　第 4 版
印　　次:	2025 年 2 月　第 4 版　第 5 次印刷　总第 17 次印刷
书　　号:	ISBN 978-7-114-17290-8
定　　价:	50.00 元

(有印刷、装订质量问题的图书由本公司负责调换)

第4版前言

从2002年本书的第1版出版,至今已有19年。随着工程造价管理理论、工程实践与教学实践的不断发展,本书的内容也在一直持续进行改进与充实,于2009年出版第2版,2014年出版第3版。

本次第4版修订基于如下原因:

(1)在实践方面,我国工程造价管理实践越来越强调标准化,在短短几年中,颁发了一系列工程造价管理的相关标准和规范,使得第3版的内容不能适应我国现行工程实践的需要;

(2)在理论方面,工程造价管理越来越强调工程项目全过程造价管理,使得第3版的内容需要按照公路工程全过程造价体系来完善教材的框架;

(3)在教学方面,本教材作为工程造价专业和工程管理专业的专业课教材和教学参考书,出版后一直受到国内高校教师和工程造价领域专家学者的关注,编者也收到了很多很好的建议,希望本书更具有实用性,更能够符合专业培养计划的要求。

第4版修订的宗旨是体现现代工程造价管理理论,紧密结合现行的工程实践,构建完整的造价管理内容体系。修订中除对原有内容的细节进行修改完善外,主要在以下几方面进行了修订:

(1)根据我国新颁发的工程造价管理相关行业标准对全书相关内容进行了修订和补充;

(2)以全过程造价管理理论为主线,按照《公路工程建设项目造价文件管理导则》(JTG 3810—2017)规定的公路工程造价文件体系,同时考虑培养方案中的课时量对内容进行调整;

(3)鉴于第3版篇幅较多,对工程项目全过程中不同阶段造价管理的重复性内容进行了整合。

本书共八章,各章的主要内容如下:第一章主要介绍工程造价的基本概念、公路工程造价文件体系、造价文件编制的准备工作等。第二章简要介绍公路工程的各种造价依据,并重点介绍工程定额。第三章介绍公路工程建设项目的费用组成及计算方法。第四章至第七章分别对建设项目的立项阶段、设计阶段、招投标阶段、施工阶段、运营阶段的造价文件编制方法进行系统的介绍:第四章介绍公路工程建设项目建设前期的投资估算编制方法和设计阶段的设计概算、施工图预算编制方法;第五章介绍招投标阶段公路工程建设项目工程量清单的编制方法;第六章介绍施工阶段公路工程建设项目结算、决算的编制方法;第七章介绍养护阶段公路工程建设项目养护预算的编制方法。第八章主要介绍工程造价管理工作要素、工程建设项目的全过程造价管理等内容。

本书由刘燕编写第一～五、七章,周安峻编写第六、八章。全书由刘燕统稿,李红镝主审。

在本书修订过程中,得到了许多同仁的支持和帮助,他们提出了很多很好的修改意见,学生李洪翔、姚蕴峡、刘梦迪、万宇、秦炜杉、何加秋、刘亚男等也为教材的出版做了大量的工作,在此向他们表示衷心的感谢!

书中引用了其他作者的一些资料、数据,在此向原作者致谢!由于编者水平有限,书中难免有疏漏或不足,恳请读者赐教。

编　者

2021 年 5 月

目录 CONTENTS

第一章　绪论 ··· 1
　第一节　工程造价概述 ·· 1
　第二节　公路工程造价文件体系 ··· 9
　第三节　编制工程造价文件的准备工作 ·································· 13
　习题 ··· 18

第二章　公路工程建设项目造价依据 ·· 19
　第一节　造价依据概述 ·· 19
　第二节　定额概述 ··· 23
　第三节　公路工程定额及其使用 ·· 28
　第四节　补充定额的编制 ··· 73
　习题 ··· 75

第三章　公路工程建设项目造价费用组成及计算 ························ 77
　第一节　建筑安装工程费的计算 ·· 79
　第二节　土地使用及拆迁补偿费的计算 ·································· 100
　第三节　工程建设其他费的计算 ·· 101
　第四节　预备费及建设期贷款利息 ··· 109
　第五节　各项费用的计算程序及计算方式 ······························ 110
　习题 ·· 112

第四章　公路工程建设项目估算、概算、预算编制 ···················· 116
　第一节　概述 ··· 116
　第二节　公路工程建设项目投资估算编制 ······························ 122
　第三节　公路工程建设项目概算、预算编制 ··························· 131

习题 ··· 186

第五章　公路工程建设项目工程量清单编制 ································· 187
第一节　工程量清单概述 ·· 187
第二节　招标工程量清单的编制 ·· 188
第三节　工程量清单计价 ·· 205
习题 ··· 243

第六章　公路工程建设项目结算、决算编制 ································· 247
第一节　公路工程建设项目结算编制 ··· 247
第二节　公路工程竣工决算的编制 ··· 274
习题 ··· 284

第七章　公路工程建设项目养护造价编制 ···································· 285
第一节　公路养护造价概述 ·· 285
第二节　公路养护预算编制 ·· 287
习题 ··· 300

第八章　工程造价管理 ·· 301
第一节　工程造价管理工作要素 ·· 301
第二节　工程造价管理 ·· 310
习题 ··· 320

参考文献 ··· 321

第一章

绪论

第一节 工程造价概述

一、工程造价的含义

工程造价有两种含义,这两种含义都是以市场经济为前提的。

第一种含义:建设项目总投资

该含义下的工程造价是指一个建设项目从立项开始到建成交付使用预期花费或实际花费的全部费用,即该建设项目有计划地进行固定资产再生产和形成相应的无形资产、递延资产和铺底流动资金的一次性费用总和。这一含义是从投资者的角度来定义的。我国现行公路工程项目投资的构成如图 1-1 所示。

投资者为了获得预期的效益,需通过前期决策、设计、施工,直至竣工验收等一系列投资管理活动,这一系列活动过程中所消耗的资源和资金,均应作为投资的组成部分,因此公路工程固定资产投资额由五部分组成,即第一部分建筑安装工程费用,第二部分土地使用及拆迁补偿费,第三部分工程建设其他费用,第四部分预备费,第五部分建设期贷款利息。

(1)建筑安装工程费

由于建筑安装工程包括建筑工程和设备安装工程两部分,因此建筑安装工程费由建筑工程费和设备安装工程费两部分组成,即是指建筑物或构筑物的建造费用、需要安装设备的安置和装配费用以及相关的工程和费用(包括临时工程、设施和施工管理所发生的全部费用),也就是支付给施工企业的全部费用。在公路建设项目中,建筑工程费包括路基工程、路面工程、桥涵工程、交叉工程、隧道工程、公路设施及预埋管线工程、绿化及环境保护工程、管理养护及服务房屋工程、临时工程等的费用。安装工程费包括高等级公路中需安装设施的费用,如收费站的收费设施安装、通信系统的设施安装、监控系统的设施安装、供电系统的设备安装,以及某些隧道的通风设备、供电设备的安装等费用。桥涵工程及其他混凝土工程中预制构件的安装,不属于设备安装工程,而是建筑工程中混凝土工程施工的一种方法。

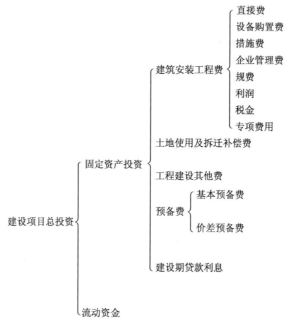

图 1-1　公路工程项目投资的构成

(2)土地使用及拆迁补偿费

土地使用及拆迁补偿费是指按照我国法律、法规的规定,为进行公路建设需征用土地所支付的土地征用及拆迁补偿费等费用。

(3)工程建设其他费

工程建设其他费是指除上述两项费用以外,建设项目必须支付的其他费用,它根据国家有关规定应在基本建设投资中支付,并构成工程造价的一个组成部分。它包括建设项目管理费、研究试验费、建设项目前期工作费、专项评价(估)费、联合试运转费、生产准备费、工程保通管理费、工程保险费、其他相关费用等。

(4)预备费

为了对一些在开工前不可能预见到而必须增加的工程和费用以及在建设期间由于物价变动和国家政策的调整等因素对工程造价的影响做准备,在以上三部分费用的基础上增列了预备费。

(5)建设期贷款利息

建设期贷款利息指工程项目使用的贷款部分在建设期内应计取的贷款利息,包括各种金融机构贷款、建设债券和外汇贷款等利息。

第二种含义：工程造价是指工程价格

即为建成一项工程，预计或实际在土地市场、设备市场、技术劳务市场以及承包市场等交易活动中所形成的建筑安装工程的价格和建设工程总价格。工程造价的第二种含义是以市场经济为前提，以工程这种特定的商品形式作为交易对象，通过招投标、承发包或其他交易方式，在进行多次预估的基础上，最终由市场确定的价格。在这里，工程的范围和内涵既可以是涵盖范围很大的一个建设项目，也可以是一个单项工程，甚至也可以是某个分部工程。

通常把工程造价的第二种含义只认定为工程承发包价格。承发包价格是工程造价中一种重要的，也是最典型的价格形式。它是在建筑市场中通过招投标，由需求主体——投资者和供给主体——建筑商共同认可的价格。鉴于建筑安装工程价格在项目固定资产中占有较大的份额，是工程建设中最活跃的部分，而且建筑企业是建设工程的实施者，占有重要的市场主体地位，因此工程承发包价格被界定为工程价格的第二种含义，很有现实意义。但是这样界定对工程造价的含义理解较狭窄。

工程造价的两种含义是从不同角度把握同一事物的本质。对建设工程的投资者来说，面对市场经济条件下的工程造价就是项目投资，是"购买"项目要付出的价格，同时也是投资者作为市场供给主体"出售"项目时定价的基础。对于承包人、供应商和规划、设计等机构来说，工程造价是他们作为市场供给主体出售商品和劳务的价格总和，或特指范围的工程造价，如建筑安装工程造价。

工程造价的两种含义是对造价客观存在的概括。它们既是共生于一个统一体，又是相互区别的。最主要的区别在于需求主体和供给主体在市场经济中追求的经济利益不同，因而管理的性质和目标不同。从管理性质看，前者属于投资管理范畴，后者属于价格管理范畴。但二者又互相交叉。从管理目标看，作为项目投资或投资费用，投资者在进行项目决策和项目实施中，首先追求的是决策的正确性。投资是一种为实现预期收益而垫付资金的经济行为，项目决策是重要一环。项目决策中投资数额的大小、功能和价格（成本）比是投资决策的最重要依据。其次，在项目实施中完善项目功能，提高工程质量，降低投资费用，按期或提前交付使用，是投资者始终关注的问题。因此，降低工程造价是投资者始终如一的追求。作为工程价格，承包人所关注的是利润，为此，他追求的是较高的工程造价。不同的管理目标，反映他们不同的经济利益，但他们都要受支配价格运动的那些经济规律的影响和调节。他们之间的矛盾正是市场的竞争机制和利益风险机制的必然反映。

区别工程造价两种含义的理论意义在于，为投资者和以承包人为代表的供应商在工程建设领域的市场行为提供理论依据。当政府提出降低工程造价时，是站在投资者的角度充当着市场需求主体的角色；当承包人提出要提高工程造价、提高利润率并获得更多的实际利润时，他是要实现一个市场供给主体的管理目标。这是市场运行机制的必然。不同的利益主体绝不能混为一谈。区别两重含义的现实意义在于，为实现不同的管理目标，不断充实工程造价的管理内容，完善管理方法，更好地为实现各自的目标服务，从而有利于推动经济增长。

二、工程造价的特点

工程建设的特点，决定了工程造价具有以下特点：

1. 工程造价的大额性

建筑产品不仅实物形体庞大，而且其建设造价高昂。一个工程项目的造价少则数十万元、数百万元，多则数千万元、数亿元、数十亿元，特大的工程项目造价可达百亿元、千亿元。工程造价的这种大额性使它关系到有关各方面的重大经济利益，不管是投资者还是建设者都无法承担由于项目失败而造成的巨大损失，同时工程造价的大额性也会对宏观经济产生重大影响。这就决定了工程造价的特殊地位，也说明了造价管理的重要性。

2. 工程造价的个别性、差异性

任何一项工程都有特定的用途、功能和规模，因此，对每一项工程的结构、造型、空间分割、设备配置等都有具体的要求，所以工程内容和实物形态都具有个别性、差异性。产品的差异性决定了工程造价的个别性差异，同时建设工程所具有的位置固定性使其所处的自然环境和技术经济环境也不同，这样使工程造价的个别性差异更加显著。

3. 工程造价的动态性

任何一项工程从决策到竣工交付使用，少则几年，多则十几年甚至几十年，在这样一个较长的时间内，存在许多影响工程造价的不确定因素，如工程变更、设备材料价格、工资标准以及费率、利率、汇率等发生变化，这种变化必然会影响到造价的变动。所以，工程造价在整个建设期中处于不确定状态，直至竣工决算后才能最终确定工程的实际造价。

4. 工程造价的层次性

造价的层次性取决于工程项目的层次性。工程项目的层次性如图 1-2 所示。与此相适应，工程造价有多个层次：建设项目总造价—单项工程造价—单位工程造价—分部工程造价—分项工程造价。从造价的计算和工程管理的角度看，工程造价的层次性是非常突出的。

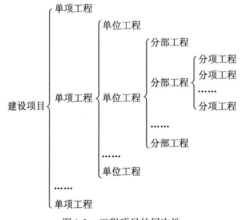

图 1-2　工程项目的层次性

5. 工程造价的兼容性

造价的兼容性首先表现在它具有前述两种含义，其次表现在造价构成因素的广泛性和复杂性。在工程造价中，首先其成本因素非常复杂，其中为获得建设工程用地支出的费用、项目可行性研究和规划设计费用、与政府一定时期政策（特别是产业政策和税收政策）相关的费用占有相当的份额。再者，盈利的构成也较为复杂，资金成本较大。

三、工程造价的职能

工程造价的职能既是价格职能的反映,也是价格职能在这一领域的特殊表现。工程造价除具有一般商品价格职能以外,还具有自己特殊的职能。

1. 预测职能

工程造价的大额性和多变性,使得无论是投资者或是建筑商都要对拟建工程进行预先测算。投资者预先测算工程造价不仅作为项目决策依据,同时也是筹集资金、控制造价的依据。承包人对工程造价的测算,既为投标决策提供依据,也为投标报价和成本管理提供依据。

2. 控制和调控职能

工程造价的控制职能表现在两方面:一方面是它对投资的控制,即在投资的各个阶段,根据对造价的多次性预估,对造价进行全过程多层次的控制;另一方面,是对以承包人为代表的商品和劳务供应企业的成本控制。在价格一定的条件下,企业实际成本开支决定企业的盈利水平,成本越高盈利越低,成本高于价格会危及企业的生存。所以企业要利用工程造价提供的信息资料作为控制成本的依据。

工程建设直接关系到经济增长,也直接关系到国家重要资源分配和资金流向,对国计民生都产生重大影响。所以国家对投资规模、投资结构进行宏观调控是在任何条件下都不可缺少的,对政府投资项目进行直接调控和管理也是必需的。这些都要用工程造价作为经济杠杆,对工程建设中的物质消耗水平、建设规模、投资方向等进行调控和管理。

3. 评价职能

工程造价是评价总投资和分项投资合理性和投资效益的主要依据之一。在评价土地价格、建筑安装工程产品和设备价格的合理性时,就必须利用工程造价资料;在评价建设项目偿贷能力、获利能力和宏观效益时,也可依据工程造价。工程造价还是评价建筑安装企业管理水平和经营成果的重要依据。

工程造价所有上述职能,是由建设工程自身特点决定的,但在不同的经济体制下这些职能的实现情况很不相同。在单一计划经济体制下,工程造价的职能很难得到实现;只有市场经济体制,才能为工程造价职能的充分发挥提供极大的可能。这是因为,在单一计划体制和产品经济的模式下,工程造价的评价职能受到削弱,表现为价格大大低于价值,价值在交换中得不到完全实现。在这种情况下工程造价的其他职能也得不到正常发挥。例如,当政府作为工程项目的投资主体,投资来源基本上是单一财政投资时,价格宏观导向的着眼点,必然是降低项目的投资费用,由于体制的原因,价格管理的重点必然放在如何降低建筑安装工程费用上。在这种情况下,政府的宏观调控,实质上不过是政府作为投资者对工程建设成本的单向调节和控制,它既不能实现建设工程价格的评价职能,也不能顺利和正常地实现其调节职能,在实现核算职能时也不能真实地反映出工程建设中劳动的投入和产出,在实现预测和评价职能时,反映出来的结果也必然是不真实的、扭曲的。由此也说明了认识工程造价两种含义的重要性。

工程造价职能实现的条件,最主要的是市场竞争机制的形成。在现代市场经济中,要求市场主体要有自身独立的经济利益,并能根据市场信息和利益取向来决定其经济行为。无论是购买者还是出售者,在市场上都处于平等竞争的地位,他们都不可能单独地影响市场价格,更没有能力单方面决定价格。价格是按市场供需变化和价值规律运动的;需求大于供给,价格上扬;供给大于需求,价格下跌。作为买方的投资者和作为卖方的建筑安装企业,以及其他商品和劳务的提供者,是在市场竞争中根据价格变动,根据自己对市场走向的判断来调节自己的经济活动。这种不断调节使价格总是趋向价值基础,形成价格围绕价值上下波动的基本运动形态。也只有在这种条件下价格才能实现它的基本职能和其他各项职能。

四、工程造价的作用

工程造价涉及国民经济各部门、各行业,涉及社会再生产中的各个环节,也直接关系到人民群众的生活,所以它的作用范围和影响程度很大。其作用主要有以下几点:

1. 工程造价是项目决策的工具

建设工程投资大、生产和使用周期长等特点决定了项目决策的重要性。任何一个独立的投资主体为达到预期的目的,都会从项目的角度进行财务评价,即投资者在现行的财税制度和价格体系下,根据项目的一次性投资费用、年经营使用费、年收益等一些基本预测数据,对项目的盈利能力、清偿能力等进行评价。如果项目投资的效果达不到预期目标,他会自动放弃拟建的工程;如果建设工程造价超过投资者的支付能力,也会迫使他放弃拟建的项目。因此,在项目决策阶段,建设工程造价就成为项目财务分析和经济评价的重要依据。

2. 工程造价是制订投资计划和控制投资的有效工具

投资计划是按照建设工期、工程进度和建设工程价格等逐年分月加以制订的。正确的投资计划有助于合理和有效地使用资金。

工程造价在控制投资方面的作用非常明显。工程造价是通过多次性预估,最终通过竣工决算确定下来的。每一次预估的过程就是对造价的控制过程;而每一次估算是对下一次估算的严格控制,具体说就是后一次估算不能超过前一次估算的一定幅度。这种控制是在投资者财务能力的限度内为取得既定的投资效益所必需的。建设工程造价对投资的控制也表现在利用制定各类定额、标准和参数,对建设工程造价的计算依据进行控制。在市场经济利益风险机制的作用下,造价对投资的控制作用成为投资的内部约束机制。

3. 工程造价是筹集建设资金的依据

项目的投资者必须有很强的筹资能力,以保证工程建设有充足的资金供应。工程造价基本决定了建设资金的需要量,从而为筹集资金提供了比较准确的依据。当建设资金来源于金融机构的贷款时,金融机构在对项目的偿贷能力进行评估的基础上,也需要依据工程造价来确定给予投资者的贷款数额。

4. 工程造价是合理分配利益和调节产业结构的手段

工程造价的高低,涉及国民经济各部门和企业间的利益分配。在计划经济体制下,政府为了用有限的财政资金建成更多的工程项目,总是趋向于压低建设工程造价,使建设中的劳动消耗得不到完全补偿,价值不能得到完全实现。而未被实现的部分价值则被重新分配到各个投资部门,为项目投资者所占有。这种利益的再分配有利于各产业部门按照政府的投资导向加速发展,也有利于按宏观经济的要求调整产业结构,但是也会严重损害建筑企业等相关主体的利益,造成建筑业萎缩和建筑企业长期亏损的后果,从而使建筑业的发展长期处于落后状态,和整个国民经济发展不相适应。在市场经济中,工程造价也无例外地受供求状况的影响,并在围绕价值的波动中实现对建设规模、产业结构和利益分配的调节。加上政府正确的宏观调控和价格政策导向,工程造价在这方面的作用会充分发挥出来。

5. 工程造价是评价投资效果的重要指标

工程造价是一个包含着多层次工程造价的体系,就一个工程项目来说,它既是建设项目的总造价,又包含单项工程的造价和单位工程的造价,同时也包含单位生产能力的造价、每公里的造价或一个平方米建筑面积的造价等。所有这些,使工程造价自身形成了一个指标体系。所以它能够为评价投资效果提供出多种评价指标,并能够形成新的价格信息,为今后类似项目的投资提供参照系。

五、工程造价的计价特征

工程造价的特点,决定了工程造价的计价特征。了解这些特征,对工程造价的确定与控制是非常必要的。

1. 单件性计价特征

产品的个体差别性决定每项工程都必须单独计算造价。建设工程都有其指定的专门用途,也就有不同的形态和结构,如公路的用途是供汽车行驶,因而其形态和结构就不同于厂房、住宅、港口等。建设工程都是固定在一定地点的,其结构、造型必须适应工程所在地的气候、地质、水文等自然客观条件,因而在形态上千差万别。在建设这些不同实物形态的工程时,必须采取不同的工艺、设备和建筑材料,因而所消耗物化劳动和活劳动也必定不同,再加上不同地区的社会经济发展水平不同致使构成价格和费用的各种价值要素有差异,最终导致工程造价各不相同。因此,可以说任何两个建设项目其工程造价不可能是完全相同的,所以对建设工程就不能像对工业产品那样,按品种、规格、质量成批量生产和定价,只能是单件性计价。也就是说,只能根据建设工程项目的具体设计方案和工程所在地的实际自然环境和经济条件单独计算工程造价。

2. 多次性计价特征

建设工程一般规模大、建设期长、技术复杂、受建设所在地的自然条件影响大,消耗的人力、物力和资金巨大,一旦决策失误,将造成巨大的损失。为了满足建设各阶段的不同需要,适应造价控制和管理的要求,需要在建设全过程进行多次计价。公路建设项目多次计价过程如图 1-3 所示。

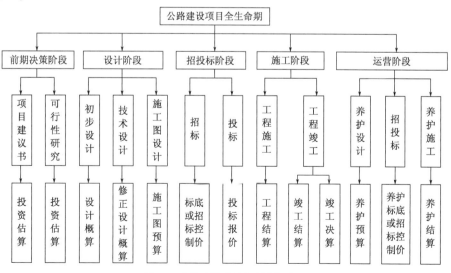

图 1-3 公路建设项目多次计价过程

3. 组合性特征

这一特征和建设项目的组合性有关。一个建设项目是一个工程综合体,可以分解为多个单项工程,单项工程可分解为多个单位工程,单位工程可分解为多个分部工程,分部工程可分解为多个分项工程,从计价和工程管理的角度,分部分项工程还可以分解,直至对计量和计价都相对准确的程度。因此,建设项目的这种组合性决定了计价的过程是一个逐步组合的过程。这一特征在计算概算造价和预算造价时尤为明显,所以也反映到合同价和结算价上。其计算过程和计算顺序是:分部分项工程造价→单位工程造价→单项工程造价→建设项目总造价。

如将公路建设项目分解为路基工程、路面工程、桥梁工程……,对路基工程再分解为土方工程、石方工程、防护工程……,对土方工程再分解为挖方工程、填方工程……,对挖方工程再分解为机械挖、人力挖,机械挖再分解为挖掘机挖或推土机推挖……,如确定采用推土机推挖,就可以通过推土机推挖土方的工效定额得到推挖 $1m^3$ 土方所需推土机的台班消耗量,再按推土机的每台班单价计算出所需的费用。各项工程都可以这样分解,然后再将各部分的费用加以组合就可确定工程项目全部工程所需要的费用。任何规模庞大、技术复杂的工程都可以采用这种方法计算其全部造价。

4. 方法的多样性特征

由于多次计价有各不相同的计价依据,且对多次计价的精确度要求不同,因而计价方法有多样性特征。如计算和确定概、预算造价有两种基本方法,即单价法和实物量法,不同的方法各有利弊,适应条件也不同,计价时要加以选择。

5. 依据的复杂性特征

影响造价的因素很多,计价依据复杂、种类繁多,主要可分为七类:

(1)计算设备和工程量依据。包括项目建议书、可行性研究报告、设计文件等。

(2)计算人工、材料、机械等实物消耗量依据。包括投资估算指标、概算定额、预算定额等。

(3)计算工程单价的价格依据。包括人工单价、材料价格、材料运杂费、机械台班费等。

(4)计算设备购置费的依据。包括设备原价、设备运杂费、进口设备关税等。

(5)计算措施费、企业管理费、规费和工程建设其他费用依据。主要是相关的费用定额和指标。

(6)政府规定的税、费。

(7)物价指数和工程造价指数。

计价依据的复杂性不仅使计算过程复杂,而且要求计价人员熟悉各类依据,并加以正确利用。

六、工程造价的计价原则

在建设的各阶段要合理的确定其造价,应遵循以下原则:

1. 符合国家的有关规定

由于工程建设投资巨大,涉及国民经济的方方面面,因此国家对投资规模、投资方向、投资结构等必须进行宏观调控。在造价编制过程中,就应贯彻国家在工程建设方面的有关法规,使国家的宏观调控政策得以实施。

2. 应保证计价依据的准确性

合理确定工程造价是工程造价管理的重要内容,而造价编制的基础资料的准确性则是合理确定造价的保证。为确保计价依据的准确性,应注意以下几个方面:

(1)正确摘取工程量,合理确定工、料、机单价,正确选用工程定额

由于公路工程造价是按实物量法进行编制的,如直接费按如下公式计算:

直接费 = $\sum$(分部分项工程量 × 定额工、料、机消耗量 × 当时当地的工、料、机单价)

因此,工程量和工、料、机单价及定额/指标消耗量的工、料、机消耗量的合理准确与否,直接影响造价中最为重要、最为基本的直接费的准确性。

(2)合理使用费用定额

公路工程造价编制中,除直接费以外的其他多项费用,均按《公路工程建设项目投资估算编制办法》或《公路工程建设项目概算预算编制办法》中规定的计算方法及费率进行计算。各项费率应根据工程的实际情况取定。如行车干扰工程施工增加费,一般只有改建工程才有,它与公路改建时保持通车的昼夜交通量有关,但计算时应考虑自然分流的影响,否则这项费用会比实际发生的费用大,若在直接费中考虑了一些临时工程如修一个临时桥梁或临时道路分流,则行车干扰费应减少,甚至不计。

(3)保证计价依据的时效性

计价依据是一定时期社会生产力的反映,而生产力是不断向前发展的。当社会生产力向前发展了,计价依据就会与已经发展了的社会生产力不相适应,因而,计价依据在具有稳定性的同时,也具有时效性。在编制造价时,应注意不要使用过时或作废的计价依据,以保证造价的准确合理。

3. 技术与经济相结合

完成同一项工程,可有多个设计方案、多个施工方案。不同方案消耗的资源不同,因而其造价也不相同。编制造价时,在考虑技术可行的同时,应考虑各可行方案的经济合理性,通过技术比较、经济分析和效果评价,选择方案,确定造价。

第二节 公路工程造价文件体系

一、公路工程造价文件构成

公路工程建设项目(也习惯简称为公路工程)造价文件是公路工程造价管理最基本、最直接的载体和表现形式,是公路工程建设项目重要的技术性文件,是合理确定和有效控制公路工程建设投资的依据。

公路项目建设全过程各阶段编制的、可反映公路工程项目或费用组成的造价文件构成公路工程造价文件体系,包括项目建议书、可行性研究报告、初步设计、施工图设计、招标、施工、交工、竣工等阶段的投资估算、设计概算、施工图预算、工程量清单、合同工程量清单、计量与支付、工程变更费用、造价管理台账、工程结算、竣工决算等造价文件。公路工程造价文件体系构

成框架如图 1-4 所示。

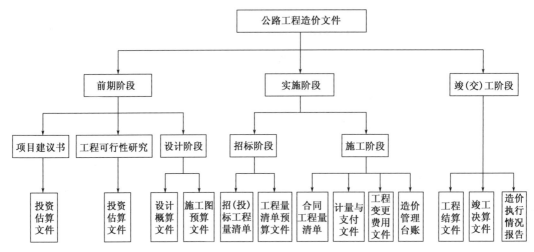

图 1-4　公路工程造价文件体系构成框架

由于建设各阶段的工作深度不同,因而,各阶段所编制的造价文件的准确性和作用也有所不同,所使用的主要计价依据也不相同。

二、项目前期阶段的造价文件

1. 投资估算文件

投资估算是指在公路工程项目建议、工程可行性研究阶段,按照规定的造价依据、方法和程序,以项目建议书、工程可行性研究报告、设计文件为依据,对工程建设所需的总投资及其构成进行预测和估计所确定的造价预估值。投资估算是公路工程项目决策的重要依据,因此在编制项目建议书和可行性研究报告阶段,对投资需要量进行估算是一项不可缺少的工作内容。

公路工程中,项目建议书阶段应编制预可行性研究投资估算,工程可行性研究报告阶段应编制工程可行性研究投资估算。投资估算文件是公路工程项目建议书、可行性研究报告的重要组成部分。投资估算应依据《公路工程基本建设项目投资估算编制办法》,采用《公路工程估算指标》及相应的补充造价依据编制。

2. 设计概算文件

设计概算是在公路工程初步设计阶段,按照规定的造价依据、方法和程序,以项目初步设计为依据,对工程建设所需要的全部费用及其构成进行计算所确定的造价预计值。初步设计概算是初步设计文件的重要组成部分。对技术复杂的建设项目或技术复杂的特大桥、长隧道、大型地质灾害治理等工程,要进行技术设计的,应编制对应的修正概算。

初步设计概算文件和修正概算文件分别是公路工程初步设计和技术设计文件的重要组成部分。初步设计概算(修正概算)应依据《公路工程基本建设项目概算预算编制办法》,采用《公路工程概算定额》及相应的补充造价依据编制。初步设计(修正)概算是公路工程项目建设管理重要的控制目标。初步设计(修正)概算批准后是建设项目投资的最高限额,不得突破。

3. 施工图预算文件

施工图预算是在公路工程施工图设计阶段，按照规定的造价依据、方法和程序，以项目施工图设计为依据，对工程建设所需要的全部费用及其构成进行计算所确定的造价预计值。施工图预算是评价施工图设计经济性、合理性的依据，是编制工程量清单预算、确定标底或投标最高限价，以及分析衡量投标报价合理性的参考。工程实施中，施工图设计发生重（较）大变化时应编制设计变更预算。

施工图预算文件是公路工程施工图设计文件的重要组成部分。施工图预算不得超过经批准的初步设计（修正）概算。施工图预算应依据《公路工程基本建设项目概算预算编制办法》，采用《公路工程预算定额》及相应的补充造价依据编制。

三、项目实施阶段的造价文件

1. 招（投）标工程量清单

招标人在招标阶段应编制工程量清单，作为招标文件的组成部分。招标工程量清单是投标人编制投标工程量清单、进行投标报价的依据。

投标工程量清单依据招标文件约定的计量计价规则，根据市场价格和投标企业经营状况等因素编制。投标报价不得低于工程成本。

2. 工程量清单预算文件

招标阶段宜编制工程量清单预算。工程量清单预算指在公路工程施工招、投标活动中，对采用工程量清单计价的工程，参照编制施工图预算的造价依据和方法，按规定程序，对招标工程建设所需的全部费用及其构成进行测算所确定的造价预计值。

工程量清单预算是招标人确定招标标底或最高投标限价的依据，也是评判投标报价合理性的重要依据。工程量清单预算依据招标文件的约定，参照《公路工程基本建设项目概算预算编制办法》和配套定额，以及相应的补充造价依据进行编制。

3. 合同工程量清单

合同工程量清单指在公路工程发、承包活动中，发、承包双方根据合同法、招（投）标文件及有关规定，以约定的工程量清单计价方式，签订工程承包合同时确定的工程量清单。合同工程量清单包括拟建工程量、单价、合价及总额。合同工程量清单是发、承包双方进行工程计量与支付、工程费用变更、工程结算的依据。采用招标方式的工程，其合同工程量清单应根据中标价确定；不采用招标方式的工程，由承、发包双方协商确定。

4. 计量与支付文件

计量与支付文件指在公路工程施工阶段，对已完工程进行计量，并根据计量结果和合同约定对应付价款进行统计和确认，用于支付工程价款而编制的文件。

计量与支付文件一般以规定格式的报表形式表现。计量与支付文件应依据合同文件、工程变更、签认的质量检验单和计量工程量等资料编制。计量与支付文件是公路工程资金支付和工程结算的依据性文件。

5. 工程变更费用文件

发生费用变化的工程变更应编制工程变更费用文件。工程变更费用指在公路工程实施过程中,由于工程设计、合同约定发生变化等因素导致增加或减少的费用。

工程变更费用文件是评价工程变更经济合理性的依据,是编制计量与支付文件、工程结算、工程竣工决算的基础性资料。

根据工程管理的实际,工程变更费用文件可采用工程量清单形式或施工图预算形式编制。采用施工图预算形式编制的工程变更费用文件,应依据《公路工程基本建设项目概算预算编制办法》,采用《公路工程预算定额》及相应的补充造价依据编制;采用工程量清单形式编制的工程变更费用文件,应依据合同约定编制。

6. 造价管理台账

工程实施阶段,建设单位应组织编制造价管理台账。造价管理台账指在公路工程实施阶段,总体反映公路工程自初步设计至工程竣工过程中的造价变化、工程变更、合同支付以及预估决算等造价管理动态信息的台账式文件。

造价管理台账是合理控制工程投资的有效手段,其内容应反映公路工程建设项目实施期工程投资动态变化的总体情况。造价管理台账应依据批准的初步设计概算、施工图预算、合同价、工程变更、投资进度及其他相关的造价管理信息等资料进行编制,并动态更新。

四、项目竣(交)工阶段的造价文件

1. 工程结算文件

合同约定的工程、服务或采购完成后,应编制工程结算文件。工程结算指在公路工程实施过程中或工程完工后,发、承包双方依据国家有关法律、法规,按合同约定计算确定的工程价款。在进行工程结算时,应按合同调价范围和调价方法,对实际发生的工程量增减、设备和材料价差等进行调整。结算价是该结算工程的实际价格。

工程结算文件是承包人向发包人申请办理最终工程价款清算的依据。工程结算文件应依据合同文件、计量与支付文件、工程变更费用文件等资料编制。

2. 工程竣工决算文件

公路工程建设项目竣工验收前,应编制工程竣工决算文件。工程竣工决算指公路工程经审定的从筹建到竣工验收、交付使用全过程中实际支出的全部工程建设费用。编制竣工决算时,将设计变更和施工变化等方面因素考虑进去,对施工图预算进行最后调整补充。

经审定的工程竣工决算是公路工程的最终造价,是确定公路工程新增固定资产投资额的依据。工程竣工决算文件应按交通运输部相关的工程竣工决算编制规定编制。

3. 造价执行情况报告

建设单位应总结公路工程项目建设全过程的造价管理、投资控制等情况,编制造价执行情况报告。造价执行情况报告指在公路工程竣工验收前,建设单位就本公路工程全过程造价管理和投资控制等情况而编制的造价工作总结报告。造价执行情况报告主要内容包括概预算执行、合同管理、重(较)大设计变更、工程竣工决算、造价信息收集和报送等方面的情况。

五、公路工程造价文件体系管理

由于公路工程造价文件体系由在公路工程建设全过程中分阶段编制的,可反映工程项目或费用组成的,体现工程数量、单价、费用之间相互关系的系列造价文件组成,因此,公路工程

造价文件体系中各造价文件存在相关性,在造价管理中应遵循以下规定:

(1)公路工程各阶段造价文件应根据相应的造价依据,按规范的格式编制,为有效衔接公路工程各阶段造价文件,推动公路工程造价文件编制标准化、造价管理规范化、管理手段信息化,为进行全过程造价管理打下基础。因此,各阶段公路工程造价文件,应适应标准化和信息化管理需要,表格的格式、内容应规范,表格的设计应有利于实现造价对比和数据衔接,有利于采用信息化技术。

(2)同一公路工程项目应进行初步设计(修正)概算与投资估算、施工图预算与初步设计(修正)概算、标底或最高投标限价与初步设计(修正)概算或施工图预算、工程竣工决算与初步设计(修正)概算等前后阶段的造价对比,动态掌握造价变化情况,为工程管理提供决策参考,以利于投资控制。

(3)各阶段公路工程造价文件的构成,应按照适用性和针对性原则,反映相应阶段的工作深度,并满足全过程造价管理需要。

(4)各阶段公路工程造价文件应按公路工程档案管理要求,科学分类、及时归档,归档资料应完整、清晰。

第三节 编制工程造价文件的准备工作

公路工程建设项目是由路基、路面、桥涵等不同功能结构的单项工程所组成的,而每一单项工程又包含有众多的分部工程和分项工程,同时,项目建设还要受到建设环境和市场行情的影响。所以,其造价的编制是一项十分繁琐而又细致的工作。为确保工程造价的编制质量,达到经济合理的目的,科学合理的工程造价编制步骤是十分重要的。

工程造价的编制步骤和工作内容,概括起来有:拟订工作方案,确定编制原则;在熟悉设计图表资料和施工现场的基础上,根据计价定额/指标,正确摘取工程量;了解施工方案和施工计划中的内容,确定先进合理、安全可靠的施工方法;进行工程造价的各种价格、费用的分析和累计计算,复核及审核,最后编写编制说明并进行成稿装订等。工程造价编制的一般流程见图1-5,其具体内容将在后续章节中详细介绍。

在上述造价编制的一般工作步骤中,造价编制工作内容可分为两部分:一部分属于工程造价编制前的准备工作,它是编制工程造价的基础;另一部分属于工程造价具体编制运作环节。只有做好了准备工作,有了可靠的基础资料,才能编好工程造价。所以,重视工程造价编制前的各项资料的收集和准备工作,是按质、按期完成工程造价编制工作的重要前提和必要条件。本节详细介绍工程造价编制前的准备工作,工程造价具体编制的运作环节由于不同造价文件会存在一些差异,将在后面各种造价文件编制的相关章节中详细介绍。

一、拟订编制方案

编制工程造价文件前制订出可行的工作方案,是保证编制质量,提高编制效率的首要基础工作之一。编制方案的拟订,一般应包括如下内容:

(1)熟悉了解工程的有关基本情况。如公路建设项目的等级、技术标准,对勘察设计和建设期限的要求,了解投资来源、项目的实施方法、勘察设计合同、委托书以及经批准的前期设计等。

(2)制订出控制工程造价的有效措施。通过参与勘察设计过程中的各种技术、业务研讨会和工作任务安排,了解掌握有关设计意图,以及新技术、新结构、新材料的应用情况,并开展造价分析和技术经济论证活动,注意配合设计人员做好限额设计,加强工程造价的有效控制。

(3)拟订现场调查提纲。现场调查是确保造价编制准确合理的关键。通过调查可收集到工程所在地的政治、经济、历史等社会条件,地形、地质水文、气象等自然条件,以及材料供应、社会运力、市场行情、当地政府颁发的经济法规等技术经济条件。而这些资料涉及施工方案的确定及有关费用、价格的计算,因而应有目的、有计划地做好这项工作。

(4)拟订工作进度计划表。对造价编制中的各项主要工作,应根据工程的实际情况和工作经验做出具体的具有指导意义的时间计划,并以此为目标开展工作。

(5)确定编制人员,建立岗位责任制。明确分工,以保证工程造价编制质量和提高业务水平。

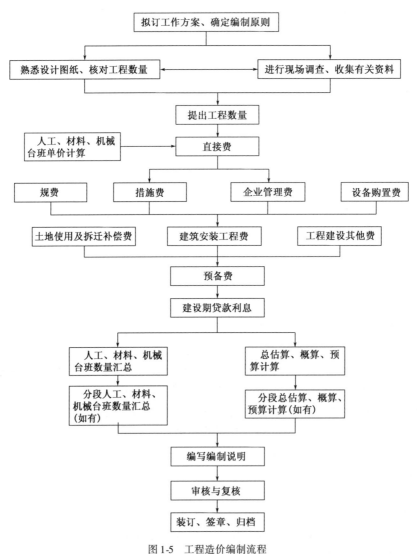

图1-5 工程造价编制流程

二、确定编制原则

工程造价编制原则的确定,不仅关系到工程造价编制的质量,而且还会影响到它的编制速度,如实施方案中的标段划分不当而要重新进行调整时,则工程造价的编制就要重新进行,除了造成人力、物力的浪费外,对建设工程还会产生不利的影响。所以,确定工程造价编制原则,是完成工程造价编制工作的重要手段。同时,编制原则的确定,应征得建设主管部门和建设单位的认可,但违背国家有关规定和不合理的要求,应坚决予以回绝。

公路工程造价的编制,应从建设项目的实际情况出发,遵循以下原则进行编制:

(1)遵循价值规律的客观要求,结合建设项目的实际情况与市场行情,从实际出发,采用先进合理的施工方法,既要把投资打足,也不要宽打窄用,或有意扩大风险因素,以免造成建设资金的积压或浪费等不良现象。

(2)要严格遵守国家的方针、政策、有关制度及行业规定,尤其是对工程造价管理的各项规定和要求。

(3)造价编制要始终做到有依有据,讲求经济效益。要根据国家、行业、地区的有关规定,根据建设资金的筹资方式、项目的实施方法、施工单位的资质要求等,合理采用工程计价依据。同时应客观公正地完成造价编制工作,维护建设各方的合法经济权益。

(4)要认真做好造价分析。自始至终与设计人员配合,开展限额设计和优化设计,坚持技术上的先进和经济上的合理,使设计更加经济合理,从而有效地进行工程造价的控制。

三、熟悉设计图纸资料,核对工程量

由于公路建设工程有其特殊的技术经济特征和设计文件编制的特殊方法,从而决定了核对工程量是工程造价编制的一个关键环节。全面熟悉了解设计图纸资料,是准、快、全地编制工程造价的前提条件。在公路工程中,计价基础资料的各种工程量,在设计资料中基本上都反映在图表上,有些又是隐含在图纸内,如混凝土和砂浆的强度等级,石砌工程的规格种类,以及施工要求等,凡难以在图纸上表示的项目内容,往往多在文字说明中加以规定。通常用图形表现的设计图纸和用文字叙述的工程说明书,确定了工程的数量和施工方法。因此是否熟悉设计图纸资料和文字说明内容,直接影响到工程造价的编制质量。

作为编制工程造价的各种设计工程量,如构造物的挖基防水、排水、拱盔、支架、灌注桩的地表高度,施工方法以及机具的选型配套等,有些需要由造价工程师结合建设工程的实际情况进行计算取定,而其他绝大部分的设计工程量,已由设计人员按照一般工程量计算规则计算并载列于图表上。因此,为了使所提供的和搜集的工程计价基础数据合理可靠,以确保工程造价的编制质量,在编制公路工程造价之前,应熟悉设计图纸资料和文字说明,了解设计意图和工程全貌,核对工程量。核对工程量时应注意以下事项:

(1)检查图纸资料是否齐全。公路建设工程技术日趋复杂,新材料、新结构、新工艺日益被广泛应用,而作为指导建设项目实施的各种设计图纸资料也越来越多,所以要按照《公路工程基本建设项目设计文件编制办法》规定的建设项目必有的图表资料,进行清点,确定图纸是否齐全。如有短缺,要查明落实,以免漏项。

(2)检查图纸有无错误。核对各种图纸相互之间、图纸与其文字说明之间是否有矛盾和错误,图与表所反映的工程量是否一致,散、总是否相符,各部分尺寸、高程等是否有彼此不对口,文字说明是否有含糊不清,凡影响到计价的内容都要核对清楚,并提请设计人员予以纠正、澄清。

(3)根据采用的计价定额摘取工程量。各种设计工程量的分部分项工程名称、计量单位、工程量的计算方法和范围,应符合采用的计价定额的要求,若不相符时,应进行调整、修正。

(4)对工程造价影响较大的关键部位或量大价高的工程量,应重新进行复核计算,以保证计价基础资料的准确性。

(5)造价人员不应被动地反映工程造价,而应主动地影响、控制造价。在熟悉设计图纸资料和核对工程量的过程中,要结合工程造价历史资料、拟建工程的实际情况及工作经验,重点分析施工的可能性和经济的合理性,据以向设计人员提出建议,使设计更加经济合理。

(6)当个别工程量超出一般常规情况时,如预制矩形板,一般每 m^3 混凝土含钢筋量在 90kg 左右,若图表上所反映的数字出入较大或在工程质量上超出国家施工技术规范规定的要求时,都应进行分析研究,并将情况反馈给设计人员,予以确认或处理。

(7)对国家颁发的各种设计图集,也要进行必要的熟悉。标准图集中的一些规定,具体的设计图纸不一定全部表示出来,但往往是计价的依据,同时又可作为比较的参考,便于发现问题。

四、现场调查与资料收集

在编制工程造价之前,必须进行现场调查,收集有关资料。实践证明,现场调查时,往往能发现降低工程费用的更佳施工方法和更切合实际的技术组织措施,这是编好工程造价的又一个重要工作环节和必要手段。

应注意的是,熟悉设计图纸资料与现场调查不是截然分开的,并不是在前者完成之后才进行后者,而是互相交错进行的。一般情况下,除在勘察期间造价人员应随同勘察队调查各种必需基础资料外,还应在熟悉设计内容的基础上,检验现场实施的可能性和经济的合理性,对有关编制工程造价所需的各种基础资料应密切结合设计内容开展调查工作。因此,根据编制公路工程造价的要求,应进行如下各项现场调查并搜集相关的资料:

(1)社会条件。建设工程所在地的政治、历史、风俗以及社会、经济的发展情况,对此应进行必要的调查了解,它对建设工程的顺利实施有着极其重要的影响。

(2)自然条件。包括沿线地形、地质、水文、气候等,是直接影响建设工程实施可能性的重要因素,必须进行充分细致地调查研究。凡遗漏或不全的,均应加以补充和完善,使所收集的资料真实可靠。

①地形情况,包括地貌、河流、交通及附近建筑物、构筑物等情况。公路是一种线形建筑工程,往往要穿越各种各样的地带,如城镇居民地区;地形起伏不定,河流纵横交错的复杂地区;沙漠、草原、原始森林或地质不良的地区等,此外,在实施过程中或建成后,可能遭遇山洪、冰川、雪崩和塌陷等自然灾害,通过深入调查研究,就能从实际出发,确定合理可靠的设计方案和工程造价,从而避免建设资金的浪费和对人们的生产、生活产生不利的影响。

②土壤地质情况。如土壤的性质和类别,不良地质地区的特征,泥石流、滑坡以及地震级别等。其中土石的类别等,是计价的信息资料,如果不准确,就会使工程造价脱离实际,影响工程的顺利实施。

③水文资料。包括河流的流量、流速、漂浮物情况,水质、最高洪水位、枯水期水位以及地

下水等，这些都是安排施工计划、编制工程造价的客观依据。

④气象资料。向沿线气象部门调查收集所需的资料，如气温、季节风、雨量、积雪、冰冻深度等情况，以及雨季和冬季的期限。若与概预算编制办法中有关冬雨季的规定要求有较大出入时，可作为调整计算冬雨季费用的依据。

(3)技术经济条件。诸如技术物资、生活资料、劳务、社会运力、市场行情以及当地政府颁布的经济法规等多方面的经济信息，是工程计价极其重要的信息资料。应做到资料准确，某些资料还应取得书面协议。

①运输情况的调查。了解工程所在地可能提供的运输方式、能力、转运情况、过路费、过桥费、各种装卸费等运杂费标准，养路费和车船使用税征收标准。工程施工时，沿线可利用的场地、运输道路和桥梁及在使用前和使用过程中必要的改建加固和维修所需要支付的补偿费等。

②建筑材料。工程所在地的各种建筑材料的供应能力、流通渠道、供应地点、规格、质量是否符合工程设计要求，砂石材料若能自行开采则应探明储存量和开采条件，当地工业废料的利用的可能性以及数量、质量、价格等。这些都应调查了解清楚，一般应绘制运距示意图，并作必要的文字说明。

为了建立和完善工程价格信息资料的管理机制，规范工程计价行为，加强宏观调控，近年来各省、自治区、直辖市的公路工程造价站，根据国家赋予造价管理的行政职能，都定期发布建筑材料价格信息，故在进行建筑材料价格的调查时，原则上应以此为依据，结合所收集的建设工程所在地的价格信息资料，征询建设单位的意见，进行必要的分析研究，合理取定。

③劳务。关于劳务：一是要调查建设工程所在地可利用的社会劳动力资源的情况，诸如数量、技术水平、分包的可能性；二是要收集工人工资的资料。人工费的单价也同上述材料价格一样，是由各地的公路工程造价站统一发布的，但是有些特殊的规定，如地区生活补贴、特殊津贴等，是否已包括在统一的单价内，要注意调查了解有关这些方面的情况和规定，避免遗漏。

④用水、用电及通信调查。调查了解当地供水、供电能力和管线设施情况、收费标准以及提供通信的可能程度。若不能满足施工要求，应采取相应措施，如自发电，设置相应的取水设施等，这些对工程造价有较大的影响，应尽可能做好相关的各项资料的收集。

⑤生活资料。如主副食、日用生活品的可供情况，以及医疗卫生、文化教育、消防治安等社会服务机构的支援能力，并调查主副食的供应地点、供应量及运距，以提供计算主副食运费补贴综合里程的依据。

⑥市场行情。通过对市场情况的调查，了解其发展趋势，进行综合预测，确定年工程造价增涨率，以便计算工程造价增涨预留费。

⑦筹资方式。应向工程建设主管部门或建设单位了解兴建工程筹集建设资金的方式，若是贷款项目，则应明确所需贷款总额、资金来源、年利率、建设年限、还款方案，以及年度贷款的分配比例等，以便计算建设期的贷款利息。

⑧实施方法。向工程建设主管部门或建设单位了解建设项目选择施工单位的方法，初步选定施工单位的意向，以及施工方案、标段的划分和机械化程度等。这些不仅是确定工地转移费用的依据，也是取定其他各项有关计价依据的重要条件。

⑨征地、拆迁。向沿线当地人民政府的土地管理部门调查了解工程建设永久占地、临时占地、拆迁补偿费、水土保持补偿费等费用的标准。此外，因确定公路征用土地的面积，都是按照横断面双边需占地的宽度加上规定的预留宽度来计算的，往往产生一些田边、地角等不在计算

范围内的情况,即一整块耕地被征用之后,尚剩下一个小角落不在被征用范围内,而客观上已无法再作为耕地使用,所以,在实际执行过程中,一般都一并计入征用补偿范围,在现场调查时,不可忽略这些情况。

至于电力、电讯设施的迁移,以及与水利工程、铁路及铁路设施互相干扰时,应与有关部门联系,商定合理的解决方案和赔偿标准。

⑩其他。除上述各项现场调查内容外,还有临时工程、研究试验、应急保通设备购置等。除研究试验和应急保通设备购置应向工程建设主管部门或建设单位了解并商定其内容、数量和费用外,临时工程应调查其设置地点、规格标准、单位和数量等,临时占用土地如需恢复耕种的,要了解分析复耕所需的费用,并计入工程造价。

在现场调查和收集资料的过程中,凡涉及下列事项时,应取得书面协议文件,作为设计和造价文件的必要附件。

a. 与地方政府就砂石料场的开采使用、运输以及取土场、弃土堆的意向协议;
b. 拆迁建筑物、构筑物与物主协商的处理方案;
c. 与原有的电力、电讯设施、水利工程、铁路及铁路设施互相干扰的处理方案;
d. 施工中利用电网供电的协议;
e. 当地环境保护对公路建设工程的特殊要求。

五、了解施工方案

施工方案,是指按照科学和经济合理的原则,正确地确定工程项目的施工顺序和施工方法,并选择适用的施工机械,结合建设条件,对标段划分、施工期限作出合乎实际的安排。

选择施工方案的基本要求是:切实可行,施工期限满足业主要求;确保工程质量和施工安全;经济合理,工料消耗和施工费用最低。

施工方案包括的内容很多,概括起来主要有:施工方法的确定、施工机具的选择、施工顺序的安排、流水施工的组织。这些都是编制概算、预算不可缺少的基础资料,它直接影响着工程进度、工程质量、施工安全和建设工程的成本。因此,应结合现场客观情况,实事求是地编制施工方案,不仅可以保证工期、质量,而且还能使工程造价更加经济、合理。

习题

1. 简述工程造价的含义。
2. 工程造价有哪些特点?工程造价计价的特征有哪些?
3. 简述工程造价的计价原则。
4. 简述公路工程造价文件体系构成,并描述不同阶段造价文件之间的相互关系。
5. 编制工程造价文件要做好哪些准备工作?

第二章
公路工程建设项目造价依据

第一节 造价依据概述

一、工程造价依据特征

造价依据,是指用于编制各阶段造价文件所依据的办法、规则、定额、费用标准、造价指标以及其他相关的计价标准。对公路工程来说,造价依据应与公路技术进步相适应。公路造价依据的编制和修订由交通运输主管部门组织,公路工程建设、勘察设计、监理、施工、造价咨询等单位支持和配合。交通运输部制定公路工程造价依据,省级交通运输主管部门可以根据交通运输部发布的公路工程造价依据,结合本地实际,组织制定补充性造价依据。如以工程定额为例,交通运输部对通用性强、技术成熟的建设工艺,编制统一的公路工程定额;省级交通运输主管部门对公路工程定额中缺项的,或者地域性强且技术成熟的建设工艺,可以编制补充性定额规定。

造价依据是否科学、合理、准确,直接影响工程造价及其管理的质量,为保证工程造价依据的科学合理准确,造价依据应该具备如下的特征:

1. 造价依据的全面系统性

为实现对工程造价进行全过程管理的目的,均应编制与不同阶段工作深度相适应的工程造价文件,从而形成了工程造价文件体系;与此相应,不同阶段的造价依据也应该是涵盖不同阶段造价确定和控制所需要的造价依据体系,例如,我国公路工程定额从原来仅涉及建设阶段,扩展到公路的运营阶段,交通运输部颁发了《公路养护预算编制导则》,各地也根据本地的经济社会发展水平制定了相应的预算定额和养护预算编制办法;造价依据根据不同公路类型的特点也将陆续颁发涵盖不同公路类型的造价依据,如农村公路养护预算编制办法及配套定额指标等,可见造价依据具有全面系统性。

2. 造价依据的时效性

工程造价应准确反映工程建设和管理的工作内容。工程建设中的工料机消耗水平是建设时期社会生产力水平的反映。社会生产力水平是不断发展和提高的,因此反映工程建设中的工料机消耗水平的计价依据也应该随社会生产力水平的变化而变化;同时,工程造价的管理水平也与当时的社会发展水平相适应,是社会发展水平的反映。因此造价依据具有很强的时效性,始终保持与技术进步相适应。

3. 造价依据的针对性

人们对建设项目的需求千差万别,决定了建设项目的功能也千差万别。同时建设项目的位置固定性决定了其建设受到自然环境的影响很大。而不同项目所处位置的自然环境也是千差万别的,这就导致了计价依据必须根据建设项目的使用功能和自然环境有针对性地制定,例如交通运输部颁发了《公路跨海桥梁工程预算定额》(T/CECS G:G22-61—2020)、《高寒高海拔地区公路工程建设项目造价补充标准》(T/CECS G:T35—2020)等针对特殊工程类型和特殊自然条件的造价计价依据。

4. 造价依据的标准化和规范化

公路工程造价管理,体现在公路建设的每一个环节,贯穿于公路建设管理的全过程,为实现全过程的造价管理,造价依据应在全过程进行标准化和规范化。如现行《公路工程建设项目造价文件管理导则》为加强前期阶段造价依据的协调统一性,明确了招标阶段的工程量清单计价、施工阶段的设计变更计价、造价管理台账、造价执行情况报告的编制要求、程序和方法,规范了常用的造价术语等内容;实现了造价文件表格的标准化;搭建了各阶段组成造价的费用项目标准框架。这些内容的标准化和规范化,为统筹各阶段造价文件的编制和管理,为公路工程造价编制、审核、审查、监管等造价活动提供指导,也将为造价大数据构建奠定基础,促进提升造价文件编制质量,促进提高行业造价管理水平。

二、工程造价的计价依据

(一)有关工程造价的政策、法规、标准等

有关工程造价的政策、法规,如:与建安工程造价相关的国家规定的建筑安装工程营业税率、城市建设税率、教育费附加费率;与进口设备价格相关的设备进口关税率、增值税率;与其他基建费中土地补偿相关的国家对征用各类土地所规定的各项补偿费标准等。

(二)设计图纸资料

设计图纸资料在编制造价时其作用主要表现在两个方面:一是提供计价的主要工程量,这部分工程量一般是从设计图纸中直接摘取的;二是根据设计图纸提出合理的施工组织方案,确定造价编制中有关费用的基础数据,计算相应辅助工程和辅助设施的费用。

(三)工程定额

工程定额是指在正常施工条件下,完成规定计量单位的符合国家技术标准、技术规范(包括设计、施工、验收等技术规范)和计量评定标准,并反映一定时间施工技术和工艺水平所必需的人工、材料、施工机械台班(时)消耗量的额定标准。在建筑材料、设计、施工及相关规范等没有突破性的变化之前,其消耗量具有相对的稳定性。工程定额包括了施工定额、预算定额、概算定额和估算指标等。

1. 施工定额

施工定额是施工企业为组织生产和加强管理在企业内部使用的一种定额,其性质为企业生产定额。为了适应组织生产和管理的需要,施工定额的项目划分很细,是工程建设定额中分项最细、定额子目最多的一种定额,也是工程建设定额中的基础性定额。在预算定额的编制过程中,施工定额的劳动、材料、机械消耗的数量标准,是计算预算定额中劳动、材料、机械消耗数量标准的重要依据。

2. 预算定额

预算定额是在编制施工图预算时,计算工程造价和计算工程中劳动、机械台班、材料需要量使用的一种定额。预算定额是一种计价性的定额,在工程委托承包的情况下,它是确定工程造价的主要依据。在招标承包的情况下,它是计算标底/招标控制价的主要依据,也是确定报价的重要参考。所以,预算定额在工程建设定额中占有很重要的地位。从工程定额编制程序看,施工定额是预算定额的编制基础,而预算定额则是概算定额或估算指标的编制基础,可以说预算定额在计价中是基础性定额。

3. 概算定额

概算定额是编制设计概算和修正设计概算时,计算和确定工程概算,计算劳动、机械台班、材料需要量所使用的定额。它的项目划分粗细,与初步设计的深度相适应。它是在预算定额基础上,对预算定额的综合扩大。概算定额是控制项目投资的重要依据,在工程建设的投资管理中有重要作用。

4. 投资估算指标

投资估算指标是在项目建议书和可行性研究阶段编制投资估算、计算投资需要量时使用的一种定额。它非常概略,它的概略程度与项目建议书和可行性研究相适应。它的主要作用是为项目决策和投资控制提供依据。投资估算指标往往根据历史的预、决算资料和价格变动等资料编制,但其编制基础仍然离不开预算定额、概算定额。

(四)费用定额

公路工程基本建设项目费用定额是公路工程建设项目在编制工程造价中除人工、材料、机械消耗以外的其他费用需要量计算的标准,即工程造价计价依据除工程定额以外各项费用计算的主要内容。公路工程基本建设项目费用定额在公路工程计价依据体系中占有很重要的地位,是编制新建或改建项目投资估算、设计概算及施工图预算配套使用的一种定额,也是正确计算建筑安装工程费,确定工程总造价不可缺少的标准。根据交通主管部门规定,现行公路工程基本建设项目费用定额包括措施费定额、企业管理费定额、规费定额以及工程建设其他费定额等。

1. 措施费定额

措施费包括冬季施工增加费、雨季施工增加费、夜间施工增加费、特殊地区施工增加费、行车干扰工程施工增加费、施工辅助费、工地转移费等。由于这些费用发生的特点不同,只能独立于工程定额之外,它是编制施工图预算、设计概算、投资估算以及标底/招标控制价、报价的依据。

2. 企业管理费定额

企业管理费定额是指施工企业按法律、法规、规章、规程规定必须缴纳的费用及为组织施工生产和经营管理活动必需发生的各项费用开支的标准。企业管理费由基本费用、主副食运费补贴、职工探亲路费、职工取暖补贴和财务费用五项组成。由于企业管理费的发生和施工任务的大小没有直接关系,因此,通过企业管理费定额,有效地控制企业管理费的发生是十分必要的。

3. 规费定额

规费定额指国家或工程所在地法律、法规、规章、规程规定的费用标准。规费系指法律、法规、规章、规程规定施工企业必须缴纳的费用,包括养老保险费、失业保险费、医疗保险费、住房公积金、工伤保险费。

4. 工程建设其他费用定额

工程建设其他费用定额是指独立于建筑安装工程、设备、工具、器具及土地使用及拆迁补偿费之外的其他费用开支标准。工程建设其他费用主要包括建设项目管理费、研究使用费、专项评估费、生产准备费、工程保通管理费、工程保险费及其他相关费用,这些费用的发生和整个项目的建设密切相关。工程建设其他费用定额是按各项独立费用分别制定的,以便合理控制这些费用的开支。

(五)基础单价

基础单价是指工程建设中所消耗的劳动力、材料、机械台班以及设备工器具等单位价格的总称。

1. 劳动力的单位价格

劳动力的单位价格是指建筑安装生产工人日工资单价,由生产工人基本工资、工资性补贴、辅助工资、职工福利费等组成。

2. 材料单位价格

材料习惯称为材料的预算价格,是指材料(包括构件、成品、半成品、燃料、电等)从其来源地(或交货地点)到达施工工地仓库后的出库价格。

3. 施工机械台班单价

施工机械台班单价是各类施工机械使用台班的额定费用。

4.设备费单价

设备费单价是指各种进口设备、国产标准设备和国产非标准设备从其来源地(或交货地点)到达施工工地仓库后的出库价格。

(六)施工组织设计

施工组织设计是对工程施工的时间、空间、资源所作的全面规划和统筹安排,它包括施工方案的确定、施工进度的安排、施工资源的计划和施工平面的布置等内容。以上这些内容均涉及造价编制中有关费用的计算,如对同一施工任务可采用不同的施工方法,因而其工程费用会不相同;资源供应计划不同,施工现场的临时生产和生活设施就不会相同,因而相应的费用也不会相同;施工平面布置中堆场、拌和场的位置不同,则材料运距不同,因而其运费也不相同等。由以上可知,施工组织设计是造价编制中不可忽略的重要计价依据之一。

(七)工程量计算规则

工程量计算规则是计量工作的法规,它规定工程量的计算方法和计算范围。在公路工程中,工程量计算规则都是放在工程定额的说明中。公路工程设计文件中均列有各分部分项工程的工程量,在编制造价时,对设计文件中提供的工程量进行复核,检查是否符合工程量计算规则,否则应按工程量计算规则进行调整。

(八)其他资料

在编制造价时,还会用到其他的一些资料,如某种规格钢筋的每米重量,土地平整中土体体积计算时的棱台公式,标准构件的尺寸等,这些资料应从一些工具书、标准图集中查阅。

第二节 定 额 概 述

一、定额的概念

在现代社会经济生活中,定额几乎无处不在。它们存在于生产、流通、分配与消费领域,也存在于技术领域乃至日常的社会生活之中。如生产和流通领域的工时定额、原材料消耗定额、原材料和成品、流动资金定额等;分配和消费领域的工资标准、供给十分短缺情况下生活消费品的配给定额等。这些名目繁多、性质繁杂的定额的存在和发展,从根本上说,是协调现代社会化大生产和现代社会生活的必需,是发展社会生产力和提高社会经济效益的必需。人们借助它去达到既定的目标。定额不论其表现形式如何,其基本性质是一种规定的额度,是一种对人、对事、对物、对资金、对时间和空间在质和量上的规定。

本课程涉及的定额是工程建设领域内的定额。工程建设定额是指在正常施工条件下,完成规定计量单位的符合国家技术标准、技术规范(包括设计、施工、验收等技术规范)和检验评定标准,并反映一定时间施工技术和工艺水平所必需的人工、材料、施工机械台班(时)、资金等消耗量的额定标准。在理解定额的概念时,应注意以下两点:第一,定额中的人工、材料、施工机械消耗量是指在正常施工条件下的消耗量,即对工作地点进行合理组织、合理拟定工作组成、合理拟定施工人员编制条件下的工、料、机消耗量;第二,定额中的人工、材料、施工机械消耗量是指在符合国家技术标准、技术规范,检验评定标准的质量要求下的工、料、机消耗量。

二、定额的性质

在社会主义市场经济条件下,工程建设定额具有以下特点:

1. 科学性特点

工程建设定额的科学性是由现代社会化大生产的客观要求决定的。工程建设定额的科学性包括两重含义:一重含义是指工程建设定额必须和生产力发展水平相适应,反映出工程建设中生产消耗的客观规律,否则它就难以作为计划、调节、组织、预测、控制工程建设的可靠依据,难以实现它在管理中的作用;另一重含义是指工程建设定额管理在理论、方法和手段上必须科学化,以适应现代科学技术和信息社会发展的需要。

工程建设定额的科学性,首先表现在用科学的态度制定定额,尊重客观实际,力排主观臆断,力求定额水平合理;其次表现在制定定额的技术方法上,利用现代科学管理的成就,形成一套系统的、完整的、在实践中行之有效的方法;第三,表现在定额制定和贯彻的一体化。制定是为了提供贯彻的依据,贯彻是为了实现管理的目标,也是对定额的信息反馈。

2. 系统性特点

工程建设定额是相对独立的系统,它是由多种定额结合而成的有机整体。它的结构复杂,有鲜明的层次,有明确的目标。

工程建设定额的系统性是由工程建设的特点决定的。按照系统论的观点,工程建设本身就是一个庞大的实体系统,工程建设定额是为这个实体系统服务的,因而工程建设本身的多种类、多层次就决定了以它为服务对象的工程建设定额的多种类、多层次。

3. 统一性特点

工程建设定额的统一性,主要是由国家对经济发展的有计划的宏观调控职能决定的。为了使国民经济按照既定的目标发展,需要借助于某些标准、定额、参数等,对工程建设进行规划、组织、调节、控制。而这些标准、定额、参数必须在一定范围内有统一的尺度,才能实现上述职能,才能利用它对项目的决策、设计方案、投标报价、成本控制进行比选和评价。

按定额的主编单位和执行范围的不同,定额可分为全国统一定额(如全国统一的安装工程预算定额),各专业的定额(例如公路工程定额、铁路工程定额、市政工程定额、建筑工程定额等专业工程定额),各地区的定额(例如各省、自治区、直辖市编制的适于本地区的建筑工程预算定额),各企业的定额即各企业的施工定额。无论全国范围、行业领域,还是地区或企业的定额,均有统一的程序、统一的原则、统一的要求和统一的用途。

4. 权威性特点

主管部门通过一定程序审批颁发的工程建设定额,具有权威性,这种权威性在一些情况下具有经济法规性质。权威性反映统一的意志和统一的要求,也反映信誉和信赖程度。

工程建设定额权威性的客观基础是定额的科学性。只有科学的定额才具有权威。但是在社会主义市场经济条件下,它必然涉及各有关方面的经济关系和利益关系。赋予工程建设定额以一定的强制性,就意味着在规定的范围内,对于定额的使用者和执行者来说,不论主观上愿意不愿意都必须按定额的规定执行。

应该指出的是,在社会主义市场经济条件下,对定额的权威性不应绝对化。定额的权威性虽有其客观基础,但定额毕竟是主观对客观的反映,定额的科学性会受到人们认识的局限,与此相关,定额的权威性也就会受到削弱。更为重要的是,在社会主义市场经济条件下,随着投资体制的改革和投资主体多元化格局的形成,随着企业经营机制的转换,他们都可以根据市场的变化和自身的情况,自主地调整自己的决策行为,因此,一些与经营决策有关的工程建设定额的权威性特征,自然也就弱化了。

5. 稳定性和时效性

任何一种工程建设定额都是一定时期技术发展和管理的反映,因而在一段时期内都表现出稳定的状况。但是工程建设定额的稳定性是相对的。任何一种工程建设定额都只能反映一定时期的生产力水平,当生产力向前发展了,定额就会与已经发展了的生产力不相适应。这样,它原有的作用就会逐步减弱以致消失,甚至产生负效应。所以,工程建设定额在具有稳定性特点的同时,也具有显著的时效性。当定额不再能起到促进生产发展的作用时,工程建设定额就要重新编制或修订了。因此从一段时期看,定额是稳定的;从长期看,定额是变动的。

三、定额的分类

工程建设定额是一个综合概念,是工程建设中各类定额的总称,它包括许多种类的定额,可按不同的原则和方法进行分类。

(一)按定额反映的物质消耗内容分类

按定额反映的物质消耗内容分类,可分为劳动消耗定额、机械消耗定额和材料消耗定额三种。

1. 劳动消耗定额

简称劳动定额,是指活劳动的消耗。在施工定额、预算定额、概算定额、估算指标等多种定额、指标中,劳动消耗定额都是其中重要的组成部分。劳动消耗定额是完成一定的合格产品(工程实体或劳务)规定活劳动消耗的数量标准。为了便于综合和核算,劳动定额大多采用工作时间消耗量来计算劳动消耗的数量,所以劳动定额主要表现形式是时间定额,但同时也表现为产量定额。

2. 机械消耗定额

简称机械定额,由于我国机械消耗定额是以一台机械一个工作班为计量单位,所以又称为机械台班定额。和劳动消耗定额一样,在施工定额、预算定额、概算定额、估算指标等多种定额、指标中,机械消耗定额都是其中的组成部分。机械消耗定额是指为完成一定合格产品(工程实体或劳务)所规定的施工机械消耗的数量标准。机械消耗定额的主要表现形式是机械时间定额,但同时也以机械产量定额表现。

过去由于我国建筑业技术装备水平较低,所以机械消耗在工程建设的全部生产消耗中占的比重不大。但是随着生产技术的进一步发展,建筑业的机械化程度不断提高,如在高速公路、一级公路施工中,路基、路面的机械化程度达到90%以上,使机械消耗定额成为更加重要的定额。

3. 材料消耗定额

简称材料定额,是指完成一定合格产品所需消耗材料的数量标准。这里的材料是指工程建设中使用的原材料、成品、半成品、构配件、燃料以及水、电等动力资源的统称。材料作为劳动对象是构成工程的实体物资，需用数量很大、种类繁多，所以材料消耗量多少及消耗合理与否，不仅关系到资源的有效利用，影响市场供求状况，而且对建设工程的投资、建筑产品的成本控制都有决定性影响。

（二）按照定额的编制程序和用途分类

按定额编制程序和用途分类，可以把工程建设定额分为施工定额、预算定额、概算定额、投资估算指标、万元指标和工期定额六种。

1. 施工定额

这是施工企业（建筑安装企业）为组织生产和加强管理在企业内部使用的一种定额。其性质属于企业生产定额。它由劳动定额、机械定额和材料定额三个相对独立的部分组成。为了适应组织生产和管理的需要，施工定额的项目划分很细，是工程建设定额中分项最细、定额子目最多的一种定额，也是工程建设定额中的基础性定额。在预算定额的编制过程中，施工定额的劳动、机械、材料消耗的数量标准，是计算预算定额中劳动、机械、材料消耗数量标准的重要依据。

2. 预算定额

预算定额是在编制施工图预算时，计算工程造价和计算工程中劳动、机械台班、材料需要量使用的一种定额。预算定额是一种计价性的定额。

3. 概算定额

概算定额是编制设计概算时，计算和确定工程概算造价，计算劳动、机械台班、材料需要量所使用的定额。它的项目划分粗细，与初步设计的深度相适应。它一般是在预算定额基础上编制的，是预算定额的综合扩大。

4. 投资估算指标

投资估算指标是在项目建议书和可行性研究阶段编制投资估算、计算投资需要量时使用的一种定额。它非常概略，往往以独立的单项工程或完整的工程项目为对象而编制的。

5. 万元指标

万元指标是以万元建筑安装工作量为单位制定的人工、材料和机械台班消耗数量的标准。它是以实物量指标表示的。万元指标是一种计划定额。主要是为国家综合部门、主管部门和地方政府部门提供编制长期计划和年度计划的依据。在编制计划时，按照计划期的建筑安装工作量用万元指标来计算人工工日、主要材料和主要机械（台班）的需要量，以便做好资源的平衡和分配。

6. 工期定额

工期定额是为各类工程规定的施工期限的额定天数。包括建设工期定额和施工工期定额两个层次。

建设工期是指建设项目或独立的单项工程从开工建设时起，到全部建成投产或交付使用时止所经历的时间，一般以月数或天数表示。施工工期一般是指单项工程或单位工程从正式开工起至完成工程全部设计内容并达到国家验收标准的全部有效天数，施工工期是建设工期中的一部分。

工期定额中考虑了季节性施工因素对工期的影响、地区性特点对工期的影响、工程结构和规模对工期的影响、工程用途对工期的影响以及施工技术与管理水平对工期的影响。因此,工期定额是评价工程建设速度、编制施工计划、签订承包合同、评价全优工程的依据之一。

(三)按照投资的费用性质分类

按投资费用性质分类,可以把工程建设定额分为措施费定额、企业管理费定额、规费定额以及工程建设其他费定额等。

1. 直接费定额

直接费定额是指施工过程中耗费的构成工程实体和有助于工程形成的人工费、材料费、施工机械使用费。而直接费定额包括确定工、料、机费的施工定额、预算定额、概算定额和估算指标等工程定额。

2. 措施费定额

措施费定额是与建筑安装施工生产直接有关的各项费用开支标准,由于其费用发生的特点不同,只能独立于工程定额分项内容之外。

3. 企业管理费定额

企业管理费定额是指施工企业按法律、法规、规章、规程规定必须缴纳的费用及为组织施工生产和经营管理活动所必需发生的各项费用开支的标准。

4. 规费定额

规费定额指国家或工程所在地法律、法规、规章、规程规定的费用标准。

5. 工程建设其他费用定额

工程建设其他费用定额是指独立于建筑安装工程、设备、工具、器具及土地使用及拆迁补偿费之外的其他费用开支标准。

(四)按主编单位和管理权限分类

按主编单位和管理权限,工程建设定额可分为全国统一定额、行业统一定额、地区统一定额、企业定额和补充定额五种。

1. 全国统一定额

全国统一定额是由国家建设行政主管部门,综合全国工程建设中技术和施工组织管理的情况编制,并在全国范围内执行的定额,如全国统一安装工程定额。

全国统一定额反映一定时期社会生产力水平的一般状况,作为编制地区单位估价表、确定工程造价、编制招标工程招标最高限价的基础,亦可作为制定企业定额和投标报价的基础。

2. 行业统一定额

行业统一定额是考虑各行业部门专业工程技术特点,以及施工生产和管理水平编制的。一般只在本行业和相同专业性质的范围内使用,如矿井建设工程定额,公路工程定额等。

3. 地区统一定额

地区统一定额包括省、自治区、直辖市定额。地区统一定额主要是考虑地区性特点和全国统一定额水平做适当调整补充编制的。由于各地区气候条件、经济技术条件、物质资源条件和交通运输条件等的差异,构成对定额项目、内容和水平的影响,是地区统一定额存在的客观依据。

4. 企业定额

企业定额是指由施工企业考虑本企业具体情况,参照国家、部门或地区定额水平制定的定额。企业定额只在企业内部使用,是企业素质的一个标志。企业定额水平一般应高于国家现行定额才能满足生产技术发展、企业管理和市场竞争的需要。

5. 补充定额

补充定额是指随着设计、施工技术的发展,在现行定额不能满足需要的情况下,为了补充缺项所编制的定额。补充定额只能在指定的范围内使用,可以作为以后修订定额的基础。

以上各类定额之间相互联系、相互区别、相互交叉、相互补充,从而形成一个与建设程序各阶段工作深度相适应的、层次分明、分工有序的庞大的工程建设定额体系,如图 2-1 所示。

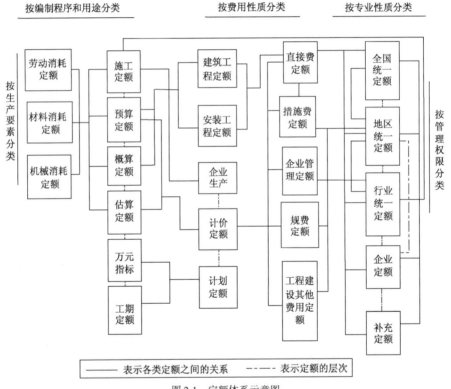

图 2-1 定额体系示意图

第三节 公路工程定额及其使用

公路工程定额分两大类:工程定额、指标和费用定额,如图 2-2 所示。

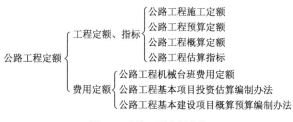

图 2-2　公路工程定额分类

一、公路工程施工定额

（一）施工定额的性质

施工定额是在正常施工条件下，为完成单位合格产品所需劳动、机械、材料消耗的数量标准，它应反映企业的施工水平、装备水平和管理水平，作为考核建筑安装企业劳动生产率水平、管理水平的标尺和确定工程成本、投标报价的依据。因此施工定额是建筑安装企业内部管理的定额，属于企业定额的性质。

施工定额的这种企业定额的性质，要求明确地赋予企业以施工定额的管理权限（包括编制和颁发施工定额的权限）。企业可以根据本企业的具体条件和可能挖掘的潜力，根据市场的需求和竞争环境，根据国家有关政策、法律和规范、制度，自己编制定额，自行决定定额的水平。允许同类企业和同一地区的企业之间存在施工定额水平的差距，甚至允许企业就施工定额的水平对外作为商业秘密进行保密，这样在市场上才能具有竞争能力。

施工定额的性质，决定了施工定额水平应该是平均先进水平。平均先进水平高于平均水平，低于先进水平，是在正常施工条件下大多数施工班组和生产者经过努力可以达到和超过的水平，这种水平肯定了先进、促进了中间、带动了后进，因此，有利于企业劳动生产率的提高，促进施工企业整体生产力的发展。

（二）施工定额的作用

施工定额的作用主要体现在以下两个方面：

1. 施工定额是企业计划管理工作的基础

施工定额在企业管理中的基础作用主要表现以下几个方面：施工定额是计划管理的依据；是组织和指挥施工生产的有效工具；是计算工人劳动报酬的依据；是企业激励工人的条件；是编制施工预算，加强企业成本管理和经济核算的基础。

2. 施工定额是工程建设定额体系的基础

施工定额在工程建设定额体系中的基础作用，主要表现在施工定额水平是确定概、预算定额和估算指标的基础，对预算定额来说，它是直接基础，对其他各类定额则是间接基础。

（三）施工定额的内容

施工定额的内容一般包括劳动定额、机械消耗定额、材料消耗定额三部分。汇编成册的施工定额包括以下内容：

1. 文字说明部分

文字说明又分为总说明和分章说明。

（1）总说明

施工定额总说明的基本内容包括：

①定额中所包括的工种；

②定额的编制依据和编制原则；

③劳动消耗的计算方法，如产量定额与时间定额的计算方法及其相互关系；

④材料消耗的计算方法，如材料总用量、净用量与损耗率之间的关系和计算，系数的利用方法以及其他计算方法等；

⑤其他。

（2）分章说明

分章说明的基本内容包括：

①每章包括的定额项目和工作内容；

②施工方法；

③有关规定和计算方法的说明，如材料运输的运距计算方法的说明、土方工程的土壤类别的规定、运土超运距增加人工的计算方法、材料消耗定额的计算方法等；

④质量要求。

2. 定额表部分

定额表包括定额项目的名称、工作内容、定额单位、定额表和附注。

定额表是定额中的核心部分，它包括劳动定额表、机械定额表与材料定额表。劳动定额表中同时以产量定额和时间定额表示，并往往列有小组成员，以便下达任务书时参考。材料消耗定额有两种表示方法，一种是规定操作过程中的全部材料消耗量，另一种是主要材料与规定材料的损耗。

附注列于定额表的下面，主要是根据施工条件变更的情况，规定劳动和材料消耗的增减变化。附注是对定额表的补充。在某些情况下，附注也会限制定额的使用范围。

3. 附录部分

一般列于定额最后，作为使用定额的参考。其主要内容是：

（1）有关的名词解释；

（2）先进经验及先进工具的介绍；

（3）材料用量计算、材料质量、材料损耗率等参考资料。

虽然定额表部分是整个定额册的核心，但在使用时，必须同时了解其他部分内容，才能正确使用定额表。

（四）施工定额的表现形式

1. 劳动定额的表现形式

劳动定额在施工定额中往往形成一个独立的部分，这是由劳动定额在企业管理中的特殊作用所决定的。劳动定额是劳动消耗定额的简称，也称人工定额，有两种表现形式，即时间定额和产量定额。

(1) 时间定额

时间定额是指工人在正常施工条件下，为完成单位合格产品或工作任务所消耗的必要劳动时间。时间定额以工日为单位，按现行制度公路工程每个工日工作时间除潜水作业按 6h、隧道洞内作业按 7h 外，其余按 8h 计。其计算方法如下：

$$单位产品的时间定额(工日) = \frac{1}{每工日产量}$$

或

$$单位产品的时间定额(工日) = \frac{班组成员工日数总和}{班组完成产品数量总和}$$

(2) 产量定额

产量定额是指在正常施工条件下，在单位时间(工日)内所应完成合格产品的数量。其计算方法如下：

$$产量定额 = \frac{1}{单位产品时间定额(工日)}$$

或

$$产量定额 = \frac{班组完成产品数量总和}{班组成员工日数总和}$$

时间定额与产量定额互为倒数。

2. 机械定额的表现形式

机械定额是机械台班使用定额的简称。机械定额也有两种表现形式，即时间定额和产量定额。它是在正常施工条件下，使用施工机械生产单位合格产品所必需的机械工作时间(即时间定额)，或在单位时间内完成合格产品的数量(即产量定额)。其计算方法如下：

$$时间定额(工日) = \frac{1}{每台班产量}$$

$$产量定额 = \frac{1}{单位产品时间定额(台班)}$$

[例 2-1] 某公路的路面施工中，拟采用 120kW 以内的平地机摊铺混合料，摊铺面积为 80000 m^2，试根据施工定额确定人工和机械消耗量。

解：以《公路工程施工定额》(2009)为例介绍施工定额的使用。各施工企业施工定额的使用与本例相同。

根据题意，选择定额"3-5 平地机铺料"的第二个子目，见表 2-1。

3-5 平地机铺料   表 2-1

工作内容：铺料，找平，人工跟机找补修整边缘。

每 1000 m^2 的劳动、机械定额

项　　目	平地机功率(kW)			序　　号
	80 以内	120 以内	150 以内	
劳动定额	0.576 1.736	0.464 2.155	0.404 2.475	一

31

续上表

项　目	平地机功率(kW)			序　号
	80 以内	120 以内	150 以内	
机械定额	$\dfrac{0.288}{3.472}$	$\dfrac{0.232}{4.31}$	$\dfrac{0.202}{4.95}$	二
编号	1	2	3	

现行的施工定额多采用复式表,即:

$$\frac{时间定额(工日)}{每工日产量}$$

或

$$\frac{时间定额(台班)}{每工日产量}$$

从表 2-1 中可知,120kW 以内的平地机每 1000m² 人工消耗量为 0.464 工日,每 1000m² 的机械消耗量为 0.232 台班,则完成 80000m² 需:

$$人工消耗量 = \frac{80000}{1000} \times 0.464 = 37.12（工日）$$

$$机械消耗量 = \frac{80000}{1000} \times 0.232 = 18.56（台班）$$

二、公路工程预算定额

(一)《公路工程预算定额》简介

《公路工程预算定额》简称《预算定额》,《预算定额》是规定消耗在单位的分项工程和结构构件上的劳动力、材料和机械的数量标准,是在施工图设计阶段计算建筑安装产品价格的基础。《预算定额》是一种具有广泛用途的计价定额,其作用主要为:

①编制施工图预算,确定建设项目工程造价,控制项目投资的基础;
②对设计方案进行技术经济分析和比较的依据;
③编制施工组织设计的依据;
④工程结算的依据;
⑤施工企业进行经济活动分析的依据;
⑥编制概算定额和估算指标的基础;
⑦合理编制标底和投标报价的基础。

《公路工程预算定额》(JTG/T 3832—2018)共分九章,主要内容包括总说明、章说明、节说明、定额表及表下附注和附录。

1.定额说明

定额说明包括总说明、章说明和节说明。总说明的内容主要包括预算定额的适用范围、目的、作用、编制原则、主要依据、对各章节都适用的统一规定、定额采用的标准及允许抽换定额的原则、定额包括的内容及未包括的内容,需编制补充定额的规定等。章(节)说明则规定各章(节)包括的内容、各章(节)工程项目的统一规定、各章(节)工程项目综合的内容及允许抽换的规定、各章(节)工程项目的工程量计算规则等。

以上各项说明是为了正确使用定额而做出的规定和解释,是正确运用定额所应遵循的条件和保证。因此,编制施工图预算时,首先应阅读预算定额的总说明、章说明、节说明,对定额的编制依据、适用范围、包含的主要工程内容,以及其他有关问题的说明和使用方法等应熟记、通晓,同时,对常用的子项、人工、材料、机械的计量单位等都应有一个全面的了解,从而达到正确、快速使用定额编制预算文件的目的。

2.定额项目表

《公路工程预算定额》(JTG/T 3822—2018)分为路基工程、路面工程、隧道工程、桥涵工程、交通工程及沿线设施、绿化及环境保护工程、临时工程、材料采集及加工、材料运输九章,以定额项目表的形式给出相应的工、料、机消耗的额定标准。预算定额项目表的主要内容包括:

(1)工程项目名称及定额单位。

如《公路工程预算定额》(JTG/T 3822—2018)"2-2-11"的定额项目名称为沥青混凝土混合料拌和,定额单位为1000m³路面实体。见表2-2。

2-2-11 沥青混凝土混合料拌和   表2-2

工程内容: 1)沥青加热、保温、输送;2)装载机铲运料、上料、配运料;
3)矿料加热烘干;4)拌和、出料。

Ⅰ.粗 粒 式   单位:1000m³ 路面实体

顺序号	项目	单位	代号	沥青混合料拌和设备生产能力(t/h)						
				30以内	60以内	120以内	160以内	240以内	320以内	380以内
				1	2	3	4	5	6	7
1	人工	工日	1001001	123.7	51.8	37.3	29.0	24.8	20.8	17
2	粗粒式沥青混凝土	m³	1505005	(1020.0)	(1020.0)	(1020.0)	(1020.0)	(1020.0)	(1020.0)	(1020.0)
3	石油沥青	t	3001001	106.394	106.394	106.394	106.394	106.394	106.394	106.394
4	矿粉	t	5503013	105.7	105.7	105.7	105.7	105.7	105.7	105.7
5	路面用石屑	m³	5503015	390.69	390.69	390.69	390.69	390.69	390.69	390.69
6	路面用碎石(1.5cm)	m³	5505017	518.2	518.2	518.2	518.2	518.2	518.2	518.2
7	路面用碎石(2.5cm)	m³	5505018	553.01	553.01	553.01	553.01	553.01	553.01	553.01
8	路面用碎石(3.5cm)	m³	5505019	73.65	73.65	73.65	73.65	73.65	73.65	73.65
9	其他材料费	元	7801001	186.1	186.1	186.1	186.1	186.1	186.1	186.1
10	设备摊销费	元	7901001	5118.2	2964.0	2557.8	2288.1	2233.0	2136.2	2073.1
11	1.0m³以内轮胎式装载机	台班	8001045	16.21	—	—	—	—	—	—
12	2.0m³以内轮胎式装载机	台班	8001047	—	10.20	7.35	6.48	5.21	—	—
13	3.0m³以内轮胎式装载机	台班	8001049	—	—	—	—	—	2.64	1.74
14	30t/h以内沥青混合料拌和设备	台班	8003047	15.16	—	—	—	—	—	—

续上表

顺序号	项目	单位	代号	沥青混合料拌和设备生产能力(t/h)						
				30以内	60以内	120以内	160以内	240以内	320以内	380以内
				1	2	3	4	5	6	7
15	60t/h以内沥青混合料拌和设备	台班	8003048	—	7.98	—	—	—	—	—
16	120t/h以内沥青混合料拌和设备	台班	8003050	—	—	3.44	—	—	—	—
17	160t/h以内沥青混合料拌和设备	台班	8003051	—	—	—	2.42	—	—	—
18	240t/h以内沥青混合料拌和设备	台班	8003052	—	—	—	—	1.62	—	—
19	320t/h以内沥青混合料拌和设备	台班	8003053	—	—	—	—	—	1.23	—
20	380t/h以内沥青混合料拌和设备	台班	8003054	—	—	—	—	—	—	1.0
21	5t以内自卸汽车	台班	8007012	7.82	6.54	3.92	2.62	1.67	1.47	1.29
22	基价	元	9999001	756098	745932	744330	738508	733531	731351	727411

(2)工程项目包括的工作内容。

如沥青混凝土混合料拌和定额项目的工作内容为:①沥青加热、保温、输送;②装载机铲运料、上料,配运料;③矿料加热烘干;④拌和,出料。

(3)完成定额单位工程的人工、单位、代号、数量。

如粗粒式沥青混凝土混合料拌和定额项目(沥青混合料拌和设备生产能力为30t/h以内),完成定额单位为1000m³路面实体的人工消耗量为123.7工日。

(4)完成定额单位工程的材料名称、单位、代号、数量。

①主要材料以实际使用量或周转使用量的消耗数量表示。如粗粒式沥青混凝土混合料拌和定额项目(沥青混合料拌和设备生产能力为30t/h以内),完成定额单位为1000m³路面实体需消耗石油沥青106.394t,矿粉105.7t,……材料消耗量包括施工过程中的场内运输及操作损耗。

②次要材料及消耗量很少的材料以其他材料费的形式表示。为避免定额表中材料项目过多引起的定额成果表量大和造价计算复杂,因此将占费用比重很少的材料均列入其他材料费。如粗粒式沥青混凝土混合料拌和定额项目(沥青混合料拌和设备生产能力为30t/h以内),就将量少价低的材料不在定额成果表中逐一列出其名称、规格和消耗量,而将其价值统一列入其他材料费,共计186.1元。

③不以材料数量表示,而以使用时间来进行折旧的金属构件,以设备摊销费的形式表示。如粗粒式沥青混凝土混合料拌和定额项目(沥青混合料拌和设备生产能力为30t/h以内)1000m³路面实体的设备摊销费共计5118.2元。

(5)完成定额单位工程的机械名称、单位、代号、数量。

①主要机械以实际使用台班数量表示,如粗粒式沥青混凝土混合料拌和定额项目(沥青混合料拌和设备生产能力为30t/h以内),完成定额单位为1000m³路面实体需1m³以内轮胎式装载机16.21台班,30t/h以内沥青混合料拌和设备15.16台班,5t以内的自卸汽车7.82台

班。定额的台班数量包括由施工定额综合为预算定额项目的机械幅度差。

②次要机械及消耗量很少的机械以小型机具使用费的形式表示,如手动葫芦、滑车、电钻等。

(6)定额基价。

定额基价是指该工程细目的工程价格,即定额人工费、材料费、机械使用费的合计价值,其中人工费、材料费是按《公路工程预算定额》(JTG/T 3832—2018)附录四中所取定的人工、材料、设备单价表计算的,机械使用费是按《公路工程机械台班费用定额》(JTG/T 3833—2018)计算的。如粗粒式沥青混凝土混合料拌和定额项目(沥青混合料拌和设备生产能力为 30t/h 以内)的定额基价为 756098 元。

(7)有些定额项目下还列有在章、节说明中没有包括的,仅供本定额项目使用的注释。如路基工程的"1-1-7 夯实填土"的定额项目中注释:若需洒水,备水费用另行计算。

3. 定额附录

定额附录是配合定额使用不可缺少的一个重要组成部分。《公路工程预算定额》(JTG/T 3822—2018)定额附录包括"路面材料计算基础数据表""基本定额""材料的周转及摊销""定额人工、材料、设备单价表"。定额附录的主要作用:

(1)了解定额编制时采用的各种统一规定,如每 $10m^2$ 接触面积的模板所需的人工、机械及材料的周转使用量。

(2)供抽换定额中混凝土标号、砂浆标号时使用的混凝土、砂浆配合比表。

(3)编制补充预算定额所需的统一规定,如材料的周转次数、规格、单位质量、代号、单价等。

(4)便于使用单位经过施工实践核定定额水平,并对定额水平提出意见,作为修订定额的重要资料。

(二)《公路工程预算定额》的应用

《预算定额》的应用可分为直接套用和换算两种情况。

在应用定额编制预算文件时,直接套用定额的情况占绝大多数。当设计要求、结构形式、施工工艺、施工机械、材料品种规格等与定额条件完全相符时,可直接套用定额。套用定额时,应根据设计图纸的要求、做法说明,从工程内容、技术特征、施工方法、材料品种规格等方面一一仔细核对,正确选择相应的套用项目,这是正确使用定额的关键。

当设计要求与定额条件不完全相符时不可直接套用定额,应根据定额的规定进行换算。预算定额的换算包括乘系数换算、砂浆和混凝土标号的换算及定额规定的其他换算。

[例2-2]　××高速公路路基土、石方工程数量见表2-3(表中挖方和利用方均为天然密实方,填方为压实方)。

公路路基土、石方工程数量　　　　　　　表2-3

项　目		松　土	普　通　土	硬　土	石　方	合　计
工程量	挖方(m^3)	500000	1500000	1000000	1000000	4000000
	利用方(m^3)	300000	1000000	500000	300000	2100000
	填方(m^3)	4000000				

求:(1)将利用方的数量换算为压实方数量?

(2)计算借方数量?

(3)当计算借方的开挖费用时,其工程数量应为多少?
(4)当计算借方的运输费用时,其工程数量应为多少?

解:在进行路基土、石方调配时,不应简单地按断面方量进行计算,而应充分考虑天然密实方与压实方的换算系数。现行预算定额中挖方数量按天然密实体积计算,填方数量按压(夯)实后的体积计算。因此,当以填方压实体积为工程量,采用以天然密实方为计量单位的定额时,如路基填方为利用方,所采用的定额应乘以表 2-4 中的系数;如路基填方为借方,则应在表 2-4 中的系数的基础上增加 0.03 的损耗。

压实方与天然方的换算系数　　　　　表 2-4

公路等级	土方			石方
	松土	普通土	硬土	
二级及二级以上公路	1.23	1.16	1.09	0.92
三、四级公路	1.11	1.05	1.00	0.84

(1)将利用方的数量换算为压实方数量:

松土:$300000 \div 1.23 = 243902 (m^3)$

普通土:$1000000 \div 1.16 = 862069 (m^3)$

硬土:$500000 \div 1.09 = 458716 (m^3)$

石方:$300000 \div 0.92 = 326087 (m^3)$

利用方数量(压实方)合计:$243902 + 862069 + 458716 + 326087 = 1890774 (m^3)$

(2)借方数量:

$4000000 - 1890774 = 2109226 (m^3)$

(3)当计算借方的开挖费用时,其工程数量应为:

假定为普通土,借方的工程数量为:

$2109226 \times 1.16 = 2446702 (m^3)$

(4)当计算借方的运输费用时,其工程数量应为:

假定借方为普通土,借方的工程数量应为:

$2109226 \times (1.16 + 0.03) = 2509979 (m^3)$

在套用土石方定额时,除要注意其定额单位外,还要注意计价内容,见表 2-5。

计价内容　　　　　表 2-5

工程内容	计价内容	定额单位	备注
挖方	挖方费用	天然密实方	按土质类别分别套用相应定额
填方	填方费用	压实方	套用相应的压实定额
本桩利用方	不参与费用的计算,其挖已在"挖方"内计算,其填已在"填方"内计算		
远运利用方	只计算其调配运输费用。其挖已在其他断面的"挖方"内计算,其填已在"填方"内计算		
借方	计算其挖、装、运的费用,其填已在"填方"内计算		
弃方	只计算其运输费用,其挖已在"挖方"内计算		

[**例 2-3**] 某省某平原微丘区二级公路,其中一段的路基工程全部采用借土填方,填方量计 130000m^3,借方平均运距为 3km,试确定定额消耗量指标。

解:(1)施工方法的选择:根据题意,在施工中拟采用推土机集土,装载机配合自卸载重汽车运输,振动压路机压实。

(2)借土方按普通土考虑,同时,在计算时还应该考虑压实方与天然方的换算系数以及超运距的费用。

(3)定额的套用及定额指标的计算。

《预算定额》第一章路基工程的第一节说明中规定:除定额中另有说明外,土方挖方按天然密实体积计算,填方按压(夯)实后的体积计算。当以填方压实体积为工程量,采用以天然密实方为计量单位的定额时,所采用的定额应乘以压实方与天然方的换算系数。从表 2-4 中可知二级公路普通土压实方与天然方的换算系数为 1.16。预算定额第一章第一节说明中还规定:如路基填方为借方,则在表 2-4 的基础上增加 0.03 的土方运输损耗。

同时《预算定额》第 1-1-10 节"装载机装土、石方"定额表的附注(1)规定:装载机装土方如需推土机推松、集土时,其人工、推土机台班的数量按"推土机推运土方"第一个 20m 定额乘以 0.8 的系数计算。因此,推土机集土时,如采用装载机装土,则应乘以 0.8 的系数。

①推土机集土

根据借方数量,拟采用 105kW 推土机进行集土。

查定额表 1-1-12,见表 2-6,采用定额 1-1-12-10(即第一章第一节的第 12 个定额项目的第 10 个细目"105kW 以内推土机第一个 20m 普通土",用 1-1-12-10 表示,其表示方法为:章的编号-节的编号-定额项目的编号-定额细目的编号),定额单位 1000m^3 天然密实方,则工程量为: 130000/1000 = 130 个定额单位。

人工:$2.6 \times 130 \times 1.16 \times 0.8 = 313.66$(工日)

105kW 以内履带式推土机:$1.87 \times 130 \times 1.16 \times 0.8 = 225.60$(台班)

1-1-12 推土机推土、石方 表 2-6

工程内容:推土方:1)推土;2)空回;3)整理卸土。

推石方:1)推运爆破后石方;2)空回;3)整理。

单位:1000m^3 天然密实方

顺序号	项 目	单位	代号	土 方									
				推土机功率(kW)									
				75 以内				90 以内				105 以内		
				第一个 20m			每增运 10m	第一个 20m			每增运 10m	第一个 20m			每增运 10m
				松土	普通土	硬土		松土	普通土	硬土		松土	普通土	硬土	
				1	2	3	4	5	6	7	8	9	10	11	12
1	人工	工日	1001001	2.4	2.6	2.9	—	2.4	2.6	2.9	—	2.4	2.6	2.9	—
2	75kW 以内履带式推土机	台班	8001002	2.43	2.66	3.51	0.94	—	—	—	—	—	—	—	—
3	90kW 以内履带式推土机	台班	8001003	—	—	—	—	1.98	2.15	2.61	0.72	—	—	—	—

续上表

顺序号	项目	单位	代号	土方									
				推土机功率(kW)									
				75 以内				90 以内				105 以内			
				第一个20m			每增运 10m	第一个20m			每增运 10m	第一个20m			每增运 10m
				松土	普通土	硬土		松土	普通土	硬土		松土	普通土	硬土	
				1	2	3	4	5	6	7	8	9	10	11	12
4	105kW 以内履带式推土机	台班	8001004	—	—	—	—	—	—	—	—	1.68	1.87	2.08	0.64
5	基价	元	9999001	2404	2628	3412	831	2328	2527	3040	754	2237	2483	2762	755

②装载机装土

拟采用 $2m^3$ 装载机装土方,选用定额 1-1-10-2,见表 2-7。

$2m^3$ 以内轮式装载机:$1.41 \times 130 \times 1.16 = 212.63$(台班)

1-1-10 装载机装土、石方   表 2-7

工程内容:1)铲装土方或爆破后石方;2)装车;3)调位;4)清理工作面。

单位:1000m^3 天然密实方

顺序号	项目	单位	代号	土方			软石			次坚石、坚石		
				装载机斗容量(m^3)								
				1以内	2以内	3以内	1以内	2以内	3以内	1以内	2以内	3以内
				1	2	3	4	5	6	7	8	9
1	1.0m^3 以内轮胎式装载机	台班	8001045	2.49	—	—	3.79	—	—	5.02	—	—
2	2.0m^3 以内轮胎式装载机	台班	8001047	—	1.41	—	—	2.13	—	—	2.81	—
3	3.0m^3 以内轮胎式装载机	台班	8001049	—	—	1.08	—	—	1.59	—	—	2.1
4	基价	元	9999001	1457	1390	1350	2218	2099	1987	2938	2769	2625

注:1. 装载机装土方如需推土机配合推松、集土时,其人工、推土机台班的数量按"推土机推运土方"第一个 20m 定额乘以 0.8 系数计算。

③载重汽车运输土方

选用 10t 以内的自卸载重汽车运输土方。查定额 1-1-11-5(10t 以内自卸汽车配合装载机运输土方第一个 1km)、1-1-11-6(10t 以内自卸汽车运土方每增运 0.5km)。见表 2-8,此时的增运距为 2km,则 2/0.5=4 个定额单位;同时还应考虑土方运输时的换算系数 1.19(即在 1.16 基础上增加 0.03)。

10t 以内自卸汽车:$(6.82+0.83\times4)\times130\times1.19=1568.66$(台班)

1-1-11 自卸汽车运土、石方   表2-8

工程内容:1)等待装、运、卸;2)空回。

单位:1000m³ 天然密实方

顺序号	项目	单位	代号	土方									
				自卸汽车装载质量(t)									
				6以内		8以内		10以内		12以内		15以内	
				第一个1km	每增运0.5km	第一个1km	每增运0.5km	第一个1km	每增运0.5km	第一个1km	每增运0.5km	第一个1km	每增运0.5km
				1	2	3	4	5	6	7	8	9	10
1	6t以内自卸汽车	台班	8007013	11.19	1.44	—	—	—	—	—	—	—	—
2	8t以内自卸汽车	台班	8007014	—	—	8.25	1.15	—	—	—	—	—	—
3	10t以内自卸汽车	台班	8007015	—	—	—	—	6.82	0.83	—	—	—	—
4	12t以内自卸汽车	台班	8007016	—	—	—	—	—	—	5.96	0.72	—	—
5	15t以内自卸汽车	台班	8007017	—	—	—	—	—	—	—	—	5.01	0.58
6	基价	元	9999001	6443	829	5611	782	5178	630	5015	606	4643	538

④填方压实

拟采用平地机推平土方,采用定额1-1-18-9(15t以内振动压路机碾压二级公路路基),见表2-9。

人工:2.1×130=273(工日)

120kW以内自行式平地机:1.47×130=191.1(台班)

15t以内振动压路机:1.65×130=214.5(台班)

定额基价:3750×130=487500(元)

1-1-18 机械碾压路基   表2-9

工程内容:填方路基:1)机械整平土方,机械解小并摊平石方;2)拖式羊足碾回转碾压;3)压路机前进、后退、往复碾压。

零填及挖方路基:1)机械推松、整平土方;2)压路机前进、后退、往复碾压。

I. 填方路基

单位:1000m³ 压实方

顺序号	项目	单位	代号	碾压土方								
				高速、一级公路					二级公路			
				光轮压路机		振动压路机			光轮压路机		振动压路机	
				机械自身质量(t)								
				12~15	18~21	10以内	15以内	20以内	12~15	18~21	10以内	15以内
				1	2	3	4	5	6	7	8	9
1	人工	工日	1001001	2.1	2.1	2.1	2.1	2.1	2.1	2.1	2.1	2.1
2	105kW以内履带式推土机	台班	8001004	(1.2)	(1.2)	(1.2)	(1.2)	(1.2)	(1.2)	(1.2)	(1.2)	(1.2)

续上表

顺序号	项目	单位	代号	碾压土方							
				高速、一级公路				二级公路			
				光轮压路机		振动压路机			光轮压路机		振动压路机	
				机械自身质量(t)							
				12~15	18~21	10以内	15以内	20以内	12~15	18~21	10以内	15以内
				1	2	3	4	5	6	7	8	9
3	120kW以内自行式平地机	台班	8001058	1.47	1.47	1.47	1.47	1.47	1.47	1.47	1.47	1.47
4	12~15t光轮压路机	台班	8001081	4.61	—	—	—	—	3.61	—	—	—
5	18~21t光轮压路机	台班	8001083	—	3.48	—	—	—	—	2.64	—	—
6	10t以内振动压路机(单钢轮)	台班	8001088	—	—	3.1	—	—	—	—	2.25	—
7	15t以内振动压路机(单钢轮)	台班	8001089	—	—	—	2.48	—	—	—	—	1.65
8	20t以内振动压路机	台班	8001090	—	—	—	—	1.72	—	—	—	—
9	基价	元	9999001	4677	4591	4772	4645	4493	4090	3958	4004	3750

[例2-4] 某工程采用 $2.0m^3$ 挖掘机挖装土方,75kW 推土机清理余土。土方工程量为 $20100m^3$,其中部分机械达不到需由人工完成,其工程量为 $100m^3$。土质为普通土。试计算工、料、机用量。

解:查《预算定额》第一章第一节说明第三条中规定:"机械施工土、石方,挖方部分机械达不到、需由人工完成的工程量由施工组织设计确定。其中人工操作部分,按相应定额乘以 1.15 系数"。根据定额说明可知:

①机械完成部分的工、料、机用量

工程量 $= 20100 - 100 = 20000(m^3)$

查定额 1-1-9-8,见表 2-10,每 $1000m^3$ 天然密实土的工、料、机消耗指标为:

人工:3.1 工日

$2m^3$ 以内单斗挖掘机:1.3 台班

1-1-9 挖掘机挖装土、石方   表 2-10

工程内容:挖掘机就位,开辟工作面,挖土或爆破后石方,装车,移位,清理工作面。

单位:1000m³ 天然密实方

顺序号	项目	单位	代号	挖装土方								
				斗容量(m³)								
				0.6 以内			1.0 以内			2.0 以内		
				松土	普通土	硬土	松土	普通土	硬土	松土	普通土	硬土
				1	2	3	4	5	6	7	8	9
1	人工	工日	1001001	2.7	3.1	3.4	2.7	3.1	3.4	2.7	3.1	3.4
2	0.6m³ 以内履带式液压单斗挖掘机	台班	8001025	2.7	3.16	3.64	—	—	—	—	—	—
3	1.0m³ 以内履带式液压单斗挖掘机	台班	8001027	—	—	—	1.7	1.98	2.26	—	—	—
4	2.0m³ 以内履带式液压单斗挖掘机	台班	8001030	—	—	—	—	—	—	1.14	1.3	1.47
5	基价	元	9999001	2535	2960	3391	2318	2696	3062	1998	2281	2568

② 人工完成部分的工、料、机用量

工程量:100m³

查定额 1-1-6-2,见表 2-11,每 1000m³ 天然密实土的工、料、机消耗指标为:

人工:145.5 工日

100m³ 需要人工:145.5×100/1000 = 14.55(工日)

乘以 1.15 的系数:14.55×1.15 = 16.73(工日)

③ 20100m³ 土方的工、料、机用量

人工:20×3.1 + 16.73 = 78.73(工日)

2m³ 以内单斗挖掘机:20×1.3 台班 = 26(台班)

1-1-6 人工挖运土方、装运石方   表 2-11

工程内容:人工挖运土方:1)挖松;2)装土;3)运送;4)卸除;5)空回。

人工装运石方:1)装石方;2)运送;3)卸除;4)空回。

单位:1000m³ 天然密实方

顺序号	项目	单位	代号	挖运土方				装运石方			
				第一个 20m			手推车运土每增运 10m	第一个 20m			手推车运石每增运 10m
				松土	普通土	硬土		软石	次坚石	坚石	
				1	2	3	4	5	6	7	8
1	人工	工日	1001001	113.7	145.5	174.6	5.9	167.6	192.8	221.7	7.7
2	基价	元	9999001	12084	15464	18556	627	17813	20491	23562	818

[例 2-5] 某高速公路某段,全长 36km,其路基工程按设计断面计算的填缺为 8980000m³,无利用方,平均填土高度为 6.0m,平均边坡长度为 12m,路基平均占地宽 45m,路基占地及取土坑均为耕地,普通土。采用 2m³ 以内单斗挖掘机挖装土方,平均挖深 2.0m,填前以 12t 压路机压实耕地。试问:填前压实增加土方量为多少?路基宽填增加土方量为多少?总计计价土方量(压实方)为多少?

解:《预算定额》(JTG/T 3832—2018)第一章路基工程的第一节路基土、石方工程说明第七条中规定:"下列数量应有施工组织设计提出,并入路基填方数量内计算:①清除表土或零填方地段的基底压实、耕地填前夯(压)实后,回填至原地面高程所需要的土、石方数量;②因路基沉陷需增加填筑的土、石方数量;③为保证路基边缘的压实度须加宽填筑时,所需的土、石方数量。"

清除表土是指为保证路堤在日后不形成滑动面或产生较大沉陷,当施工地段地表有树根、草皮、腐殖土或地表土壤不符合路基填料要求时,在施工之前必须将其清除。对于不同的现场情况是否清除表土以及表土清除的厚度是不同的,在设计时应根据不同情况提出数量,这部分数量应计入计价方数量内。

对零填及耕地填前压实地段,地面碾压后会产生下沉,其回填至原地面高程的数量亦应由设计人员提出。可根据实践经验或经验公式确定其下沉量,再乘以碾压面积即为增加的数量,这部分数量应计入计价方数量内。可按式(2-1)和式(2-2)计算:

$$h = \frac{p}{c} \tag{2-1}$$

式中:h——天然土因压实而产生的沉降量(cm);

p——有效作用力(kg/cm²)。一般按 12~15t 压路机的有效作用力 $p = 6.6$(kg/cm²)计算;

c——土的抗沉陷系数(kg/cm³),其值见表 2-12。

$$Q = F \times h \tag{2-2}$$

式中:Q——因碾压增加的填方数量;

F——填前夯(压)实的天然土的地面面积(m²);

h——沉降量(m)。

各种原状土的 c 值参考表　　　　表 2-12

原状土名称	c(kg/cm³)
沼泽土	0.1~0.15
凝滞土、细粒砂	0.18~0.25
松砂、松湿黏土、耕土	0.25~0.35
大块胶结的砂、潮湿黏土	0.35~0.60
坚实的黏土	1.00~1.25
泥灰石	1.30~1.80

路基沉陷是指路基表面在垂直方向产生的不均匀变形。一般路堤高度越高,路基沉陷就越加明显,对于软弱地基处的路基尤其如此。路基沉陷可分为两种情况:一是路基本身的压缩沉降;二是地基承载能力不足,在路基自重的作用下引起沉陷或向两侧挤出。因此,要求填土必须有一定的沉降量,这一数量由设计者根据沉降理论计算或根据地区经验取定,并计入计价方数量内。

为保证路基边缘的压实度,施工时一般采取加宽填筑的方式,这样就增加了土方用量。采用机械碾压时,其每边加宽的宽度通常在20~50cm,需由设计者根据具体情况确定加宽宽度,计算加宽填筑数量。需填宽的土方量一般可用式(2-3)计算:

$$\text{宽填土方量} = \text{填方区边缘全长} \times \text{边坡平均坡长} \times \text{宽填厚度} \qquad (2-3)$$

(1)因宽填路基而增加的土方量

如果每边加宽的宽度为20cm,则:

宽填天然密实方 $= 36000 \times 12 \times 0.2 \times 2 = 172800 (\text{m}^3)$

由表2-4查得普通土压实方与天然方的换算系数为1.16,则:

宽填所需借方(压实方) $= 172800 \div 1.16 = 148966 (\text{m}^3)$

(2)因填前压实耕地增加的土方量

由表2-12查得 $c = 0.35 \text{kg/cm}^3$,12t光面压路机的有效作用力 $p = 6.6 \text{kg/cm}^2$。

由式(2-1)算得: $h = 6.6 \div 0.35 = 18.86 (\text{cm})$

平均路基底面积 $= 45 \times 36000 = 1620000 (\text{m}^2)$

填前压实所增加土方量(压实方) $= 1620000 \times 0.1886 = 305532 (\text{m}^3)$(借方)

(3)总计计价土方量(压实方)

总计计价土方量 $= 8980000 + 148966 + 305532 = 9434498 (\text{m}^3)$

[例2-6] 某高速公路某路段有土方250000m³,平均运距10.2km,选用20t以内的自卸汽车运输;有石方12000m³,平均运距3.3km,选用6t以内的自卸汽车运输。试确定完成以上运输任务的自卸汽车台班数量。

解:查《预算定额》(JTG/T 3832—2018)1-1-11,见表2-13。

(1)土方运输

采用20t以内的自卸汽车运输,选定额1-1-11-11和1-1-11-12。《预算定额》第一章路基工程的第一节路基土、石方工程说明第五条中规定:"自卸汽车运输路基土、石方定额项目和洒水汽车洒水定额项目,仅适用于平均运距在15km内的土、石方运输或水的运输,当平均运距超过15km时,应按社会运输有关规定计算其运输费用。当运距超过第一个定额运距单位时,其运距尾数不足一个增运定额单位的半数时不计,等于或超过半数时按一个增运定额运距单位计算。"本例土方平均运距为10.2km,套用第一个1km和运距15km以内增运定额18个单位后尾数为0.2km,不足一个增运定额单位0.5km的半数0.25km,因此不计。则20t以内的自卸汽车运输土方台班数量 $= 3.84 + 0.43 \times 18 = 11.58$(台班)

(2)石方运输

采用6t以内的自卸汽车运输,选《预算定额》1-1-11-15和1-1-11-16。石方平均运距为3.3km,套用第一个1km和增运定额4个单位后尾数为0.3km,已超过一个增运定额单位0.5km的半数0.25km,因此,应计增运单位则合计为5个,故:

6t以内的自卸汽车运输石方台班数量 $= 13.86 + 1.71 \times 5 = 22.41$(台班)

1-1-11 自卸汽车运土、石方   表2-13

工程内容:1)等待装、运、卸;2)空回。

单位:1000m³ 天然密实方

顺序号	项目	单位	代号	土 方				石 方					
				自卸汽车装载质量(t)									
				20以内		30以内		6以内		8以内		10以内	
				第一个1km	每增运0.5km	第一个1km	每增运0.5km	第一个1km	每增运0.5km	第一个1km	每增运0.5km	第一个1km	每增运0.5km
				11	12	13	14	15	16	17	18	19	20
1	6t以内自卸汽车	台班	8007013	—	—	—	—	13.86	1.71	—	—	—	—
2	8t以内自卸汽车	台班	8007014	—	—	—	—	—	—	10.71	1.39	—	—
3	10t以内自卸汽车	台班	8007015	—	—	—	—	—	—	—	—	8.45	1.14
4	20t以内自卸汽车	台班	8007019	3.84	0.43	—	—	—	—	—	—	—	—
5	30t以内自卸汽车	台班	8007020	—	—	2.88	0.32	—	—	—	—	—	—
6	基价	元	9999001	4303	482	3906	434	7980	985	7285	945	6415	865

[**例2-7**] 某条公路采用石灰粉煤灰稳定碎石基层,设计配合比为:石灰:粉煤灰:碎石 =4:11:85,设计压实厚度为21cm。计算生石灰、粉煤灰、碎石的数量。

解:各类稳定土基层定额中的材料消耗是按一定配合比编制的,定额考虑到各地水文、地质、气候等情况差异大,建设工程的技术要求不同,其配合比可能不同。因此,定额规定了材料消耗量的换算公式,故在计算工程量时要注意设计配合比是否与定额规定一致,以便进行调整。当设计配合比与定额标明的配合比不同时,有关材料可按下式进行换算:

$$C_i = [C_d + B_d \times (H_d - H_0)] \times \frac{L_i}{L_d} \qquad (2-4)$$

式中:C_i——按设计配合比换算的材料数量;

C_d——定额中基本压实厚度的材料数量;

B_d——定额中压实厚度增减1cm的材料数量;

H_d——设计的压实厚度;

H_0——定额的基本压实厚度;

L_i——设计配合比的材料百分率;

L_d——定额标明的材料百分率。

查定额,见表2-14,可知定额配合比为:石灰:粉煤灰:碎石 =5:15:80,基本压实厚度为20cm。根据式(2-4),各种材料调整后的数量为:

粉煤灰 = [63.963 + 3.198 × (21 − 20)] × 11/15 = 49.251(m³)

熟石灰 = [22.77 + 1.139 × (21 − 20)] × 4/5 = 19.127(t)

碎石 = [222.11 + 11.1 × (21 − 20)] × 85/80 = 247.786(m³)

2-1-4 路拌法石灰、粉煤灰稳定土基层

表 2-14

工程内容:1)清扫整理下承层;2)消解石灰;3)铺料,铺灰,洒水,拌和;
4)整形,碾压,找补;5)初期养护。

II. 拖拉机带铧犁拌和

单位:1000m²

顺序号	项目	单位	代号	石灰粉煤灰碎石 石灰:粉煤灰:碎石 5:15:80		石灰粉煤灰矿渣 石灰:粉煤灰:矿渣 6:14:80		石灰粉煤灰煤矸石 石灰:粉煤灰:煤矸石 6:14:80	
				压实厚度 20cm	每增减 1cm	压实厚度 20cm	每增减 1cm	压实厚度 20cm	每增减 1cm
				21	22	23	24	25	26
1	人工	工日	1001001	16.8	0.6	16.5	0.6	14.6	0.5
2	粉煤灰	t	5501009	63.963	3.198	48.163	2.408	53.148	2.657
3	熟石灰	t	5503003	22.77	1.139	22.044	1.102	18.92	0.946
4	矿渣	m³	5503011	—	—	227.12	11.36	—	—
5	煤矸石	m³	5505009	—	—	—	—	200.5	10.03
6	碎石	m³	5505016	222.11	11.1	—	—	—	—
7	其他材料费	元	7801001	301		301		301	
8	设备摊销费	元	7901001	2.1	0.1	2.1	0.1	2.1	0.1
9	120kW 以内自行式平地机	台班	8001058	0.42	—	0.42	—	0.42	—
10	75kW 以内履带式拖拉机	台班	8001066	0.19	—	0.19	—	0.19	—
11	12~15t 光轮压路机	台班	8001081	0.37	—	0.37	—	0.37	—
12	18~21t 光轮压路机	台班	8001083	0.8	—	0.8	—	0.8	—
13	10000L 以内洒水汽车	台班	8007043	0.31	0.02	0.36	0.03	0.35	0.03
14	基价	元	9999001	36310	1708	32446	1525	27172	1261

[例 2-8] 某公路路面采用泥灰结碎石基层,其宽度为 8.5m,铺筑长度为 10km,压实厚度为 15cm,采用机械摊铺,试确定其工、料、机的消耗量。

解:查《预算定额》(JTG/T 3832—2018)中 2-1-11 泥灰结碎石基层,见表 2-15,表中给出了泥灰结碎石基层压实厚度为 8cm 时的定额消耗量及每增加 1cm 时的定额消耗量。本例的基层压实厚度为 15cm,同时根据施工时摊铺的方式,此时选用《预算定额》(JTG/T 3832—2018)中 2-1-11-3(机械摊铺,压实厚度 8cm)和 2-1-11-4(机械摊铺,压实厚度每增加 1cm)。

2-1-11 泥灰结碎石基层

表 2-15

工程内容:1)清扫整理下承层;2)铺料、整平;3)调浆、灌浆;4)撒铺嵌缝料、整形、洒水、碾压、找补。

单位:1000m²

顺序号	项目	单位	代号	人工摊铺		机械摊铺	
				压实厚度8cm	每增加1cm	压实厚度8cm	每增加1cm
				1	2	3	4
1	人工	工日	1001001	18	2	10.3	1.2
2	水	m³	3005004	19	2	—	—
3	黏土	m³	5501003	17.65	2.21	17.65	2.21
4	熟石灰	t	5503003	3.733	0.466	3.733	0.466
5	碎石	m³	5505016	96.72	12.09	96.72	12.09
6	120kW 以内自行式平地机	台班	8001058	—	—	0.3	—
7	12～15t 光轮压路机	台班	8001081	0.25	—	0.25	—
8	18～21t 光轮压路机	台班	8001083	0.45	—	0.45	—
9	10000L 以内洒水汽车	台班	8007043	—	—	0.18	0.02
10	基价	元	9999001	11013	1288	10699	1220

查《预算定额》(JTG/T 3832—2018)知,定额单位为1000m²,工程量为 $8.5 \times 10000/1000 = 85$ 个定额单位。

人工:$(10.3 + 7 \times 1.2) \times 85 = 1598.5$(工日)

熟石灰:$(3.733 + 7 \times 0.466) \times 85 = 594.575$(t)

黏土:$(17.65 + 7 \times 2.21) \times 85 = 2815.2$(m³)

碎石:$(96.72 + 7 \times 12.09) \times 85 = 15414.75$(m³)

120kW 以内自行式平地机:$(0.3 + 7 \times 0.00) \times 85 = 25.5$(台班)

12～15t 光轮压路机:$(0.25 + 7 \times 0.00) \times 85 = 21.25$(台班)

18～21t 光轮压路机:$(0.45 + 7 \times 0.00) \times 85 = 38.25$(台班)

10000L 以内洒水汽车:$(0.18 + 7 \times 0.02) \times 85 = 27.2$(台班)

[例 2-9] 某二级公路的热拌沥青碎石路面施工,路面宽度为9m,路线长度为15km,拌和场距工地平均运距10km,拌和设备的拌和能力为100t/h。试确定路面下面层5cm粗粒式沥青碎石的工料机消耗量。

解:查《预算定额》(JTG/T 3832—2018)中沥青混合料路面定额 2-2-10、2-2-13、2-2-14,知定额的单位无论是沥青混合料的拌和、运输还是摊铺,均为1000m³。

在全长范围内路面的总工程量为 $9 \times 15000 \times 0.05 = 6750$(m³)。故工程量为6750/1000 = 6.75个定额单位。

(1)沥青混合料的拌和

因拌和设备的拌和能力为100t/h,则选用《预算定额》中 2-2-10-3,见表 2-16,混合料拌和

时的工、料、机消耗量为:

人工:36×6.75=243(工日)

石油沥青:78.676×6.75=531.063(t)

路面用机制砂:157.04×6.75=1060.02(m^3)

矿粉:45.227×6.75=305.282(m^3)

路面用石屑:114.2×6.75=770.85(m^3)

路面用碎石(1.5cm):268.24×6.75=1810.62(m^3)

路面用碎石(2.5cm):253.21×6.75=1709.17(m^3)

路面用碎石(3.5cm):352.89×6.75=2382.01(m^3)

路面用碎石(5cm):362.1×6.75=2444.18(m^3)

其他材料费:159.5×6.75=1076.63(元)

设备摊销费:1873.1×6.75=12643.43(元)

$2m^3$以内轮胎式装载机:7.10×6.75=47.93(台班)

……

2-2-10 沥青碎石混合料拌和　　　　　　　　　　　　　　　　　　　表2-16

工程内容:1)沥青加热、保温、输送;2)装载机铲运料、上料,配运料;3)矿料加热烘干;4)拌和,出料。

I. 特 粗 式　　　　　　　　　单位:1000m^3 路面实体

顺序号	项目	单位	代号	沥青混合料拌和设备生产能力(t/h)					
				30以内	60以内	120以内	160以内	240以内	320以内
				1	2	3	4	5	6
1	人工	工日	1001001	119.4	50.1	36	28.1	23.9	20.1
2	特粗式沥青碎石	m^3	1505001	(1020.00)	(1020.00)	(1020.00)	(1020.00)	(1020.00)	(1020.00)
3	石油沥青	t	3001001	78.676	78.676	78.676	78.676	78.676	78.676
4	路面用机制砂	m^3	5503006	157.04	157.04	157.04	157.04	157.04	157.04
5	矿粉	t	5503013	45.227	45.227	45.227	45.227	45.227	45.227
6	路面用石屑	m^3	5503015	114.2	114.2	114.2	114.2	114.2	114.2
7	路面用碎石(1.5cm)	m^3	5505017	268.24	268.24	268.24	268.24	268.24	268.24
8	路面用碎石(2.5cm)	m^3	5505018	253.21	253.21	253.21	253.21	253.21	253.21
9	路面用碎石(3.5cm)	m^3	5505019	352.89	352.89	352.89	352.89	352.89	352.89
10	路面用碎石(5cm)	m^3	5505020	362.1	362.1	362.1	362.1	362.1	362.1
11	其他材料费	元	7801001	159.5	159.5	159.5	159.5	159.5	159.5
12	设备摊销费	元	7901001	3748.2	2170.6	1873.1	1675.6	1635.2	1564.4

续上表

顺序号	项目	单位	代号	沥青混合料拌和设备生产能力(t/h)					
				30以内	60以内	120以内	160以内	240以内	320以内
				1	2	3	4	5	6
13	1.0m³以内轮胎式装载机	台班	8001045	15.65	—	—	—	—	—
14	2.0m³以内轮胎式装载机	台班	8001047	—	9.85	7.1	6.25	5.03	—
15	3.0m³以内轮胎式装载机	台班	8001049	—	—	—	—	—	2.55

(2)沥青混合料运输

查《预算定额》(JTG/T 3832—2018)中2-2-13-5(12t以内自卸汽车运输沥青混合料第一个1km)和2-2-13-6(12t以内自卸汽车运输沥青混合料每增运0.5km),见表2-17,得沥青混合料运输的工、料、机消耗量为:

12t以内自卸汽车:(8.22+18×0.74)×6.75=145.40(台班)

2-2-13 沥青混合料运输 表2-17

工程内容: 等待装、运、卸、空回。

单位:1000m³

顺序号	项目	单位	代号	自卸汽车装载质量(t)											
				8以内		10以内		12以内		15以内		20以内		30以内	
				第一个1km	每增运0.5km	第一个1km	每增运0.5km	第一个1km	每增运0.5km	第一个1km	每增运0.5km	第一个1km	每增运0.5km	第一个1km	每增运0.5km
				1	2	3	4	5	6	7	8	9	10	11	12
1	8t以内自卸汽车	台班	8007014	12.43	1.16	—	—	—	—	—	—	—	—	—	—
2	10t以内自卸汽车	台班	8007015	—	—	9.79	0.85	—	—	—	—	—	—	—	—
3	12t以内自卸汽车	台班	8007016	—	—	—	—	8.22	0.74	—	—	—	—	—	—
4	15t以内自卸汽车	台班	8007017	—	—	—	—	—	—	6.91	0.58	—	—	—	—
5	20t以内自卸汽车	台班	8007019	—	—	—	—	—	—	—	—	5.14	0.41	—	—
6	30t以内自卸汽车	台班	8007020	—	—	—	—	—	—	—	—	—	—	3.88	0.32
7	基价	元	9999001	8455	789	7432	645	6917	623	6404	538	5759	459	5262	434

（3）混合料摊铺

查《预算定额》(JTG/T 3832—2018)中 2-2-14-7,见表 2-18,得沥青混合料摊铺的工、料、机消耗量为：

人工：$41.4 \times 6.75 = 279.45$（工日）

4.5m 以内沥青混合料摊铺机：$10.33 \times 6.75 = 69.73$（台班）

10t 以内振动压路机：$18.6 \times 6.75 = 125.55$（台班）

9~16t 轮胎式压路机：$9.3 \times 6.75 = 62.78$（台班）

2-2-14 沥青混合料路面铺筑 表 2-18

工程内容：1）清扫整理下承层；2）人工或机械摊铺沥青混合料；3）找平；碾压；4）初期养护。

单位：1000m³ 路面实体

顺序号	项目	单位	代号	人工摊铺沥青混凝土及沥青碎石混合料					机械摊铺沥青碎石混合料			
									沥青混合料拌和设备生产能力(t/h)			
									30 以内			
				特粗式	粗粒式	中粒式	细粒式	砂粒式	特粗式	粗粒式	中粒式	细粒式
				1	2	3	4	5	6	7	8	9
1	人工	工日	1001001	217.7	221.5	226.7	214.8	260.5	35.3	41.4	42.1	43.5
2	6~8t 光轮压路机	台班	8001078	19.64	22.92	27.5	34.36	27.5	—	—	—	—
3	12~15t 光轮压路机	台班	8001081	13.76	16.06	19.26	24.08	19.26	—	—	—	—
4	4.5m 以内沥青混合料摊铺机(不带找平)	台班	8003056	—	—	—	—	—	10.33	10.33	10.47	10.6
5	10t 以内振动压路机(双钢轮)	台班	8003063	—	—	—	—	—	18.6	18.6	18.84	19.08
6	9~16t 轮胎式压路机	台班	8003066	3.96	4.62	5.54	6.92	3.7	9.3	9.3	9.42	9.54
7	10000L 以内洒水汽车	台班	8007043	—	—	—	—	—	0.4	0.4	0.4	0.4
8	基价	元	9999001	40884	44252	48935	53875	51330	39098	39747	40277	40874

（4）工、料、机消耗量及基价汇总

人工：$243 + 279.45 = 522.45$（工日）

石油沥青：531.063t

砂:1060.02m³

矿粉:305.282m³

石屑:770.85m³

路面用碎石(1.5cm):1810.62m³

路面用碎石(2.5cm):1709.17m³

路面用碎石(3.5cm):2382.01m³

路面用碎石(5cm):2444.18m³

设备摊销费:12643.43元

2m³以内轮胎式装载机:47.93台班

其他材料费:1076.63元

4.5m以内沥青混合料摊铺机:69.73台班

10t以内振动压路机:125.55台班

9~16t轮胎式压路机:62.78台班

12t以内自卸汽车:145.40台班

[例2-10] 某隧道内路面基层采用25cm的二灰碎石,数量为12000m²,试确定其工、料、机消耗量。

解:《预算定额》(JTG/T 3832—2018)第三章"隧道工程"的章说明规定:"洞内工程项目若需采用其他章节定额,所采用定额的人工工日、机械台班数量及小型机具使用费应乘以系数1.26"。因此,洞内的路面工程可以按此办理。

根据现行《预算定额》(JTG/T 3832)第二章第一节"路面基层及垫层"的说明规定:"各类稳定土基层、其他种类的基层和底基层压实厚度超过20cm进行分层拌和、摊铺、碾压时,拖拉机、平地机和压路机台班按定额数量加倍,每1000m²增加1.5工日"。则选用《预算定额》中2-1-4-21(机械沿路拌和石灰、粉煤灰碎石基层压实厚度20cm)、2-1-4-22(机械沿路拌和石灰、粉煤灰碎石基层压实厚度每增减1cm),见例2-7的表2-14,定额的单位为1000m²,由此可得:

人工:$(16.8 + 5 \times 0.6 + 1.5) \times 1.26 \times 12 = 322.1$(工日)

粉煤灰:$(63.963 + 5 \times 3.198) \times 12 = 959.44$(m³)

熟石灰:$(22.77 + 5 \times 1.139) \times 12 = 341.58$(t)

碎石:$(222.11 + 5 \times 11.1) \times 12 = 3331.32$(m³)

其他材料费:$301 \times 12 = 3612$(元)

120kW以内自行式平地机:$(0.42 + 0.42) \times 1.26 \times 12 = 12.70$(台班)

75kW以内履带式拖拉机:$(0.19 + 0.19) \times 1.26 \times 12 = 5.75$(台班)

12~15t光轮压路机:$(0.37 + 0.37) \times 1.26 \times 12 = 11.19$(台班)

18~21t光轮压路机:$(0.8 + 0.8) \times 1.26 \times 12 = 24.19$(台班)

10000L以内洒水汽车:$(0.31 + 5 \times 0.02) \times 1.26 \times 12 = 6.20$(台班)

[例2-11] 某公路隧道单洞长度为7km。通过斜井开挖正洞的长度1500m,围岩Ⅲ级,通过正洞出渣土石方为550000m³,通过斜井出渣土石方为150000m³,斜井纵坡6°,计算该隧道出渣计价工程量及套用的定额表号。

解:《预算定额》(JTG/T 3832—2018)按照隧道设计、施工技术规范将围岩分为六级即

Ⅰ~Ⅵ级编制定额。正洞内开挖、出渣运输等项目,按隧长 $L\leq1000m$、$L\leq2000m$、$L\leq3000m$、$L\leq4000m$、$L\leq5000m$ 编制。《预算定额》第三章隧道工程第一节洞身工程说明第7条规定:"7. 本章定额中凡是按不同隧道长度编制的项目,均只编制到隧道长度在5000m以内。当隧道长度超过5000m时,应按以下规定计算。①洞身开挖:以隧道长度5000m以内定额为基础,与隧道长度5000m以上每增加1000m定额叠加使用。②正洞出渣运输:通过隧道进出口开挖正洞,以换算隧道长度套用相应的出渣定额计算。换算隧道长度的计算公式为:

$$换算隧道长度 = 全程长度 - 通过辅助坑道开挖正洞的长度$$

当换算隧道长度超过5000m时,以隧道长度5000m以内定额为基础,与隧道长度5000m以上每增加1000m定额叠加使用。

通过斜井开挖正洞,出渣运输按正洞和斜井两段分别计算,两者叠加使用。"

根据此规定,正洞出渣运输,通过隧道进出口开挖正洞,以换算隧长套用相应的出渣定额。换算隧长计算公式为:换算隧长 = 全隧道长度 - 通过辅助坑道开挖正洞的长度。当换算隧长 >4000m 时,以隧长 ≤4000m 定额为基础,与隧长 >4000m 以上每增加1000m 定额叠加使用;通过斜井开挖正洞,出渣运输按正洞和斜井两段分别计算,二者叠加使用。正洞内运输,当开挖长度 ≤1000m 时,套用隧道长度1000m 以内的出渣定额,当开挖长度 >1000m 时,以换算隧长套用相应的出渣定额。换算隧长计算公式为:换算隧长 = 2 × 通过辅助坑道开挖正洞的长度。

查《预算定额》,见表2-19,可确定该隧道出渣计价工程量及套用的定额表号,见表2-20。

3-1-3 正洞机械开挖自卸汽车运输 表2-19

工程内容:开挖:量测、画线、打眼、装药、爆破、找顶、修整、脚手架、踏步安装、拆除、一般排水。
出渣:洞渣装、运、卸及道路养护。

Ⅱ. 出 渣 单位:100m³ 自然密实土、石

顺序号	项目	单位	代号	正洞出渣								
				隧道长度4000m以内			隧道长度5000m以内			隧道长度5000m以上每增加1000m		
				围岩级别								
				Ⅰ~Ⅲ级	Ⅳ~Ⅴ级	Ⅵ级	Ⅰ~Ⅲ级	Ⅳ~Ⅴ级	Ⅵ级	Ⅰ~Ⅲ级	Ⅳ~Ⅴ级	Ⅵ级
				52	53	54	55	56	57	58	59	60
1	人工	工日	1001001	1.1	1.1	1.4	1.1	1.1	1.4	0.18	0.18	0.2
2	3.0m³ 以内轮胎式装载机(三向)	台班	8001053	0.26	0.19	0.13	0.26	0.19	0.13	—	—	—
3	20t 以内自卸汽车	台班	8007019	1.23	0.95	0.78	1.49	1.16	0.95	0.13	0.09	0.08
4	基价	元	9999001	1843	1436	1197	2135	1671	1387	165	120	111

续上表

顺序号	项目	单位	代号	通过斜井出渣（纵坡7°以内）			通过斜井出渣（纵坡9°以内）			通过斜井出渣（纵坡12°以内）		
				围岩级别								
				Ⅰ~Ⅲ级	Ⅳ~Ⅴ级	Ⅵ级	Ⅰ~Ⅲ级	Ⅳ~Ⅴ级	Ⅵ级	Ⅰ~Ⅲ级	Ⅳ~Ⅴ级	Ⅵ级
				61	62	63	64	65	66	67	68	69
1	人工	工日	1001001	2.2	4	5.2	2.3	4.2	5.5	2.4	4.4	5.8
2	3.0m³以内轮胎式装载机（三向）	台班	8001053	0.28	0.2	0.13	0.29	0.21	0.14	0.31	0.22	0.15
3	20t以内自卸汽车	台班	8007019	0.79	0.61	0.48	0.87	0.67	0.53	0.95	0.74	0.58
4	基价	元	9999001	1494	1376	1265	1608	1478	1366	1735	1591	1467

隧道出渣计价工程量及套用的定额表号　　表2-20

内容		开挖长度(km)	换算隧长(km)	定额号	计价工程量
通过隧道进出口出渣		5.5	5.5	3-1-3-55	5500
				3-1-3-58	1×5500
通过斜井出渣	正洞段	1.5	3.0	3-1-3-49	1500
	斜井段			3-1-3-61	1500

[例2-12] 某跨径20m以内石拱桥,其浆砌块石拱圈工程量为300m³,设计采用7.5号水泥砂浆砌筑,试确定编制预算时的工、料、机消耗量。

解:查《预算定额》(JTG/T 3832—2018)第四章桥涵工程,定额号4-5-3,见表2-21。

定额表中砌筑砂浆为7.5号,设计与定额相同,故可直接套用定额。

因定额单位为10m³,则300m³=300÷10=30个定额单位,300m³浆砌块石拱圈工、料、机消耗量为:

人工:10.0×30=300(工日)

8~20号铁丝:1.5×30=45(kg)

铁钉:0.1×30=3(kg)

水:15×30=450(m³)

原木:0.01×30=0.30(m³)

锯材:0.02×30=0.60(m³)

中(粗)砂:3.06×30=91.8(m³)

块石:10.5×30=315(m³)

32.5级水泥:0.752×30=22.56(t)

其他材料费:4.4×30=132(元)

1.0m³以内轮胎式装载机:0.1×30=3(台班)

400L以内灰浆搅拌机:0.12×30=3.6(台班)

4-5-3 浆砌块石 表2-21

工程内容:1)选、修、洗石料;2)搭、拆脚手架、踏步或井字架;3)配、拌、运砂浆;4)砌筑;5)勾缝;6)养护。

单位:10m³

顺序号	项目	单位	代号	轻型墩台、拱上横墙、墩上横墙	拱圈 跨径(m) 20以内	拱圈 跨径(m) 50以内	锥坡、沟、槽、池	填腹石 实体式墩	填腹石 实体式台、墙
				5	6	7	8	9	10
1	人工	工日	1001001	9.6	10	12.8	8.4	7.5	6.6
2	M7.5水泥砂浆	m³	1501002	(2.70)	(2.70)	(2.70)	(2.70)	(2.70)	(2.70)
3	M10水泥砂浆	m³	1501003	(0.10)	(0.11)	(0.07)	(0.17)		
4	8~12号铁丝	kg	2001021	2.2	1.5	2.4	—	1.8	0.6
5	钢管	t	2003008	0.006	—			0.011	
6	铁钉	kg	2009030	0.2	0.1	0.1		0.3	0.1
7	水	m³	3005004	10	15	14	18	7	7
8	原木	m³	4003001	0.02	0.01	0.03	—	0.01	
9	锯材	m³	4003002	0.04	0.02	0.02		0.05	0.02
10	中(粗)砂	m³	5503005	3.05	3.06	3.02	3.12	2.94	2.94
11	块石	m³	5505025	10.5	10.5	10.5	10.5	10.5	10.5
12	32.5级水泥	t	5509001	0.749	0.752	0.74	0.771	0.718	0.718
13	其他材料费	元	7801001	4.1	4.4	4.4	1.2	5.4	2.7
14	1.0m³以内轮胎式装载机	台班	8001045	0.1	0.1	0.1	0.08	0.1	0.1
15	400L以内灰浆搅拌机	台班	8005010	0.12	0.12	0.12	0.12	0.12	0.12
16	基价	元	9999001	2724	2710	3028	2495	2496	2305

根据《预算定额》(JTG/T 3832—2018)总说明的规定:"如设计采用的混凝土、砂浆强度等级或水泥强度等级与定额所列强度等级不同时,可按配合比表进行换算"。砂浆配合比表见表2-22。

当设计采用10号砂浆砌筑拱圈时,与定额不符,故需要抽换定额。

由拱圈定额(4-5-3-8)查得:每10m³砌体需用7.5号砌筑砂浆的2.70m³,则:

每10m³砌体调整水泥(325)用量 = 2.70×(311-266) = 121.5(kg)

每10m³砌体调整中(粗)砂用量 = 2.70×(1.07-1.09) = -0.054(m³)

由于砂浆标号的改变只对水泥和中(粗)砂用量有影响,故:

水泥(325)用量 = 0.752+0.1215 = 0.8735(t)

中(粗)砂用量 = 3.06-0.054 = 3.006(m³)

而其他消耗指标不变。

砂浆配合比表 表2-22

单位:1m³ 砂浆及水泥浆

序号	项目	单位	水泥砂浆									
			砂浆强度等级									
			M5	M7.5	M10	M12.5	M15	M20	M25	M30	M35	M40	M50
			1	2	3	4	5	6	7	8	9	10	11
1	32.5级水泥	kg	218	266	311	345	393	448	527	612	693	760	—
2	42.5级水泥	kg	—	—	—	—	—	—	—	—	—	—	1000
3	熟石灰	kg											
4	中(粗)砂	m³	1.12	1.09	1.07	1.07	1.07	1.06	1.02	0.99	0.98	0.95	0.927

三、公路工程概算定额

(一)《公路工程概算定额》简介

《公路工程概算定额》简称《概算定额》,概算定额与预算定额均为计价定额,但与预算定额在以下三个方面存在差异:一是两者在定额项目的划分上不同;概算定额的项目划分粗细与初步设计、技术设计的深度相适应,是规定在单位的工程扩大结构上所消耗的人工、材料和机械台班的数量标准;而预算定额的项目划分粗细与施工图设计的深度相适应,是规定消耗在单位的分项工程和结构构件上的劳动力、材料和机械的数量标准;二是两者的综合扩大程度不同;概算定额是在预算定额基础上编制的,是预算定额的综合和扩大,因此概算定额比预算定额有更大的综合性;三是两者分别满足不同阶段的计价需要;概算定额是满足初步设计阶段设计概算编制的需要,预算定额是满足施工图设计阶段施工图预算编制的需要。

概算定额的作用主要表现在:概算定额是初步设计阶段和技术设计阶段编制的设计概算的主要依据;概算定额是编制建设项目投资估算指标的基础;概算定额可在多种设计方案中选择出经济有效的设计方案,在满足建设项目功能和技术性能要求的条件下,达到降低造价和人工、材料和机械消耗量的作用;在不具备施工图预算的情况下,概算定额还可以作为制定工程招标控制价的基础。

《公路工程概算定额》(JTG/T 3831—2018)包括总说明、章说明、节说明和定额表。

总说明的内容是对整册定额所做的全面性的规定和解释。章(节)说明则规定各章(节)包括的内容、各章(节)工程项目的统一规定、各章(节)工程项目综合的内容及允许抽换的规定、各章(节)工程项目的工程量计算规则等。以上各项说明是为了正确使用定额而做出的规定和解释,是正确运用定额所应遵循的条件和保证。

《概算定额》(JTG/T 3831—2018)分为路基工程、路面工程、隧道工程、桥涵工程、交通工程及沿线设施、绿化及环境保护工程、临时工程七章,以定额项目表的形式给出相应各部分的工、料、机消耗的额定标准。概算定额项目表的主要内容包括:定额项目的名称,定额项目包括的工作内容,定额单位,完成定额单位工程的人工、材料、机械的名称、单位、代号、数量,定额基价,有些定额项目表下还列有在总说明、章(节)说明中没有包括,仅供该子目使用的注释。

(二)《公路工程概算定额》应用

[例2-13] 某路基土方90m³,土质为松土,平均运距35m,手推车运输,试确定编制概算和预算时挖运土方的定额消耗量。

解:(1)编制概算时,使用概算定额。土方量为90m³,考虑采用人工挖运,查《概算定额》(JTG/G 3831—2018)路基工程人工挖运土方,选用1-1-2-1(第一个40m),见表2-23。

人工:(125.5 工日/1000m³) × 90m³ = 11.3 工日

基价:(13338 元/1000m³) × 90m³ = 1200.42 元

1-1-2 人工挖运土方 表 2-23

工程内容:1)挖松;2)装土;3)运送;4)卸除;5)空回。

单位:1000m³ 天然密实方

顺序号	项目	单位	代号	人工挖运			
				第一个40m			土方每增运10m
				松土	普通土	硬土	
				1	2	3	4
1	人工	工日	1001001	125.5	157.3	186.4	5.9
2	基价	元	9999001	13338	16718	19811	627

(2)编制预算时,采用预算定额。同样考虑人工运输。

查《预算定额》(JTG/T 3832—2018)路基工程人工挖运土方(表2-11),选用1-1-6-1(第一个20m挖运)和1-1-6-4(手推车每增运10m):因平均运距为35m,《预算定额》第一节说明中规定:当运距超过第一个定额运距单位时,其运距尾数不足一个增运定额单位的半数时不计,等于或超过半数时按一个增运定额运距单位计算。所以增运工程量等于2。

人工:(113.7 工日/1000m³) × 90m³ + (5.9 工日/1000m³) × 90m³ × 2 = 11.30 工日

基价:(12084 元/1000m³) × 90m³ + (627 元/1000m³) × 90m³ × 2 = 1200.42 元

可见,概、预算定额中,虽然人工挖运土方的工程内容相同,但第一个运距的规定却不相同(分别为40m和20m),在编制概预算汇总计算增运土石方数量时要注意这一问题。

[例2-14] 某平微区三级公路路基工程总长25km,路基宽度8.5m,路面面积为192500m²,人工挖土质台阶(普通土)5000m³、人工挖土质截水沟600m³、人工挖盲沟30m³、填前压实60000m²,试列出所采用的概、预算定额并计算人工总劳动量。

解:(1)概算

根据《概算定额》(JTG/T 3831—2018)第一章第一节路基土、石方工程说明第8条的规定,这些工程项目均属于"路基零星工程",编制概算时不应单独列项。由"1-1-22 路基零星工程"定额表1-1-22-5(表2-24),查得人工定额为149.4 工日/km,则该工程项目所需人工总劳动量为:25 × 149.4 = 3735(工日)。

1-1-22 路基零星工程

表 2-24

工程内容:1)整修路拱;2)整修边坡;3)开挖土质截(排)水沟(不进行加固);4)挖土质台阶;
5)填前压实;6)零星回填土方。

单位:1km

顺序号	项目	单位	代号	高速、一级公路		二级公路		三、四级公路	
				平原微丘区	山岭重丘区	平原微丘区	山岭重丘区	平原微丘区	山岭重丘区
				1	2	3	4	5	6
1	人工	工日	1001001	342.7	454.2	267.7	345.6	149.4	189.2
2	空心钢钎	kg	2009003	0.05	5.8	0.14	4.88	0.03	2.85
3	φ50mm 以内合金钻头	个	2009004	0.08	9.02	0.22	7.59	0.05	4.44
4	硝铵炸药	kg	5005002	0.6	66.13	1.63	55.67	0.34	32.56
5	非电毫秒雷管	个	5005008	0.68	75.88	1.87	63.87	0.39	37.35
6	导爆索	m	5005009	0.36	40.28	0.99	33.91	0.21	19.83
7	其他材料费	元	7801001	0.1	9.3	0.2	7.8	—	4.6
8	0.6m³ 以内履带式液压单斗挖掘机	台班	8001025	6.55	7.14	6.56	6.4	2.08	2.83
9	1.0m³ 以内履带式液压单斗挖掘机	台班	8001027	1.46	—	1.29	—	0.3	—
10	120kW 以内自行式平地机	台班	8001058	1.86	1.47	0.63	0.48	0.31	0.43
11	8~10t 光轮压路机	台班	8001079	3.01	2.38	1.01	0.78	0.5	0.69
12	12~15t 光轮压路机	台班	8001081	0.93	—	0.62	—	—	—
13	蛙式夯土机	台班	8001095	14.19	—	9.16	—	4.53	—
14	3m³/min 以内机动空压机	台班	8017047	0.05	5.07	0.13	4.27	0.03	2.5
15	小型机具使用费	元	8099001	1.30	146.1	3.6	123	0.80	71.9
16	基价	元	9999001	48023	60012	37319	45552	18688	24778

(2)预算

《预算定额》(JTG/T 3832—2018)中,以上这些工程项目均单独列项:

①人工挖土质台阶

选用定额 1-1-4-2。

人工:(28.1 工日/1000m³) × 5000m³ = 140.5 工日

②人工挖截水沟和盲沟

选用开挖沟槽定额1-3-1-1。

人工:$(200.1\ 工日/1000\text{m}^3) \times (600+30)\text{m}^3 = 126.1\ 工日$

③填前压实

选用定额1-1-5-2。

人工:$(2.0\ 工日/1000\text{m}^2) \times 60000\text{m}^2 = 120\ 工日$

④整修路拱

选用定额1-1-20-2(人工整修路拱)。

人工:$(7.6\ 工日/1000\text{m}^2) \times 192500\text{m}^2 = 1463\ 工日$

⑤整修边坡

选用定额1-1-20-5。

人工:$(111.2\ 工日/\text{km}) \times 25\text{km} = 2780\ 工日$

⑥总人工合计

$140.5 + 126.1 + 120 + 1463 + 2780 = 4629.6(工日)$

四、公路工程估算指标

(一)《公路工程估算指标》简介

《公路工程估算指标》简称《估算指标》,是以单项工程或单位工程为对象,综合项目全过程投资和建设中各类成本和费用,它既是定额的一种表现形式,但又不同于其他的计价定额。估算指标作为项目前期服务的一种扩大的技术经济指标,具有较强的综合性、概括性。估算指标在编制项目建议书和可行性研究报告中,是多方案比选、优化设计方案、正确编制投资估算、合理确定项目投资的重要基础;在建设项目评价、决策过程中,是评价建设项目投资可行性、分析投资效益的重要经济指标;在实施阶段,是限额设计和工程造价确定与控制的依据。

现行《公路工程估算指标》(JTG/T 3821—2018)是根据公路建设项目建议书和可行性研究报告的工作深度要求,以公路工程行业标准、规范的规定以及近年来公路建设项目的设计和竣工资料为依据而制定,适用于公路基本建设的新建和改扩建工程。对《估算指标》中缺少的项目可以编制补充指标。补充指标应按照现行《估算指标》(JTG/T 3821—2018)的编制原则、编制方法进行编制,由各省、自治区、直辖市交通运输主管部门批准执行,并报交通运输部公路局备案。

与概算定额一样,《估算指标》列出了指标子目的人工消耗量、材料名称及消耗量、机械名称及消耗量,这种表现形式更符合现代公路项目的特点和实际情况。

现行《估算指标》(JTG/T 3821—2018)包括说明、指标项目表及附录三个部分。

1. 说明

《估算指标》的说明包括总说明和章说明。

总说明是对整册指标所做的全面性的规定和解释。包括指标的适用范围、指标的作用、指标表现形式的说明、指标的章节内容划分及指标使用的总体规定等。

章说明则规定各章包括的内容、各章工程项目的统一规定、各章工程项目综合的内容及允许抽换的规定、各章工程项目的工程量计算规则等。

以上各项说明是为了正确使用指标而做出的规定和解释,是正确运用指标所应遵循的条件和保证。

2. 指标项目表

现行《估算指标》的指标表根据公路工程项目的组成分为路基工程、路面工程、隧道工程、涵洞工程、桥梁工程、交叉工程、交通工程及沿线设施、临时工程等八章,以指标项目表的形式给出相应各部分的工、料、机消耗量。估算指标项目表的主要内容包括:指标项目的名称,指标项目包括的工作内容,指标单位,完成指标单位工程的人工、材料、机械的名称、单位、代号、数量、指标基价,有些估算指标项目表下还列有在总说明、章说明中没有包括、仅供本估算指标表使用的注释。

3. 附录

为满足现代公路工程项目投资估算编制的需要,现行《估算指标》的最后列有附录——设备购置费参考值。

(二)《公路工程估算指标》应用

[例 2-15] 某高速公路项目,其防护工程数量见表 2-25,试确定完成防护工程计价所需的指标号及工料机消耗。

防护工程数量　　　　　　　　　　表 2-25

序号	防护工程内容	工程数量	单位
1	预应力锚杆框架梁	39949	m
2	预应力锚索	6202.1	m
3	抗滑桩	21001	m^3

解:查阅现行《估算指标》"1-9 防护工程"见表 2-26。

1-9 防护工程　　　　　　　　　　表 2-26

工程内容:锚杆框架梁:锚杆制作、安设,框架梁混凝土浇筑等全部工序。
　　　　　预应力锚索框架梁防护:脚手架、钻孔、预应力锚索、混凝土、钢筋、注浆等全部工序。
　　　　　抗滑桩:挖孔、护壁、桩身混凝土、钢筋等全部工序。

单位:表列单位

顺序号	项目	单位	代号	植草护坡	砌石防护	混凝土防护			锚杆框架梁防护		预应力锚索框架梁防护	抗滑桩	加筋挡土墙
						片石	混凝土	喷射	普通	预应力			
				$1000m^2$	$1000m^3$			$10m^3$	$100m$		$10m$	$10m^3$	
				1	2	3	4	5	6	7	8	9	10
1	人工	工日	1001001	9.8	977.2	1574.9	2610.7	30.9	29.8	74.9	99.7	26.3	115.8
2	HPB300 钢筋	t	2001001	—	0.057	—	10.627	0.091	0.603	0.189	0.187	1.153	0.281
3	HRB400 钢筋	t	2001002						0.390	0.441	1.841	1.189	

从本工程工程量表,查现行《估算指标》,选用的指标代号见表 2-27。

工程数量及指标代号　　　　　　　　　　　　　　　　　表2-27

序　号	工程内容	单　位	工程数量	指　标　号
1	预应力锚杆框架梁	100m	399.49	1-9-7
2	预应力锚索框架	10m	620.21	1-9-8
3	抗滑桩	10m³	2100.1	1-9-9

完成本工程的防护工程,工料机消耗见表2-28。

工 料 机 消 耗　　　　　　　　　　　　　　　　　　　表2-28

序号	项　目	单位	代　号	预应力锚杆框架梁		预应力锚索框架		抗　滑　桩		工料机消耗合计
				定额消耗量	工程量	定额消耗量	工程量	定额消耗量	工程量	
	1	2	3	4	5	6	7	8	9	10 = 4×5 + 6×7 + 8×9
1	人工	工日	1001001	74.9	399.49	99.7	620.21	26.3	2100.1	146989.37
2	HPB300 钢筋	t	2001001	0.189	399.49	0.187	620.21	1.153	2100.1	2612.90
3	HPB400 钢筋	t	2001002	1.841	399.49	1.189	620.21	—	2100.1	1472.89
…	…	…								

[**例2-16**] 某平原微丘区的二级公路,其路面工程量见表2-29,试根据该表按照《估算指标》(JTG/T 3821—2018):

(1)摘取工程量并确定其使用的指标号;

(2)确定水泥稳定碎石基层的工料机消耗。

路 面 工 程 量　　　　　　　　　　　　　　　　　　　表2-29

编号	起讫桩号	行车道路面工程数量										路肩	
		细粒式沥青混凝土 AC-13C		中粒式沥青混凝土 AC-20C		透层油		5%水泥稳定碎石基层		级配碎石(天然砂砾)底基层		M7.5浆砌MU30片石	
		厚度(cm)	数量(m²)	厚度(cm)	数量(m²)	厚度(cm)	数量(m²)	厚度(cm)	数量(m²)	厚度(cm)	数量(m²)	厚度(cm)	数量(m³)
	1	2	3	4	5	6	7	8	9	10	11	12	13
1	K1+800~K3+300.000	4	9325	5	9325		9325	25	9325	15	9325	45	473
2	路面加宽	4	1338.82	5	1338.82		1338.82	25	1338.82	15	1338.82		
3	K3+920~K5+766.950	4	11081.7	5	11081.7		11081.7	25	11081.7	15	11081.7	45	406.33
4	路面加宽	4	1648.48	5	1648.48		1648.48	25	1648.48	15	1648.48		
	合计		23394		23394		23394		23394		23394		879.33

解:(1)摘取工程量,并确定其使用的指标号

《估算指标》(JTG/T 3821—2018)中,路面基层按不同基层的类型以其顶层面积计算。路面基层按稳定土基层和其他路面基层分别编制。其中稳定土基层按不同公路等级、按不同基层类型,以水泥砂砾基层、水泥碎石基层、水泥石灰砂砾基层、水泥石灰碎石基层等划分子目编

制;其他路面基层按照不同基层类型,以泥灰结碎石基层、泥结碎石基层、级配碎石基层划分子目编制。根据以上指标子目的划分情况,在摘取工程量时应分不同类型的基层分别摘取工程量。因此本工程应按水泥碎石基层、级配碎石基层分别摘取其面积,并分别套用指标2-2-7、2-2-8和2-3-5、2-3-6,见表2-30 和表2-31。

2-2 稳定土基层 表2-30

工程内容:混合料拌和、运输、铺筑、碾压成型,拌和设备安拆等全部工序,初期养护。

Ⅱ. 二级公路 单位:1000m²

顺序号	项目	单位	代号	水泥砂砾基层		水泥碎石基层		水泥石灰砂砾基层		水泥石灰碎石基层	
				压实厚度20cm	每增减1cm	压实厚度20cm	每增减1cm	压实厚度20cm	每增减1cm	压实厚度20cm	每增减1cm
				5	6	7	8	9	10	11	12
1	人工	工日	1001001	7.8	0.3	7.8	0.3	7.7	0.3	7.8	0.3
2	水泥砂砾	m³	1507003	(200.00)	(10.00)	—	—	—	—	—	—
3	水泥碎石	m³	1507004	—	—	(200.00)	(10.00)	—	—	—	—
4	水泥石灰砂砾	m³	1507029	—	—	—	—	(200.00)	(10.00)	—	—
5	水泥石灰碎(砾)石	m³	1507030	—	—	—	—	—	—	(200.00)	(10.00)
6	铁件	kg	2009028	0.27	0.03	0.27	0.03	0.27	0.03	0.27	0.03
7	水	m³	3005004	28.09	1.13	29.09	1.13	29.09	2.13	29.09	2.13
8	熟石灰	t	5503003	—	—	—	—	22.855	1.143	14.277	0.714
9	中(粗)砂	m³	5503005	0.71	0.08	0.71	0.08	0.71	0.08	0.71	0.08
10	砂砾	m³	5503007	268.18	13.41	—	—	244.04	12.20	—	—
11	片石	m³	5505005	0.89	0.11	0.89	0.11	0.89	0.11	0.89	0.11
12	碎石(4cm)	m³	5505013	0.24	0.03	0.24	0.03	0.24	0.03	0.24	0.03
13	碎石	m³	5505016	—	—	296.73	14.84	—	—	278.64	13.93
14	块石	m³	5505025	0.82	0.10	0.82	0.10	0.82	0.10	0.82	0.10
15	32.5级水泥	t	5509001	22.337	1.131	22.778	1.153	21.405	1.085	17.694	0.899
16	其他材料费	元	7801001	301.5	0.1	301.5	0.1	301.5	0.1	301.5	0.1
17	0.6m³以内履带式液压单斗挖掘机	台班	8001025	0.01	—	0.01	—	0.01	—	0.01	—
18	2.0m³以内轮胎式装载机	台班	8001047	0.29	0.02	0.30	0.02	0.28	0.02	0.28	0.02
19	3.0m³以内轮胎式装载机	台班	8001049	0.34	0.02	0.35	0.02	0.33	0.02	0.33	0.02

2-3 其他路面基层 表 2-31

工程内容:调浆、灌浆、撒铺嵌缝料、拌和、铺筑、洒水、碾压成型、找补等全部工序。

单位:1000m²

顺序号	项目	单位	代号	泥灰结碎石基层		泥结碎石基层		级配碎石基层	
				压实厚度10cm	每增加1cm	压实厚度10cm	每增加1cm	压实厚度10cm	每增加1cm
				1	2	3	4	5	6
1	人工	工日	1001001	13.7	1.3	12.4	1.3	2.2	0.1
2	黏土	m³	5501003	24.18	2.42	28.58	2.86	—	—
3	熟石灰	t	5503003	4.326	0.432	—	—	—	—
4	碎石	m³	5505016	120.82	12.08	123.73	12.37	153.34	15.34
5	120kW 以内自行式平地机	台班	8001058	0.32	—	0.25	—	0.54	—
6	12~15t 光轮压路机	台班	8001081	0.27	—	0.27	—	0.13	—
7	18~21t 光轮压路机	台班	8001083	0.48	—	0.48	—	0.86	—
8	10000L 以内洒水汽车	台班	8007043	0.24	0.02	0.25	0.02	0.11	0.01
9	基价	元	9999001	13250	1223	12114	1130	13334	1183

对于沥青路面由于《估算指标》(JTG/T 3821—2018)分不同路面形式、按不同路面层进行编制,并按路面实体计算其工程量。见表2-32。因此,本工程应分别计算细粒式和中粒式的路面实体厚度,并分别套用指标2-5-21 和2-5-20。

2-5 沥青路面面层 表 2-32

工程内容:沥青混合料路面:拌和、运输、铺筑、洒透层油、黏层、碾压成型、拌和设备安拆等全部工序,初期养护。

其他沥青路面:熬、运油、洒透层油、铺筑、碾压成型、熬油设备安拆等全部工序,初期养护。

Ⅱ. 二 级 公 路

单位:1000m³ 路面实体

顺序号	项目	单位	代号	沥青碎石			沥青混凝土			改性沥青混凝土	
				粗粒式	中粒式	细粒式	粗粒式	中粒式	细粒式	中粒式	细粒式
				16	17	18	19	20	21	22	23
1	人工	工日	1001001	120.8	121.6	123.9	122.3	121	119.8	121.8	119.8
2	粗粒式沥青碎石	m³	1505002	(1020.00)	—	—	—	—	—	—	—
3	中粒式沥青碎石	m³	1505003	—	(1020.00)	—	—	—	—	—	—
4	细粒式沥青碎石	m³	1505004	—	—	(1020.00)	—	—	—	—	—
5	粗粒式沥青混凝土	m³	1505005	—	—	—	(1020.00)	—	—	—	—

续上表

顺序号	项目	单位	代号	沥青碎石			沥青混凝土			改性沥青混凝土	
				粗粒式	中粒式	细粒式	粗粒式	中粒式	细粒式	中粒式	细粒式
				16	17	18	19	20	21	22	23
6	中粒式沥青混凝土	m³	1505006	—	—	—	—	(1020.00)	—	—	—
7	细粒式沥青混凝土	m³	1505007	—	—	—	—	—	(1020.00)	—	—
8	中粒式改性沥青混凝土	m³	1505009	—	—	—	—	—	—	(1020.00)	—
9	细粒式改性沥青混凝土	m³	1505010	—	—	—	—	—	—	—	(1020.00)
10	型钢	t	2003004	0.002	0.002	0.002	0.002	0.002	0.002	0.002	0.002
11	组合钢模板	t	2003026	0.005	0.005	0.005	0.005	0.005	0.005	0.005	0.005
12	铁件	kg	2009028	3.46	3.46	3.46	3.46	3.46	3.46	3.46	3.46
13	石油沥青	t	3001001	99.468	107.602	118.358	121.501	128.050	134.491	18.025	12.360
14	改性沥青	t	3001002	—	—	—	—	—	—	116.277	123.317
15	煤	t	3005001	2.933	3.520	4.400	2.933	2.720	2.200	3.500	2.400
16	水	m³	3005004	45.61	45.61	45.61	45.61	45.61	45.61	45.61	45.61
17	锯材	m³	4003002	0.001	0.001	0.001	0.001	0.001	0.001	0.001	0.001
18	中(粗)砂	m³	5503005	24.76	24.76	24.76	24.76	24.76	24.76	24.76	24.76
19	路面用机制砂	m³	5503006	173.47	225.30	268.92	—	—	—	406.73	416.26
20	矿粉	t	5503013	52.637	56.387	66.412	105.700	106.330	85.210	124.450	132.260
21	路面用石屑	m³	5503015	179.28	242.51	383.71	437.44	404.08	402.60	38.25	—

对于透层等已综合在指标中,在摘取工程量时不予考虑。

培路肩在现行估算指标中已综合在路面零星工程指标"2-8 路面零星工程"中。路面零星工程按照路基长度计算工程量,见表2-33。本工程为平原微丘区的二级公路,故采用的指标号为2-8-3。

2-8 路面零星工程 表2-33

工程内容:培路肩、沥青路面镶边及土路肩加固(路边石、土路肩硬化),中间带填土、硬化、路缘带(石)等全部工序。

单位:1km

顺序号	项目	单位	代号	高速、一级公路		二级公路	
				平原微丘区	山岭重丘区	平原微丘区	山岭重丘区
				1	2	3	4
1	人工	工日	1001001	1703.0	1158.1	550.3	380.5
2	M5 水泥砂浆	m³	1501001	(5.91)	(5.19)	—	—

续上表

顺序号	项　目	单位	代　号	高速、一级公路		二级公路	
				平原微丘区	山岭重丘区	平原微丘区	山岭重丘区
				1	2	3	4
3	M10水泥砂浆	m³	1501003	(52.31)	(25.02)	(39.16)	(25.68)
4	普C20-32.5-4	m³	1503032	(97.87)	(85.85)	—	—
5	普C25-32.5-4	m³	1503033	(161.48)	(84.08)	(126.65)	(86.36)
6	普C30-32.5-4	m³	1503034	(37.21)	(32.64)	(8.16)	(8.16)
7	型钢	t	2003004	0.449	0.240	0.344	0.236
8	钢板	t	2003005	0.045	0.023	0.038	0.026
9	电焊条	kg	2009011	5.99	2.97	5.02	3.42
10	铁件	kg	2009028	45.00	22.94	36.37	24.80
11	铁钉	kg	2009030	224.81	197.20	—	—
12	石油沥青	t	3001001	6.240	5.474	3.079	3.079
13	水	m³	3005004	514.51	351.58	227.34	157.80
14	锯材	m³	4003002	6.183	5.299	0.316	0.228
15	中(粗)砂	m³	5503005	206.40	131.06	106.76	72.97
16	矿粉	t	5503013	5.818	5.104	2.871	2.871
17	路面用石屑	m³	5503015	20.58	18.05	10.15	10.15
18	片石	m³	5505005	74.73	32.78	52.44	32.78
19	碎石(4cm)	m³	5505013	247.20	169.08	111.89	78.45
20	路面用碎石(1.5cm)	m³	5505017	37.54	32.93	18.52	18.52

综上,本工程的计价工程量及其使用的指标号见表2-34。

本工程的计价工程量及其使用的指标号　　表2-34

序　号	工程内容	指标单位	工　程　量	指标号
1	水泥稳定碎石基层	1000m²	23.394	2-2-7
2	水泥稳定碎石基层	1000m²	23.394×5	2-2-8
3	级配碎石基层	1000m²	23.394	2-3-5
4	级配碎石基层	1000m²	23.394×5	2-3-6
5	细粒式沥青混凝土	1000m³路面实体	0.936	2-5-21
6	中粒式沥青混凝土	1000m³路面实体	1.17	2-5-20
7	路面零星工程	1km	3.34695	2-8-3

(2)确定水泥稳定碎石基层的工料机消耗

根据上面确定的本工程的计价工程量及套用的指标,得本工程水泥稳定碎石基层的工料机消耗,见表2-35。

本工程水泥稳定碎石基层的工料机消耗量计算表　　　　　表2-35

顺序号	项　目	单位	定额消耗量		工　程　量		工料机消耗合计
			压实厚度20cm	每增减1cm	压实厚度20cm	增加厚度5cm	
	1	2	3	4	5	6	9＝3×5＋4×6
1	人工	工日	7.8	0.3	23.394	23.394×5	217.56
2	铁件	kg	0.27	0.03	23.394	23.394×5	9.83
3	水	m³	29.09	1.13	23.394	23.394×5	812.71
4	中(粗)砂	m³	0.71	0.08	23.394	23.394×5	25.97
5	片石	m³	0.89	0.11	23.394	23.394×5	33.69
6	碎石(4cm)	m³	0.24	0.03	23.394	23.394×5	9.12
7	碎石	m³	296.73	14.84	23.394	23.394×5	8677.54
8	块石	m³	0.82	0.10	23.394	23.394×5	30.88
9	32.5级水泥	t	22.778	1.153	23.394	23.394×5	667.73
…	…	…	…	…	…	…	…

[例2-17] 某公路涵洞工程量见表2-36和表2-37。
(1)试按照《估算指标》(JTG/T 3821—2018)摘取工程量,并确定其使用的指标号;
(2)试确定本工程圆管涵的工料机消耗量。

涵洞洞身工程数量表　　　　　表2-36

序号	中心桩号	孔数及孔径	涵长	结构类型	工 程 数 量						
					洞身						
					圆管			基础	套管		铺底
					R235钢筋	R335钢筋	C25混凝土	C10混凝土	R235钢筋	C25混凝土	M10砂浆	M7.5砂浆砌MU30
		孔-m	m		kg	kg	m³	m³	kg	m³	kg	m³
1	K0+360.00	1-1.50m	10	圆管涵	132.5		1.3	5.7	85	0.8	0.3	
2	K0+600.00	1-3.0m×2.50m	16	盖板涵	25.2	144.5	2	12.2	8.9		3.4	0.9
3	K0+880.00	1-2.0m×1.50m	12	盖板涵	25.2	144.5	2	12.2	8.9		3.4	0.9
4	K1+090.00	1-1.50m	10	圆管涵	132.5		1.3	5.7	85	0.8	0.3	
5	K1+390.00	1-2.0m×1.50m	10	盖板涵	25.2	144.5	2	12.2	8.9		3.4	0.9
6	K1+530.00	1-1.50m	10	圆管涵	132.5		1.3	5.7	85	0.8	0.3	
7	K3+460.00	1-1.50m	10	圆管涵	50.4	289	4	24.4	17.8	0	6.8	1.8
8	K3+890.00	1-2.0m×1.50m	10	盖板涵	25.2	144.5	2	12.2	8.9		3.4	0.9
	合计		88		548.7	867	15.9	90.3	308.4		21.3	5.4

涵洞洞口及其他工程数量表　　表2-37

序号	中心桩号	孔数及孔径	涵长	结构类型	洞口 帽石 M7.5砂浆砌MU30	洞口 墙身 M7.5砂浆砌MU30	洞口 基础 M7.5砂浆砌MU30	洞口 铺底及隔水墙 M7.5砂浆砌MU30	洞口 跌水井 M7.5砂浆砌MU30	洞口 急流槽 M7.5砂浆砌MU30	其他 挖基 土	其他 挖基 石
		孔-m	m		m³	m³	m³	m³	m³	m³	m³	m³
1	K0+360.00	1-1.50m	10	圆管涵		7	2.1	1.5			27.5	110
2	K0+600.00	1-3.0m×2.50m	16	盖板涵	1.5	1.9		2.7		3	56.5	24.2
3	K0+880.00	1-2.0m×1.50m	12	盖板涵	1.5	1.9		2.7		3	56.5	24.2
4	K1+090.00	1-1.50m	10	圆管涵		7	2.1	1.5			27.5	110
5	K1+390.00	1-2.0m×1.50m	10	盖板涵	1.5	1.9		2.7		3	56.5	24.2
6	K1+530.00	1-1.50m	10	圆管涵		7	2.1	1.5			27.5	110
7	K3+460.00	1-1.50m	10	圆管涵	3	3.8	0	5.4		6	113	48.4
8	K3+890.00	1-2.0m×1.50m	10	盖板涵	1.5	1.9		2.7		3	56.5	24.2
合计			88		9	32.4		20.7		18	421.5	475.2

解：(1) 工程量的摘取和涵洞估算指标号的确定

《估算指标》(JTG/T 3821—2018)中的涵洞工程分盖板涵、圆管涵、拱涵、箱涵、波纹管涵等指标项目,按涵身和洞口划分子目编制,其中盖板涵、拱涵和箱涵还按跨径划分子目。涵身按涵洞长度计算工程量。洞口按道数计算,一道涵洞按两座洞口计算,如涵洞只有一座洞口,则按0.5道计算。因此本工程应按涵身和洞口分别摘取工程量。

根据题意可知,本工程有盖板涵和圆管涵两种。盖板涵采用《估算指标》(JTG/T 3821—2018)中的"4-1 盖板涵",见表2-38。圆管涵采用《估算指标》(JTG/T 3821—2018)中的"4-2 钢筋混凝土圆管涵",见表2-39。

4-1 盖 板 涵　　表2-38

工程内容：挖基、垫层、基础、洞身、洞口及洞口铺砌圬工和钢筋、支架、排水设施等工程的全部工作。

单位：表列单位

顺序号	项目	单位	代号	跨径1m以内 涵身 10延米	跨径1m以内 洞口 1道	跨径2m以内 涵身 10延米	跨径2m以内 洞口 1道
				1	2	3	4
1	人工	工日	1001001	92.9	17.8	134.9	28.2
2	HPB300 钢筋	t	2001001	0.100	—	0.145	—
3	HRB400 钢筋	t	2001002	0.296	—	0.429	—

续上表

顺序号	项　　目	单位	代　号	跨径1m以内		跨径2m以内	
				涵身	洞口	涵身	洞口
				10延米	1道	10延米	1道
				1	2	3	4
4	钢丝绳	t	2001019	0.003	—	0.005	—
5	8~12号铁丝	kg	2001021	3.69	0.28	5.36	0.44
6	20~22号铁丝	kg	2001022	1.31	—	1.90	—
7	型钢	t	2003004	0.003	—	0.005	—
8	钢管	t	2003008	0.018	0.002	0.026	0.003
9	钢模板	t	2003025	0.086	0.005	0.124	0.007
10	组合钢模板	t	2003026	0.006	—	0.008	—
11	空心钢钎	kg	2009003	0.09	0.07	0.13	0.11
12	φ50mm以内合金钻头	个	2009004	0.13	0.11	0.19	0.17
13	电焊条	kg	2009011	0.36	—	0.52	—
14	螺栓	kg	2009013	8.58	0.56	12.45	0.89
15	铁件	kg	2009028	19.33	0.57	28.06	0.9
16	铁钉	kg	2009030	2.12	0.06	3.07	0.1
17	水	m³	3005004	51.71	5.93	75.08	9.39

顺序号	项　　目	单位	代　号	跨径3m以内		跨径5m以内	
				涵身	洞口	涵身	洞口
				10延米	1道	10延米	1道
				5	6	7	8
1	人工	工日	1001001	233.3	35.7	545.9	63.9
2	HPB300钢筋	t	2001001	0.222	—	0.554	—
3	HRB400钢筋	t	2001002	0.652	—	1.637	—
4	钢丝绳	t	2001019	0.013	—	0.026	0.003
5	8~12号铁丝	kg	2001021	4.92	0.56	16.92	1
6	20~22号铁丝	kg	2001022	2.89	—	7.26	—
7	型钢	t	2003004	0.007	—	0.018	—
8	钢管	t	2003008	0.045	0.004	0.106	0.014
9	钢模板	t	2003025	0.236	0.009	0.526	0.051
10	组合钢模板	t	2003026	0.016	—	0.035	—
11	空心钢钎	kg	2009003	0.21	0.14	0.51	0.2
12	φ50mm以内合金钻头	个	2009004	0.33	0.22	0.78	0.32
13	电焊条	kg	2009011	0.79	—	2.00	—

续上表

顺序号	项　目	单位	代号	跨径3m以内		跨径5m以内	
				涵身	洞口	涵身	洞口
				10延米	1道	10延米	1道
				5	6	7	8
14	螺栓	kg	2009013	27.42	1.12	56.84	6.27
15	铁件	kg	2009028	41.61	1.14	105.96	6.33
16	铁钉	kg	2009030	3.10	0.13	10.00	0.41
17	水	m³	3005004	101.67	11.90	272.89	25.08
18	原木	m³	4003001	0.040	—	0.151	—
19	锯材	m³	4003002	0.388	0.019	1.155	0.057
20	硝铵炸药	kg	5005002	2.42	1.61	5.71	2.32

4-2 钢筋混凝土圆管涵　　　　　　　　　　　　　　　表2-39

工程内容：挖基、垫层、基础、洞身、洞口及洞口铺砌圬工和钢筋、排水设施等工程的全部工作。

单位：表列单位

顺序号	项　目	单位	代号	管径1.0m以内		管径2.0m以内	
				涵身	洞口	涵身	洞口
				10延米	1道	10延米	1道
				1	2	3	4
1	人工	工日	1001001	60.4	33.1	73.5	52.5
2	HPB300钢筋	t	2001001	0.350	—	0.911	—
3	钢丝绳	t	2001019	—	0.002	—	0.004
4	8~12号铁丝	kg	2001021	—	0.48	—	0.82
5	20~22号铁丝	kg	2001022	1.58	—	2.51	—
6	钢管	t	2003008	—	0.010	—	0.018
7	钢模板	t	2003025	0.040	0.050	0.064	0.085
8	铁皮	m²	2003044	—	0.44	—	0.76
9	空心钢钎	kg	2009003	—	0.07	—	0.12
10	φ50mm以内合金钻头	个	2009004	—	0.11	—	0.18
11	螺栓	kg	2009013	—	6.03	—	10.33
12	铁件	kg	2009028	1.76	8.40	2.09	14.4
13	铁钉	kg	2009030	2.44	0.70	2.89	1.20
14	水	m³	3005004	23.13	15.97	31.26	27.38
15	锯材	m³	4003002	0.312	0.084	0.382	0.144
16	硝铵炸药	kg	5005002	—	0.77	—	1.32
17	非电毫秒雷管	个	5005008	—	0.98	—	1.69

从估算指标表中可见，盖板涵按跨径1m以内、2m以内、3m以内、5m以内划分子目，以盖

板涵长度为指标单位,所以应该根据不同跨径统计盖板涵长度。根据表2-37中的工程数量表,知本工程的盖板涵跨径2m的有3道,其长度 = 12 + 10 + 10 = 32(m);本工程盖板涵跨径3m的有1道,其长度为16m。本工程圆管涵4道,管径均为1.5m,圆管涵长度 = 10 + 10 + 10 + 10 = 40(m)。

综上,本工程的涵洞计价工程量及其使用的指标号见表2-40。

涵洞计价工程量及其使用的指标号　　　　　　　　　　表2-40

序号	工程内容		指标单位	工程量	指标号
1	跨径2m盖板涵	涵身	10延米	3.2	4-1-3
2		洞口	1道	3	4-1-4
3	跨径3m盖板涵	涵身	10延米	1.6	4-1-5
4		洞口	1道	1	4-1-6
5	圆管涵	涵身	10延米	4.0	4-2-3
6		洞口	1道	4	4-2-4

(2)确定本工程圆管涵的工料机消耗量

根据指标"4-2 圆管涵"及本工程圆管涵工程量,计算其工料机消耗,见表2-41。

本工程圆管涵的工料机消耗量计算表　　　　　　　　　　表2-41

顺序号	项目	单位	代号	涵身		洞口		工料机消耗合计
				定额消耗量	工程实际消耗量	定额消耗量	工程实际消耗量	
				(1)	(2)=(1)×4.0	(3)	(4)=(3)×4	(5)=(2)+(4)
1	人工	工日	1001001	73.5	294	52.5	210	504
2	HPB钢筋	t	2001001	0.911	3.644	—	0	3.644
3	钢丝绳	t	2001019	—	—	0.004	0.016	0.016
4	8-12号铁丝	kg	2001021	—	—	0.82	3.28	3.28
…	…	…	…	…	…	…	…	…

[例2-18] 某段公路有四座桥,其基本情况见表2-42。试按照《估算指标》(JTG/T 3821—2018)摘取工程量,并确定其使用的指标号。

桥梁工程数量表　　　　　　　　　　表2-42

序号	桥名	桥宽(m)	孔数×跨径(m)	桥梁长度(m)	基础水深(m)	结构类型		
						上部结构	下部结构	
							桥墩及基础	桥台及基础
1	三叉河大桥	7	7×20	150	4.5	预应力混凝土空心板	柱式墩,钻孔桩基础	重力式U台,扩大基础
2	杨家中桥	7	4×16	74	2	预应力混凝土空心板	柱式墩,钻孔桩基础	重力式U台,扩大基础
3	廖家大桥	6	5×20	110	3	预应力混凝土空心板	柱式墩,钻孔桩基础	重力式U台,扩大基础
4	刘家嘴中桥	2.5	3×16	35	干处	预应力混凝土空心板	柱式墩,钻孔桩基础	桩接盖梁桥台,钻孔桩基础

解:《估算指标》(JTG/T 3821—2018)中桥梁工程指标分标准跨径小于16m的桥梁和标准跨径大于16m的桥梁两项,其中标准跨径大于16m的桥梁分为一般结构桥梁和技术复杂结构桥梁;一般结构桥梁又分为预应力混凝土空心板桥、钢筋混凝土T形梁桥、预制安装预应力钢筋混凝土T形梁桥、预制安装预应力混凝土小箱梁桥、现浇预应力混凝土连续梁桥、拱桥、钢索吊桥等。

本工程所有桥梁均为跨径大于或等于16m的预应力混凝土空心板桥。查阅《估算指标》(JTG/T 3821—2018),选用"4-7 预应力混凝土空心桥板",见表2-43。

4-7 预应力混凝土空心板桥 表2-43

工程内容:挖基、围堰、基础、下部、上部、桥面系(不含桥面面层铺装)、桥头搭板等工程的全部工作。

单位:100m² 桥面

顺序号	项目	单位	代号	基础		
				干处	水深3m以内	水深5m以内
				1	2	3
1	人工	工日	1001001	485.9	550.6	494.8
2	HPB300钢筋	t	2001001	2.778	2.779	2.273
3	HRB400钢筋	t	2001002	14.062	14.062	14.877
4	预应力粗钢筋	t	2001006	—	—	0.003
5	钢绞线	t	2001008	1.318	1.318	1.318
6	钢丝绳	t	2001019	0.050	0.052	0.056
7	8~12号铁丝	kg	2001021	0.58	0.60	0.58
8	20~22号铁丝	kg	2001022	41.68	41.71	41.74
9	型钢	t	2003004	0.163	0.171	0.265
10	钢板	t	2003005	0.074	0.075	0.094
11	圆钢	t	2003006	—	—	0.004
12	钢管	t	2003008	0.482	0.501	0.610
13	钢管桩	t	2003021	—	—	0.274
14	钢护筒	t	2003022	0.052	0.054	2.619
15	钢套箱	t	2003023	—	—	0.264
16	钢模板	t	2003025	0.492	0.512	0.483
17	组合钢模板	t	2003026	0.011	0.008	0.003
18	安全爬梯	t	2003028	0.043	0.045	0.051
19	铸铁	kg	2003040	61.03	61.03	61.03
20	空心钢钎	kg	2009003	0.04	0.04	—
21	φ50mm以内合金钻头	个	2009004	0.06	0.07	

从表2-43中可见,预应力混凝土空心板桥以其基础为干处、水深3m以内、水深5m以内划分子目,以100m²桥面为指标单位。因此工程量应根据基础水深分别摘取,即:

基础为干处的桥梁,其桥面面积 $= 2.5 \times 35 = 87.5(m^2)$

基础水深3m以内的桥梁,其桥面面积 $= 7 \times 74 + 6 \times 110 = 1178(m^2)$

基础水深 5m 以内的桥梁,其桥面面积 = $7 \times 150 = 1050 (m^2)$

综上,本工程的桥梁计价工程量及其使用的指标号见表 2-44。

桥梁计价工程量及其使用的指标号 表 2-44

序号	工程内容	指标单位	工程量	指标号
1	基础为干处的桥梁	100 m² 桥面	0.875	4-7-1
2	基础水深 3m 以内的桥梁	100 m² 桥面	11.78	4-7-2
3	基础水深 5m 以内的桥梁	100 m² 桥面	10.5	4-7-3

五、公路工程机械台班费用定额

现行《公路工程机械台班费用定额》(简称《机械台班费用定额》)(JTG/T 3833—2018)是依据目前国家有关经济技术政策,充分考虑公路基本建设工程的特点以及近年来高速、一级公路和施工机械技术发展情况而制定的。机械台班费用定额的主要作用是计算机械台班单价,同时也可计算台班消耗的人工、燃料等实物量,供编制施工组织方案(特别是机械化施工方案)、进行经济比较之用,有时还可利用《机械台班费用定额》(JTG/T 3833—2018)中的基价作为概、预算台班单价。

《机械台班费用定额》(JTG/T 3833—2018)编列了在公路基本建设工程中常用的土石方工程机械,路面工程机械,混凝土及灰浆机械,水平运输机械,起重及垂直运输机械,打桩、钻孔机械,泵类机械,金属、木、石料加工机械,动力机械,工程船舶,工程检测仪器仪表,通风机,其他机械等,共计 13 类 972 个子目。

《机械台班费用定额》的主要内容包括定额说明和机械台班费用定额表两大部分。

机械台班费用定额表是《机械台班费用定额》(JTG/T 3833—2018)的主要组成部分。定额的费用项目划分为不变费用和可变费用。不变费用包括折旧费、检修费、维护费、安拆费及场外运费,以金额形式给出,该费用除青海、新疆、西藏等边远地区外,其他地区应直接采用,不得调整;可变费用包括人工费、动力燃料费、其他费用,其中人工费、动力燃料费在《机械台班费用定额》中以人工消耗量、动力燃料消耗量的形式给出,其费用以《机械台班费用定额》的定额消耗量乘以工程所在地的人工、动力、燃料预算价格。

在定额表前面,用文字对《机械台班费用定额》的作用、机械分类、费用组成、依据和相关规定作了说明。

[**例 2-19**] 四川省境内某公路路基土石方工程中,用推土机集土,根据工程量和预算定额计算,需 105kW 以内履带式推土机 218.36 台班。已知该地区人工单价为 100 元/工日,柴油 7.5 元/kg。试确定推土机的台班单价及完成该工程的机械使用费。

解:(1)机械台班单价应根据《机械台班费用定额》(JTG/T 3833—2018)确定:

机械的台班单价 = 不变费用 + 可变费用

查《机械台班费用定额》的土石方工程机械 105kW 推土机,见表 2-45,得:

不变费用 = 折旧费 + 检修费 + 维护费 + 安拆辅助费 = 126.72 + 74.48 + 196.84 + 0.00 = 398.04(元)

因该工程地处四川省境内,故不变费用直接采用,不予调整。

可变费用 = 人工费 + 燃料动力费 = 2 工日 × 100 元/工日 + 76.52kg × 7.5 元/kg = 773.9 元

故,105kW 推土机的台班单价 = 398.04 + 773.9 = 1171.94(元/台班)

土、石方工程机械

表 2-45

序号	代号	机械名称			规格型号	功率(kW) / 斗容量(m³)		不变费用 (元)				可变费用			定额基价
							折旧费	检修费	维护费	安拆辅助费	小计	人工 工日	柴油 kg	小计	元
	8001	一、土、石方工程机械													
1	8001001	推土机	履带式		T80	60 以内	55.21	32.45	85.76		173.42	2	40.86	516.56	689.98
2	8001002				TY100	75 以内	83.62	49.15	129.90		262.67	2	54.97	621.54	884.21
3	8001003				T120A	90 以内	110.75	65.10	172.04		347.89	2	65.37	698.91	1046.80
4	8001004				T140-1 带松土器	105 以内	126.72	74.48	196.84		398.04	2	76.52	781.87	1179.91
5	8001005				T180 带松土器	120 以内	153.08	89.97	237.76		480.81	2	89.14	875.76	1356.57
6	8001006				T220 带松土器	135 以内	209.63	123.21	325.62		658.46	2	98.06	942.13	1600.59
7	8001007				SH320 带松土器	165 以内	250.56	147.26	389.18		787.00	2	120.35	1107.96	1894.96
8	8001008				带松土器	240 以内	302.64	177.87	363.40		843.91	2	174.57	1511.36	2355.27
9	8001009					320 以内	472.42	277.66	522.11		1272.19	2	234.75	1959.10	3231.29
10	8001010		湿地		TS140	105 以内	141.06	70.62	176.59		388.27	2	76.52	781.87	1170.14
11	8001011				TS180	135 以内	228.17	114.24	285.66		628.07	2	98.06	942.13	1570.20
12	8001012				TS220	165 以内	264.13	132.24	330.65		727.02	2	120.35	1107.96	1834.98
13	8001013		轮胎式		TL180A	135 以内	168.57	84.40	211.04		464.01	2	98.06	942.13	1406.14
14	8001014				TL210A	160 以内	205.08	102.68	256.73		564.49	2	114.40	1063.70	1628.19
15	8001015	铲运机	自行式			4 以内	157.46	61.70	168.06		387.22	2	47.20	563.73	950.95
16	8001016				C1-6	8 以内	176.06	68.99	187.92		432.97	2	70.40	736.34	1169.31
17	8001017				CL7	10 以内	218.62	85.66	233.35		537.63	2	92.00	897.04	1434.67
18	8001018				621B,CL9	12 以内	265.20	103.91	283.06		652.17	2	129.60	1176.78	1828.95

(2)完成该工程的机械使用费 = 台班消耗量×台班单价 = 218.36 台班×1171.94 元/台班 = 255904.82 元。

六、公路工程费用定额

费用定额是在编制工程造价中除人工、材料、机械消耗以外的其他费用需要量的计算标准,即工程造价计价依据除工程定额(工程指标)以外各项费用的计算标准。《公路工程基本建设项目投资估算编制办法》和《公路工程基本建设项目概算预算编制办法》中规定的费用指标和一系列费用的费率,都属于费用定额的范围,因此,从这个角度来看,《公路工程基本建设项目投资估算编制办法》和《公路工程基本建设项目概算预算编制办法》就是费用定额,其主要内容包括造价编制的方法和规定、各种费用的取费标准和计算方法及有关附录。具体使用见第三章相关内容。

七、公路工程定额运用总结

(一)定额运用步骤

本节对如何正确使用公路工程定额作了简单介绍,运用定额的步骤可归纳如下:

第一,根据运用定额的目的,确定所用定额的种类。如要编制施工图预算,则选择《公路工程预算定额》;若要编制可行性研究报告投资估算,则应选择《公路工程投资估算指标》。

第二,根据估算、概算、预算项目表,依次确定欲查定额的项目名称,再据此在定额或指标目录中找到其所在页次,并找到所需定额表。

第三,查到定额表后再进行:

(1)核查定额的工作内容、作业方式是否与施工组织设计有出入,若无出入,则可在表中找到相应的细目,并进一步确定子目(栏号)。

(2)检查定额表的计量单位与工程项目取定的计量单位是否一致、是否符合规定的工程量计算规则。

(3)查核定额的总说明、章说明、节说明以及表下的注释是否与所选用的定额子目的查定有关,若有关,则按说明的规定执行。

(4)根据设计图纸和施工组织设计检查子目中有无需要抽换的定额?是否允许抽换?若应抽换,则进行具体抽换计算。

(5)依子目各序号确定各项定额值,可直接引用的就直接抄录,需计算的则在计算后抄录。

第四,重新按上述步骤并复核。

第五,该项目的本细目定额查完后,再查定该项目的另外细目的定额,依次完成后,再查另一项目的定额。

(二)定额运用注意事项

在使用定额时,还应注意以下事项:

(1)计量单位应做到表与项目之间一致,特别是在抽换、增量计算时更应注意。如表列单位为 $10m^3$,实际工程量为 $2500m^3$,则工程量应为 250 个定额单位。

(2)当查定额时,首先要鉴别工程项目是属于哪类工程,以免盲目随意确定而在表中找不到栏目、无法计算或错误引用定额。如"汽车运土"与"汽车运输",前者为路基工程,而后者为桥梁工程的构件运输。

(3)定额表中对某些物品规定按成品价格编制预算,如"交通工程及沿线设施"中的钢板网、铝合金标志等,查定额时要注意。

第四节 补充定额的编制

一、补充定额编制的条件

当设计图纸上某项工程采用新材料、新结构、新工艺、新设备,而现行的定额又无近似的可利用定额来编制这类工程造价时,可以编制补充定额作为工程造价计价的依据。这是编制补充定额必须遵守的一条基本原则。凡有近似定额可以套用的,均不允许编制补充定额,但也不能随意套用工程内容不同和差异较大的定额作为计价依据。

二、编制补充定额的方法和原则

(1)补充定额的内容和表现形式,必须与现行的同类定额标准一致,如定额的计量单位、工程内容等。

(2)编制补充定额,要做到科学合理,严谨准确,简明适用,便于摘取工程量进行计价。同时要符合技术规范、施工安全操作规程和有关规定。

(3)根据设计图纸按施工工序计算出全部工序的工程细目数量,以便折算成定额单位的工程数量,进而计算工料机消耗量。如无图纸资料,必须自行绘制草图,作为计算工程数量的依据。总之,要有依有据。

(4)人工、材料、施工机械的基本消耗定额资料,可参照《公路工程预算定额》附录中的各种计算基础资料、基本定额、材料的周转及摊销等,作为计算分析的依据。当没有资料可利用参考时,应在合理确定劳动组合、施工方法和充分利用工时的原则下,通过必要的调查研究确定各种消耗水平,作为编制定额的依据。

(5)在编制公路工程概预算时,若施工机械台班费用定额缺项,可以编制补充定额。但必须参照制订同类型号施工机械台班费用所采用的基础数据资料,作为计算编制依据,包括使用总台班、年工作台班、时间利用系数、大修理费和经常修理费标准、油燃料消耗以及人员配备等,不得随意提高或降低标准。同时,要确定相应的产量定额,以便与台班费用定额配套使用。至于购置新的或进口同类型施工机械设备的补充定额,其编制原则和方法应按照国家的统一规定,取定各项计算数据。

(6)按照制订概预算定额的方法和要求,编制人工、机械台班数量计算表,材料消耗数量计算表,其他材料费、小型机具使用费、设备摊销费计算表,基价及重量计算表,最后提出定额成果表并写出定额编制说明。同时,应抄送当地公路工程造价管理部门备查。若有普遍使用和推广价值的,造价管理部门可以作为工程价格信息进行交流。

三、补充定额的编制步骤

编制一个补充定额,一般要经过以下步骤:

(1)确定补充定额的子目名称;
(2)确定补充定额的计量单位;
(3)确定补充定额项目的工作内容;
(4)根据子目划分原则和综合误差率进行子目平衡;
(5)按典型设计图纸和资料,根据工程量计算规则计算补充定额项目的工程数量;
(6)计算补充定额项目的人工、机械台班消耗数量;
(7)计算补充定额项目的材料消耗数量;
(8)计算其他材料费、小型机具使用费、设备摊销费;
(9)计算定额基价及材料总质量;
(10)整理出补充定额成果表并写出编制说明。

四、补充定额的编制示例

已知:某桥梁结构物花岗岩贴面工程的定额测定资料如下:

(1)完成 $1m^2$ 花岗岩贴面消耗的基本工作时间为 240min,辅助工作时间占工作班连续时间的 2%,准备与结束工作时间占工作班连续时间的 2%,不可避免的中断时间占工作班连续时间的 1%,休息时间占工作班连续时间的 15%。

(2)每贴面 $100m^2$ 花岗岩需消耗 7.5 号水泥砂浆 $5.55m^3$,花岗岩板 $102m^2$,白水泥 15kg,铁件 34.87kg,塑料薄膜 $28.05m^2$,水 $1.53m^3$(注:材料消耗量中均已包含场内运输及操作损耗量)。

(3)水泥砂浆用 200L 灰浆搅拌机拌和,劳动组合为 25 个生产工人/班组。

(4)人工幅度差系数为 1.1,机械幅度差系数为 1.05。

(5)计算定额基价的人工、材料、机械单价(即交通运输部 2018 年颁发的《公路工程预算定额》(JTG/T 3832—2018)附录四中所取定的人工、材料的预算价格如下:

①人工工资单价:106.28 元/工日;
②花岗岩板预算价格:400.00 元/m^2;
③白水泥预算价格:555.56 元/t,32.5 号普通硅酸盐水泥预算价格:307.69 元/t;
④铁件预算价格:4.53 元/kg;
⑤塑料薄膜预算价格:1.00 元/m^2;
⑥水预算价格:2.72 元/m^3;
⑦电预算价格:0.85 元/kW·h;
⑧中(粗)砂预算价格:87.38 元/m^3;
⑨200L 砂浆搅拌机的台班价格为 129.87 元/台班。

试根据以上已知条件:
(1)计算完成 $1m^2$ 花岗岩贴面的劳动定额。
(2)编制花岗岩贴面的补充预算定额(定额计量单位为 $100m^2$)。

解:(1)完成 $1m^2$ 花岗岩贴面的劳动定额
假定花岗岩贴面的工作班连续时间为 x,则得

$$x = 基本工作时间 + 辅助工作时间 + 准备与结束工作时间 + 中断时间 + 休息时间$$
$$x = 240 + 2\%x + 2\%x + 1\%x + 15\%x$$

$x = 240 \div [1 - (2\% + 2\% + 1\% + 15\%)] = 300(\min/m^2)$

桥涵工程每工日按8h计算，完成$1m^2$花岗岩贴面需要的时间定额和产量定额为：

时间定额 $= 300(\min) \div 60 \div 8 = 0.625(工日/m^2)$

产量定额 $= 1 \div 0.625 = 1.6(m^2/工日)$

(2)编制花岗岩贴面的补充预算定额(计量单位为$100m^2$)

预算定额由人工、主要材料和施工机械的消耗量构成。对本例题来说，人工消耗量由施工定额中劳动定额乘以人工幅度差系数确定；主要材料消耗量根据测定的数量确定；施工机械消耗量由施工定额中的机械定额乘以机械幅度差系数确定。

①人工消耗量：由题意可知，由施工定额综合为预算定额的人工幅度差为1.1，则人工数量$= 0.625 \times 1.1 \times 100 = 68.75(工日/100m^2)$。

②材料消耗：

铁件数量：$34.87 \times 1 = 34.87(kg/100m^2)$

白水泥数量：$0.015 \times 1 = 0.015(t/100m^2)$

32.5号水泥数量：$0.266 \times 5.55 = 1.4763(t/100m^2)$

水数量：$1.53 \times 1 = 1.53(m^3/100m^2)$

花岗岩板数量：$102 \times 1 = 102(m^2/100m^2)$

中(粗)砂数量：$1.09 \times 5.55 = 6.0495(m^3/100m^2)$

塑料薄膜数量：$28.05 \times 1 = 28.05(m^2/100m^2)$

③机械消耗：由题意可知，由施工定额综合为预算定额的机械幅度差系数为1.05，则200L砂浆搅拌机数量$= 0.625 \times 100 \div 25 \times 1.05 = 2.63(台班/100m^2)$。

④基价：

基价 $= \sum(工、料、机消耗量 \times 统一的工、料、机的价格) = 68.75 \times 106.28 + 34.87 \times 4.53 + 0.015 \times 555.56 + 1.4763 \times 307.69 + 1.53 \times 2.72 + 102 \times 400 + 6.05 \times 87.38 + 28.05 \times 1 + 2.63 \times 129.87 = 49629.7(元)$

习题

1. 简述造价依据的含义？工程造价依据有哪些特征？
2. 什么是定额？定额具有哪些性质？简述定额的分类。
3. 简述施工定额的性质。
4. 什么是时间定额？什么是产量定额？时间定额和产量定额有何关系？
5. 预算定额的作用主要体现在哪些方面？简述现行《公路工程预算定额》的组成结构。
6. 预算定额中的总说明、章说明、节说明的作用是什么？
7. 题7表为现行《公路工程预算定额》中人工铺筑路面垫层的预算定额表。请从定额单位、定额所包含的工程内容、完成定额单位工程的工料机消耗等方面对人工铺筑砂砾垫层定额进行描述。

2-1-1 路面垫层　　　　　　　　　　　　　　　　　　　　　题7表

工程内容：铺筑，整平，洒水，碾压。

单位：1000m²

顺序号	项目	单位	代号	人工铺料									
				压实厚度15cm					每增减1cm				
				粗砂	砂砾	煤渣	矿渣	碎石	粗砂	砂砾	煤渣	矿渣	碎石
				1	2	3	4	5	6	7	8	9	10
1	人工	工日	1001001	16.6	18.2	21.2	19	17.6	1	1.1	1.3	1.1	1
2	水	m³	3005004	20	19	26	21	17	1	1	2	1	1
3	砂	m³	5503004	196.56	—	—	—	—	13.1	—	—	—	—
4	砂砾	m³	5503007	—	191.25	—	—	—	—	12.75	—	—	—
5	煤渣	m³	5503010	—	—	252.45	—	—	—	—	16.83	—	—
6	矿渣	m³	5503011	—	—	—	198.9	—	—	—	—	13.26	—
7	碎石	m³	5505016	—	—	—	—	186.66	—	—	—	—	12.44
8	12～15t 光轮压路机	台班	8001081	0.23	0.16	0.16	0.08	0.16	—	—	—	—	—
9	18～21t 光轮压路机	台班	8001083	—	0.3	0.41	0.44	0.41	—	—	—	—	—
10	基价	元	9999001	17220	11218	17677	15972	16455	1126	714	1140	1021	1051

8. 概算定额的作用主要体现在哪些方面？简述现行《公路工程概算定额》的组成结构。

9. 估算指标的作用主要体现在哪些方面？简述现行《公路工程估算指标》的组成结构。

10. 机械台班费用定额的作用主要体现在哪些方面？简述现行《公路工程机械台班费用定额》的组成结构。

11. 简述定额运用步骤，定额运用中的注意事项有哪些？

12. 编制补充定额应满足哪些条件？补充定额怎样编制？

第三章
公路工程建设项目造价费用组成及计算

现行公路工程建设项目造价文件的费用组成包括五部分费用：第一部分费用——建筑安装工程费、第二部分费用——土地使用及拆迁补偿费、第三部分费用——工程建设其他费、第四部分费用——预备费、第五部分费用——建设期贷款利息。正确计算这些费用，是合理确定公路工程建设项目造价的基础。本章在介绍公路工程建设项目造价费用组成的基础上，逐一介绍公路工程建设项目造价中各项费用的计算。

根据《公路工程建设项目投资估算编制办法》（JTG 3820—2018）、《公路工程建设项目概算预算编制办法》（JTG 3830—2018）的规定，公路基本建设工程估算、概算、预算费用组成如图3-1所示。

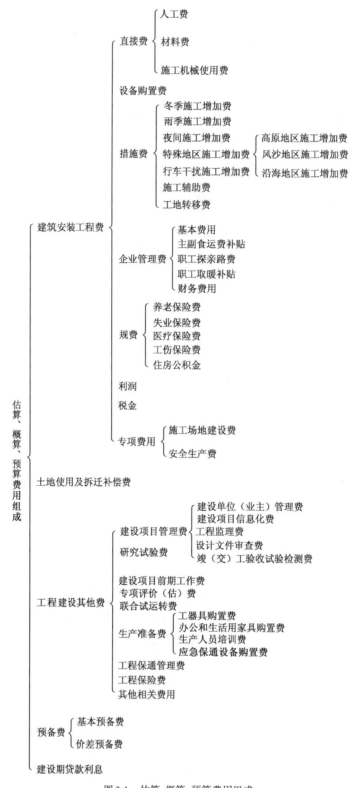

图 3-1 估算、概算、预算费用组成

第一节 建筑安装工程费的计算

建筑安装工程费是直接用于形成工程实体所发生的费用,包括直接费、设备购置费、措施费、企业管理费、规费、利润、税金、专项费用。

下面分别以概(预)算费用计算为例,介绍建筑安装工程费各项费用的计算。估算费用的计算有细微区别,详见《公路工程建设项目投资估算编制办法》(JTG 3820—2018)。

一、直接费

直接费指施工过程中耗费的构成工程实体和有助于工程形成的各项费用,包括人工费、材料费、施工机械使用费。

1. 人工费

人工费指列入概算、预算定额的直接从事建筑安装工程施工的生产工人开支项费用。人工费以概算、预算定额的人工工日数乘以综合工日单价计算,即:

$$人工费 = \sum(实物工程数量 \times 定额人工工日数 \times 综合工日单价)$$

人工费包括:

(1)计时工资或计件工资:按计时工资标准和工作时间或对已做工作按计件单价支付给个人的劳动报酬。

(2)津贴、补贴:为了补偿职工特殊或额外的劳动消耗和因其他特殊原因支付给个人的津贴,以及为了保证职工工资水平不受物价影响支付给个人的物价补贴。如流动施工津贴、特殊地区施工津贴、高温(寒)作业临时津贴、高空津贴等。

(3)特殊情况下支付的工资:根据国家法律、法规和政策规定,因病、工伤、产假、计划生育假、婚丧假、事假、探亲假、定期休假、停工学习、执行国家或社会义务等原因按计时工资标准或计件工资标准的一定比例支付的工资。

人工费标准按照本地区公路建设项目的人工工资统计情况以及公路建设劳务市场情况进行综合分析、确定人工工日单价。人工工日单价由省级交通运输主管部制定发布,并适时进行动态调整。

人工工日单价仅作为编制概算、预算的依据,不作为施工企业实发工资的依据。

2. 材料费

材料费是指施工过程中耗用的构成工程实体的原材料、辅助材料、构配件、零件和半成品或成品等,按工程所在地的材料价格计算的费用。即:

$$材料费 = \sum \{实物工程数量 \times (定额材料用量 \times 材料预算价格 + 定额其他材料费 + 定额设备摊销费)\}$$

式中,定额材料用量是定额单位产品的材料消耗量;定额其他材料费和定额设备摊销费分别是定额单位产品的其他材料费和设备摊销费,这两项费用不是在每个定额项目中都存在,即有的定额项目中有,有的定额项目中没有;材料预算价格指材料从来源地或交货地到达工地仓库或施工地点堆放材料的地方后的综合平均价格,因此由材料的原价、运杂费、场外运输损耗、采购及仓库保管费四部分所组成。由于建筑材料的品种规格多、来源渠道多、工程种类多、施工分散点多,故根据公路建设工程的实践和以上的特点,不论用于哪类工程的材料,对构成材料预算价格的各个因素,一般均以一个建设项目为对象,作为综合计算的依据。这样有利于规范各类工程及其分部分项工程材料费的计算。

材料预算价格的计算公式如下:

$$材料预算价格 = (材料原价 + 运杂费) \times (1 + 场外运输损耗率) \times (1 + 采购及保管费率) - 包装品的回收价值$$

(1)材料原价

公路建设工程所耗用的各种建筑材料,可分为外购材料和自采材料,其材料原价可按下列要求计算。

①外购材料

外购材料主要是国家或地方的工业产品,如水泥、钢材、木材、沥青、油燃料、化工产品、民用爆破器材、五金及构配件等。外购材料参照本行政区域内交通运输主管部门发布的价格和按调查的市场价格进行综合取定。

②自采材料

自采材料主要是由施工单位自行开采加工的砂、石、土及黏土等材料。根据建设工程沿线开采条件,按定额中开采单价加辅助生产间接费和矿产资源税(如有)计算。若开采的料场需开挖盖山土石方时,可将其综合分摊在料场价格内,以简化计算工作。

(2)运杂费

运杂费是指材料自供应点至工地仓库或施工现场堆放材料的地点的一切费用,包括装卸费、运费,如有发生,还应计囤存费及其他杂费(如过磅、标签、支撑加固、路桥通行等费用)。材料的运输流程如图3-2所示。

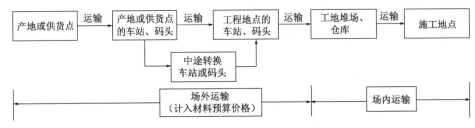

图3-2 材料的运输流程

运杂费的计算中,运距和运价的确定是关键。

运距的确定:从材料的运输流程图可见,运距应从材料来源地算到工地堆放地点,因此运距的确定其实关键是运距终点的取定。一般情况下,运距终点可根据施工组织设计中的施工平面规划来确定,如果施工组织设计不能提供工地仓库和堆料场位置时,材料终点位置为:路线工程为路线中心点里程桩号,大中桥或独立桥梁工程为桥梁中心桩号。

运价的确定:通过公路、铁路、水运等部门运输,按调查的市场运价计算运费。

当一种建筑材料有两个以上的供应点时,都应根据不同的运距、运量、运价采用加权平均法计算运杂费。但通常都先计算出加权平均运距,然后再计算费用,这样量价分离就有利于规范材料运杂费的计算行为。若分标段编制工程造价文件时,则应以各标段作为计算加权平均运距的依据。同时,在按上述要求计算加权平均运距时,不得在工地仓库或堆料场之外,再加场内运输运距或二次倒运的运距,因为概算预算定额中已考虑了工地运输便道的特点,而且定额中已计入"工地小搬运"项目。

有容器或包装材料及长大轻浮材料应按表 3-1 规定的毛重计算运杂费。桶装沥青、汽油、柴油按每吨摊销一个旧汽油桶计算包装费(不计回收)。

材料毛质量系数及单位毛质量表　　　　表 3-1

材料名称	单位	毛质量系数	单位毛质量
爆破材料	t	1.35	—
水泥、块状沥青	t	1.01	—
铁钉、铁件、焊条	t	1.10	—
液体沥青、液体燃料、水	t	桶装1.17,油罐车装1.00	—
木料	m³	—	原木0.75t,锯材0.65t
草袋	个	—	0.004t

(3)场外运输损耗

场外运输损耗是指有些材料在正常的运输过程中会发生损耗,这部分损耗应摊入材料单价内。材料场外运输操作损耗率见表 3-2。

材料场外运输操作损耗率表(%)　　　　表 3-2

材料名称		场外运输(包括一次装卸)	每增加一次装卸
块状沥青		0.5	0.2
石屑、碎砾石、砂砾、煤渣、工业废渣、煤		1.0	0.4
砖、瓦、桶装沥青、石灰、黏土		3.0	1.0
草皮		7.0	3.0
水泥(袋装、散装)		1.0	0.4
砂	一般地区	2.5	1.0
	多风地区	5.0	2.0

注:汽车运水泥当运距超过 500km 时,袋装水泥损耗率增加 0.5 个百分点。

(4)采购及保管费

材料采购及仓库保管费是指材料供应部门(包括工地仓库以及各处材料管理部门)在组织采购、保管材料的过程中,所需的各项费用及工地仓库材料储存损耗。采购及保管费以材料原价与运杂费及场外运输损耗之和为基数,乘以采购及保管费率计算。

钢材的采购及保管费费率为 0.75%,燃料、爆破材料为 3.26%,其余材料为 2.06%。商品水泥混凝土、沥青混合料和各类稳定土混合料、外购的构件、成品及半成品的预算价格计算方法与材料相同。商品水泥混凝土、沥青混合料和各类稳定土混合料不计采购及保管费,外购的构件、成品及半成品的采购及保管费率为 0.42%。

[例 3-1] 某工程项目需要 42.5 级水泥,已知该水泥的原价为 430 元/t,从供应点到工地仓库的距离为 80km,全部采用汽车运输,已知单位运费为 0.8 元/km,假设每吨水泥运输中需杂费共计为 20 元/t,不计包装品回收价值,水泥毛重系数为 1.01,场外运输损耗为 1%,采购及保管费费率为 2.06%,求水泥的预算价格是多少?

解:根据题意可知,运杂费为:$(0.8 \times 80 + 20) \times 100\% \times 1.01 = 84.84$(元/t)。

材料预算价格 = (材料原价 + 运杂费) × (1 + 场外运输损耗率) × (1 + 采购及保管费率) − 包装品的回收价值 = (430 + 84.84) × (1 + 1%) × (1 + 2.06%) = 530.7(元/t)

[**例3-2**] 某公路工程项目建设中需使用碎石,经调查有 A、B、C 三个供货地点,A 地供应价格为 100 元/m^3,可供量 40%;B 地出厂价格为 99 元/m^3,可供量 30%;C 地供应价格为 98 元/m^3,可供量 30%。运输方式均为汽车运输,运价 0.8 元/m^3·km,装卸费 5.8 元/m^3,A 地离中心仓库70km,B 地离中心仓库80km,C 地离中心仓库78km,材料不需包装,途中材料损耗率 1%,采购保管费率 2.06%。试计算碎石的预算价格。

解:(1)同一种材料有几种原价的,应加权平均计算综合原价。

综合原价 = 100 × 0.4 + 99 × 0.3 + 98 × 0.3 = 99.1(元/m^3)

(2)同一种材料采用同一运输方式,但供货地点不同,应先计算加权平均运距,然后再计算运费。

平均运距 = 70 × 0.4 + 80 × 0.3 + 78 × 0.3 = 75.4(km)

运费 = 75.4 × 0.8 + 5.8 = 66.12(元/m^3)

(3)已知场外运输损耗率为 1%,采购保管费率 2.06%,则碎石材料预算价格为:

预算价格 = (99.1 + 66.12) × (1 + 1%) × (1 + 2.06%) = 170.31(元/m^3)

通过上面计算可知,本工程使用的碎石的预算价格为 170.31 元/m^3。

3. 施工机械使用费

施工机械使用费是指列入概算、预算定额的工程机械和工程仪器仪表台班数量,按相应机械台班费用定额计算的施工机械使用费和小型机具使用费。即:

机械使用费 = Σ{实物工程量 × (定额机械台班数量 × 机械台班预算价格 + 小型机具使用费)}

(1)工程机械使用费

机械台班预算价格,应按《机械台班费用定额》(JTG/T 3833—2018)计算。机械台班单价由不变费用和可变费用组成。不变费用包括折旧费、大修理费、检修费、维护费、安装拆卸及辅助设施费等;可变费用包括机上人员人工费、动力燃料费、养路费及车船使用税。可变费用中的人工工日数及动力燃料消耗量,应以机械台班费用定额中的数值为准。台班人工费工日单价同生产工人人工费单价。动力燃料费用则按材料费的计算规定计算。

(2)工程仪器仪表使用费

工程仪器仪表使用费指机电工程施工作业所发生的仪器仪表使用费,以施工仪器仪表台班耗用量乘以施工仪器仪表台班单价计算。

施工仪器仪表台班预算价格应按照《机械台班费用定额》(JTG/T 3833—2018)计算。台班人工费工日单价同生产工人人工费单价。动力燃料费用则按材料费的计算规定计算。

当工程用电为自发电时,电动机械每 kW·h(度)电的预算价格,可按下列公式进行计算:

$$A = 0.15 \frac{K}{N}$$

式中:A——每 kW·h(度)电单价(元);

K——发电机组的台班单价(元);

N——发电机组的总功率(kW)。

若采用多台发电机组联合发电时,应将其价格和功率分别汇总,作为计算依据。

当同时使用自发电和电网供电时,可按各自供电的电动机械的总功率所占的比重计算综合电价,也可按各自供电时间的长短作为计算综合电价的依据。

[**例 3-3**] 在编制某公路工程材料预算单价时,地方性材料考虑为施工企业自采加工。已知工程所在地政府主管部门发布的工资标准为 109 元/工日,定额人工单价为 106.28 元/工日。该地区公路工程造价站公布的几种常用建筑材料的预算价格见表 3-3。根据施工组织设计,石料场至工地平均运距 100m,采用手推车运输,试计算片石的预算单价。

建筑材料预算单价表 表 3-3

材料规格或名称	单位	预算单价(元)
空心钢钎	kg	6.9
φ50mm 以内合金钻头	个	32.0
硝铵炸药	kg	12.0
非电毫秒雷管	个	3.2
导爆索	m	2.1
柴油	kg	6.8

解:据题意可知,片石采用施工企业自行开采的方式,因此片石预算价格中的原价应是料场价格(本例不计矿产资源税)。即

$$片石原价 = 料场价格 = 定额开采价 + 辅助生产间接费$$

$$辅助生产间接费 = 定额人工费 \times 3\%$$

开采价应根据《预算定额》(JTG/T 3822—2018)第八章"材料采集及加工"确定,查《预算定额》第八章"材料采集及加工"第 8-1-5 节"8-1-5 片石、块石开采",见表 3-4,可见除空压机的台班预算单价应通过计算确定外,其他的材料单价题中均已给出,因此先计算空压机的台班预算单价,然后再计算定额开采价和片石的预算单价。

8-1-5 片石、块石开采 表 3-4

工程内容:片石开采:打眼、爆破、撬石、锲开、解小、码方。
　　　　　　片石捡清:撬石、解小、码方。
　　　　　　块石开采:打眼、爆破、锲开、劈石、粗清、码方。
　　　　　　块石捡清:选石、劈石、粗清、码方。

单位:100m³ 码方

顺序号	项目	单位	代号	片石			块石		
				人工开采	机械开采	捡清	人工开采	机械开采	捡清
				1	2	3	4	5	6
1	人工	工日	1001001	27.5	15.8	18.6	81.4	47.6	67.7
2	钢钎	kg	2009002	3.8	—	—	3	—	—
3	空心钢钎	kg	2009003	—	2.1	—	—	0.9	—
4	φ50mm 以内合金钻头	个	2009004	—	3	—	—	3	—
5	煤	t	3005001	0.024	—	—	0.018	—	—
6	硝铵炸药	kg	5005002	20.4	20.4	—	11.9	11.9	—

续上表

顺序号	项目	单位	代号	片石			块石		
				人工开采	机械开采	捡清	人工开采	机械开采	捡清
				1	2	3	4	5	6
7	非电毫秒雷管	个	5005008	28	28	—	20	20	—
8	导爆索	m	5005009	13	13	—	9	9	—
9	$9m^3/min$ 以内机动空压机	台班	8017049	—	1.31	—	—	3.95	—
10	小型机具使用费	元	8099001		48.7			146.5	
11	基价	元	9999001	3320	3139	1977	8904	8372	7195

①计算 $9m^3/min$ 机动空压机的台班预算单价：

查《机械台班费用定额》(JTG/T 3833—2018)动力机械部分，见表3-5，得 $9m^3/min$ 机动空压机的定额代号为8017049，其台班费用如下：

不变费用：270.17 元/台班

可变费用：

柴油：60.34kg

则 $9m^3/min$ 机动空压机台班单价 $= 270.17 + 60.34 \times 6.8 = 680.48$（元/台班）

动力机械台班费用　　　　　表3-5

序号	代号	机械名称		规格型号	不变费用				
					折旧费	检修费	维护费	安拆辅助费	小计
					元				
799	8017038	低压配电屏		$4 \times 600A$	BSL-1-43	2.85	1.61	3.27	—	7.73
800	8017039	空气压缩机	电动	排气量 (m^3/min)	0.3 以内	Z-0.3/7	2.23	2.99	11.53	—	16.75
801	8017040				0.6 以内	2V-0.6/7	2.87	3.65	14.09	—	20.61
802	8017041				1 以内	3V-0.9/7	3.75	4.52	17.48	0.28	26.03
803	8017042				3 以内	W-3/7DY	17.87	15.78	60.97	0.45	95.07
804	8017043				6 以内	W-6/7DY	25.59	21.50	83.05	0.51	130.65
805	8017044				10 以内	3L-10/8	30.32	17.63	68.10	0.56	116.61
806	8017045				20 以内	4L-20/8	51.37	26.56	102.58	3.48	183.99
807	8017046				40 以内	5L-40/8	203.54	87.70	338.72	5.23	635.19
808	8017047		机动		3 以内	CV-3/8-1	26.17	20.30	72.02	0.45	118.94
809	8017048				6 以内	WY-6/7A	42.36	35.59	126.25	0.51	204.71
810	8017049				9 以内	VY-9/7	55.93	46.99	166.69	0.56	270.17
811	8017050				12 以内	2VY1-12/7	59.80	50.24	178.23	0.85	289.12
812	8017051				17 以内	LGY25-17/7	65.91	49.69	176.28	3.48	295.36
813	8017052				40 以内		182.57	141.59	446.14	5.23	775.53
814	8017053	液压动力柜		功率5kW	—	11.97	4.90	16.97	—	33.84
815	8017054	工业锅炉		蒸发量 (t/h)	1 以内	DZL1-1.0-AⅢ	86.48	74.52	166.63	5.53	333.16
816	8017055				2 以内	DZL2-1.0-AⅢ	116.50	100.39	224.48	8.88	450.25
817	8017056				4 以内	DZL4-1.0-AⅢ	220.24	128.09	286.44	13.84	648.61

②计算片石料场单价：

片石采用机械开采，查《预算定额》第八章"材料采集及加工"第 8-1-5 节"8-1-5 片石、块石开采"，即 8-1-5-(2)，见表 3-4：

人工费 = (15.8 × 109) ÷ 100 = 17.22(元/m³)

辅助生产间接费 = 定额人工费 × 3% = [(15.8 × 106.28) ÷ 100] × 3% = 0.50(元)

材料费 = Σ材料消耗指标 × 材料预算单价 = (2.1 × 6.9 + 3.0 × 32 + 20.4 × 12 + 28 × 3.2 + 13 × 2.1) ÷ 100 = 4.72(元/m³)

机械费 = Σ机械台班消耗指标 × 机械台班单价 = (1.31 × 680.48 + 48.7) ÷ 100 = 9.4(元/m³)

片石料场单价 = 人工费 + 材料费 + 机械费 + 辅助生产间接费 = 17.22 + 4.72 + 9.4 + 0.50 = 31.84(元/m³)

③计算片石预算单价：

片石原价即为料场单价：31.84(元/m³)

运杂费计算如下：

查《预算定额》第九章材料运输第 9-1-2 节手推车运输，见表 3-6，片石装卸定额为 9-1-2-7，片石推运定额为 9-1-2-8。

9-1-2 手推车运输　　　　　　　　　　　　　　　　　　　　　表 3-6

工程内容：1)装料；2)推运；3)卸料；4)空回。

单位：100m³

顺序号	项目	单位	代号	土、砂、石屑		黏土		砂砾、碎(砾)石、碎(砾)石土		片石、大卵石		块石	
				装卸	推运10m	装卸	推运10m	装卸	推运10m	装卸	推运10m	装卸	推运10m
				1	2	3	4	5	6	7	8	9	10
1	人工	工日	1001001	6.1	0.5	7.5	0.5	8.8	0.5	11.6	0.7	13.4	0.9
2	基价	元	9999001	648	53	797	53	935	53	1233	74	1424	96

则：

运杂费 = (11.6 × 109 + 0.7 × 10 × 109) ÷ 100 = 20.27(元/m³)

辅助生产间接费 = [(11.6 × 106.28 + 0.7 × 10 × 106.28) ÷ 100] × 3% = 0.59(元)

单位运杂费 = 20.27 + 0.59 = 20.86(元/m³)

原价运杂费合计 = 31.84 + 20.86 = 52.7(元/m³)

片石场外运输损耗率为零，采保费率 2.06%

采保费 = 52.7 × 2.06% = 1.09(元)

则片石预算单价 = 52.7 + 1.09 = 53.79(元/m³)

二、设备购置费

1. 费用内容

设备购置费指为满足公路初期运营、管理需要购置的构成固定资产标准的设备和虽低于固定资产标准但属于设计明确列入设备清单的设备的费用,包括渡口设备、隧道照明、消防、通风的动力设备,公路的收费、监控、通信、路网运行监测、供配电及照明设备等。

2. 计算方法

设备购置费应列出计划购置清单(包括设备的规格、型号、数量),以设备预算价计入。

$$设备购置费 = 设备原价 + 运杂费 + 运输保险费 + 采购及保管费$$

需要安装的设备,应在第一部分建筑安装工程费的有关项目内加计设备的安装工程费用。设备与材料的划分标准见《公路工程建设项目概算预算编制办法》(JTG 3830—2018)附录C。

三、措施费

措施费包括冬季施工增加费、雨季施工增加费、夜间施工增加费、特殊地区施工增加费、行车干扰施工增加费、施工辅助费、工地转移费。

由于措施费是根据规定的费用基数乘以规定的费率计算的,而工程项目内容千差万别,无法个别地按各具体工程项目来制定费率标准。因此,只能将性质相近的工程项目合并成若干类别来制定费率。《公路工程建设项目概算预算编制办法》(JTG 3830—2018)规定,工程类别划分为如下的10类:

(1)土方:指人工及机械施工的土方工程、路基掺灰、路基换填及台背回填。

(2)石方:指人工及机械施工的石方工程。

(3)运输:指汽车、拖拉机、机动翻斗车、船舶等运送土石方、路面基层和面层混合料、水泥混凝土及预制构件、绿化苗木等工程。

(4)路面:指路面所有结构层工程、路面附属工程、便道以及特殊路基处理(不含特殊路基处理中的圬工构造物)。

(5)隧道:指隧道土建工程(不含隧道的钢材及钢结构)。

(6)构造物Ⅰ:指砍树挖根、拆除工程、排水、防护、特殊路基处理中的圬工构造物、涵洞、交通安全设施、拌和站(楼)的安拆工程、便桥、便涵、临时电力和电信设施、临时轨道、临时码头、绿化工程等。

(7)构造物Ⅱ:指小桥、中桥、大桥、特大桥工程。

(8)构造物Ⅲ:指商品水泥混凝土的浇筑、商品沥青混合料和各类商品稳定土混合料的铺筑、外购混凝土构件、设备安装工程等。

(9)技术复杂大桥:指钢管拱桥、斜拉桥、悬索桥、单孔跨径在120m以上(含120m)和基础水深在10m以上(含10m)的大桥主桥部分的基础、下部和上部工程(不含桥梁的钢材及钢结构)。

(10)钢材及钢结构:指所有工程的钢材及钢结构等。

值得特别注意的是:购买的路基填料、绿化苗木、商品水泥混凝土、商品沥青混合料和各类商品稳定土混合料、外购混凝土构件不作为措施费及企业管理费的计算基数。

下面分别介绍各项措施费的计算。

1. 冬季施工增加费

(1)冬季施工增加费的含义与气温划分

冬季施工增加费指按照公路施工及验收规范所规定的冬季施工要求,为保证工程质量和安全生产所需采取的防寒保温设施、工效降低和机械作业效率降低以及技术操作过程的改变等所增加的有关费用。

冬季施工增加费的内容包括：
①因冬季施工所需增加的人工、机械与材料的支出。
②施工机械所需修建的暖棚(包括拆、移)，增加其他保温设备购置费用。
③因施工组织设计确定，需增加的一切保温、加温等有关支出。
④与冬季施工有关的其他各项费用，如清除工作地点的冰雪等费用。

冬季施工增加费与工程所在地区有关。在《公路工程建设项目概算预算编制办法》(JTG 3830—2018)附录D中列有"全国冬季施工气温区划分表"，气温区划分为冬一区(包括Ⅰ、Ⅱ副区)、冬二区(包括Ⅰ、Ⅱ副区)、冬三区、冬四区、冬五区、冬六区、准一区、准二区。只要知道工程所在的省和县名，即可在《公路工程建设项目概算预算编制办法》(JTG 3830—2018)附录D中查得工程所属的气温区。若当地气温资料与《公路工程建设项目概算预算编制办法》(JTG 3830—2018)附录D中划定的冬季气温区划分有较大出入时，可按当地气温资料以及《公路工程建设项目概算预算编制办法》(JTG 3830—2018)的划分标准来确定工程所在地的冬季气温区。

冬季气温区的划分是根据气象部门提供的满十五年以上的气温资料确定的。每年秋冬第一次连续5天出现室外日平均温度在5℃以下，日最低温度在-3℃以下的第一天算起，至第二年春夏最后一次连续5天出现同样温度的最末一天为冬季期。冬季期内平均气温在-1℃以上者为冬一区，-1～-4℃者为冬二区，-4～-7℃者为冬三区，-7～-10℃者为冬四区，-10～-14℃者为冬五区，-14℃以下为冬六区。冬一区内平均气温低于0℃的连续天数在70天以内的为Ⅰ副区，70天以上的为Ⅱ副区，冬二区内平均气温低于0℃的连续天数在100天以内的为Ⅰ副区，100天以上的为Ⅱ副区。

气温高于冬一区，但砖石混凝土工程施工须采取一定措施的地区为准冬季区，准冬季区分两个副区，简称准一区、准二区。凡一年内日最低气温在0℃以下的天数多于20天的，日平均气温在0℃以下的天数少于15天的为准一区，多于15天的为准二区。

(2)费率与计算

冬季施工增加费，是以各类工程的定额人工费和定额施工机械使用费之和为基数，按工程所在地的气温区选用表3-7的费率计算的。定额人工费、定额材料费、定额施工机械使用费以及定额设备购置费均按《公路工程预算定额》(JTG/T 3832—2018)附录四"定额人工、材料、设备单价表"及《公路工程机械台班费用定额》(JTG/T 3833—2018)中规定的人工、材料、设备、机械的相应基价计算额费用计取。

冬季施工增加费费率表(%)　　表3-7

工程类别	冬季期平均温度(℃)								准一区	准二区
	-1以上		-1～-4		-4～-7	-7～-10	-10～-14	-14以下		
	冬一区		冬二区		冬三区	冬四区	冬五区	冬六区		
	Ⅰ	Ⅱ	Ⅰ	Ⅱ						
土方	0.835	1.301	1.800	2.270	4.288	6.094	9.140	13.720	—	—
石方	0.164	0.266	0.368	0.429	0.859	1.248	1.861	2.801	—	—

续上表

工程类别	冬季期平均温度(℃)								准一区	准二区
	-1以上		-1~-4		-4~-7	-7~-10	-10~-14	-14以下		
	冬一区		冬二区		冬三区	冬四区	冬五区	冬六区		
	Ⅰ	Ⅱ	Ⅰ	Ⅱ						
运输	0.166	0.25	0.354	0.437	0.832	1.165	1.748	2.643	—	—
路面	0.566	0.842	1.181	1.371	2.449	3.273	4.909	7.364	0.073	0.198
隧道	0.203	0.385	0.548	0.710	1.175	1.52	2.269	3.425	—	—
构造物Ⅰ	0.652	0.940	1.265	1.438	2.607	3.527	5.291	7.936	0.115	0.288
构造物Ⅱ	0.868	1.240	1.675	1.902	3.452	4.693	7.028	10.542	0.165	0.393
构造物Ⅲ	1.616	2.296	3.114	3.523	6.403	8.680	13.020	19.520	0.292	0.721
技术复杂大桥	1.019	1.444	1.975	2.230	4.057	5.479	8.219	12.338	0.170	0.446
钢材及钢结构	0.04	0.101	0.141	0.181	0.301	0.381	0.581	0.861	—	—

注:绿化工程不计冬季施工增加费。

编制概算、预算时要注意:

①建设项目不论是否在冬季施工,均按规定标准计列冬季施工增加费。采用全年平均摊销的方法。

②一条路线工程,在穿过两个以上气温区时,可分段计算或按各区的工程量比例求得全线的平均增加率,计算冬季施工增加费。

2.雨季施工增加费

(1)雨季施工增加费的含义和雨量区、雨季期的划分

雨季施工增加费指雨季期间施工为保证工程质量和安全生产所需采取的防雨、排水、防潮和防护措施、工效降低和机械作业率降低以及技术作业过程的改变等,所需增加的有关费用。

雨季施工增加的内容包括:

①因雨季施工所需增加的工、料、机费用的支出,包括工作效率的降低及易被雨水冲毁的工程所增加的工作内容等,如基坑坍塌和排水沟等堵塞的清理、路基边坡冲沟的填补等。

②路基土方工程的开挖和运输,因雨季施工(非土壤中水影响)而引起的黏附工具,降低工效所增加的费用。

③因防止雨水必须采取的防护措施的费用,如挖临时排水沟、防止基坑坍塌所需的支撑、挡板等费用。

④材料因受潮、受湿的损耗费用。

⑤增加防雨、防潮设备的费用。

⑥其他有关雨季施工所需增加的费用,如因河水高涨致使工作困难而增加的费用等。

在《公路工程建设项目概算预算编制办法》(JTG 3830—2018)附录E中列有"全国雨季施工雨量区及雨季期划分表"。该表是根据气象部门满15年以上的降雨资料确定的。雨量区划分为Ⅰ区、Ⅱ区两类,凡月平均降雨天数在10天以上,月平均日降雨量在3.5~5mm之间者为Ⅰ区,月平均日降雨量在5mm以上者为Ⅱ区。若当地气象资料与附录E所划定的雨量区、雨季期出入较大者,可按当地气象资料及《公路工程建设项目概算预算编制办法》(JTG

3830—2018)所述划分标准,确定工程所在地的雨量区、雨季期。

(2)费率和计算

雨季施工增加费,以各类工程的定额人工费和定额施工机械使用费之和为基数,按工程所在地的雨量区、雨季期选用表3-8的费率计算。

雨季施工增加费费率表(%)   表3-8

工程类别	雨季期(月数)																	
	1	1.5	2	2.5	3	3.5	4	4.5	5	6	7	8						
	雨量区																	
	Ⅰ	Ⅰ	Ⅰ	Ⅱ	Ⅰ	Ⅱ	Ⅰ	Ⅱ	Ⅰ	Ⅱ	Ⅰ	Ⅱ	Ⅰ	Ⅱ	Ⅰ	Ⅱ	Ⅱ	Ⅱ
土方	0.140	0.175	0.245	0.385	0.315	0.455	0.385	0.525	0.455	0.595	0.525	0.700	0.595	0.805	0.665	0.939	0.764	1.114	1.289	1.499
石方	0.105	0.140	0.212	0.349	0.280	0.420	0.349	0.491	0.418	0.563	0.487	0.667	0.555	0.772	0.626	0.876	0.701	1.018	1.194	1.373
运输	0.142	0.178	0.249	0.391	0.320	0.462	0.391	0.568	0.462	0.675	0.533	0.781	0.604	0.888	0.675	0.959	0.781	1.136	1.314	1.527
路面	0.115	0.153	0.230	0.366	0.306	0.480	0.366	0.557	0.425	0.634	0.501	0.710	0.578	0.825	0.654	0.940	0.749	1.093	1.267	1.459
隧道	—	—	—	—	—	—	—	—	—	—	—	—	—	—	—	—	—	—	—	—
构造物Ⅰ	0.098	0.131	0.164	0.262	0.196	0.295	0.229	0.360	0.262	0.426	0.327	0.491	0.393	0.557	0.458	0.622	0.524	0.753	0.884	1.015
构造物Ⅱ	0.106	0.141	0.177	0.282	0.247	0.353	0.282	0.424	0.318	0.494	0.388	0.565	0.459	0.636	0.530	0.742	0.600	0.883	1.059	1.201
构造物Ⅲ	0.200	0.266	0.366	0.565	0.466	0.699	0.565	0.832	0.665	0.998	0.765	1.164	0.898	1.331	1.031	1.497	1.164	1.730	1.996	2.295
技术复杂大桥	0.109	0.181	0.254	0.363	0.290	0.435	0.363	0.508	0.435	0.580	0.508	0.689	0.580	0.798	0.653	0.907	0.725	1.052	1.233	1.414
钢材及钢结构	—	—	—	—	—	—	—	—	—	—	—	—	—	—	—	—	—	—	—	—

注:室内和隧道内工程及设备安装工程不计雨季施工增加费。

编制概算、预算时要注意:

(1)采用全年平均摊销的方法,不论工程是否在雨季期施工,均应计列雨季施工增加费。

(2)一条路线通过几个雨量区或雨季期时,应分别计算雨季施工增加费,或按工程量比例求得平均增加率来计算全线雨季施工增加费。

(3)室内和隧道内工程及设备安装工程不计雨季施工增加费。

3. 夜间施工增加费

(1)夜间施工增加费的含义

夜间施工增加费指根据设计、施工技术规范和合理的施工组织要求,必须在夜间施工或必须昼夜连续施工而发生的夜班补助费、夜间施工工效降低、施工照明设备的摊销及照明用电等费用。

(2)费率及计算

夜间施工增加费以夜间施工工程项目的定额人工费和定额施工机械使用费之和为基数,乘以表3-9中费率计算。

夜间施工增加费费率表(%) 表3-9

工程类别	费率	工程类别	费率
构造物Ⅱ	0.903	构造物Ⅲ	1.702
技术复杂大桥	0.928	钢材及钢结构	0.874

注:设备安装工程及金属标志牌、防撞钢护栏、防眩板(网)、隔离栅、防护网等不计夜间施工增加费。

4.特殊地区施工增加费

特殊地区施工增加费包括高原地区施工增加费、风沙地区施工增加费和沿海地区施工增加费三项。

(1)高原地区施工增加费

①高原地区施工增加费的含义

高原地区施工增加费指在海拔2000m以上地区施工,由于受气候、气压影响,致使人工、机械效率降低而增加的费用。

②费率及计算方法

高原地区施工增加费以各类工程的定额人工费与定额施工机械使用费之和为基数,按表3-10中的费率计算。一条路线通过两个以上(含两个)不同的海拔高度分区时,应分别计算高原地区施工增加费或按工程量比例求得平均的增加率,计算全线高原地区施工增加费。

在编制概算、预算时,要注意工程项目所在地的海拔高度是否在2000m以上,切勿漏列;对工程细目的工程类别,也要正确的选定。

高原地区施工增加费费率表 表3-10

工程类别	海拔高度(m)						
	2001~2500	2501~3000	3001~3500	3501~4000	4001~4500	4501~5000	5000以上
土方	13.295	19.709	27.455	38.875	53.102	70.162	91.853
石方	13.711	20.358	29.025	41.435	56.875	75.358	100.223
运输	13.288	19.666	26.575	37.205	50.493	66.438	85.040
路面	14.572	21.618	30.689	45.032	59.615	79.500	102.640
隧道	13.364	19.850	28.490	40.767	56.037	74.302	99.259
构造物Ⅰ	12.799	19.051	27.989	40.356	55.723	74.098	95.521
构造物Ⅱ	13.622	20.244	29.082	41.617	57.214	75.874	101.408
构造物Ⅲ	12.786	18.985	27.054	38.616	53.004	70.217	93.371
技术复杂大桥	13.912	20.645	29.257	41.670	57.134	75.640	100.205
钢材及钢结构	13.204	19.622	28.269	40.492	55.699	73.891	98.930

(2)风沙地区施工增加费

①风沙地区施工增加费的含义

风沙地区施工增加费指在沙漠地区施工时,由于受风沙影响,按照施工及验收规范的要求,为保证工程质量和安全生产而增加的有关费用。内容包括防风、防沙及气候影响的措施费,人工、机械效率降低增加的费用,以及积沙、风蚀的清理修复等费用。

风沙地区的划分,根据《公路自然区划标准》(JTJ 003—86)、"沙漠地区公路建设成套技术研究报告"的公路自然区划和沙漠公路区别,结合风沙地区的气候状况将风沙地区分为三区九类:半干旱、半湿润沙地为风沙一区,干旱、极干旱寒冷沙漠地区为风沙二区,极干旱炎热沙漠地区为风沙三区;根据覆盖度(沙漠中植被、戈壁等覆盖度)又将每区分为固定沙漠(覆盖度>50%)、半固定沙漠(覆盖度10%~50%)、流动沙漠(覆盖度<10%)三类,覆盖度由工程勘察设计人员在公路工程勘察设计时确定。

全国风沙地区公路施工区划见《公路工程建设项目概算预算编制办法》(JTG 3830—2018)附录F。若当地气象资料及自然特征与附录F中的风沙地区划分有较大出入时,由项目所在地省级交通运输主管部门按当地气象资料和自然特征及上述划分标准确定工程所在地的风沙区划。

②费率及计算方法

风沙地区施工增加费以各类工程的定额人工费与定额施工机械使用费之和为基数,根据工程所在地的风沙区划及类别,按表3-11的费率计算。一条路线穿过两个以上不同风沙区时,按路线长度经过不同的风沙区加权计算项目全线风沙地区施工增加费。

风沙地区施工增加费费率表(%)　　　　　表3-11

工程类别	风沙一区			风沙二区			风沙三区		
	沙漠类型								
	固定	半固定	流动	固定	半固定	流动	固定	半固定	流动
土方	4.558	8.056	13.674	5.618	12.614	23.426	8.056	17.331	27.507
石方	0.745	1.490	2.981	1.014	2.236	3.959	1.490	3.726	5.216
运输	4.304	8.608	13.988	5.38	12.912	19.368	8.608	18.292	27.976
路面	1.364	2.727	4.932	2.205	4.932	7.567	3.365	7.137	11.025
隧道	0.261	0.522	1.043	0.355	0.783	1.386	0.522	1.304	1.826
构造物Ⅰ	3.968	6.944	11.904	4.96	10.912	16.864	6.944	15.872	23.808
构造物Ⅱ	3.254	5.694	9.761	4.067	8.948	13.828	5.694	13.015	19.523
构造物Ⅲ	2.976	5.208	8.928	3.720	8.184	12.648	5.208	11.904	17.226
技术复杂大桥	2.778	4.861	8.333	3.472	7.638	11.805	8.861	11.110	16.077
钢材及钢结构	1.035	2.07	4.14	1.409	3.105	5.498	2.07	5.175	7.245

(3)沿海地区工程施工增加费

沿海地区工程施工增加费指工程项目在沿海地区施工受海风、海浪和潮汐的影响,致使人工、机械效率降低等所需增加的费用。本项费用由沿海各省级交通运输主管部门制定具体的适用范围(地区)。

沿海地区工程施工增加费,以各类工程的定额人工费与定额施工机械使用费之和为基数,按表3-12的费率计算。

沿海地区工程施工增加费费率表(%) 表3-12

工程类别	费率	工程类别	费率
构造物Ⅱ	0.207	构造物Ⅲ	0.195
技术复杂大桥	0.212	钢材及钢结构	0.200

注:1. 表中的构造物Ⅲ系指桥梁工程所用的商品水泥混凝土浇筑及混凝土构件、钢构件的安装。
　　2. 表中的钢材及钢结构指桥梁工程所用的钢材及钢结构。

5．行车干扰施工增加费

(1)行车干扰施工增加费的含义

行车干扰施工增加费指由于边施工边维持通车,受行车干扰的影响,致使人工、机械效率降低而增加的费用。

(2)计算方法及费率表

行车干扰施工增加费,以受行车影响部分的工程项目的定额人工费与定额施工机械使用费之和为基数,按表3-13 的费率计算。

行车干扰施工增加费费率表(%) 表3-13

工程类别	施工期间平均每昼夜双向行车次数(机动车、非机动车合计)							
	51~100	101~500	501~1000	1001~2000	2001~3000	3001~4000	4001~5000	5000以上
土方	1.499	2.343	3.194	4.118	4.775	5.314	5.885	6.468
石方	1.279	1.881	2.618	3.479	4.035	4.492	4.973	5.462
运输	1.451	2.230	3.041	4.001	4.641	5.164	5.719	6.285
路面	1.390	2.098	2.802	3.487	4.046	4.496	4.987	5.475
隧道	—	—	—	—	—	—	—	—
构造物Ⅰ	0.924	1.386	1.858	2.320	2.693	2.988	3.313	3.647
构造物Ⅱ	1.007	1.516	2.014	2.512	2.915	3.244	3.593	3.943
构造物Ⅲ	0.948	1.417	1.896	2.365	2.745	3.044	3.373	3.713
技术复杂大桥	—	—	—	—	—	—	—	—
钢材及钢结构	—	—	—	—	—	—	—	—

注:新建工程、中断交通进行封闭施工或为保证交通正常通行而修建保通便道的改(扩)建工程,不计行车干扰施工增加费。

由于该增加费用以受行车影响部分的工程项目的定额人工费与定额施工机械使用费之和为基数,所以如何区分受行车影响部分的工程,是正确计算该费用的核心。特别是对于不设便道的半幅施工半幅通车的工程、在原路线一侧加宽改建扩建工程等,均应作具体分析,以确定是否可以按局部工程计列该增加费用。另外,还应考虑到交通流量的分流导致交通流量的降低,这也是在取定费率时应考虑的。

6．施工辅助费

(1)施工辅助费含义

施工辅助费指生产工具用具使用费、检验试验费和工程定位复测、工程点交、场地清理等费用。了解各费用内容对于施工中核算和编制竣工决算很有必要。

生产工具用具使用费指施工所需不属于固定资产的生产工具、检验、试验用具及仪器、仪表等的购置、摊销和维修费,以及支付给生产工人自备工具的补贴费。

检验试验费指施工企业对建筑材料、构件和建筑安装工程进行一般鉴定、检查所发生的费用,包括自设试验室进行试验所耗用的材料和化学药品的费用,以及技术革新和研究试验费,但不包括新结构、新材料的试验费和建设单位要求对具有出厂合格证明的材料进行检验、对构件破坏性试验及其他特殊要求检验的费用。

高填方和软基沉降监测、高边坡稳定监测、桥梁施工监测、隧道施工监控量测、超前地质预报等施工监控费含在施工辅助费中,不得另行计算。

(2)费率表和计算方法

施工辅助费以各类工程的定额直接费为基数,按表3-14的费率计算。定额直接费为定额人工费、定额材料费、定额施工机械使用费之和。

施工辅助费费率表(%) 表3-14

工 程 类 别	费 率	工 程 类 别	费 率
土方	0.521	构造物Ⅰ	1.201
石方	0.470	构造物Ⅱ	1.537
运输	0.154	构造物Ⅲ	2.729
路面	0.818	技术复杂大桥	1.677
隧道	1.195	钢材及钢结构	0.564

7. 工地转移费

(1)工地转移费含义

工地转移费指施工企业迁至新工地的搬迁费用。其内容包括:

①施工单位职工及随职工迁移的家属向新工地转移的车费、家具行李运费、途中住宿费、行程补助费、杂费等。

②公物、工具、施工设备器材、施工机械的运杂费,以及外租机械的往返费及本工程内部各工地之间施工机械、设备、公物、工具的转移费等。

③非固定工人进退场的费用。

(2)费率表和计算方法

工地转移费以各类工程的定额人工费和定额施工机械使用费之和为基数,按表3-15的费率计算。

转移距离的确定:高速、一级公路及独立大桥、独立隧道项目转移距离按省级人民政府所在城市至工地的里程计算;二级及二级以下公路项目转移距离按地级城市所在地至工地的里程计算。

当工地转移里程数在表3-15所列里程之间时,费率可内插计算。工地转移距离在50km以内的工程按50km计算。

工地转移费费率表(%) 表3-15

工 程 类 别	工地转移距离(km)					
	50	100	300	500	1000	每增加100
土方	0.224	0.301	0.470	0.614	0.815	0.036
石方	0.176	0.212	0.363	0.476	0.628	0.030

续上表

工程类别	工地转移距离(km)					
	50	100	300	500	1000	每增加100
运输	0.157	0.203	0.315	0.416	0.543	0.025
路面	0.321	0.435	0.682	0.891	1.191	0.062
隧道	0.257	0.351	0.549	0.717	0.959	0.049
构造物Ⅰ	0.262	0.351	0.552	0.720	0.963	0.051
构造物Ⅱ	0.333	0.449	0.706	0.923	1.236	0.066
构造物Ⅲ	0.622	0.841	1.316	1.720	2.304	0.119
技术复杂大桥	0.389	0.523	0.818	1.067	1.430	0.073
钢材及钢结构	0.351	0.473	0.737	0.961	1.288	0.063

8. 辅助生产间接费

(1) 辅助生产间接费含义

辅助生产间接费指由施工单位自行开采加工的砂、石等自采材料及施工单位自办的人工、机械装卸和运输的间接费。辅助生产间接费不直接出现在概算、预算中,而是将其并入材料预算单价之内构成材料费。

(2) 计算

辅助生产间接费,按定额人工费的3%计。

高原地区施工单位的辅助生产,可按高原地区施工增加费费率,以定额人工费与施工机械费之和为基数计算高原地区施工增加费(其中:人工采集、加工材料、人工装卸、运输材料按土方费率计算;机械采集、加工材料按石方费率计算;机械装、运输材料按运输费率计算)。

值得注意的是,辅助生产高原地区施工增加费不作为辅助生产间接费的计算基数。

另外,辅助生产的人工、材料、施工机械的消耗量会体现在"自采材料料场价格计算表"和"材料自办运输单位运费计算表"中,然后汇总于"辅助生产人工/材料/施工机械台班单位数量表",最后转入"人工/主要材料/施工机械台班数量汇总表"中。

四、企业管理费

企业管理费由基本费用、主副食运费补贴、职工探亲路费、职工取暖补贴和财务费用五项组成。

1. 基本费用

企业管理费基本费用指建筑安装企业组织施工生产和经营管理所需的费用,内容包括:

(1) 管理人员的工资:指管理人员的基本工资、绩效工资、津贴补贴及特殊情况下支付的工资以及缴纳的养老、失业、医疗、生育、工伤保险费和住房公积金等。

(2) 办公费:指企业办公用的文具、纸张、账表、印刷、通信、网络、邮电、书报、办公软件、会议、水、电、烧水和集体取暖降温(包括现场临时宿舍取暖降温)用煤(电、气)等费用。

(3)差旅交通费：指职工因公出差和工作调动的差旅费、住勤补助费、市内交通费、误餐补助费、劳动力招募费、职工退休、退职一次性路费、工伤人员就医路费、以及管理部门使用的交通工具的油料、燃料等费用。

(4)固定资产使用费：指管理部门及附属单位使用的属于固定资产的房屋、设备等的折旧、大修理、维修费或租赁费等。

(5)工具用具使用费：指管理使用的不属于固定资产的工具、器具、家具、交通工具和检验、试验、测绘、消防用具等的购置、维修和摊销费。

(6)劳动保险费：指企业支付离退休职工的易地安家补助费、职工退休金、六个月以上的病假人员工资、职工死亡丧葬补助费、抚恤费、按规定支付给离退休干部的各项经费。

(7)职工福利费：按国家规定标准计提的职工福利费。

(8)劳动保护费：企业按国家有关部门规定标准发放的劳动保护用品的购置费及修理费、防暑降温费、在有碍身体健康环境中施工的保健费用等。

(9)工会经费：指企业根据《中华人民共和国工会法》的规定按职工工资总额计提的工会经费。

(10)职工教育经费：指企业为职工进行专业技术和职业技能培训，专业技术人员继续教育、职工职业技能鉴定、职业资格认定以及根据需要对职工进行各类文化教育所发生的费用，不含职工安全教育、培训费用。职工教育经费按职工工资总额的规定比例计提。

(11)保险费：指企业财产保险、管理用及生产用车辆等保险费用及人身意外伤害险的费用。

(12)工程排污费：指施工现场按规定缴纳的排污费用。

(12)税金：指企业按规定缴纳的城市维护建设税、教育费附加、地方教育附加、房产税、车船使用税、土地使用税、印花税等。

(13)其他：指上述项目以外的其他必要的费用支出，包括技术转让费、技术开发费、竣(交)工文件编制费、招投标费、业务招待费、绿化费、广告费、投标费、公证费、定额测定费、法律顾问费、审计费、咨询费及施工标准化、规范化、精细化管理等费用。

基本费用以各类工程的定额直接费之和为基数，按表3-16的费率计算。

基本费用费率表（%） 表3-16

工程类别	费率	工程类别	费率
土方	2.747	构造物Ⅰ	3.587
石方	2.792	构造物Ⅱ	4.726
运输	1.374	构造物Ⅲ	5.976
路面	2.427	技术复杂大桥	4.143
隧道	3.569	钢材及钢结构	2.242

2. 主副食运费补贴

主副食费补贴指施工企业在远离城镇及乡村的野外施工购买生活必需品所需的费用。该费用以各类工程的定额直接费为基数，按表3-17的费率计算。

主副食运费补贴费费率表(%)　　　　　表 3-17

工程类别	综合里程(km)										
	3	5	8	10	15	20	25	30	40	50	每增加10
土方	0.122	0.131	0.164	0.191	0.235	0.284	0.322	0.377	0.444	0.519	0.07
石方	0.108	0.117	0.149	0.175	0.218	0.261	0.293	0.346	0.405	0.473	0.063
运输	0.118	0.13	0.166	0.192	0.233	0.285	0.322	0.379	0.447	0.519	0.073
路面	0.066	0.088	0.119	0.13	0.165	0.194	0.224	0.259	0.308	0.356	0.051
隧道	0.096	0.104	0.13	0.152	0.185	0.229	0.26	0.304	0.359	0.418	0.054
构造物Ⅰ	0.114	0.12	0.145	0.167	0.207	0.254	0.285	0.338	0.394	0.463	0.062
构造物Ⅱ	0.126	0.14	0.168	0.196	0.242	0.292	0.338	0.394	0.467	0.54	0.073
构造物Ⅲ	0.225	0.248	0.303	0.352	0.435	0.528	0.599	0.705	0.831	0.969	0.132
技术复杂大桥	0.101	0.115	0.143	0.165	0.205	0.245	0.28	0.325	0.389	0.452	0.063
钢材及钢结构	0.104	0.113	0.146	0.168	0.207	0.247	0.281	0.331	0.387	0.449	0.062

注:综合里程 = 粮食运距×0.06 + 燃料运距×0.09 + 蔬菜运距×0.15 + 水运距×0.70,粮食、燃料、蔬菜、水的运距均为全线平均运距;当综合里程数在表列里程之间时,费率可内插;综合里程在3km以内的工程,按3km计取本项费用。

3. 职工探亲路费

职工探亲路费指按照有关规定发放给施工企业职工在探亲期间发生的往返交通费和途中住宿费等费用。该费用以各类工程的定额直接费为基数,按表 3-18 的费率计算。

职工探亲路费费率表(%)　　　　　表 3-18

工程类别	费率	工程类别	费率
土方	0.192	构造物Ⅰ	0.274
石方	0.204	构造物Ⅱ	0.348
运输	0.132	构造物Ⅲ	0.551
路面	0.159	技术复杂大桥	0.208
隧道	0.266	钢材及钢结构	0.164

4. 职工取暖补贴

职工取暖补贴指按规定发放给职工的冬季取暖费和为职工在施工现场设置的临时取暖设施的费用。该费用以各类工程的定额直接费为基数,按工程所在地的气温区(见《公路工程建设项目概算预算编制办法》(JTG 3830—2018)附录 D)选用表 3-19 的费率计算。

职工取暖补贴费费率表(%)　　　　　表 3-19

工程类别	气温区						
	准二区	冬一区	冬二区	冬三区	冬四区	冬五区	冬六区
土方	0.060	0.130	0.221	0.331	0.436	0.554	0.663
石方	0.054	0.118	0.183	0.279	0.373	0.472	0.569
运输	0.065	0.130	0.228	0.336	0.444	0.552	0.671
路面	0.049	0.086	0.155	0.229	0.302	0.376	0.456
隧道	0.045	0.091	0.158	0.249	0.318	0.409	0.488
构造物Ⅰ	0.065	0.130	0.206	0.304	0.390	0.499	0.607

续上表

工程类别	气温区						
	准二区	冬一区	冬二区	冬三区	冬四区	冬五区	冬六区
构造物Ⅱ	0.070	0.153	0.234	0.352	0.481	0.598	0.727
构造物Ⅲ	0.126	0.264	0.425	0.643	0.849	1.067	1.297
技术复杂大桥	0.059	0.120	0.203	0.310	0.406	0.501	0.609
钢材及钢结构	0.047	0.082	0.141	0.222	0.293	0.363	0.433

5. 财务费用

财务费用指施工企业提供投标担保、预付款担保、履约担保、职工工资支付担保等发生的各项费用，包括企业经营期间发生的短期贷款利息净支出、汇兑净损失、调剂外汇手续费、金融机构手续费，以及企业筹集资金发生的其他财务费用。

财务费用以各类工程的定额直接费为基数，按表3-20的费率计算。

财务费用费率表（%）   表3-20

工程类别	费率	工程类别	费率
土方	0.271	构造物Ⅰ	0.466
石方	0.259	构造物Ⅱ	0.545
运输	0.264	构造物Ⅲ	1.094
路面	0.404	技术复杂大桥	0.637
隧道	0.513	钢材及钢结构	0.653

五、规费

规费指法律、法规、规章、规程规定施工企业必须缴纳的费用，包括：
（1）养老保险费：指施工企业按规定标准为职工缴纳的基本养老保险费。
（2）失业保险费：指施工企业按国家规定标准为职工缴纳的失业保险费。
（3）医疗保险费：指施工企业按规定标准为职工缴纳的基本医疗保险费和生育保险费。
（4）住房公积金：指施工企业按规定标准为职工缴纳的住房公积金。
（5）工伤保险费：指施工企业按规定标准为职工缴纳的工伤保险费。

各项规费以各类工程的人工费之和为基数，按国家或工程所在地法律、法规、规章、规程规定的标准计算。

六、利润及税金

利润指施工企业完成所承包工程应取得的盈利，利润按定额直接费及措施费、企业管理费之和的7.42%计算。

税金指按国家税法规定应计入建筑安装工程造价内的增值税销项税额。其计算公式：

税金 = (直接费 + 设备购置费 + 措施费 + 企业管理费 + 规费 + 利润) × 9%

七、专项费用

专项费用包括施工场地建设费和安全生产费。

1. 施工场地建设费

施工场地建设费包括：

(1) 按照工地建设标准化要求进行承包人驻地、工地试验室建设,钢筋集中加工、混合料集中拌制、构件集中预制等所需的办公、生活居住房屋(包括职工家属房屋及探亲房屋),公用房屋(如广播室、文体活动室、医疗室等)和生产用房屋(如仓库、加工厂、加工棚、发电站、变电站、空压机站、停机棚、值班室等)等费用。

(2) 场区平整(山岭重丘区的土石方工程除外)、场地硬化、排水、绿化、标志、污水处理设施、围墙隔离设施等的费用,不包括钢筋加工的机械设备、混合料拌和设备及安拆预制构件台座、预应力张拉设备、起重及养护设备,以及概算、预算定额中临时工程的费用。

(3) 以上范围内的各种临时工作便道(包括汽车、人力车道)、人行便道,工地临时用水、用电的水管支线和电线支线,临时构筑物(如水井、水塔等)、其他小型临时设施等的搭设或租赁、维修、拆除、清理的费用,但不包括红线范围内贯通便道进出场的临时道路、保通便道。

(4) 工地试验室所发生的属于固定资产的试验设备和仪器等折旧、维修或租赁费用。

(5) 施工扬尘污染防治措施费:裸露的施工场地覆盖防尘网、施工便道和施工场地洒水或喷洒抑尘剂,运输车辆的苫盖和冲洗、环境敏感区设置围挡,防尘标识设置,环境监控与检测等所需要的费用。

(6) 文明施工、职工健康生活的费用。

施工场地建设费以施工场地计费基数,按表3-21的费率,以累进方法计算。施工场地计费基数为定额建筑安装工程费减去专项费用。定额建筑安装工程费包括定额直接费、定额设置购置费的40%、措施费、企业管理费、规费、利润、税金和专项费用,定额直接费包括定额人工费、定额材料费、定额施工机械使用费。

施工场地建设费费率表　　　　　表3-21

施工场地计费基数 (万元)	费率 (%)	算例(万元)	
		施工场地计费基数	施工场地建设费
500 及以下	5.338	500	500 × 5.338% = 26.69
500~1000	4.228	1000	26.69 + (1000 − 500) × 4.228% = 47.83
1000~5000	2.665	5000	47.83 + (5000 − 1000) × 2.665% = 154.43
5000~10000	2.222	10000	154.43 + (10000 − 5000) × 2.222% = 265.53
10000~30000	1.785	30000	265.53 + (30000 − 10000) × 1.785% = 622.53
30000~50000	1.694	50000	622.53 + (50000 − 30000) × 1.694% = 961.33
50000~100000	1.579	100000	961.33 + (100000 − 50000) × 1.579% = 1750.83
100000~150000	1.498	150000	1750.83 + (150000 − 100000) × 1.498% = 2499.83
150000~200000	1.415	200000	2499.83 + (200000 − 150000) × 1.415% = 3207.33
200000~300000	1.348	300000	3207.33 + (300000 − 200000) × 1.348% = 4555.33

续上表

施工场地计费基数 （万元）	费率 （%）	算例（万元）	
		施工场地计费基数	施工场地建设费
300000~400000	1.289	400000	4555.33 + (400000 - 300000) × 1.289% = 5844.33
400000~600000	1.235	600000	5844.33 + (600000 - 400000) × 1.235% = 8314.33
600000~800000	1.188	800000	8314.33 + (800000 - 600000) × 1.188% = 10690.33
800000~1000000	1.149	1000000	10690.33 + (1000000 - 800000) × 1.149% = 12988.33
1000000 以上	1.118	1200000	12988.33 + (1200000 - 1000000) × 1.118% = 15224.33

2. 安全生产费

安全生产费包括完善、改造和维护安全设施设备费用，配备、维护、保养应急救援器材、设备费用，开展重大危险源和事故隐患评估和整改费用，安全生产检查、评价、咨用，配备和更新现场作业人员安全防护用品支出，安全生产宣传、教育、培训费用，安施及特种设备检测检验费用，施工安全风险评估、应急演练等有关工作及其他与安全直接相关的费用。

安全生产费按建筑安装工程费乘以安全生产费费率计算，费率按不少于1.5%计取。

综上，公路工程建筑安装工程费的编制，是按照实物量法的计价方法进行的，是由单个到总体，逐项计算，通过层层汇总得到工程项目建筑安装工程费，即计算分项工程建筑安装工程费、再汇总计算分部工程建筑安装工程费、最后汇总得到工程项目建筑安装工程费。

建筑安装工程费的编制，是一个比较细致而烦琐的计算过程。因此，为了科学而有序的进行这一计算工作，公路工程概预算编制中设置了以实物量法为表现形式的计算表格，通过相关表格完成建筑安装工程费的计算表。相关表格的计算顺序和相互关系如第4章图4-3所示。

[例3-4] 某二级公路改建工程，路线长5km，路基宽18m，其中路基挖方工程量为51003m^3，采用2.0m^3以内的挖掘机装挖土，10t以内振动压路机碾压。人工消耗量为193.81工日，2.0m^3以内挖掘机、120kW自行式平地机、10t以内振动压路机及自卸汽车台班数量分别为66.30台班、22.44台班、78.54台班和686.50台班。该地人工单价为101元/工日，人工定额基价为106.28元/工日，2.0m^3以内挖掘机、120kW自行式平地机、10t以内振动压路机及自卸汽车定额基价分别为1091.28元/台班、1083.36元/台班、625.4元/台班和558.48元/台班。

（1）试计算该项工程的定额直接费。

（2）已知该项工程的措施费为43507元，企业管理费为17178元，规费综合费率为36.6%，利润率为7.42%，税金按9%计算，若实际人工单价、材料预算单价和机械台班预算单价与定额基价相同，不计定额设备购置费和专项费用，试计算定额建筑安装工程费。

解：（1）定额人工费 = ∑人工消耗量 × 人工基价
$$= 193.81 \times 106.28$$
$$= 20598.13（元）$$

定额施工机械使用费 = ∑（机械台班消耗量 × 机械台班基价）
$$= 66.30 \times 1091.28 + 22.44 \times 1083.36 + 78.54 \times 625.4 +$$
$$686.50 \times 558.48$$
$$= 529177.90（元）$$

定额直接费 = 定额人工费 + 定额材料费 + 定额施工机械使用费
$$= 20598.13 + 0 + 529177.9$$
$$= 549776.03(元)$$

(2) 规费 = 人工费 × 规费综合费率
$$= 193.81 \times 101 \times 36.6\%$$
$$= 7164.38(元)$$

利润 = (定额直接费 + 措施费 + 企业管理费) × 7.42%
$$= (549776.03 + 43507 + 17178) \times 7.42\%$$
$$= 45296.21(元)$$

税金 = (直接费 + 设备购置费 + 措施费 + 企业管理费 + 规费 + 利润) × 增值税税率
$$= (549776.03 + 43507 + 17178 + 7164.38 + 45296.21) \times 9\%$$
$$= 59662.95(元)$$

定额建筑安装工程费 = 定额直接费 + 定额设备购置费 × 40% + 措施费 + 企业管理费 + 规费 + 利润 + 税金 + 专项费用
$$= 549776.03 + 43507 + 17178 + 7164.38 + 45296.21 + 59662.95$$
$$= 722584.57(元)$$

第二节 土地使用及拆迁补偿费的计算

土地使用及拆迁补偿费指按照我国法律、法规的规定,为进行公路建设需征用土地所支付的土地征用及拆迁补偿费等费用。

一、土地使用及拆迁补偿费的内容

土地使用及拆迁补偿费包含永久占地费、临时占地费、拆迁补偿费、水土保持费、其他费用。永久占地费包括土地补偿费、征用耕地安置补助费、耕地开垦费、森林植被恢复费、失地农民养老保险费,见表 3-22。

土地使用及拆迁补偿费　　　　　　　表 3-22

费用名称			费用含义及包含的内容
土地使用及拆迁补偿费	永久占地费	土地补偿费	包括征地补偿费、被征用土地上的青苗补偿费,征用城市郊区的菜地缴纳的菜地开发建设基金,耕地占用税,用地图编制费及勘界费等
		征用耕地安置补助费	征用耕地需要安置农业人口的补助费
		耕地开垦费	公路建设项目占用耕地的,应由建设项目法人(业主)负责补充耕地发生的费用;没有条件开垦或者开垦的耕地不符合要求的,按规定缴纳的耕地开垦费

续上表

费用名称			费用含义及包含的内容
土地使用及拆迁补偿费	永久占地费	森林植被恢复费	公路建设项目需要占用、征用林地的，经县级以上林业主管审核同意或批准，建设项目法人（业主）单位按照省级人民政府有关规定向县级以上主管部门预缴的森林植被恢复费
		失地农民养老保险费	根据国家规定为保障依法被征地农民养老而交纳的保险费用。失地农民养老保险费按项目所在地省级人民政府的相关规定进行计算
	临时占地费	临时征地使用费	为了满足施工所需的承包人驻地、预制场、拌和场、仓库、加工厂（棚）、堆料场、取弃土场、进出场便道、便桥等所有的临时用地及其附着物的补偿费用
		复耕费	临时占用的耕地、鱼塘等，在工程交工后将其恢复到原有标准所发生的费用
	拆迁补偿费		被征用或占用土地地上、地下房屋及附属构造物，公用设施、文物等的拆除、发掘及迁建补偿费，拆迁管理费等
	水土保持补偿费		根据国家相关法律、法规的规定缴纳
	其他费用		国务院行政主管部门及省级人民政府规定的与征地拆迁相关的费用

二、土地使用及拆迁补偿费计算

土地使用及拆迁补偿费应根据设计文件确定的建设工程用地和临时用地及其附着物的情况，以及实际发生的费用项目，按国家有关规定及工程所在地的省（自治区、直辖市）颁布的有关规定和标准计算。

森林植被恢复费应根据审批单位批准的建设工程占用林地的类型及面积，按国家有关规定及工程所在地的省（自治区、直辖市）颁布的有关规定和标准计算。

当与原有的电力电信设施、管线、水利工程、铁路及铁路设施互相干扰时，应与有关部门联系，商定合理的解决方案和补偿金额，也可由这些部门按规定编制费用以确定补偿金额。

水土保持补偿费按各省（自治区、直辖市）制定的水土保持补偿费收费标准进行计算。

第三节 工程建设其他费的计算

工程建设其他费如图3-1所示。

一、建设项目管理费

建设项目管理费包括建设单位（业主）管理费、建设项目信息化费、工程监理费、设计文件审查费和竣（交）工验收试验检验费。其中建设单位（业主）管理费、建设项目信息化费和工程监理费均为实施建设项目管理的费用，可根据建设单位（业主）、施工、监理单位所实际承担的工作内容和工作量统筹使用。

1. 建设单位(业主)管理费

(1)费用内容

建设单位(业主)管理费指建设单位(业主)为建设项目的立项、筹建、建设、竣(交)工验收、总结等工作所发生的管理费用。不包括应计入设备、材料预算价格的建设单位采购及保管设备、材料所需的费用。

费用内容包括:工作人员的工资、工资性补贴、施工现场津贴、社会保险费用(基本养老、基本医疗、失业、工伤保险)、住房公积金、职工福利费、工会经费、劳动保护费、办公费、差旅交通费、固定资产使用费(包括办公及生活房屋折旧、维修或租赁费、车辆折旧、维修、使用或租赁费,通信设备购置、使用费、测量、试验设备仪器折旧、维修或租赁费、其他设备折旧、维修或租赁费等)、零星固定资产购置费、招募生产工人费;技术图书资料费、职工教育培训经费、招标管理费[不含招标文件及标底或造价控制值编制费];合同契约公证费、法律顾问费、咨询费、建设单位的临时设施费、完工清理费、竣(交)工验收费(含其他行业或部门要求的竣工验收费用)、各种税费(包括房产税、车船使用税、印花税等)、对建设项目前期工作、项目实施及竣工决算(不含招标文件及招标控制价编制费);境内外融资费用(不含建设期贷款利息)、业务招待费及工程质量、安全生产管理和其他管理费开支。

(2)计算办法

建设单位(业主)管理费以定额建筑安装工程费为基数,按表3-23的费率,以累进方法计算。

双洞长度超过5000m的独立隧道,水深大于15m、跨径大于或等于400m的斜拉桥和跨径大于或等于800m的悬索桥等独立特大型桥梁工程的建设单位(业主)管理费,按表3-23中的费率乘以系数1.3计算;海上工程[指由于风浪影响,工程施工期(不包括封冻期)全年月平均工作日少于15d的工程]的建设单位(业主)管理费,按表3-23中费率乘以系数1.2计算。

建设单位(业主)管理费费率表 表3-23

定额建筑安装工程费 (万元)	费率 (%)	算例(万元)	
		定额建筑安装工程费	建设单位(业主)管理费
500及以下	4.858	500	500×4.858% = 24.29
500~1000	3.813	1000	24.29+(1000-500)×3.813% = 43.355
1000~5000	3.049	5000	43.355+(5000-1000)×3.049% = 165.315
5000~10000	2.562	10000	165.315+(10000-5000)×2.562% = 293.415
10000~30000	2.125	30000	293.415+(30000-10000)×2.125% = 718.415
30000~50000	1.773	50000	718.415+(50000-30000)×1.773% = 1073.015
50000~100000	1.312	100000	1073.015+(100000-50000)×1.312% = 1729.015
100000~150000	1.057	150000	1729.015+(150000-100000)×1.057% = 2257.515
150000~200000	0.826	200000	2257.515+(200000-150000)×0.826% = 2670.515
200000~300000	0.595	300000	2670.515+(300000-200000)×0.595% = 3265.515
300000~400000	0.498	400000	3265.515+(400000-300000)×0.498% = 3763.515
400000~600000	0.450	600000	3763.515+(600000-400000)×0.45% = 4663.515

续上表

定额建筑安装工程费 （万元）	费率 （%）	算例（万元）	
		定额建筑安装工程费	建设单位（业主）管理费
600000～800000	0.400	800000	4663.515+(800000-600000)×0.4%=5463.515
800000～1000000	0.375	1000000	5463.515+(1000000-800000)×0.375%=6213.515
1000000 以上	0.350	1200000	6213.515+(1200000-1000000)×0.35%=6913.515

2. 建设项目信息化费

建设项目信息化费指建设单位（业主）和各参建单位用于建设项目的质量、安全、进度、费用等方面的信息化建设、运维及各种税费等费用，包括建设项目全寿命周期的建筑信息模型等相关费用。

建设项目信息化费以定额建筑安装工程费为基数，按表3-24的费率，以累进方法计算。

建设项目信息化费费率表　　表3-24

定额建筑安装工程费 （万元）	费率 （%）	算例（万元）	
		定额建筑安装工程费	建设项目信息化费
500 及以下	0.600	500	500×0.6%=3
500～1000	0.452	1000	3+(1000-500)×0.452%=5.26
1000～5000	0.356	5000	5.26+(5000-1000)×0.356%=19.5
5000～10000	0.285	10000	19.5+(10000-5000)×0.285%=33.75
10000～30000	0.252	30000	33.75+(30000-10000)×0.252%=84.15
30000～50000	0.224	50000	84.15+(50000-30000)×0.224%=128.95
50000～100000	0.202	100000	128.95+(100000-50000)×0.202%=229.95
100000～150000	0.171	150000	229.95+(150000-100000)×0.171%=315.45
150000～200000	0.160	200000	315.45+(200000-150000)×0.16%=395.45
200000～300000	0.142	300000	395.45+(300000-200000)×0.142%=537.45
300000～400000	0.135	400000	537.45+(400000-300000)×0.135%=672.45
400000～600000	0.131	600000	672.45+(600000-400000)×0.131%=934.45
600000～800000	0.127	800000	934.45+(800000-600000)×0.127%=1188.45
800000～1000000	0.125	1000000	1188.45+(1000000-800000)×0.125%=1438.45
1000000 以上	0.122	1200000	1438.45+(1200000-1000000)×0.122%=1682.45

3. 工程监理费

工程监理费指建设单位（业主）委托具有监理资格的单位，按施工监理规范进行全面的监督和管理所发生的费用。

费用内容包括工作人员的工资、工资性津贴、施工现场津贴、社会保障费用（基本养老、基本医疗、失业、工伤保险）、住房公积金、职工福利费、工会经费、劳动保护费、办公费、会议费、差旅交通费，办公、试验固定资产使用费（包括办公及生活房屋折旧，维修或租赁费，车辆折旧、维修、使用或租赁费，通信设备购置、使用费，测量、试验、检测设备仪器折旧、维修或租赁费、其他设备折旧、维修或租赁费等）、零星固定资产购置费、招募生产工人费，技术图书资料费、职工教育经费、投标费用、合同契约公证费、法律顾问费、咨询费、业务招待费、财务费用、监理单位的临时设施费、完工清理费、竣(交)工验收费、各种税费、安全生产管理费和其他管理性开支。

工程监理费以定额建筑安装工程费为基数,按表3-25的费率,以累进方法计算。

工程监理费费率表　　　　　　　　　　　　　　　　表3-25

定额建筑安装工程费（万元）	费率（%）	算例(万元)	
		定额建筑安装工程费	工程监理费
500及以下	3.00	500	$500 \times 3\% = 15$
500~1000	2.40	1000	$15 + (1000 - 500) \times 2.4\% = 27$
1000~5000	2.10	5000	$27 + (5000 - 1000) \times 2.1\% = 111$
5000~10000	1.94	10000	$111 + (10000 - 5000) \times 1.94\% = 208$
10000~30000	1.87	30000	$208 + (30000 - 10000) \times 1.87\% = 582$
30000~50000	1.83	50000	$582 + (50000 - 30000) \times 1.83\% = 948$
50000~100000	1.78	100000	$948 + (100000 - 50000) \times 1.78\% = 1838$
100000~150000	1.72	150000	$1838 + (150000 - 100000) \times 1.72\% = 2698$
150000~200000	1.64	200000	$2698 + (200000 - 150000) \times 1.64\% = 3518$
200000~300000	1.55	300000	$3518 + (300000 - 200000) \times 1.55\% = 5068$
300000~400000	1.49	400000	$5068 + (400000 - 300000) \times 1.49\% = 6558$
400000~600000	1.45	600000	$6558 + (600000 - 400000) \times 1.45\% = 9458$
600000~800000	1.42	800000	$9458 + (800000 - 600000) \times 1.42\% = 12298$
800000~1000000	1.37	1000000	$12298 + (1000000 - 800000) \times 1.37\% = 15038$
1000000以上	1.33	1200000	$15038 + (1200000 - 1000000) \times 1.33\% = 17698$

4. 设计文件审查费

设计文件审查费指在项目审批前,建设单位(业主)为保证勘察设计工作的质量,组织有关专家或委托有资质的单位,对设计单位提交的建设项目可行性研究报告和勘察设计文件进行审查所需要的相关费用。

设计文件审查费以定额建筑安装工程费总额为基数,按表3-26的费率,以累进方法计算。

建设项目如果有地质勘察监理,费用在此项目中开支;建设项目如果有设计咨询(或称设计监理、设计双院制),其费用在此项目内开支。

设计文件审查费费率表　　　　　　　　　　　　　　　表3-26

定额建筑安装工程费（万元）	费率（%）	算例(万元)	
		定额建筑安装工程费	设计文件审查费
5000以下	0.077	5000	$5000 \times 0.077\% = 3.85$
5000~10000	0.072	10000	$3.85 + (10000 - 5000) \times 0.072\% = 7.45$
10000~30000	0.069	30000	$7.45 + (30000 - 10000) \times 0.069\% = 21.25$
30000~50000	0.066	50000	$21.25 + (50000 - 30000) \times 0.066\% = 34.45$
50000~100000	0.065	100000	$34.45 + (100000 - 50000) \times 0.065\% = 66.95$

续上表

定额建筑安装工程费 （万元）	费率 （%）	算例（万元）	
		定额建筑安装工程费	设计文件审查费
100000～150000	0.061	150000	66.95+(150000-10000)×0.061%=97.45
150000～200000	0.059	200000	97.45+(200000-150000)×0.059%=126.95
200000～300000	0.057	300000	126.95+(300000-200000)×0.057%=183.95
300000～400000	0.055	400000	183.95+(400000-300000)×0.055%=238.95
400000～600000	0.053	600000	238.95+(600000-400000)×0.053%=344.95
600000～800000	0.052	800000	344.95+(800000-600000)×0.052%=448.95
800000～1000000	0.051	1000000	448.95+(800000-600000)×0.051%=550.95
1000000以上	0.050	1200000	550.95+(800000-600000)×0.050%=650.95

5. 竣(交)工验收试验检测费

竣(交)工验收试验检测费指在公路建设项目交工验收和竣工验收前，由建设单位(业主)或工程质量监督机构委托有资质的公路工程质量检测单位按照有关规定对建设项目的工程质量进行检测并出具检测试验意见，以及进行桥梁动(静)荷载试验或其他特殊检测等所需要的费用。

竣(交)工验收试验检测费按表3-27的规定计算。

道路工程按主线路基长度计算，桥梁工程以主线桥梁、分离式立交、匝道桥的长度之和进行计算，隧道按单洞长度计算。

道路工程，高速公路、一级公路按四车道计算，二级及二级以下公路按两车道计算，每增加1个车道，按表中的费用增加10%计算。桥梁和隧道按双向四车道计算，每增加1个车道费用增加15%。二级及二级以下公路的桥隧工程，按表3-27费用的40%计算。

竣(交)工验收试验检测费标准表　　表3-27

检测项目		竣(交)工验收试验检测费	备注
道路工程 （元/km）	高速公路	23500	包括路基、路面、涵洞、通道、路段安全设施和机电、房建、绿化、环境保护及其他工程
	一级公路	17000	
	二级公路	11500	
	三级及三级以下公路	5750	
桥梁工程	一般桥梁（元/延米）	40	包括桥梁范围内的所有土建、安全设施和机电、声屏障等环境保护工程及必要的动(静)载试验
	技术复杂桥梁 （元/延米）　钢管拱	750	
	连续刚构	500	
	斜拉桥	600	
	悬索桥	560	
隧道工程 （元/延米）	单洞	80	包括隧道范围内的所有土建、安全设施、机电、消防设施等

二、研究试验费

1. 费用内容

研究试验费指按项目特点和有关规定,在建设过程中必须进行的研究和试验所需的费用,以及支付科技成果、专利、先进技术的一次性技术转让费。

研究试验费不包括下面的开支:

(1)应由前期工作费(为建设项目提供或验证设计数据、资料等专题研究)开支的项目。

(2)应由科技三项费用(即新产品试制费、中间试验费和重要科学研究补助费)开支的项目。

(3)应由施工辅助费开支的施工企业对建筑材料、构件和建筑物进行一般鉴定、检查所发生的费用及技术革新研究试验费。

2. 计算方法

按设计提出的研究试验内容和要求进行编制。

三、建设项目前期工作费

1. 费用内容

建设项目前期工作费指委托勘察设计、咨询单位对建设项目进行可行性研究、工程勘察设计,以及设计、监理、施工招标文件及招标标底或造价控制值文件编制时,按规定应支付的费用。包括:

(1)编制项目建议书(或预可行性研究报告)、可行性研究报告、投资估算,以及相应的勘察、设计、专题研究等所需的费用。

(2)通过风洞试验、地震动参数、索塔足尺模型试验、桥墩局部冲刷试验、桩基承载力试验等为建设项目提供或验证设计数据所需的专题研究费用。

(3)初步设计和施工图设计的勘察费、设计费、概(预)算编制及调整概算编制费用等。

(4)设计、监理、施工招标文件及招标标底(或造价控制值或清单预算)文件编制费等。

2. 计算方法

建设项目前期工作费以定额建筑安装工程费为基数,按表3-28的费率,以累进方法计算。

建设项目前期工作费费率表 表3-28

定额建筑安装工程费 (万元)	费率 (%)	算例(万元)	
		定额建筑安装工程费	建设项目前期工作费
500及以下	3.00	500	500×3.00% = 15
500~1000	2.70	1000	15 + (1000 − 500)×2.70% = 28.5
1000~5000	2.55	5000	28.5 + (5000 − 1000)×2.55% = 130.5
5000~10000	2.46	10000	130.5 + (10000 − 5000)×2.46% = 253.5
10000~30000	2.39	30000	253.5 + (30000 − 10000)×2.39% = 731.5
30000~50000	2.34	50000	731.5 + (50000 − 30000)×2.34% = 1199.5
50000~100000	2.27	100000	1199.5 + (100000 − 50000)×2.27% = 2334.5

续上表

定额建筑安装工程费 (万元)	费率 (%)	算例(万元)	
		定额建筑安装工程费	建设项目前期工作费
100000~150000	2.19	150000	2334.5 + (150000 - 100000) × 2.19% = 3429.5
150000~200000	2.08	200000	3429.5 + (200000 - 150000) × 2.08% = 4469.5
200000~300000	1.99	300000	4469.5 + (300000 - 200000) × 1.99% = 6459.5
300000~400000	1.94	400000	6459.5 + (400000 - 300000) × 1.94% = 8399.5
400000~600000	1.86	600000	8399.5 + (600000 - 400000) × 1.86% = 12119.5
600000~800000	1.80	800000	12119.5 + (800000 - 600000) × 1.80% = 15719.5
800000~1000000	1.76	1000000	15719.5 + (1000000 - 800000) × 1.76% = 19239.5
1000000 以上	1.72	1200000	19239.5 + (1200000 - 1000000) × 1.72% = 22679.5

四、专项评价(估)费

专项评价(估)费指依据国家法律、法规规定须进行评价(评估)、咨询,按规定应支付的费用。包括环境影响评价费、水土保持评估费、地震安全性评价费、地质灾害危险性评价费、压覆重要矿床评估费、文物勘察费、通航论证费、行洪论证(评估)费、使用林地可行性研究报告编制费、用地预审报告编制费、项目风险评估费、节能评估费和社会风险评估费、放射性影响评估费、规划选址意见书编制费等费用。

计算方法:依据委托合同,或参照类似工程已发生的费用进行计列。

五、联合试运转费

1. 费用内容

联合试运转费指建设项目的机电工程,按照有关规定标准,需要进行整套设备带负荷联合试运转所需的全部费用,不包括应由设备安装工程费中开支的调试费的费用。

费用内容包括:联合试运转期间所需的材料、燃料和动力的消耗,机械和检测设备使用费,工具用具和低值易耗品费,参加联合试运转人员工资及其他费用等。

2. 费用计算

联合试运转费以定额建筑安装工程费为基数,按 0.04% 费率计算。

六、生产准备费

生产准备费指为保证新建、改(扩)建项目交付使用后满足正常的运行、管理发生的工器具购置、办公和生活用家具购置、生产人员培训、应急保通设备购置等费用。

1. 工器具购置费

工器具购置费指建设项目交付使用后为满足初期正常运营必须购置的第一套不构成固定资产的设备、仪器、仪表、工卡模具、器具、工作台(框、架、柜)等的费用,不包括构成固定资产的设备、工器具和备品、备件,及已列入设备费中的专用工具和备品、备件。

工器具购置费由设计单位列出计划购置清单(包括规格、型号、数量),计算方法同设备购置费。

2. 办公和生活用家具购置费

办公和生活用家具购置费指新建、改(扩)建工程项目,为保证初期正常生产、使用和管理所购置的办公和生活用家具、用具的费用,包括行政、生产部门的办公室、会议室、资料档案室、阅览室、宿舍及生活福利设施等的家具、用具。办公和生活用家具购置费按表 3-29 的规定计算。

办公和生活用家具购置费标准表　　表 3-29

工程所在地	路线(元/km)				单独管理或单独收费的桥梁、隧道(元/座)		
	高速公路	一级公路	二级公路	三、四级公路	特大、大桥		特长隧道
					一般桥梁	技术复杂大桥	
内蒙古、黑龙江、青海、新疆、西藏	21500	15600	7800	4000	24000	60000	78000
其他省、自治区、直辖市	17500	14600	5800	2900	19800	49000	63700

注:改(扩)建工程按表列费用的 70% 计。

3. 生产人员培训费

生产人员培训费指为保证生产的正常运行,在工程交工验收交付使用前对运营部门生产人员和管理人员进行培训所需的费用,包括培训人员的工资、工资性津贴、职工福利费、差旅交通费、劳动保护费、培训及教学实习费等。

该费用按设计定员和 3000 元/人的标准计算。

4. 应急保通设备购置费

应急保通设备购置费指新建、改(扩)建工程项目,为满足初期正常营运,购置保障抢修保通、应急处置,且构成固定资产的设备所需的费用。

该费用由设计单位列出购置清单,计算方法同设备购置费。

七、工程保通管理费

工程保通管理费指新建或改(扩)建工程需边施工边维持通车或通航的建设项目,为保证公(铁)路运营安全、船舶航行安全及施工安全而进行交通(公路、航道、铁路)管制、交通(铁路)与船舶疏导所需的和媒体、公告等宣传费用及协管人员经费等。工程保通管理费应按设计需要进行列支。

涉水项目施工期通航安全保障费用计算方法按《公路工程建设项目概算预算编制办法》(JTG 3830—2018)附录 G 执行。

八、工程保险费

工程保险费指在合同执行期内,施工企业按合同条款要求办理保险的费用,包括建筑工程一切险和第三方责任险。建筑工程一切险是为永久工程、临时工程和设备及已运至施工工地用于永久工程的材料和设备所投的保险。第三方责任险是对因实施合同工程而造成的财产(本工程除外)损失或损害,或人员(业主和承包人雇员除外)的死亡或伤残所负责进行的保险。

工程保险费以建筑安装工程费(不含设备费)为基数,按0.4%费率计算。

九、其他相关费用

其他相关费用指国务院行政主管部门及省级人民政府规定的其他与公路建设相关的费用,按照相关规定计算。

第四节 预备费及建设期贷款利息

一、预备费

预备费由价差预备费及基本预备费两部分组成。

1. 基本预备费

(1)费用内容

基本预备费是指经初步设计和概算、施工图设计和施工图预算中难以预料的工程费用,基本预备费包括:

①在进行技术设计、施工图设计和施工过程中,在批准的初步设计和概算的范围内所增加的工程费用。

②在设备订货时,由于规格、型号改变的价差;材料货源变更、运输距离或方式的改变,以及因规格不同而代换使用等原因而发生的价差。

③在项目主管部门组织竣(交)工验收时,验收委员会(或小组)为鉴定工程质量必须开挖和修复隐蔽工程的费用。

(2)计算方法

基本预备费以建筑安装工程费、土地使用及拆迁补偿费、工程建设其他费之和为基数,按下列费率计算:

①设计概算按5%计列;
②修正概算按4%计列;
③施工图预算按3%计列。

2. 价差预备费

价差预备费指设计文件编制年至工程交工年期间,建筑安装工程费中的人工费、材料费、设备费、施工机械使用费、措施费、企业管理费等由于政策、价格变化可能发生上浮而预留的费用,及外资贷款汇率变动部分的费用。

价差预备费以建筑安装工程费总额为基数,按设计文件编制年始至建设项目工程交工年终的年数和年工程造价增涨率计算。

其计算公式如下:

$$价差预备费 = P \times [(1+i)^{n-1} - 1]$$

式中:P——建筑安装工程费总额(元);

i——年工程造价增涨率(%);

n——设计文件编制年至建设项目开工年 + 建设项目建设期限(年)。

年工程造价增涨率按有关部门公布的工程投资价格指数计算。

当设计文件编制至工程完工在一年以内的工程,不计列此项费用。

二、建设期贷款利息

1. 费用内容

建设期贷款利息指工程项目使用的贷款部分在建设期内应计取的贷款利息,包括各种金融机构贷款、建设债券和外汇贷款等利息。

2. 计算方法

根据不同的资金来源按需付息的分年度投资计算。计算公式如下:

建设期贷款利息 = Σ(上年末付息贷款本息累计 + 本年度付息贷款额 ÷ 2) × 年利率

即:

$$S = \sum_{n=1}^{N}(F_{n-1} + b_n \div 2) \times i$$

式中:S——建设期贷款利息(元);

N——项目建设期(年);

n——施工年度;

F_{n-1}——建设期第($n-1$)年末需付息贷款本息累计(元);

b_n——建设期第n年度付息贷款额(元);

i——中国人民银行公布的贷款基准年利率。

[例3-5] 某新建项目,建设期为3年,分年均衡进行贷款,第一年贷款300万元,第二年贷款600万元,第三年贷款400万元,年利息为12%,建设期内利息只计息不支付,计算建设期利息。

解:根据建设期贷款利息计算公式,计算各年的贷款利息。

第1年的贷款利息为:$S_1 = b_1 \times i = 300 \times 0.5 \times 12\% = 18$(万元)

第2年的贷款利息为:$S_2 = (F_1 + b_2 \times 0.5) \times 12\% = (300 + 18 + 600 \times 0.5) \times 12\% = 74.16$(万元)

第3年的贷款利息为:$S_3 = (F_2 + b_3 \times 0.5) \times 12\% = (300 + 18 + 600 + 74.16 + 400 \times 0.5) \times 12\% = 143.06$(万元)

建设期利息总额为:$S = S_1 + S_2 + S_3 = 18 + 74.16 + 143.06 = 235.22$(万元)

第五节　各项费用的计算程序及计算方式

前面几节以公路工程建设项目概预算费用为例,介绍了公路工程建设各项费用的计算程序及计算方法。公路工程建设各项费用的计算程序及计算方式见表3-30。

公路工程建设各项费用的计算程序及计算方式　　　　　表 3-30

序号	项目	说明及计算式
(一)	定额直接费	∑人工消耗量×人工基价 + ∑(材料消耗量×材料基价 + 机械台班消耗量×机械台班基价)
(二)	定额设备购置费	∑设备购置数量×设备基价
(三)	直接费	∑人工消耗量×人工单价 + ∑(材料消耗量×材料预算单价 + 机械台班消耗量×机械台班预算单价)
(四)	设备购置费	∑设备购置数量×预算单价
(五)	措施费	(一)×施工辅助费费率 + 定额人工费和定额施工机械使用费之和×其余措施费综合费率
(六)	企业管理费	(一)×企业管理费综合费率
(七)	规费	各类工程人工费(含施工机械人工费)×规费综合费率
(八)	利润	[(一)+(五)+(六)]×利润率
(九)	税金	[(三)+(四)+(五)+(六)+(七)+(八)]×建筑业增值税税率
(十)	专项费用	
	施工场地建设费	[(一)+(二)×40%+(五)+(六)+(七)+(八)+(九)]×累进费率
	安全生产费	建筑安装工程费(不含安全生产费本身)×(≥1.5%)
(十一)	定额建筑安装工程费	(一)+(二)×40%+(五)+(六)+(七)+(八)+(九)+(十)
(十二)	建筑安装工程费	(三)+(四)+(五)+(六)+(七)+(八)+(九)+(十)
(十三)	土地使用及拆迁补偿费	按规定计算
(十四)	工程建设其他费	
	建设项目管理费	
	建设单位(业主)管理费	(十一)×累进费率
	建设项目信息化费	(十一)×累进费率
	工程监理费	(十一)×累进费率
	设计文件审查费	(十一)×累进费率
	竣(交)工验收试验检测费	按规定计算
	研究试验费	
	建设项目前期工作费	(十一)×累进费率
	专项评价(估)费	按规定计算
	联合试运转费	(十一)×费率
	生产准备费	
	工器具购置费	按规定计算
	办公和生活用家具购置费	按规定计算
	生产人员培训费	按规定计算
	应急保通设备购置费	
	工程保通管理费	按规定计算
	工程保险费	[(十二)-(四)]×费率

续上表

序号	项 目	说明及计算式
	其他相关费用	
(十五)	预备费	
	基本预备费	[(十二)+(十三)+(十四)]×费率
	价差预备费	(十二)×费率
(十六)	建设期贷款利息	按实际贷款额度及利率计算
(十七)	公路基本造价	(十二)+(十三)+(十四)+(十五)+(十六)

习题

1. 公路工程概、预算由哪些费用组成？
2. 简述直接费的计算方法。
3. 简述直接费与定额直接费计算的差异、建筑安装工程费用与定额建筑安装工程费用计算的差异。
4. 某工程项目建设过程中要使用原木，已知原木供应价1100.00元/m³，从A地用汽车运至工地，运距30km，采用社会运输，其运价1.6元/m³·km，装卸费及其他附加费10元/m³，采保费率2.06%，场外运输损耗0，试计算原木的预算单价。
5. 某桥梁工程需原木，经调查有A、B两个供货地点，A地供应价为1200元/m³，可供量为60%；B地供应价为1260元/m³，可供量为40%。运输方式为汽车运输，运价为1.5元/m³·km，装卸费为9.5元/m³，A地离中心仓库25km，B地离中心仓库30km。不计场外运输损耗，采购保管费率为2.06%，试确定原木的预算价格。
6. 已知人工单价为100元/工日，柴油为7.5元/kg，试计算斗容量为2m³以内的单斗挖掘机的台班价格。单斗挖掘机的机械台班费用定额见题6表。

土、石方工程机械费用定额 题6表

费用项目		单位	序号	27	30
			代号	8001027	8001030
				单斗挖掘机	
				液压机械	
				斗容量(m³)	
				1以内	2以内
不变费用	折旧费	元		233.39	332.0
	检修费	元		60.97	86.72
	维护费	元		130.76	185.99
	安拆辅助费	元		—	—
	小计	元		425.12	604.71

续上表

费用项目		单位	序号	27	30
			代号	8001027	8001030
				单斗挖掘机	
				液压机械	
				斗容量(m³)	
				1以内	2以内
可变费用	人工	工日		2	2
	汽油	kg			
	柴油	kg		55.84	91.93
	小计	元		628.01	881.34
定额基价		元		1034.67	1447.52

7. 某二级公路的路面设计采用煤渣垫层,设计厚度18cm、宽度20m。试求2km长度该煤渣垫层的工、料、机预算数量,并计算该分项工程的直接费。

已知:

(1)工料机预算单价:人工100元/工日,水3元/m³,砂和砂砾77元/m³,煤渣60元/m³,12~15t光轮压路机600元/台班,18~21t光轮压路机700元/台班;

(2)各类垫层、级配碎石、级配砾石基层的压实厚度在15cm以内,填隙碎石一层的压实厚度在12cm以内,各类稳定土基层、其他种类的基层和底基层压实厚度在20cm以内,拖拉机、平地机、摊铺机和压路机的台班消耗按定额数量计算。如超过上述压实厚度进行分层拌和、摊铺、碾压时,拖拉机、平地机、摊铺机和压路机的台班消耗按定额数量加倍计算,每1000m² 增加1.5个工日;

(3)路面垫层的预算定额见题7表。

2-1-1 路面垫层　　　　　　　　　　　　　　　　　　　　　题7表

工程内容:铺筑,整平,洒水,碾压。

单位:1000m²

顺序号	项 目	单位	代号	人 工 铺 料									
				压实厚度15cm					每增减1cm				
				粗砂	砂砾	煤渣	矿渣	碎石	粗砂	砂砾	煤渣	矿渣	碎石
				1	2	3	4	5	6	7	8	9	10
1	人工	工日	1001001	16.6	18.2	21.2	19	17.6	1	1.1	1.3	1.1	1
2	水	m³	3005004	20	19	26	21	17	1	1	2	1	1
3	砂	m³	5503004	196.56	—	—	—	—	13.1	—	—	—	—
4	砂砾	m³	5503007	—	191.25	—	—	—	—	12.75	—	—	—
5	煤渣	m³	5503010	—	—	252.45	—	—	—	—	16.83	—	—
6	矿渣	m³	5503011	—	—	—	198.9	—	—	—	—	13.26	—
7	碎石	m³	5505016	—	—	—	—	186.66	—	—	—	—	12.44
8	12~15t光轮压路机	台班	8001081	0.23	0.16	0.16	0.08	0.16	—	—	—	—	—

续上表

顺序号	项目	单位	代号	人工铺料									
				压实厚度15cm					每增减1cm				
				粗砂	砂砾	煤渣	矿渣	碎石	粗砂	砂砾	煤渣	矿渣	碎石
				1	2	3	4	5	6	7	8	9	10
9	18~21t 光轮压路机	台班	8001083	—	0.3	0.41	0.44	0.41	—	—	—	—	—
10	基价	元	9999001	17220	11218	17677	15972	16455	1126	714	1140	1021	1051

8. 某跨径20m以内石拱桥,其浆砌块石拱圈工程量为300m³,设计采用10号水泥砂浆砌筑,试计算该浆砌块石拱圈的工料机消耗。浆砌料石定额表及砂浆配合比见题8表-1、题8表-2。

4-5-4 浆砌料石 题8表-1

工程内容:1)选、修、洗石料;2)搭、拆脚手架、踏步或井字架;3)配、拌、运砂浆;4)砌筑;5)勾缝;6)养护。

单位:10m³

顺序号	项目	单位	代号	墩、台、墙粗料石镶面	轻型墩台、拱上横墙、墩上横墙	粗料石拱圈 跨径(m)		粗料石帽石、缘石	粗料石栏杆	细料石栏杆	细料石索塔立柱
						20以内	50以内				
				1	2	3	4	5	6	7	8
1	人工	工日	1001001	9	9.7	10.9	12.3	11.6	12.8	15.7	16.2
2	M7.5 水泥砂浆	m³	1501002	(2.00)	(2.00)	(2.00)	(2.00)	(2.00)	(2.00)	(1.30)	—
3	M10 水泥砂浆	m³	1501003	(0.09)	(0.07)	(0.07)	(0.05)	(0.13)	(0.12)	(0.12)	—
4	M12.5 水泥砂浆	m³	1501004	—	—	—	—	—	—	—	(1.30)
5	M15 水泥砂浆	m³	1501005	—	—	—	—	—	—	—	(0.13)
6	8~12 号铁丝	kg	2001021	1.8	2.2	1.5	2.4	—	—	—	24.9
7	钢管	t	2003008	0.011	0.006	—	—	—	—	—	—
8	铁钉	kg	2009030	0.3	0.2	0.1	0.1	—	—	—	0.5
9	水	m³	3005004	11	10	15	15	15	15	15	11
10	原木	m³	4003001	0.01	0.02	0.01	0.03	—	—	—	0.3
11	锯材	m³	4003002	0.05	0.04	0.02	0.02	—	—	—	0.09
12	中(粗)砂	m³	5503005	2.28	2.25	2.26	2.23	2.32	2.31	1.55	1.53
13	粗料石	m³	5505029	9	9	9	9	9	9	—	—
14	细料石	m³	5505030	—	—	—	—	—	—	9.2	9.2
15	32.5 级水泥	t	5509001	0.56	0.554	0.554	0.548	0.572	0.569	0.383	0.5
16	其他材料费	元	7801001	5.4	4.1	4.4	4.4	10.9	10.9	10.9	1.9
17	1.0m³ 以内轮胎式装载机	台班	8001045	0.1	0.1	0.1	0.1	0.1	0.1	0.1	0.1
18	400L 以内灰浆搅拌机	台班	8005010	0.09	0.09	0.09	0.09	0.09	0.09	0.06	0.06
19	基价	元	9999001	3293	3337	3408	3582	3449	3575	4005	4704

砂浆配合比表   题8表-2

序号	项目	单位	水泥砂浆									
			砂浆强度等级									
			M5	M7.5	M10	M12.5	M15	M20	M25	M30	M35	M40	M50
			1	2	3	4	5	6	7	8	9	10	11
1	32.5级水泥	kg	218	266	311	345	393	448	527	612	693	760	—
2	42.5级水泥	kg	—	—	—	—	—	—	—	—	—	—	1000
3	熟石灰	kg	—	—	—	—	—	—	—	—	—	—	—
4	中(粗)砂	m³	1.12	1.09	1.07	1.07	1.07	1.06	1.02	0.99	0.98	0.95	0.927

9. 某项目总投资4000万元,项目建设期3年,第一年投资1000万元,第二年投资2000万元,第三年投资1000万元,建设期内年利率为5%,则建设期应付利息为多少?

10. 某梁桥上部构造预应力混凝土箱梁现浇,已知其直接费为49111元,措施费综合费率为1.88%,企业管理费综合费率为4.45%,规费综合费率为36.5%,计划利润率为7.42%,税率为9%,试计算其建筑安装工程费。

第四章
公路工程建设项目估算、概算、预算编制

第一节 概 述

  投资估算是公路工程项目在建设前期编制的造价文件。在建设项目前期要进行两项工作,即编制项目建议书和可行性研究报告,相应的造价文件即项目建议书投资估算和可行性研究报告投资估算。投资估算是项目建议书和工程可行性研究报告的重要组成部分,是建设项目经济评价中支出费用的重要组成部分。

  概算和预算是公路工程项目在设计阶段编制的造价文件。设计阶段造价文件的编制包括初步设计阶段的设计概算的编制、技术设计阶段修正设计概算的编制及施工设计阶段施工图预算的编制。

一、估算、概算、预算文件组成

  估算、概算、预算文件由封面、扉页、目录、编制说明及全部相应的计算表格组成。

  1. 封面、扉页及目录

  估算、概算、预算文件的封面和扉页应按《公路工程基本建设项目设计文件编制办法》

中的规定制作。扉页的次页应有建设项目名称、第几册共几册、编制和复核人员姓名并加盖执业(从业)资格印章、编制单位、编制日期等内容。施工图预算的扉页的次页如图4-1所示。

XX 公路施工图预算

（K xx +xxx ～K xx +xxx）
第　册　共　册

编制：　　　（签字并盖章）

复核：　　　（签字并盖章）

编制单位：　（盖章）

编制时间：　　年　　月　　日

图4-1　施工图预算扉页次页的内容及格式

估算、概算、预算的目录应按估算、概算、预算表的表号顺序编排。概算、预算的甲组文件和乙组文件目录格式及相应内容如图4-2所示。

甲组文件：
- 编制说明
- 前后阶段费用对比表
- 建设项目属性及技术经济信息表
- 总概(预)算汇总表
- 总概(预)算人工、主要材料、施工机械台班数量汇总表
- 概(预)算表
- 人工、主要材料、施工机械台班数量汇总表
- 建筑安装工程费计算表
- 综合费率计算表
- 综合费用计算表
- 设备费计算表
- 专项费用计算表
- 土地使用及拆迁补偿费计算表
- 工程建设其他费计算表
- 人工、材料、施工机械台班单价汇总表

乙组文件：
- 分项工程概(预)算计算数据表
- 分项工程概(预)算表
- 材料预算单价计算表
- 自采材料料场价格计算表
- 材料自办运输单位运费计算表
- 施工机械台班单价计算表
- 辅助生产人工、材料、施工机械台班单位数量表

图4-2　概算、预算甲组文件和乙组文件目录格式及相应内容

2.估算、概算、预算编制说明

估算、概算、预算表格编制完成后,应写出编制说明,文字力求简明扼要。

以概算、预算文件为例,概算、预算的编制说明应叙述的内容一般有:

(1)建设项目设计资料的依据,如建设项目可行性研究报告批准文号(编设计概算时)、初步设计和设计概算批准文号(编施工图预算时),以及根据何时的测设资料及比选方案进行编制等。

(2)编制范围和工程概况。

(3)采用的定额、费用标准,人工、材料与设备、施工机械台班预算单价的依据或来源,新增工艺的单价分析,补充定额及编制依据的详细说明。

(4)与概算、预算编制有关的协议书、会谈纪要的主要内容(或将抄件附后)。

(5)总概算、预算总金额,人工、钢材、水泥、沥青等的总需要量。

(6)各设计方案的经济比较。

(7)项目综合经济技术指标统计,对比分析本阶段与上阶段工程数量、造价的变化情况。

(8)其他有关费用技术项及计价依据的说明。

(9)采用的公路工程造价软件的名称及版本号。

(10)其他需要说明的问题,如其他与概算、预算有关但不能在表格中反映的事项,以及编制中存在的问题。

3.估算、概算、预算表格

公路工程估算、概算、预算应按统一的表格计算,估算、概算、预算表格的式样相同,只是在印制表格时,应将表格的表头分别印制成估算或概算或预算即可。估算、概算、预算的人工、材料、机械台班单价,及其他各项费用计算都应通过规定的表格反映,在完成这些表格时,应以《公路工程估算指标》(JTG/T 3821—2018)、《公路工程概算定额》(JTG/T 3831—2018)、《公路工程预算定额》(JTG/T 3832—2018)为依据,按现行《公路工程建设项目投资估算编制办法》(JTG 3820—2018)、《公路工程建设项目概算预算编制办法》(JTG 3830—2018)的各项规定计算各项费用。

概算、预算各种表格的计算顺序和相互关系如图4-3所示。估算的各种表格的计算顺序和相互关系与此类同。

4.甲组文件与乙组文件

估算、概算、预算文件按不同的需要分为甲乙两组,甲组文件为各项费用计算表,乙组文件为建筑安装工程费各项基础数据计算表,只供审批使用。甲、乙组文件应按《公路工程基本建设项目设计文件编制办法》关于设计文件报送份数,随设计文件一并报送。报送乙组文件时,并同时提交可计算的造价电子数据文件和新工艺单价分析的详细资料。

乙组文件中的"分项工程估算/概(预)算表"可只提交电子版,或按需要提交纸质版。

估算、概算、预算应按一个建设项目[如一条路线或一座独立大(中)桥、隧道]进行编制。当一个建设项目需要分段或分部编制时,应根据需要分别编制,但必须汇总编制"总估算/概(预)算汇总表"。概算、预算文件的甲、乙组文件包括的内容组成如图4-2所示。

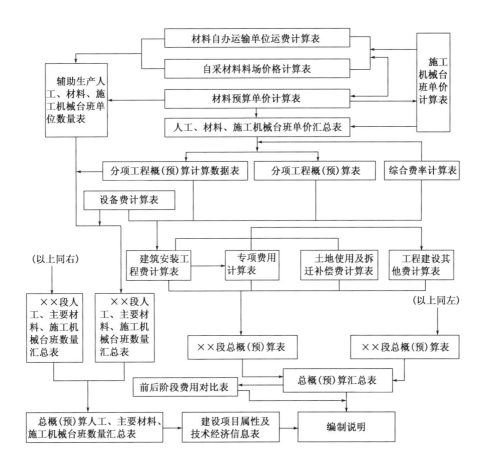

图 4-3 各种表格的计算顺序和相互关系

二、估算、概算、预算项目及编码规则

熟悉项目表,对于估算、概算、预算编制来讲是十分重要的。为了使公路工程估算、概算、预算编制规范化,在《公路工程建设项目投资估算编制办法》(JTG 3820—2018)、《公路工程建设项目概算预算编制办法》(JTG 3830—2018)中对工程项目和费用项目的名称、层次做了统一的规定,从而可以防止列项时出现混乱、漏列、错列的现象。估算、概算、预算项目应按项目表的序列及内容编制。

编制估算、概算、预算时,原则上应按项目表规定的项目序列编制,但当实际出现的工程和费用项目与项目表的内容不完全相符时,第一、二、三、四、五部分和"项"的序号、内容应保留不变,项目表的"项"以下的分项在引用时应保留序号、内容不变,缺少的分项内容可随需要就近增加,并按照项目表的顺序以实际出现的级别依次排列,不保留缺少的"项"以下的项目序号。

概算、预算项目主要内容见表 4-1。

概算、预算项目主要内容 表 4-1

部　　分	项	分　项
第一部分　建筑安装工程费	第一项　临时工程	
	第二项　路基工程	
	第三项　路面工程	
	第四项　桥梁涵洞工程	
	第五项　隧道工程	
	第六项　交叉工程	
	第七项　交通工程及沿线设施	
	第八项　绿化及环境保护工程	
	第九项　其他工程	
	第十项　其他专项费用	1. 施工场地建设费
		2. 安全生产费
	第十一项　实施阶段发生的其他费用项目	
第二部分　土地使用及拆迁补偿费		
第三部分　工程建设其他费		
第四部分　预备费		
第五部分　建设期贷款利息		

分项编号采用部(1位数)、项(2位数)、目(2位数)、节(2位数)、细目(2位数)组成,以部、项、目、节、细目等依次逐层展开。概算、预算分项编号详见《公路工程建设项目概算预算编制办法》(JTG 3830—2018)中的"概算预算项目表"。在编制概算预算时,应执行统一的项目表和项目分表中的编号。

"概算预算项目表"包括:

(1)概算预算项目表,见表4-2。

(2)路基工程项目分表(LJ),见表4-3。

(3)路面工程项目分表(LM),略,详见《公路工程建设项目概算预算编制办法》(JTG 3830—2018)B.0.1-3。

(4)涵洞工程项目分表(HD),略,详见《公路工程建设项目概算预算编制办法》(JTG 3830—2018)B.0.1-4。

(5)桥梁工程项目分表(QL),略,详见《公路工程建设项目概算预算编制办法》(JTG 3830—2018)B.0.1-5。

(6)隧道工程项目分表(SD),略,详见《公路工程建设项目概算预算编制办法》(JTG 3830—2018)B.0.1-6。

(7)交通安全设施工程项目分表(JA),略,详见《公路工程建设项目概算预算编制办法》(JTG 3830—2018)B.0.1-7。

(8)隧道机电工程项目分表(SJ),略,详见《公路工程建设项目概算预算编制办法》(JTG 3830—2018)B.0.1-8。

(9)绿化及环境保护工程项目分表(LH),略,详见《公路工程建设项目概算预算编制办法》(JTG 3830—2018)B.0.1-9。

概算预算项目表　　　　　　　　　　　　　　　　　表4-2

分项编号	工程或费用名称	单位	主要工作内容	备注
1	第一部分　建筑安装工程费	公路公里		建设项目路线总长度(主线长度)
101	临时工程	公路公里		
10101	临时道路	km		新建施工便道与利用原有道路的总长
1010101	临时便道(修建、拆除与维护)	km		新建施工便道长度
1010102	原有道路的维护与恢复	km		利用原有道路长度
1010103	保通便道	km		
101010301	保通便道(修建、拆除与维护)	km		修建、拆除与维护
101010302	保通临时安全设施	km		临时安全设施修建、拆除与维护
10102	临时便桥、便涵	m/座		
1010201	临时便桥	m/座	修建、拆除与维护	临时施工汽车便桥
1010202	临时涵洞	m/座		
10103	临时码头	座		按不同的形式分级
10104	临时供电设施	总额		包括临时电力线路、变压器摊销等,不包括场外高压供电线路
10105	临时电信设施	总额		不包括广播线
	……			
102	路基工程	km		扣除主线桥梁、隧道和互通立交的主线长度,独立桥梁或隧道为引道或接线长度。下挂路基工程项目分表
	……			
103	路面工程	km		扣除主线桥梁、隧道和互通立交的主线长度,独立桥梁或隧道为引道或接线长度,下挂路面工程项目分表
	……			
104	桥梁涵洞工程	km		指桥梁长度
10401	涵洞工程	m/道		下挂涵洞工程项目分表

路基工程项目分表(LJ)　　　　　　　　　　　　　表4-3

分项编号	工程或费用名称	单位	主要工程内容	备注
LJ01	场地清理	km		
LJ0101	清理与掘除	km		按清除内容分级
LJ010101	清除表土	m^3		
LJ010102	伐树、挖根	棵		
LJ0102	挖除旧路面	m^3		按挖除路面的类型分级
LJ010201	挖除水泥混凝土路面	m^3		

续上表

分项编号	工程或费用名称	单位	主要工程内容	备注
LJ010202	挖除沥青混凝土路面	m³		
LJ010203	挖除碎(砾)石路面	m³		
	……			
LJ0103	拆除旧建筑物、构筑物	m³		按拆除材料分级
LJ010301	拆除钢筋混凝土结构	m³		
LJ010302	拆除混凝土结构	m³		
LJ010303	拆除砖石及其他砌体	m³		
	……			
LJ02	路基挖方	m³		
LJ0201	挖土方	m³	挖、装、运、弃	
LJ0202	挖石方	m³	挖、装、运、弃	
	……			
LJ03	路基填方	m³		
LJ0301	利用土方填筑	m³	挖、装、运、填筑	不含桥涵台背回填
LJ0302	借土方填筑	m³	挖、装、运、填筑	不含桥涵台背回填
LJ0303	利用石方填筑	m³	挖、装、运、填筑	
LJ0304	借石方填筑	m³	挖、装、运、解小、填筑	
LJ0305	填砂路基	m³		
LJ0306	粉煤灰路基	m³		
LJ0307	石灰土路基	m³		
LJ04	结构物台背回填	m³		按回填位置分级
LJ0401	锥坡填土	m³		按不同的填筑材料分级

第二节 公路工程建设项目投资估算编制

公路工程建设前期主要要进行两项工作,即编制项目建议书和可行性研究报告,相应的造价文件即项目建议书投资估算和可行性研究报告投资估算。投资估算是项目建议书和工程可行性研究报告的重要组成部分,是建设项目经济评价中支出费用的重要组成部分。

一、公路工程建设项目投资估算的作用

投资估算是指在公路工程建设项目前期,依据国家的法律法规、行业标准和项目的具体资料,采用一定的方法,对建设项目的投资额进行的估计。

投资估算贯穿于整个建设项目投资决策过程中。项目前期分为项目建议书阶段和可行性研究阶段,因此投资估算工作也分为建议书投资估算和可行性研究投资估算。不同阶段所具备的条件和掌握的资料不同,对投资估算的要求也各不相同,因而投资估算的准确程度在不同阶段也不同,每个阶段投资估算所起的作用也不同。

(一)项目建议书投资估算的作用

项目建议书是选择项目和进行可行性研究的依据,是公路项目基本建设程序中前期准备工作阶段的第一个工作环节,有着极其重要的作用。这一阶段主要是选择有利的投资机会,明确投资方向,提出概略的项目投资建议,并编制项目建议书。投资估算是在项目前期的投资决策过程中,对建设项目的投资数额进行的估计,它具有以下几方面的作用:

(1)项目建议书投资估算是拟建项目是否继续进行可行性研究的依据之一。
(2)项目建议书投资估算是项目主管部门审批项目建议书的依据。
(3)项目建议书投资估算是审批建设项目可行性研究报告的依据。
(4)项目建议书投资估算是国家编制中长期规划和保持合理投资结构及决定国民经济计划中基建比例的依据。
(5)项目建议书投资估算是制定资金筹措计划,控制投资限额的依据。

(二)可行性研究报告投资估算的作用

可行性研究报告投资估算是可行性研究报告的重要组成部分。根据公路项目基本建设程序的有关规定和要求,为科学地组织建设项目的实施,减少失误,根据长期的建设实践经验,可行性研究报告投资估算在项目建设中具有多方面的作用。

(1)可行性研究报告投资估算是计算、分析项目投资经济效果的重要条件,也是项目建设投资决策的重要依据。
(2)可行性研究报告投资估算是编制初步设计概算或施工图预算(采用一阶段设计时)的主要限制条件。
(3)可行性研究报告投资估算是资金筹措的依据。
(4)可行性研究报告投资估算是编制年度建设投资计划的依据。

二、公路工程建设项目投资估算编制原则

投资估算质量决定着投资决策的正确性。在编制投资估算时应遵循下列原则:

1. 科学性原则

估算的编制应有科学合理的依据。投资估算编制必须严格执行国家法律法规的有关规定,并应符合相关行业标准、规范和规定。未经科学验证和国家主管部门认可的指标不得在投资估算文件中使用。

2. 客观性原则

投资估算必须实事求是地反映工程项目投资额,不可为了地方利益,片面追求快上项目、上大项目而增大或缩小估算额。在编制投资估算时,要保证投资估算的客观、准确,要充分考虑工程项目的投资回收效果,从而确保工程可行性研究成果的可信、可行、可靠。

3. 系统性原则

任何一个工程项目都不是孤立存在的。一个工程项目的投资估算应该站在全局的立场上,对该项目的所有费用都要进行系统的计算,不可偏向任何一个局部利益而使估算费用失真。

4. 公平性原则

投资估算是站在全局的利益上,用统一指标和办法,公平决定投资额的高低。投资估算的公平性原则建立在科学性及客观性原则的基础上,优先保证效益高、见效快、影响大的工程项目。

三、公路工程建设项目投资估算编制要求

1. 质量要求

投资估算文件应达到的质量要求是:符合规定、结合实际、经济合理、提交及时、不重不漏、计算正确、字迹清晰、装订整齐完善。

从估算精度来看,投资估算精度应能满足控制设计概算的要求。

2. 编制依据的要求

投资估算编制必须严格执行国家有关的法律法规,并应符合行业标准、规范和规定。

当选用指标与具体工程之间存在标准或条件差异时,应进行必要的换算或调整。

3. 编制主体的要求

投资估算应由具有相应资质的设计、工程(造价)咨询单位负责编制。编制、审核人员必须持有工程造价人员执业资格证书,并对工程造价文件的编制质量负责。

当一个建设项目由两个以上设计(咨询)单位共同承担设计时,各设计(咨询)单位应负责编制所承担设计的单项或单位工程投资估算,主体设计(咨询)单位应负责编制原则和依据、工程设备与材料价格,取费标准等的协调与统一,汇编总估算,并对全部估算的编制质量负责。

公路工程造价人员应不断提高专业素质,掌握设计、施工情况,做好建设方案的经济比较,使技术工作和经济工作结合起来,全面、有效地提高前期工作质量,合理确定投资估算。

四、公路工程建设项目投资估算编制依据

公路工程建设项目投资估算编制依据通常包括国家发布的有关法律法规、现行的行业标准、工程所在地省级交通运输主管部门发布的规定和定额、项目的合同协议和设计文件及工程实施方案、工程所在地的工料机价格等。下面分别就项目建议书投资估算和可行性研究报告投资估算的编制依据进行介绍。

(一)项目建议书投资估算编制的依据

项目建议书的投资估算,是建设项目初步经济评价中计算费用的原始资料,也是立项决策的重要依据。所以项目建议书投资估算的编制,除应遵照国家法律法规和有关工程造价管理的规定和制度外,还要坚持实事求是的原则,避免受外界因素的干扰。其编制依据主要有:

(1)建设规模和技术标准。通过踏勘和调查后,提出的路线或桥型方案设想,取定的不同

地形的路段长度和主要工程数量、征用土地的数量、加工整理好的外业调查资料以及项目建议书文字说明。

(2)建设项目总体实施规划与要求的意见。

(3)现行《公路工程估算指标》及指标中规定的工程量计算规则。

(4)现行《公路工程建设项目投资估算编制办法》中规定的计算表格,以及有关费用的费率。

(5)当地公路(交通)造价管理部门发布的人工费单价、材料供应价格信息。

(6)当地交通运输主管部门颁布的运输和装卸价格,但应考虑运输市场的影响因素,合理取定运价。

(7)当地人民政府颁布的征地、拆迁赔偿标准和有关的各项规定。

(8)编制项目建议书的委托书、合同或协议的有关规定和要求。

(9)经研究商定或批准的设备和大型专用机械设备购置计划清单。

(10)建设项目的主管部门或建设单位对建设项目的有关通知与要求。

(11)历史造价资料。由于项目建议书投资估算的可塑性大,为提高估算的可靠性,应充分利用并参考造价历史资料进行必要的分析。

(二)可行性研究报告投资估算编制依据

可行性投资估算是可行性研究报告的重要组成部分,是建设项目国民经济评价中计算支出费用的基础资料,具有限制建设项目投资额的重要作用。故编制可行性研究报告投资估算必须严格执行国家有关的公路基本建设工程的方针、政策和公路工程造价管理制度。其编制依据有如下各项内容:

(1)经批准的项目建议书及投资估算文件。了解落实批准的项目建议书的筹资方式、贷款数额、年度贷款计划是否有变动或新的意图,以便确定建设期贷款利息。进一步了解对项目建议书中的总体实施规划有无需要进行调整和补充的。

(2)通过踏勘调查和必要的测量、地质钻探等,确定的路线方案,提出的路基土石方、排水与防护工程、路面、桥梁涵洞等主要工程数量,以及对一些典型路段和有代表性的大型构造物作出的典型布置图资料,都是编制可行性研究报告投资估算的基本依据。

(3)工程所在地的自然、技术、经济条件等资料及建设项目施工组织规划设计的意见。施工组织规划设计是编制可行性研究报告投资估算的主要基础资料,现场施工平面规划设计中确定的取土场、弃土场的位置涉及土石方运量的计算;构件预制场地、路面混合料拌和场、材料堆放场涉及材料平均运距的计算;分年度完成的投资计划和贷款使用计划涉及建设期贷款利息和工程造价预留费的计算年限;标段划分涉及施工单位所需的临时生产、生活用地数量的取定等等。可以看出以上费用的计算都是以施工组织规划设计的内容为依据的。所以,施工组织规划的合理与否会对投资估算的编制产生重要的影响。

(4)现行《公路工程估算指标》及其相应的有关各项工程量的计算方法的规定。调查掌握公路沿线的水文地质、地形地貌情况,以便正确摘取工程数量套用分项指标。了解《公路工程估算指标》的内容、项目划分及其工程量的计算规则是正确摘取工程量的前提。如果了解不清,情况不明,就难以正确摘取工程数量、选用指标,也就不能保证投资估算的编制质量。

(5)现行《公路工程建设项目投资估算编制办法》中规定的计算表格,以及投资估算项目表的序列及内容的规定。

(6)当设计深度达到初步设计深度时,现行《公路工程概算定额》《公路工程机械台班费用定额》及《公路工程建设项目概算预算编制办法》等也是可行性研究报告投资估算编制的依据。

(7)当地公路(交通)工程定额(造价管理)站发布的人工费单价、材料供应价格信息、有关规定及材料价格的有关资料。

项目建议书与可行性研究报告的投资估算,是在不同的时期编制的,故既要了解掌握作为编制项目建议书投资估算的工资标准和材料供应价格情况,又要了解当地公路(交通)造价管理部门是否发布了新的价格信息。如果有的话,一则应以此作为编制可行性研究报告投资估算的依据,二则可与项目建议书投资估算所采用的价格水平相比较,以了解其价格的变化情况,从而掌握对可行性研究报告投资估算可能产生的影响程度。

调查落实公路沿线砂石材料的产供情况和市场销售价格,施工单位自行开采的可能性与开采条件,材料的规格品种、质量、数量,以及在今后实施阶段可能产生的变化和问题,都应着重予以调查落实,凡对投资估算可能产生的影响因素,均应做必要的考虑,检查与原项目建议书所采用的数据有无差异,并绘制出筑路材料运距示意图,提出筑路材料调查表,作为计算材料预算价格的原始依据。

(8)当地交通运输主管部门颁布的运价和有关规定,以及收取过路费、过桥费的标准。考虑运输市场的影响因素,合理取定运价。

调查落实建设项目所在地的各种外购材料的供应地点、供应渠道,并据以核查原项目建议书投资估算所取定的经济合理的运输方式和计算的平均运距,以及计算的过路费、过桥费和运费标准有无变化,除应以调查落实的资料作为计算材料运费的依据外,还应对存在的差异做必要的分析,掌握其变化规律,以不断提高投资估算的编制水平。

(9)当地人民政府颁布的征地、拆迁赔偿标准和有关规定。

调查建设项目占用土地和应予拆迁的建筑物、构筑物的种类和数量,人均占有耕地等资料,以及当地人民政府颁布的征用土地赔偿标准、耕地占用税等有关规定,并提出拆迁及土地占用量表,作为计算土地、青苗等补偿费和安置补助费的依据。

(10)编制可行性研究报告的委托书、合同或协议的有关规定和要求。

(11)建设项目的主管部门或建设单位,对拟建项目投资估算有关的通知和要求。

(12)收集当地工程造价历史资料供编制投资估算参考,是进行投资估算时的一个极为重要的工作手段。

五、公路工程建设项目投资估算编制程序

(一)项目建议书投资估算编制程序

在编制项目建议书投资估算时,首先应熟悉所需的基础资料和投资估算指标,其次对拟建项目的总体实施规划进行必要的分析研究,尽可能做到合理可靠,然后按照下列程序和方法进行项目建议书投资估算的编制工作。

编制项目建议书投资估算的一般步骤和程序,概括起来就是:熟悉设计意图,整理外业调

查资料,确定人工、材料价格,进行计算汇总,写出编制说明并装订签章,其顺序如下:

(1)熟悉拟建项目的建设规模、技术标准,了解路线或桥型方案设想意图和工程全貌,掌握建设项目现场的有关实际情况。

(2)对踏勘调查所涉及的有关投资估算的基础资料进行分析整理,去伪存真,做到合理可靠。

(3)取定工资标准、材料供应价格和运输方案,计算材料的预算价格。

(4)结合建设项目的实际情况,正确取定措施费、企业管理费、规费等费率标准,并进行汇总。

(5)根据公路工程建设项目投资估算项目表,按照现行《公路工程估算指标》的指标项目划分、子目划分、指标单位及工程量计算规则等确定工程量并套用指标,计算建筑安装工程费。

(6)编制设备、工具、器具购置费和工程建设其他费用。

(7)编制总估算及统计汇总人工和主要材料数量。

(8)若系分段编制投资估算的,再汇编总估算。

(9)写出编制说明,进行复核与审核。

(10)出版、盖章、上报。

(二)编制可行性研究报告投资估算程序

一般情况下编制可行性研究报告投资估算的程序如下:

(1)熟悉设计方案和各种图表资料,对各项主要工程数量进行必要的核对和计算,若发现与估算指标的计算口径和要求不一致时,要提请设计人员查实,或在外业调查时予以解决。然后按估算指标的内容要求,正确摘取各种计价工程数量,为编制投资估算提供可靠的基础资料。

(2)按照编制可行性研究报告投资估算的要求,整理分析好涉及投资估算的各种外业调查资料,如进行材料综合供应价格的分析取定,计算各种材料的平均运距并确定合理的运输方案等。

(3)研究建设实施方案的内容和要求是否合理可行,核查与批准的项目建议书投资估算文件的规定是否相符,如有变动,则要分析其合理性,做到切合实际,合理可靠。

(4)取定人工费单价和材料供应价格,按照运距示意图确定的运输方案和平均运距,计算材料的预算价格。

(5)根据确定的总体实施方案的要求,结合建设项目的实际情况,正确取定措施费、企业管理费、规费等费率标准,并进行汇总。

(6)根据摘取的主要工程数量和选用的并经调整好的估算指标,计算出人工和材料的实物量。

(7)根据确定的人工、材料的预算价格和各种费率标准,计算出各项费用,并进行累计汇总。

(8)编制设备、工具、器具购置费和工程建设其他费用。

(9)编制总估算及统计汇总人工和主要材料数量。

(10)若系分段编制投资估算的,再汇编总估算。

(11)写出编制说明,进行复核与审核。
(12)出版、盖章、上报。

六、公路工程建设项目投资估算编制方法

根据现行《公路工程建设项目投资估算编制办法》规定的投资估算计算表格,加上封面和编制说明,就构成了投资估算文件的全部内容。为保证编制质量,必须严格按照现行《公路工程建设项目投资估算编制办法》规定的统一计算表格的内容与要求进行投资估算的编制工作。

1. 建筑安装工程费的编制方法

建筑安装工程费是投资估算的主要部分,是通过计算表格采用实物法进行编制的。

(1)工料机单价的计算

根据工程所在地取定人工费单价。

根据外业调查资料取定的材料供应价格、计算的平均运距、运价和运输方式,通过"材料预算价格计算表"计算出各种材料的预算价格。对于由施工单位自行开采加工的砂石材料的供应价格,即料场价格,则可按现行《公路工程预算定额》及《公路工程建设项目概算预算编制方法》的有关规定分析计算取定,并完成"自采材料料场价格计算表"。对于由施工单位自办运输的材料,则可按现行《公路工程预算定额》及《公路工程建设项目概算预算编制方法》的有关规定分析计算取定,并完成"材料自办运输单位运费计算表"。

根据现行《公路工程机械台班费用定额》在"施工机械台班单价计算表"中计算所选用的施工机械的计算机械台班单价。

在造价编制过程中,"材料预算价格计算表"与"施工机械台班单价计算表","材料预算价格计算表"与"自采材料料场价格计算表"和"材料自办运输单位运费计算表"需相互补充才能完成。

完成工料机价格计算后汇总形成"人工、材料、施工机械台班单价汇总表"。

(2)设备购置费

设备购置费的计算应通过编制"设备费计算表"完成。

项目建议书阶段投资估算的设备购置费参照《公路工程建设项目投资估算编制办法》(JTG 3830—2018)附录C提供的费率,以定额建筑安装工程费为基数计算。

项目可行性研究阶段投资估算设备购置费,如果设计单位能列出计划购置清单(包括设备的规格、型号、数量),以数量乘以设备预算价计算。设备购置费按下式计算:

设备购置费 = 设备原价 + 运杂费(运输费 + 装卸费 + 搬运费)+ 运输保险费 + 采购及保管费

需要安装的设备,应在第一部分建筑安装工程费的有关项目内加计安装工程费用。

如果设计单位不能列出计划购置清单,项目可行性研究阶段投资估算设备购置费则按照《公路工程估算指标》(JTG/T 3821—2018)附录一的设备购置费参考值计算。

(3)综合费率计算

根据现行《公路工程建设项目投资估算编制办法》所规定的措施费、企业管理费、规费取费标准,结合拟建项目的实际情况,编制"综合费率计算表"。该表实际上是一种综合汇总表,是为计算建筑安装工程费提供的一项基础数据资料。

(4)建筑安装工程费计算

根据经过核对和外业调查后而摘取的主要工程数量和拟选用的各种估算指标,以及计算取定的人工、材料、机械预算价格和综合汇总的综合费率,转入"分项工程估算计算数据表"和"分项工程估算表"中,然后计算出人工、材料、机械的实物量,并逐项计算各种费用。综合费则在"综合费计算表"中完成。同时,在该表上将构成建筑安装工程费的计划利润和税金一并计算,并按照现行《公路工程建设项目投资估算编制办法》所规定的估算项目表序列及内容进行累计,完成"建筑安装工程费计算表"。

当可行性研究报告的工作深度已达到初步设计的深度时,也可采用现行《公路工程概算定额》编制可行性研究报告投资估算中的建筑安装工程费用。

专项费用包括施工场地建设费和安全生产费。专项费用计算在"专项费用计算表"中完成。施工场地建设费以定额建筑安装工程费减去专项费用为计费基数,按现行《公路工程建设项目投资估算编制办法》规定的费率,以累进方法计算。安全生产费按建筑安装工程费乘以安全生产费费率计算,费率按不少于 1.5% 计取。

在各项主要工程的建筑安装工程费编制完成之后,应以收集和掌握的当地建设工程造价历史资料为参考依据,进行必要的造价分析。进行比较时,要考虑消除其人工和材料等的价格影响因素,同时,也应了解掌握各种主要工程和分项工程之间的估算构成情况,注意有无明显不合适之处。对有悬殊的工程项目,除通过造价分析找出原因外,还应在按照造价分析的方法扣除人工和材料等价格影响后,对估算做必要合理的调整。这是提高投资估算合理性和可靠性的有效手段,不可忽视。

2. 土地使用及拆迁补偿费的编制方法

土地使用及拆迁补偿费在"土地使用及拆迁补偿费计算表"中完成。

项目建议书阶段投资估算其土地使用费按现行《公路工程项目建设用地指标》中规定的数量乘以工程所在地的征地单价计算。拆迁补偿费按照《公路工程建设项目投资估算编制办法》(JTG 3820—2018)附录 C 规定的费率,以定额建筑安装工程费总额为基数进行计算。

项目可行性研究阶段投资估算其土地征用及拆迁补偿费应根据工程可行性报告编制的建设工程用地和临时用地面积及其附着物的情况,以及实际发生的费用项目,按国家有关规定及工程所在地的省(自治区、直辖市)人民政府颁发的有关规定和标准计算。

森林植被恢复费应根据审批单位批准的建设工程占用林地的类型及面积,按国家有关规定及工程所在地的省(自治区、直辖市)颁布的有关规定和标准计算。

当与原有的电力电信设施、管线、水利工程、铁路及铁路设施互相干扰时,应与有关部门联系,商定合理的解决方案和补偿金额,也可由这些部门按规定编制费用以确定补偿金额。

水土保持补偿费按各省(自治区、直辖市)制定的水土保持补偿费收费标准进行计算。

3. 工程建设其他费用的编制方法

这部分费用包括的内容比较多,是为完成拟建项目必不可少的有关费用,该项费用有建设项目管理费、研究试验费、建设项目前期工作费、专项评价(估)费、联合试运转费、生产准备费、工程保通管理费、工程保险费、其他相关费用等。要求根据整理好的外业调查资料,结合拟建项目的实际情况,按照现行《公路工程建设项目投资估算编制办法》的相应规定与要求,通过编制"工程建设其他费用计算表",逐项计算确定。

(1)建设项管费。建设项目管理费包括建设单位(业主)管理费、建设项目信息化费、工程监理费、设计文件审查费和竣(交)工验收试验检测费。

①建设单位(业主)管理费以定额建筑安装工程费为基数,按现行《公路工程建设项目投资估算编制办法》规定的费率、以累进方法计算。

②建设项目信息化费、工程监理费、设计文件审查费均以定额建筑安装工程费为基数,按现行《公路工程建设项目投资估算编制办法》规定的费率,以累进方法计算。

③竣(交)工验收试验检测费按现行《公路工程建设项目投资估算编制办法》规定的取费标准计算。

(2)试验研究费。研究试验费按照设计提出的研究试验内容和要求进行编制。不需要验证设计基础资料的不计本项费用。

(3)建设项目前期工作费。建设项目前期工作费以定额建筑安装工程费总额为基数,按现行《公路工程建设项目投资估算编制办法》规定的费率,以累进方法计算。

(4)专项评价(估)费。项目建议书投资估算的专项评价(估)费可按现行《公路工程建设项目投资估算编制办法》附录 C 规定的费率,以定额建筑安装工程费为基数计算。工程可行性研究报告投资估算的专项评价(估)费依据委托合同计列,或按国家颁发的收费标准和有关规定进行编制。

(5)联合试运转费。联合试运转费以定额建筑安装工程费总额为基数,按 0.04% 费率计算。

(6)生产准备费。生产准备费指为保证新建、改(扩)建项目交付使用后满足正常的运行、管理发生的工器具购置、办公和生活用家具购置、生产人员培训、应急保通设备购置等费用。工器具购置费由设计单位列出计划购置清单(包括规格、型号、数量),计算方法同设备购置费。办公和生活用家具购置费按现行《公路工程建设项目投资估算编制办法》规定取费标准计算。生产人员培训费按设计定员和 3000 元/人的标准计算。应急保通设备购置费由设计单位列出购置清单,计算方法同设备购置费。

(7)工程保通管理费。工程保通管理费应按设计需要进行列支。涉水项目施工期通航安全保障费用计算方法按《公路工程建设项目投资估算编制办法》(JTG 3820—2018)附录 H 执行。

(8)工程保险费。工程保险费以建筑安装工程费(不含设备费)为基数,按 0.4% 费率计算。

(9)其他相关费用。其他相关费用指国务院行政主管部门及省级人民政府规定的其他与公路建设相关的费用,按照相关规定计算。

4. 预备费的编制方法

预备费由价差预备费及基本预备费两部分组成。

基本预备费以建筑安装工程费、土地使用及拆迁补偿费、工程建设其他费之和为基数,项目建议书投资估算按 11% 计算,工程可行性研究报告投资估算按 9% 计算。

价差预备费以建筑安装工程费总额为基数,按设计文件编制年始至建设项目工程交工年终的年数和年工程造价增涨率计算。计算方法详见第三章的价差预备费计算方法。

5. 建设期贷款利息的编制方法

建设期贷款利息根据不同的资金来源按需付息的分年度投资计算。计算方法详见第三章的建设期贷款利息计算方法。

在上述第一至五部分费用计算完成之后,进行必要的造价分析后,就可根据现行《公路工程建设项目投资估算编制办法》中规定的投资估算项目表序列及内容的要求,按照临时工程、路基工程、路面工程、桥梁涵洞工程等逐项录其数量和金额填入"总估算表"的相应栏内,并进行汇总。同时,计算技术经济指标和各项费用比重。

若采用分段编制投资估算时,应编制"总估算汇总表"。经汇总后,计算出整个建设项目的技术经济指标和各项费用比重(%)。

根据"分项工程估算表"计算的人工、主要材料数量进行统计汇总。同时,将以费率形式计入投资估算的其他工程所需的人工和主要材料数量,以及冬雨季、夜间施工的人工数汇总编制"××段人工、主要材料、施工机械台班数量汇总表"。若采用分段编制投资估算时,应编制"总估算人工、主要材料、施工机械台班数量汇总表"。在估算编制完成之后,应按规定要求的内容编写编制说明。

第三节 公路工程建设项目概算、预算编制

概算和预算是公路工程项目在设计阶段编制的造价文件,具体包括初步设计阶段设计概算的编制、技术设计阶段修正设计概算的编制及施工图设计阶段施工图预算的编制。概算、预算文件的编制原理和方法相同,本章介绍公路工程建设项目概算、预算的编制原理和方法。

一、概算、预算的作用

(一)设计概算的作用

根据国家规定,初步概算由设计部门负责编制,并对其编制质量负责。设计概算的作用主要体现在以下几方面:

(1)设计概算是确定建设项目总投资的依据。设计概算是建设项目从筹建到竣工交付使用所需的全部费用的文件,设计概算一经批准,就是建设项目投资的最高限额,并具有一定的约束力,必须严格控制,认真执行,以确保建设项目的顺利实施。

(2)设计概算是编制基本建设计划的依据。国家确定基本建设计划的投资规模和投资方向,对国民经济各部门进行投资分配,都是以设计概算为依据的,没有批准的概算,就不得列入年度基本建设计划。

(3)设计概算是签订建设项目总包合同、实行建设项目包干、订购主要材料和设备、安排重大科研项目、联系征用土地、拆迁等建设前期准备工作的依据。实践证明,做好建设前期的各项准备工作,是保证建设工程顺利实施的重要条件。

(4)设计概算是分析比较设计方案和考核设计经济合理的依据。衡量建设项目的设计方案的经济合理性,必须以设计概算为依据,因为设计只有实物量指标,由于工程的千差万别,根据实物量指标是无法进行比较的,必须根据以货币表现的设计概算及其价格,即概算文件反映的各项技术经济指标,与同类工程或各种设计方案进行对比分析,评定其经济合理性。

(5)设计概算是考核建设工程成本的依据。在建设工程竣工后,通过设计概算与竣工决

算的"两算"对比,检查分析建设工程成本的执行情况,总结经验教训,不断提高投资效益和管理水平。

(6)设计概算是编制修正设计概算或施工图预算的依据。当采用两阶段设计时,是施工图预算的编制依据;当采用三阶段设计时,是编制修正概算的依据。

(7)设计概算是编制标底或者招标控制价的依据。若以初步设计进行施工招标,它还是编制标底或者招标控制价的依据。标底和招标控制价必须控制在概算的范围内,所以,它又是加强投资控制和做好项目管理的基础。

(二)施工图预算的作用

1. 施工图预算是编制工程标底或者招标控制价的依据

当建设项目实行施工招标时,审定的施工图预算也可以作为编制工程标底或者招标控制价的依据。建设项目如果是在审定后的施工图预算的基础上组织招标时,施工图预算提供的工程量、人工、材料、机械台班用量是编制工程标底的依据。施工招标的标底价格,不但要反映价值,还要反映供求关系,它是建筑工程的商品价格和市场价格,它可以根据建筑业市场上的供求关系进行浮动,所以它不完全是按照预算的编制模式一统到底的,与施工图预算是有区别的,但工程标底的制定仍然是以预算为依据,按照编制施工图预算的原则和方法结合市场行情和招标工程的实际情况来编制的。

2. 施工图预算是衡量设计方案是否经济合理的依据

施工图预算提供的总预算造价指标和各分项工程的造价指标与以往的技术经济指标进行比较,进一步论证初步设计或技术设计所确定的设计方案是否经济合理。同时还应和初步设计概算或技术设计修正概算中的各项技术指标进行对比,以检查概算编制的质量和水平,这对于不断地总结经验,提高设计的技术水平是非常重要的。

3. 施工图预算作为承包施工任务的依据

其作用有:

(1)施工图预算是施工单位组织施工的依据。

编制施工图预算的主要目的是指导建设项目的施工。施工单位在组织施工时,应根据施工图预算计算出来的各项工程的工程量编制计划组织施工,预算中提供的材料、半成品、各种构件的用量、品种、规格以及质量标准,是施工单位组织采购、加工、供应的依据。预算中提供的人工、机械台班用量也是安排施工计划的依据。

(2)施工图预算是施工单位统计完成工程量的依据。

施工单位在掌握工程进度时,除了要有工程量和形象进度外,还要有以货币表现的工作量,它是根据施工期内实际完成的各种工程量乘以相应的预算单价来计算的,是考核工程进度和完成计划的一个综合指标。

(3)施工图预算是施工企业进行经济核算的依据。

施工图预算计算出来的单项、单位工程技术经济指标,是建筑安装工程产品的计划价格,施工企业为了取得较好的经济效益,必须在预算提供产品价格的范围内,通过加强经济核算,努力提高劳动生产率,降低人力、物力、财力的消耗,以达到降低成本的目的,为企业提供更多的积累和盈利。

(4)施工图预算是施工单位和建设单位进行工程结算的依据。

经审定的施工图预算是建设单位与施工单位进行工程结算的依据。单位工程竣工后或根据施工进度安排完成部分工程量后,应以施工图预算中所确定的价格进行结算。

(5)施工图预算是进行工程拨款的依据。

建筑安装工程的拨款,是以施工图预算和建设单位与施工单位结算的工作量为依据,并以施工图预算对合同甲、乙双方实施财政监督,促使建设单位合理地使用建设资金。

(6)施工图预算也是工程决算的依据。

工程竣工后应根据所完成的工程量和施工图预算所确定的价格进行决算,最后形成总的新增固定资产价值。

(7)建设项目需要由审计单位进行审计时,施工图预算是审计工作的依据。

二、概算、预算的编制依据

(一)设计概算的编制依据

编制设计概算的依据,概括起来,主要有以下几项内容:

(1)初步设计图表资料和文字说明。根据设计图纸上所表示的结构形式和尺寸计算的工程数量以及它反映的设计、施工的基本内容是编制设计概算的基础资料,是决定建设工程造价的主要因素。

(2)施工方案。根据交通运输部颁发的《公路基本建设项目设计文件编制办法》的规定编制施工方案,应提出兴建工程项目年和季度的概略工程进度安排,以及临时工程和临时用地的需要数量,而这些都是与计价有关的主要因素,对设计概算有极其重要的影响。

(3)公路工程概算定额。概算定额是编制设计概算的基础资料,是国家统一制订颁发的具有指令性的指标。在编制设计概算时,无论是划分项目、确定计量单位,还是计算工程量,都必须以概算定额作为标准和依据,才能做到不重不漏,符合规定。

(4)补充定额。随着一些新技术、新工艺、新材料在工程建设中的使用,可能使现行的概算定额缺项。当定额缺项时,应按概算定额的编制原则和方法编制补充概算定额,作为编制设计概算的依据。

(5)人工、材料、施工机械台班预算价格。人工、材料、施工机械台班预算价格是按建设工程所在地的实际价格确定的,是计算直接费的基础资料。其工资标准和材料的供应价格,应以当地公路(交通)造价管理部门发布的价格信息为依据。

(6)措施费、企业管理费、规费等各项取费标准。这些取费标准是交通运输部及各省、自治区、直辖市的交通主管部门,根据国家有关基本建设的方针政策以及公路建设的工程施工和生产管理的具体情况,制订的以费率形式表现的费用标准,是计算除直接费以外的各种费用的依据,也是国家加强设计概算管理的工具之一,在工程造价管理中有着重要的作用。

(7)设计概算编制办法及其计算表格。它是交通运输部统一颁发的编制设计概算文件的重要依据,是规范人们编制设计概算行为的准则。按统一的计算表格编制设计概算,可使设计概算的编制工作更加科学化和规范化。

(8)工程量计算规则。公路工程概算定额中的章、节文字说明,对编制设计概算时如何选用定额及计算计价工程量做了明确而具体的规定,是必须严格遵守的重要规则。

(9)国家颁发的建设征用土地补偿标准、工程勘察设计收费标准,以及其他应计入建设项目投资中的费用项目的标准等,也是编制设计概算的依据。

(10)可行性研究报告投资估算文件是控制设计概算的依据,国家要求在批准的投资估算允许幅度范围之内做好限额设计,不断提高设计概算的编制质量。

(11)国家有关的公路建设工程的方针、政策以及工程造价管理的有关规定,也是编制设计概算的重要依据。

(二)施工图预算的编制依据

编制施工图预算的依据多是由国家有关主管部门批准颁发的,具有法律约束力。人们从事工程造价经济活动时,必须严格遵守,认真贯彻执行。施工图预算的编制必须遵循以下各项依据。

(1)就公路工程的不同设计阶段而言,一阶段设计中的可行性研究报告投资估算,两阶段设计中的初步设计概算,三阶段设计中的技术设计修正概算,是编制施工图预算的主要依据之一。经批准的投资额,是进行施工图限额设计的主要依据,施工图预算不得随意突破批准的投资额。

(2)施工设计图纸和说明。这些资料具体地规定了新建工程的形式、内容、地质情况、结构尺寸、施工技术要求等,不仅是指导施工的指令性技术文件,而且是编制施工图预算,计算工程数量的主要依据。

(3)施工组织设计资料。施工组织设计对施工期限、施工方法、机械化程度以及大型构件预制场、路面混合料拌和场、材料堆放地点、临时工程的位置和临时占用土地数量等,都做出明确而具体的规定,而这些资料是计算辅助工程数量、临时工程数量、套用预算定额和计算有关费用的重要依据。

(4)公路工程预算定额。预算定额不仅是计算建设项目的人工、材料、机械台班消耗量的主要依据和标准,还是计算和确定工程量的主要依据。

(5)人工、材料、机械台班预算价格,以及据以计算这些价格的材料原价、运价、机械台班费用定额、养路费等,都是编制施工图预算的基础资料。

(6)措施费、企业管理费、规费等各项取费标准。结合我国的国情和建设实践,构成建设工程造价的措施费、企业管理费、利润、税金,以及建设项目管理费等,均是以费率作为其费用的计算依据。

(7)工程量计算规则和预算编制办法。工程量计算规则包括两个方面的含意:一是根据施工设计图纸资料如何计算工程量;二是按预算定额的内容要求如何正确计取工程量,两者都是编制施工图预算时必须严格遵守的规则。预算编制办法除了规定了各种费率标准外,还对组成预算文件的各种计算表格的内容、填表程序和方法,都做出了十分明确的规定,并不得随意修改,所以这些也是编制施工图预算的依据。

(8)勘察设计合同、协议以及建设项目主管部门或建设单位的有关规定。

(9)当采用新结构、新材料、新工艺、新设备而定额缺项时,按规定编制的补充预算定额,也是编制施工图预算的依据。

(10)有关的文件和规定。凡与编制预算有关的中央和地方的有关文件和规定,以及在外业调查中所签订的各种协议和合同都是编制预算的重要依据。

(11)其他资料,如工具书、标准图集等。

三、设计概算编制中工程量的计取

工程量是影响造价准确性的重要因素,应有序地、科学地进行工程量摘取,做到不重不漏。我国公路工程建设项目设计图纸的编制方法不同于一般房屋建筑工程项目,作为编制工程造价基础资料的工程量,通常是设计人员在完成设计图纸的同时进行计算,在编制工程造价之前,造价工程师又经过了熟悉设计图纸资料和工程量的核对工作,所以关键的是如何正确地从设计图表中去摘取计价工程量。

公路工程建设项目是分阶段进行的,而每个阶段的深度和要求各不相同,为了在各阶段准确方便地编制造价文件,根据各阶段的深度和要求编制了估算指标、概算定额、预算定额等计价定额、指标,即项目建议书和可行性研究报告阶段要按公路工程投资估算指标编制投资估算;初步设计阶段按概算定额编制设计概算;技术设计阶段按概算定额编制修正设计概算;施工图设计阶段按预算定额编制施工图预算。而估算指标、概算定额、预算定额是由粗到细编制的,其定额单位所包含的工程内容是各不相同的,为了正确地使用定额、指标,在各种定额、指标中,对于工程内容和工程量计算规则都做了十分明确和具体的规定,对在什么条件下允许抽换调整定额、指标和编制补充定额、指标等也做了规定。所以,造价人员首要的是熟悉了解各种定额、指标的适用范围和定额、指标中的章节说明的各项规定,这样方能正确摘取工程量,做到不重不漏,确保造价编制质量。

至于定额、指标中的工程量计算规则,是指按分部分项工程界定的定额、指标标准单位所包含的施工工艺内容,更确切地说,是从设计图表资料上去摘取工程量的规则。如概算定额路基工程的人工开挖松土,是以天然密实方为计量单位,包括挖、装、卸以及40m范围内的运输(预算定额为20m范围内的运输)的全部工序;预算定额中桥涵工程的墩台石砌圬工,是以砌体为计量单位,包括配拌运砂浆、砌筑、砌体勾缝以及砌体养生等工序,故预算定额手册中虽有砌体的勾缝定额,但也不需摘取砌体勾缝面积而另行计算勾缝费用,这是应予以注意的。

综上所述,从某种意义上讲,摘取计价工程量的方法是由定额项目决定的。所以,熟悉概算定额并掌握施工生产知识,是设计概算编制中正确摘取工程量的基础。

(一)熟悉概算定额的项目划分与综合

概算定额的定额项目主要是根据初步设计所能提供的工程量的深度加以划分。由于初步设计的深度与施工图设计的深度不同,所以概算定额的定额项目划分与预算定额的定额项目划分有很大不同。概算定额只编列了初步设计所能提供的主要工程项目的内容,在主要工程项目内容中综合了在初步设计中难以提供的次要工程项目和施工现场设施,以避免漏项。考虑到概算控制投资的要求,对某些定额项目应适当加深,以提高概算的准确性。对初步设计阶段一般难以提供工程量的项目,在定额中尽可能在章、节说明或附注中按常用量列出,供编制概算时参考。现将各章、节中部分项目划分与综合情况说明如下。

1. 路基工程

《公路工程概算定额》(JTG/T 3831—2018)中路基工程按路基土石方工程、特殊路基处理工程、排水工程、防护工程分四节编制。

路基土石方工程包括土、石方开挖、填筑、运输等众多定额项目。由于各等级公路的填挖方比例、压实度、机械化施工程度以及零星工程的含量等差距较大,现行概算定额分别以人工和机械、填方和挖方、不同机械施工以及零星工程划分土石类别、机械规格、公路等级编制了定额。其中零星工程根据公路工程施工的一般含量综合为一个定额项目,以简化计算工作。这些零星工程包括:整修路拱、整修边坡、挖截水沟、挖土质台阶、修筑盲沟、挖淤泥、填前压实、零星回填土方等,编制概算时,不得因具体工程的含量不同而抽换定额。

特殊路基处理按处理的不同方法划分定额项目,包括袋装砂井、塑料排水板处理地基;石灰砂桩、振冲碎石桩、挤密砂桩处理地基;粉体喷射搅拌桩、高压旋喷桩处理地基;CFG桩处理地基;土工合成材料处理地基;强夯处理地基;抛石挤淤;地基垫层;真空预压;路基填土掺灰、预应力管桩处理软土地基、路基注浆处理等定额项目。

路基排水工程根据公路工程中常采用的排水方式来编制定额,包括路基盲沟,中央分隔带排水,石砌边沟、排水沟、截水沟、急流槽,混凝土边沟、排水沟、截水沟、急流槽,混凝土排水管铺设,双壁波纹管铺设,雨水井、检查井,轻型井点降水,机械铺筑拦水带等定额项目。

路基防护工程根据当今公路工程中路基防护工程常采用的防护方式来编制定额,具体包括铺草皮、编篱及铁丝(木、竹)笼填石护坡,植草护坡,混凝土防护工程,砌石防护工程,灰浆抹面护坡,喷射混凝土护坡,预应力锚索护坡,柔性防护网,木桩填石护岸,抛石防护,防风固沙、防雪、防沙设施,现浇混凝土挡土墙,加筋土挡土墙,现浇钢筋混凝土锚碇板式挡土墙,预制、安装钢筋混凝土锚碇板式挡土墙,钢筋混凝土桩板式挡土墙,锚杆挡土墙,钢筋混凝土扶壁式、悬臂式挡土墙,挡土墙防渗层、泄水层及填内芯,抗滑桩等定额项目。

2. 路面工程

《公路工程概算定额》(JTG/T 3831—2018)中路面工程按路面基层及垫层、路面面层、路面附属工程分三节编制。在路面工程中主要按施工方法、路面结构类别划分定额项目。在沥青混合料路面项目中,由于拌和设备和运输机械的种类很多,压实厚度的档次也很多,为了简化计算,将拌和与运输分开编制定额,同时考虑沥青混合料的种类较多,按沥青混合料的种类划分定额项目。

路面工程定额包括各种类型路面以及路槽、路肩、垫层、基层等,除沥青混合料路面、厂拌基层稳定土混合料运输、自卸汽车运输碾压水泥混凝土以1000m^3路面实体为计算单位外,其他均以1000m^2为计算单位。路面定额中的厚度均为压实厚度。

3. 隧道工程

《公路工程概算定额》(JTG/T 3831—2018)隧道工程按洞身工程、洞门工程、辅助坑道、瓦斯隧道分四节编制。

(1) 隧道洞身工程

人工开挖、机械开挖轻轨斗车运输项目是按上导洞、扩大、马口开挖编制的,也综合了下导洞扇形扩大开挖方法,并综合了木支撑和出渣、通风及临时管线的工料机消耗。人工开挖、机械开挖轻轨斗车运输项目按不同围岩级别编制,以自然密实土、石方为定额单位计量。工作内容涵盖开挖,出渣,照明,通风,防尘,木支撑制造、安装、拆除,临时管线的安装、拆除、维护,整修边沟等工作。

正洞机械开挖自卸汽车运输定额不分工程部位(即拱部、边墙、仰拱、底板、沟槽、洞室)均使用概算定额。概算定额按照隧道不同长度和连拱隧道中(侧)导洞划分定额项目,并按照不同围岩级别划分子目编制,以自然密实土、石方为定额单位计量,定额中综合了出渣、施工通风及高压风水管和照明电线路的工料机消耗。

正洞铣挖机配合破碎锤开挖土质隧道定额以自然密实土、石方为定额单位计量,以不同隧道长度划分子目编制,综合了测量画线、破碎锤开挖、铣挖机西部开挖及修边找顶排险、人工修正排险、一般排水等工作内容。

连拱隧道中导洞、侧导洞开挖和中隔墙衬砌是按连拱隧道施工方法编制的,除此以外的其他部位的开挖、衬砌、支护可套用本节其他定额。

钢支撑定额,以钢支撑重量为定额单位编制定额,以制作、安装和连接钢筋划分定额项目编制定额,其中制作、安装又划分为格栅钢架和型钢钢架两个子目。工作内容包括下料、成型、钻孔、焊接修正,还包括安装就位、紧固螺栓及钢支撑的拆成、整理、堆放等。定额中格栅钢架和型钢钢架均按永久性支护编制,如作为临时支护使用,应按规定计取回收。

洞身衬砌项目按现浇混凝土衬砌,石料、混凝土预制块衬砌分别编制。定额中已综合考虑超挖回填因素,定额中均包括拱顶、边墙衬砌、混凝土或浆砌片石回填、洞内管沟及盖板等工程内容。

(2)洞门工程

洞门工程定额适用于隧道和明洞洞门。洞门工程按洞门墙砌筑、现浇混凝土洞门墙、洞门墙装修分别编制定额。洞门墙工程量为主墙和翼墙等圬工体积之和,仰坡、截水沟等应按有关定额另行计算。

(3)辅助坑道

辅助坑道按斜井机械开挖自卸汽车运输、斜井机械开挖轨道运输、斜井衬砌、斜井施工排水、竖井开挖、竖井支护与衬砌分别编制定额。斜井、竖井项目定额中已综合了出渣、通风及管线路。斜井相关定额项目是按斜井长度1500m以内综合编制的。开挖工程量按设计断面数量(成洞断面加衬砌断面)计算,定额中已考虑超挖因素,不得将超挖数量计入工程量。

(4)瓦斯隧道

瓦斯隧道项目按照瓦斯隧道超前探测钻孔、瓦斯排放钻孔、瓦斯隧道正洞机械开挖、瓦斯隧道现浇混凝土衬砌、瓦斯隧道正洞通风、瓦斯隧道施工监测系统分别编制定额。

4.桥涵工程

《公路工程概算定额》(JTG/T 3831—2018)中"第四章桥涵工程"按涵洞工程,基础工程,下部构造,上部构造,钢筋及预应力钢筋、钢丝束、钢绞线,杂项工程分六节编制。

桥涵工程的基础工程、下部构造、上部构造、人行道的定额中,不同部位的边界划分如下:

①基础工程:天然地基上的基础为基础顶面以下;打桩和灌注桩基础为横系梁底面以下或承台顶面以下;沉井基础为井盖顶面以下的全部工程。

②下部构造:

桥台:指基础顶面或承台顶面以上的全部工程,但不包括桥台上的路面、人行道、栏杆,如U形桥台有二层帽缘石者,第二层以下属桥台,以上属人行道。

桥墩:指基础顶面或承台顶面(柱式墩台为系梁底面)以上、墩帽或盖梁(拱桥为拱座)顶面以下的全部工程。

索塔:塔墩固结的为基础顶面或承台顶面以上至塔顶的全部工程;塔墩分离的为桥面顶部以上至塔顶的全部工程,桥面顶部以下部分按桥墩定额计算。

③上部构造:梁、板桥指墩台帽或盖梁顶面以上,拱桥指拱座顶以上两桥背墙前缘之间,人行道梁底面以下(无人行道梁时为第二层缘石顶面以下)的全部工程,但不包括桥面铺装。

④人行道及安全带:人行道梁或安全带底面以上(无人行道梁时为第一层缘石底面以上)的全部工程。

"第四章 桥涵工程"中,《公路工程概算定额》(JTG/T 3831—2018)总体的综合情况如下:

①混凝土工程中,除钢吊桥中的桥面系混凝土工程外,定额均不包括钢筋及预应力系统。

②除轨道铺设、电信电力线路、场内临时便道、便桥未计入定额外,其余场内需要设置的各种安装设备以及构件运输、平整场地等均摊入定额中,悬拼箱梁还计入了栈桥码头,使用定额时均不得另行计算。

③除注明者外,均未包括混凝土的拌和和运输,应根据施工组织设计按本章"第六节 杂项工程"的相关定额另行计算。

④定额中混凝土均按露天养护考虑,如采用蒸汽养护时,应从各有关定额中每 10m³ 实体减去人工 1.5 工日及其他材料费 4 元,另按蒸汽养护定额计算混凝土的养护费用。

⑤定额中混凝土工程均已包括操作范围内的混凝土运输。现浇混凝土工程的混凝土平均运距超过 50m 时,可根据施工组织设计的混凝土平均运距,按混凝土运输定额增列混凝土运输。

⑥大体积混凝土项目必须采用埋设冷却管来降低混凝土水化热时,可按冷却管定额另行计算。

⑦定额中的模板均为常规模板,当设计或施工对混凝土结构的外观有特殊要求需要对模板进行特殊处理时,可根据定额中所列的混凝土模板接触面积增列相应的特殊模板材料的费用。

⑧行车道部分的桥头搭板,应根据设计数量按桥头搭板定额计算。人行道部分的桥头搭板已综合在人行道定额中,使用定额时不得另行计算。

⑨定额中设备摊销费的设备指属于固定资产的金属设备,包括万能杆件、装配式钢桥桁架及有关配件拼装的金属架桥设备。挂篮、移动模架设备摊销费按设备质量每吨每月 180 元计算,其他设备摊销费按设备质量每吨每月 140 元(除设备本身折旧费用外,还包括设备的维修、保养等费用)。各项目中凡注明允许调整的,可按计划使用时间调整。

⑩本章定额不含导流工程、改河土石方工程、桥头引道工程,需要时按有关定额另行计算。

桥梁工程中工程量计算的一般规则:

(1)现浇混凝土、预制混凝土的工程量为构筑物或预制构件的实际体积,不包括其中空心部分的体积,钢筋混凝土项目的工程量不扣除钢筋所占体积。

(2)钢筋工程量为钢筋的设计质量,定额中已计入施工操作损耗。钢筋设计按施工现场接长考虑时,其钢筋所需的搭接长度的数量概算定额中未计入,应在钢筋的设计质量内计算。

下面对桥涵工程各节定额项目划分进行简单说明:

(1)涵洞工程

交通运输部颁发的设计文件编制办法中,规定在初步设计阶段只需列出涵洞类型、道数和涵长,但由于地形、地质及公路等级的不同,涵洞的涵台高度、基础类型,特别是进出口的铺筑长度等的工程量差别很大。为了合理确定造价,将定额计量单位改用以涵洞的圬工数量为计量单位,这样就加深了对设计工程量的要求。对这种要求,涵洞主要工程可通过查阅涵洞标准图取得涵洞主要工程量,次要工程量在外业测量时注意调查和收集资料予以补充。

涵洞工程定额按洞身、洞口及各类涵洞分节编制定额,其中涵洞按常用的结构类型分为石盖板涵、石(混凝土)拱涵、钢筋混凝土圆管涵、钢筋混凝土盖板涵、钢筋混凝土箱涵、波纹管涵六类,并适用于同类型的通道工程。如为其他类型,可参照有关定额进行编制。

涵洞洞身、洞口及倒虹吸管洞口工程数量包括的项目见表4-4。

涵洞洞身、洞口及倒虹吸管洞口工程数量 表4-4

	定额名称	工程量包括的项目
洞身	石盖板涵	基础、墩台身、盖板、洞身涵底铺砌
	石拱涵	基础、墩台身、拱圈、护拱、洞身涵底铺砌、栏杆柱及扶手(台背排水及防水层作为附属工程摊入定额)
	钢筋混凝土盖板涵	基础、墩台身、墩台帽、盖板、洞身涵底铺砌、支撑梁、混凝土桥面铺装、栏杆柱及扶手
	钢筋混凝土圆管涵	圆管涵身、端节基底
	波纹管涵	波纹管涵身、底座铺砌
	钢筋混凝土箱涵	涵身基础、箱涵身、混凝土桥面铺装、栏杆柱及扶手
洞口	涵洞洞口	基础、翼墙、侧墙、帽石、锥坡铺砌、洞口两侧路基边坡加固铺砌、洞口河底铺砌、隔水墙、特殊洞口的蓄水井、急流槽、防滑墙、消力池、跌水井、挑坎等圬工实体
	倒虹吸管洞口	竖井、留泥井、水槽

涵洞扩大定额按每道单孔和取定涵长计算,如涵长与定额中涵长不同,可用每增减1m定额进行调整;如为双孔,可按调整好的单孔定额乘以系数,系数见表4-5。

调整系数表 表4-5

结构类型	石盖板涵	钢筋混凝土圆管涵	石拱涵	钢筋混凝土盖板涵
双孔系数	1.6	1.8	1.5	1.6

(2)基础工程

桥梁基础工程根据基础的不同结构形式及施工方法编制定额。

定额中的草土、编织袋和竹笼围堰既适用于挖基围堰,也适用于筑岛围堰。钢板桩围堰按一般常用的打桩机械在工作平台上打桩编制,定额中已包括工作平台、其他打桩附属设施和钢板桩的运输,使用定额时不得另行计算。套箱围堰用于浇筑水中承台,定额按利用原来打桩(或灌注桩)工作平台进行套箱的拼装和下沉进行编制,定额中已计入埋在承台混凝土中的钢材和木材消耗。

开挖基坑定额中,干处挖基指无地面水及地下水水位以上部分的土壤,湿处挖基指施工水位以下部分的土壤。开挖基坑定额不包含排水,排水按相关定额另行计算。

沉井基础定额中船上拼装钢壳沉井已综合了拼装船的拼装项目。船坞拼装钢壳沉井未包括船坞开挖,应按开挖基坑定额另行计算。钢丝网水泥薄壁沉井浮运、落床网水泥薄壁沉井浮运、落床定额已综合了下水轨道修筑、轨道基础开挖及沉井下水等项目,使用定额时不得另行计算。

地下连续墙定额中未包括施工便道、挡水帷幕、注浆加固等,需要时应根据施工组织设计另行计算。挖出的土石方或凿铣的泥渣如需外运,应按路基工程中相关定额进行计算。

打桩工程按一般常用的机械综合为陆地和水中工作平台及船上打桩,定额中已将桩的运输及打桩的附属设施以及桩的接头综合在内,使用定额时不得另行计算。

灌注桩基础成孔定额按不同的钻孔方法和不同的土壤地质情况及不同孔深编制,回旋钻机、潜水钻机还编制了配有水上泥浆循环系统定额,使用定额时应根据实际情况选用。定额中已按摊销方式计入钻架的制作、拼装、移位、拆除及钻头维修所耗用的工、料、机械台班数量,钻头的费用已计入设备摊销费中,使用定额时不得另行计算。灌注桩混凝土定额,按在工作平台上用导管倾注水下混凝土编制,定额中已包括设备(如导管等)摊销的工、料费用和灌注桩检测管的费用及扩孔增加的混凝土数量,使用定额时不得另行计算。灌注桩造孔根据造孔的难易程度,将土质分为砂土、黏土、砂砾、砾石、卵石、软石、次坚石、坚石八种类别划分定额子目。

护筒定额中,已包括陆地上埋设护筒用的黏土或水中护筒定位用的导向架及钢质或钢筋混凝土护筒接头用的铁杆、硫黄胶泥等埋设时用的材料、设备消耗,使用定额时不得另行计算。水中埋设的钢护筒系按护筒全部质量计入定额中,可根据设计规定的回收量按规定计算回收金额。

现行灌注桩钻孔与灌注桩工作平台单列项目,是由于近年来大型工程水上施工平台的类型多、规模大,如综合在钻孔项目中将大量增加定额子目,且使用并不方便。灌注桩成孔定额是按一般黏土造浆进行编制的,当实际采用膨润土造浆时,其膨润土的用量可按定额中黏土用量乘以系数进行计算。

(3)下部构造

下部构造定额中墩、台按一般常用结构编制。

台背排水、防水层均已摊入桥台定额中,使用定额时不得另行计算。桥台上的路面定额中未计入,使用定额时应按有关定额另行计算。

墩台高度为基础顶、承台顶或系梁底到盖梁、墩台帽顶或0号块件底的高度。

方柱墩、空心墩、索塔等采用提升架施工的项目已将提升架的费用综合在定额中,使用定额时不得另行计算。

索塔混凝土定额未包括上、中、下横梁的施工支架,使用定额时应按有关定额另行计算。

下部构造定额中圆柱墩、方柱墩、空心墩、薄壁墩和索塔等项目均按混凝土泵送和非泵送划分定额子目,使用定额时应根据实际情况选用。

(4)上部构造

《公路工程概算定额》(JTG/T 3831—2018)在桥梁工程的上部构造中,根据桥梁上部的不同类型、桥梁上部的不同施工方法、桥梁上部的不同结构部位等划分定额项目而编制。上部构造定额编制时其定额项目划分和综合情况如下:

现浇钢筋混凝土梁、板桥,现浇钢筋混凝土拱桥和石拱桥上部构造定额中,均未包括拱盔、支架及钢拱架,使用定额时应按有关定额另行计算。但移动模架浇筑箱梁定额中已包括移动模架,悬浇箱梁定额中已包括悬浇挂篮,使用定额时不得另行计算。

预制安装钢筋混凝土梁、板桥等上部构造定额中综合了吊装所需设备、预制场内龙门架、预制构件底座、构件出坑及运输,使用定额时不得另行计算。

钢索吊桥定额中综合了主索、套筒及拉杆、悬吊系统、抗风缆、金属支座及栏杆、人行道、桥面铺装等,使用定额时不得另行计算。但定额中未包括主索锚洞的开挖、衬砌以及护索罩、检查井等,应根据设计图纸按有关项目另行计算。

除钢索吊桥外,其他结构形式桥梁的人行道、安全带和桥面铺装均应单列项目计算。

连续刚构、T形刚构、连续梁、混凝土斜拉桥上部构造定额中综合了0号块的托架,使用定额时不得另行计算。但未包括边跨合龙段支架,使用定额时应另行计算。

梁、板、拱桥人行道及安全带定额中已综合人行道梁(无人行道时按第一层帽石)、人行道板、缘石、栏杆柱、扶手、桥头搭板、安全带以及砂浆抹面和安装时的砂浆填塞等全部工程量,还包括混凝土的拌和费用,使用定额时不得另行计算。

主索鞍定额已综合塔顶门架和鞍罩,但未包括鞍罩内防腐及抽湿系统,需要时应根据设计要求另行计算。牵引系统定额中已综合塔顶平台,主缆定额中已综合了缆套和检修道,使用定额时均不得另行计算。悬索桥的主缆、吊索、索夹定额中均未包括涂装防护费用,使用定额时应另行计算。

钢箱梁定额中未包括0号块托架、边跨支架、临时墩等,使用定额时应根据设计需要另行计算。自锚式悬索桥顶推钢梁定额中综合了滑道、导梁等,使用定额时不得另行计算。

钢管拱定额是按缆索吊装工艺编制的,定额中未包括缆索吊装的塔架、索道、扣塔、扣索、索道运输、地锚等,使用定额时以上项目应按预算定额中的有关定额另行计算。

定额中均综合了桥面泄水管,使用定额时不得另行计算。

桥梁上部结构(拱桥除外)定额中均未包括支座和伸缩缝,使用定额时应根据设计需要另行计算。模数式伸缩缝定额中综合了预留槽钢纤维混凝土和钢筋,使用定额时不得另行计算。

(5)钢筋及预应力钢筋、钢丝束、钢绞线

《公路工程概算定额》(JTG/T 3831—2018)中,桥梁工程单列了钢筋及预应力钢筋、钢丝束、钢绞线项目,是考虑到目前桥梁设计多样化,钢筋含量差别较大,综合在混凝土中经常需要调整,很不方便。针对在初步设计时不能提供钢筋数量的情况,定额说明中列出了各种结构的钢筋含量供参考。

钢筋定额中光圆钢筋与带肋钢筋比例关系与设计图纸不同时,可据实调整。

制作、张拉预应力钢筋定额,是按不同的锚头形式分别编制的;当每吨钢筋的根数有变化时,可根据定额进行抽换。定额中的锚具按套计,包括锚具的所有费用。定额中的束长为一次张拉的长度。

预应力钢筋、钢绞线定额均已包括制束、穿束、张拉、波纹管制作、安装或胶管预留孔道、孔道压浆等的工、料、机消耗量。成品束钢绞线定额包括张拉、孔道压浆等的工、料、机消耗量。锚垫板、螺旋筋含在锚具单价中。使用定额时,上述项目不得另行计算。

对于钢绞线不同型号的锚具,使用定额时可按表4-6的规定计算。

不同型号锚具对应的定额号 表4-6

设计采用锚具型号(孔)	1	4	5	6	8	9	10	14	15	16	17	24
套用定额的锚具型号(孔)		3			7			12			19	22

波纹管按现场卷制考虑;当采用外购波纹管时,可根据需要对波纹管消耗进行抽换,并将波纹管卷制机台班消耗调整为0,其他不变。

(6)杂项工程

《公路工程概算定额》(JTG/T 3831—2018)中,杂项工程定额适用于桥涵及其他构造物工程,划分为混凝土拌和及运输、蒸汽养护室建筑及蒸汽养护、施工电梯、施工塔式起重机、旧建筑物拆除等6个定额项目。

蒸汽养护室面积按有效面积计算,其工程量按每一养护室安置两片梁,其梁间距离为0.8m,并按长度每端增加1.5m,宽度每边增加1.0m考虑。定额中已将其附属工程及设备,按摊销量计入定额中,编制概算时不得另行计算。

施工塔式起重机和施工电梯所需安拆数量和使用时间按施工组织设计的进度安排进行计算。

5.交通工程及沿线设施

《公路工程概算定额》(JTG/T 3831—2018)第五章为交通工程及沿线设施,该章定额包括安全设施,监控、收费系统,通信管道及通信系统,通风及消防设施,供电、照明系统,电缆敷设,配管及铁构件制作安装等内容分七节编制。

《概算定额》第五章中只列工程所需的主要材料用量,对次要、零星材料和小型施工机具均未一一列出,分别列入"其他材料费"和"小型机具使用费"内,以元表示。定额第五章中均已包括混凝土的拌和费用,未包括的项目,可参照相关行业定额。

(1)安全设施

现行概算定额的安全设施,将圬工护栏,钢护栏,隔离围,中间带及车道分离防撞设施,标志牌、轮廓标、路面标线、里程碑、百米桩、界碑,公共汽车停靠站防雨棚,拆除安全设施等分节编制定额。

定额中波形钢板、钢管立柱、型钢立柱、中央分隔带开口护栏、防撞垫、缆索护栏、钢板网、电焊网、防眩网(板)、铝合金板标志、钢板标志、轮廓标、预埋钢管等均为成品,编制概算时按成品价格计算。其中标志牌单价中不含反光膜的费用。

水泥混凝土构件的预制、安装定额中均包括了混凝土及构件运输的工程内容,使用定额时,不得另行计算。

定额中客运汽车停靠站防雨棚规格:钢结构防雨棚为15m×3m,钢筋混凝土防雨棚为2m×3.75m。站台地焊及浇筑防雨棚混凝土的支架及工作平台已综合在定额中,使用定额时不得另行计算。

(2)监控、收费系统

监控、收费系统定额包括监控、收费系统中管理站、分中心、中心(计算机及网络设备,软件,视频控制设备安装,附属配套设备),收费系统设备安装,外场管理设备(称重设备,隧道监控设备安装,信息显示设备安装、调试,视频监控与传输设备安装、调试,信号灯及车辆检测设备安装、调试,太阳能电池安装,系统互联、调试及试运行,收费岛工程)等13个项目。

现行概算定额的监控、收费系统定额中不包括以下工程内容:①设备本身的功能性故障排除;②制作缺件、配件;③在特殊环境条件下的设备加固、防护;④与计算机系统以外的外系统联试、校验或统调;⑤设备基础和隐蔽管线施工;⑥外场主干通信电缆和信号控制电缆的敷设施工及试运行;⑦接地装置、避雷装置的制作与安装,安装调试设备必需的技术改造和修复施工。

收费岛上涂刷反光标志漆和粘贴反光膜的数量,已综合在收费岛混凝土定额中,使用定额时,均不得另行计算。

防撞栏杆的预埋钢套管的数量已综合在定额中,使用定额时,不得另行计算。

防撞立柱的预埋钢套管及立柱填充水泥混凝土、立柱与预埋钢套管之间灌填水泥砂浆的数量,均已综合在定额中,使用定额时,不得另行计算。

设备基础混凝土定额中综合了预埋钢筋、地脚螺母、底座法兰盘等的数量使用定额时,不得另行计算。

(3)通信系统及通信管道

通信系统及通信管道定额内容包括通信系统及通信管道工程。通信系统内容包括光通信设备安装,程控交换机安装,通信电源设备,广播、会议设备,通信机房附属设施安装,光缆工程等共6个项目;通信管道工程内容包括塑料管敷设,穿放、布放电话线,钢管敷设,管道包封及填充、管箱安装,人(手)孔,拆除工程7个项目。

(4)供电、照明系统

供电、照明系统定额包括变压器安装调试,供电设施安装调试,柴油发电机安装调试,母线、母线槽安装,配电箱安装,接地、避雷设施安装,照明系统共7个定额项目。

(5)电缆敷设

电缆敷设定额包括电缆沟工程,铜芯电缆铺设,同轴电缆布放,多芯电缆敷设,电缆终端头、中间头、桥架、支架安装,安装线槽等定额项目。

(6)配管、配线及铁构件制作安装

配管、配线及铁构件制作安装定额包括各种配管,包括钢管埋地敷设、钢管砖、混凝土结构暗配,钢管钢结构支架配管,PVC阻燃塑料管敷设,金属软管、可挠金属套管安装,顶管敷设及非标铁构件、箱盒制作安装等7项定额。

6.绿化及环境保护工程

《公路工程概算定额》(JTG/T 3831—2018)第六章为绿化及环境保护工程,分绿化工程和环境保护工程两节。

(1)绿化工程

绿化工程定额根据绿化植物的不同划分为乔木栽植、灌木栽植、绿篱栽植、地被栽植、多年生草本植物栽植、色块栽植、露地花卉片植、竹类栽植、攀缘植物栽植等定额项目,同时,增加了浇水、绿化成活期保养、苗木运输定额项目。

死苗补植在栽植子目中已包含,使用定额时不得更改。盆栽植物均按脱盆的规格套用相应的定额子目。

运苗木子目仅适用于自运苗木的运输。苗木及地被植物的场内运输已在定额中综合考虑,使用定额时不得另行增加。

栽植子目中均已综合了挖树穴工程量,底肥费用计入其他材料费中,浇水按1次计算,其余内容按相应定额计算,但不得重复计算。栽植子目按土可用的情况进行编制,若需要换土,则按有关子目进行计算。

(2)环境保护工程

环境保护工程定额包括声屏障基础、立柱、板材安装等定额项目。声屏障的隔声、吸音板材可依据设计进行调整。

立柱安装定额中预埋件、H型钢立柱等均按成品镀锌构件编制,刷防腐油漆等定额已综合,使用定额时,不得另行计算。

环境保护工程定额中板材是按定额表中所给出的结构形式及尺寸编制的,若板材各单元的组合或尺寸有变,可根据设计按实进行调整。

(二)熟悉概算项目表

公路工程概算的主要组成部分是建筑安装工程费。在一定意义上讲,编制公路工程概算,主要是确定建筑安装工程费,可见确定建筑安装工程费是编制公路工程概算的关键。

建筑安装工程是由相当数量的分项工程组成的庞大复杂的综合体,直接计算出它的全部人工、材料和机械台班的消耗量及价值,是一项极为困难的工作。为了准确计算和合理确定建筑安装工程的造价,必须对公路基本建设工程项目进行科学的分析与分解,使之有利于公路工程概算的编审,以及公路基本建设的计划、统计、会计和基建拨款贷款等各方面的工作,同时,也有利于同类工程之间进行比较和对不同分项工程进行技术经济分析,使编制概算项目时不重不漏,保证质量。因此,必须对概算项目的划分、排列顺序及内容做出统一规定,这就形成了公路工程概算项目表,详见本章第一节相关内容。

编制概算时,原则上应按项目表规定的项目序列及内容编制,但当实际出现的工程和费用项目与项目表的内容不完全相符时,第一、二、三、四、五部分和"项"的序号、内容应保留不变,项目表的"项"以下的分项在引用时应保留序号、内容不变,缺少的分项内容可随需要就近增加,并按照项目表的顺序以实际出现的级别依次排列,不保留缺少的"项"以下的项目序号。

工程概算应按一个建设项目进行编制。当一个建设项目需要分段或分部编制时,应根据需要分别编制,但必须汇总编制"总概算汇总表"。

(三)工程量的计取

在熟悉《公路工程概算定额》(JTG/T 3831—2018)的定额项目划分与综合后,依据概算项目表规定的项目序列及内容,按照概算定额规定的工程量计算规定,就可以进行工程量的摘取了。下面以路基工程和桥梁工程为例介绍工程量的计取。

1.路基工程

按设计图表资料进行工程量计算时,需要进行多方面的统计分析和汇总工作,需查对路基土石方数量计算表,核对设计断面以外的填方计算是否齐全等,因此相对而言,计算工程量是比较繁琐的,耗用的时间也是比较多的,然而这项工作又是必不可少的。

(1)路基土石方的开挖工作,是按工作难易程度,将土壤和岩石分为松土、普通土、硬土、软石、次坚石、坚石六类,而土石方的运输和压实则只分为土方和石方两项,并均以1000m^3为计量单位。所以,应注意按土石类别分别计取工程量,以便套用定额进行计价。概算定额把耕地填前压实、清除淤泥、挖土质台阶及截水沟、整修路拱及边坡、修筑盲沟等项的工程量,按不同公路等级和地形将其综合扩大为"路基零星工程"一项,采用 km 为计量单位,以修建的公路长度核减路线内的桥梁、隧道的长度作为计价依据。

(2)在路基土石方体积的计算中,除定额中另有说明者外,土方挖方按天然密实体积计算,填方按压(夯)实后的体积计算;石方爆破按天然密实体积计算。当以填方压实体积为工程量,采用以天然密实方为计量单位的定额时,所采用的定额应乘以规定的系数。

(3)按不同运距统计土石方数量,并根据运距选择运输机械。由于不同施工机具具有不同的经济运距,机械不在经济运距范围内工作就不经济。如推土机推移土石方的经济距离,中型推土机一般为 50~100m,超过经济运距就不经济,而汽车的运距若小于 500m,也难以发挥汽车运输的优势。所以,为了合理确定路基土石方的运输费用,应根据土石方运距选择机械类型。编制概算时,从路基土石方数量计算表上按不同运距计算其数量和运量,进行统计汇总并计算出平均运距,以此作为土石方运输计价的依据。

(4)路基排水及防护工程,是构成路基工程费用的一个项目,概算定额综合了挖基、基础垫层的工程内容,以圬工实体作为计价依据,其中砌筑工程的工程量为砌体的实际体积,包括构成砌体的砂浆体积。预制混凝土构件的工程量为预制构件的实际体积,不包括预制构件中空心部分的体积。

(5)软土地基处理,当采用砂或碎石等材料作为垫层时,要核查设计图表资料是否已扣减相应的路基填方数量,以免重复计价。

(6)在取定填方数量时,要根据建设工程的实际情况,如填土最佳含水率要求,在干旱季节施工的方量等,确定需要洒水的数量。

(7)在公路建设中,通常在计算路基土石方数量时,是不扣除涵洞和通道所占路基土石方的体积的,而高速公路、一级公路一般修建这类工程较多,相对而言,就显得突出,故应结合建设工程的实际情况,适当扣减路基填方数量。

(8)下列各项数量,设计图表资料是不反映的,应根据施工组织设计的要求予以取定,并入路基填方数量内计价。

①清除表土或零星填方地段的基底压实、耕地填前夯(压)实后,回填至原地面高程所需的土、石方数量。

②因路基沉陷需增加填筑的土、石方数量。

③为保证路基边缘的压实度须加宽填筑时,所需的土、石方数量。若加宽填筑部分需清除,废方需远运处理时,需按实计算工程量并按相应定额进行计价。

2. 桥梁工程

根据桥梁工程施工技术的特点,其概算计价的基础资料包括两个方面的内容:一是主体工程,即构成桥梁工程实体的基础、下部和上部工程,它们一旦建成,就以固定不变的形态长久地发挥其功能,一般设计图表上都反映了这些资料,故按照定额的要求,就可确定其计价的各项工程量;二是辅助工程,它们只是有助于主体工程的形成,为完成主体工程所必须采取的措施,工程完工后,也就随之拆除或消失,其情况就比较复杂。如属于基础工程的挖基、围堰、排水、工作平台、护筒、泥浆船及其循环系统等;属于上下部工程拱盔、支架、吊装设备、提升模架,施工电梯等,还有与基础和上下部工程都有关联的混凝土和构件运输、预制场及其他设施(如大型预制构件底座、张拉台座、门架等)、拌和站(船)、蒸气养生设施等。这些辅助工程的计价数量,除挖基外,都要根据建设项目的实际情况和施工组织设计的要求,并参考以往的成功经验来取定,设计图纸上是不反映的,它受到建设环境和人们对客观事物认识水平的影响,其可塑性比较大,而对工程概算又有极其重要的影响。因此,正确取定各项计价工程量,有着十分重要的现实意义。

桥涵工程计价的项目比较多,工程量的计算工作难度也大,如果按照通常的施工顺序计取工程量,一般是比较准确而迅速地。即从挖基开始计取工程量,然后按照基础、下部和上部,以及相应的辅助工程顺序进行,这样漏项或重复的错误就可避免。

(1) 开挖基坑

基坑的开挖工作,应按不同施工方法、土方与石方、干处或湿处等不同情况分别统计其数量,并结合施工期内河床水位高低合理确定围堰的类别、数量以及必须采取的技术安全措施等。如挖基废方需要远运处理,原有地形地貌需要修复等,应将所需费用计入工程概算内。

(2) 基础工程

基础工程有砌石、混凝土、沉井、打桩和灌注桩等多种结构形式。

基础砌石和混凝土圬工,常称为天然地基上的基础。砌石和混凝土圬工均不分砂浆标号和混凝土标号统计其圬工体积。砌石基础应按干砌、浆砌分别进行统计汇总。

钻孔灌注桩基础的施工工艺比较复杂,有些工程量的计算,需结合建设工程的实际情况和施工组织设计的要求,通过多方分析论证,才能取得有关计价资料。故在计算工程量时,应注意以下有关要求。

①需根据工程的地质情况,选定钻孔机具的型号,以适应定额需要和确定相应的辅助工程量。

②当在水中采用围堰筑岛填心进行钻孔施工时,可按灌注桩外缘3.0m宽左右确定围堰及筑岛填心的工程量。计算埋设护筒数量时,则应视同为"干处"计价。

③在干处埋设护筒,一般可按每个护筒长2.0m或按设计数量计算;水中埋设护筒可按设计数量计算。若是钢护筒,应根据设计规定的回收量按规定计算回收金额。

④若在水中进行钻孔时,应计列灌注桩工作平台,泥浆船及其循环系统(如需要)。

⑤一座墩台的灌注桩基础,若只设两根桩时,一般不设置承台,而设计为系梁。这种系梁工程,应按墩台定额计价。当在陆地(或采用围堰筑岛填心钻孔)进行承台或系梁施工时,应按实计算挖基数量及其排水和废方的远运处理。

(3) 下部工程

桥梁的下部构造工程,有砌石、现浇混凝土等不同结构形式。

墩台的工程量为墩台身、墩台帽、支座垫石、拱座、盖梁、系梁、侧墙、翼墙、耳墙、墙背、填平层、腹拱圈、桥台第二层以下的帽石(有人行道时为第一层以下的帽石)的工程数量之和。

索塔的工程量:塔墩固结的为基础顶面或承台顶面以上至塔顶的全部工程数量之和;塔墩分离的为桥面顶以上至塔顶的全部工程数量之和;桥面顶以下部分的工程数按墩台定额计算。

索塔锚固套筒定额中已综合加劲钢板和钢筋的数量,其工程量以锚固套筒钢管的质量计算。索塔钢锚箱的工程量为钢锚箱钢板、剪力钉、定位件的质量之和。

(4) 上部工程

桥梁的上部构造工程,通常将其划分为行车道系、桥面铺装和人行道系三个部分,有砌石、现浇混凝土、预制安装混凝土构件、钢桁架和钢索吊桥等不同结构形式。概算定额除钢桁架和钢索吊桥是将上述三个部分扩大为一个定额外,其余结构形式的桥梁都是将行车道、桥面铺装和人行道分开编制定额的,编制概算时,应单列项目计算。行车道系和桥面铺装都是以 m^3 为计量单位,人行道系则以桥长米作为计量单位。在计算工程量时,应按行车道系、桥面铺装和人行道系的顺序进行,以免重复和遗漏。

①梁桥上部构造工程:近年来多采用预制安装混凝土结构,不仅可加快施工进度,还可降低工程成本,有利于保证工程质量和施工安全。编制概算时,如梁板桥的行车道系预制与安装是合并在一起以构件的设计实体和现浇接缝混凝土之和作为计价依据。桥梁上部结构(拱桥除外)定额中均未包括支座和伸缩缝,使用定额时应根据设计需要另行计算。模数式伸缩缝定额中综合了预留槽钢纤维混凝土和钢筋,使用定额时不得另行计算。梁、板、拱桥人行道及安全带定额中已综合人行道梁(无人行道时按第一层帽石)、人行道板、缘石、栏杆柱、扶手、桥头搭板、安全带以及砂浆抹面和安装时的砂浆填塞等全部工程量,还包括混凝土的拌和费用,使用定额时不得另行计算。

为进一步了解编制梁板桥上部构造工程概算应计取的各项工程量的内容,现以预制安装 30m 预应力 T 形梁为例进行说明,如下:

a. 行车道系。编制概算时,只需计取 T 形梁构件的设计体积和现浇接缝混凝土之和、钢筋、钢绞线或高强钢丝三项作为计价工程量。

b. 桥面铺装。按混凝土和钢筋分别进行计价。

c. 人行道系。编制概算时,按不同的人行道宽度的桥长米和钢筋两项,分别计算工程量。

②拱桥上部构造工程:有砌石、现浇混凝土和预制安装混凝土构件等不同结构形式。编制概算时,其行车道系都是以拱上全部圬工实体作为计价工程量,包括拱圈、填平层、拱板、横墙、侧墙(薄壳板的边梁、端梁)、横隔板(梁)、行车道板、护拱、帽石(第二层以下或有人行道梁的第一层以下)的工程量。至于拱上填料和防水层等,因已将其工料消耗综合在定额内,就不得再计算其工程量。

③石拱桥和现浇混凝土梁、板、拱桥所需的拱盔、支架工程要根据工程的实际情况计算取定,若周转次数达不到定额规定,可以进行调整。支架地梁下的基础工程,需根据河床的地质情况,确定各项计价工程量,如挖基、排水、砌石、打桩等,若对河道有影响,应考虑完工后的清除费用。

公路工程中其他分部分项工程的工程量计取与上述路基工程和桥梁工程的工程量计取类同,限于篇幅,不再进行详细介绍。

四、施工图预算编制中工程量的计取

公路工程概算与预算的作用和要求虽然不同,但其编制程序和方法基本上是相同的,且作为计价的概算定额只是在预算定额的基础上,有所综合和扩大,所以,在编制施工图预算时作为计价基础资料的工程量的计算方法与编制设计概算时工程量的计算方法是类似的。

(一)熟悉预算定额的项目划分与综合

按定额的编制程序,概算定额是在预算定额基础上编制的,是预算定额的综合扩大。

预算定额的项目划分比概算定额的项目划分更为详细。预算定额的项目划分主要是根据工程类别、施工图的工程构件或部位、材料类别、施工措施以及对工程造价的影响等因素予以划分,例如:路基土石方工程按土石类别、施工方法划分项目;路面工程按工程部位、材料类别、施工方法等因素划分项目;隧道工程按开挖的土质类别、结构部位、衬砌材料类别、施工方法等因素划分项目;桥涵工程根据工程类别、结构部位、施工方法等因素划分项目。

概算定额的项目主要是根据初步设计所能提供的工程量的深度加以划分。由于初步设计的深度与施工图设计的深度不同,所以概算定额的项目划分与预算定额的项目划分有很大不同。概算定额只编列了初步设计所能提供的主要工程项目,在主要工程项目中综合了在初步设计中难以提供的次要工程项目和施工现场设施,以避免漏项。考虑到概算控制投资的要求,对某些定额项目应适当加深,以提高概算的准确性。对这些在初步设计阶段一般难以提供工程量的项目,在定额中尽可能在章、节说明或附注中按常用量列出,供编制概算时参考。

可见,预算定额和概算定额为满足不同阶段造价编制的需要,其综合扩大程度不同,项目划分也不同,这是在摘取工程量时应该注意的。例如,在编制预算时,应根据设计图表资料分别整理和计取整修路拱、整修边坡、挖截(排)水沟、挖土质台阶、填前压实、零星回填土方等项的工程量,因为预算定额是针对这些工程内容分别编制的定额;而概算定额中,是将这些内容综合扩大为"路基零星工程"一个定额项目,按不同公路等级和地形划分子目、以 km 为计量单位,因此设计概算编制中则是按不同公路等级和地形以修建的公路长度核减路线内的桥梁、隧道的长度作为计价工程量。再如,土石方的开挖,概算定额的第一个运距是 40m,预算定额的第一个运距为 20m,这就要求在概算、预算编制过程中汇总增运的土石方数量时要注意这个问题。

另外,现行预算定额中还列有"材料采集及加工"及"材料运输"两章,这是公路定额特有的,主要为施工单位自行开采、加工施工材料和自办材料运输编制的。

限于篇幅不再对预算定额的项目划分与综合进行介绍,预算定额的项目划分与综合参见现行《公路工程预算定额》。

(二)熟悉预算项目表

预算项目表与概算项目表相同,请参见概算项目表的相关内容。

(三)工程量的计取

预算编制中工程量的计取方法与概算编制中工程量的计取方法相同,要按照预算项目表的序列和内容,根据预算定额的项目划分与综合,按照预算定额的工程量计算规则进行计取。

五、概算、预算的编制程序与方法

设计概算应以初步设计图纸和说明书,施工方案和测设合同、协议,以及建设单位的要求等为依据进行,并应严格贯彻执行国家有关公路建设的方针、政策和工程造价管理的各项规定。

施工图预算的编制程序与方法,主要是由预算编制办法和公路工程预算定额决定的。同时,预算编制人员不但要懂设计,还要懂施工,通晓有关的施工机械设备、施工方法、工艺过程,这对正确的套用定额和编制预算非常重要。

概算、预算虽然其作用、编制依据存在差异,但它们的编制程序与方法是相同的。下面对公路工程设计概算和施工图预算的编制程序和方法进行介绍。

(一)概算、预算的编制程序

编制概算和预算,通常要求按如下先后次序进行有关的准备和编制工作。

(1)熟悉设计图纸资料,了解设计意图。对设计说明书及各类工程的设计图纸资料,需深入熟悉和研究,掌握和了解设计意图。当一些工程的施工有特殊要求时,需事先研究妥善的解决办法。当有新结构、新材料、新设备、新工艺而又无定额可适用时,可按编制定额的原则和方法,编制补充定额。

(2)整理外业调查资料,根据现场条件,提出合理的施工组织方案。

(3)核对主要工程量,按照定额的要求,正确计取计价工程量。

(4)编制人工、材料、机械台班预算价格。应按概预算编制办法所规定的计算表格的内容和要求,完成下列各项计算工作。

①人工费单价的取定。

②如果有自采材料,则进行自采材料料场单价计算。如果材料采用施工企业自办运输的方式,则进行材料自办运输单位运费的计算。

③材料预算单价计算。

④施工机械台班单价计算。

⑤人工、材料、机械台班单价汇总。

⑥辅助生产人工、材料、机械台班单位数量计算。

(5)确定各种费率的取费标准,进行措施费、企业管理费、规费综合费率计算。

(6)进行工、料、机分析,根据计取的工程量与定额等资料进行直接费的计算,并进一步计算措施费、企业管理费、规费、利润和税金。

(7)进行设备购置费计算。

(8)进行专项费用计算。

(9)进行建筑安装工程费计算。

(10)计算工程建设其他费用。

(11)计算土地使用及拆迁补偿费。

(12)编制总概算(预算)。包括以下各项计算工作内容。

①总概算(预算)计算(分段)。

②总概算(预算)汇总计算。

③分段人工、主要材料、机械台班数量统计汇总。

④总概算(预算)人工、主要材料、机械台班数量统计汇总。

(13)编写编制说明书。

(14)进行复核、审核和出版。

(二)概算、预算的编制方法

1. 建筑安装工程费的编制

概算、预算的第一部分建筑安装工程费,是以概算、预算定额为依据,采用工、料、机分析的方法进行编制的,常称为实物法。建筑安装工程费的编制首先是在"分项工程概(预)算表"中按建设工程所在地实际价格计算和累计汇总得到工、料、机费用,即直接费,然后计算设备购置费,再分别计入措施费、企业管理费、规费、利润和税金等以费率计算的各项费用,汇总后得到建筑安装工程费。现就概算、预算中建筑安装工程费的编制方法扼要叙述如下:

(1)确定工、料、机价格和措施费、企业管理费、规费综合费率。在编制分项工程概(预)算表之前,先计算出人工、材料、施工机械台班的预算价格和措施费、企业管理费、规费综合费率等基础数据资料。这两项计算建筑安装工程费的基础资料,是计算各项费用之前,必不可少的,也是确保编制质量的重要条件。其计算原则和方法,无论是编制投资估算,还是设计概算、修正概算和施工图预算,都是一样的。

①人工费单价。按部、省、自治区、直辖市公路(交通)工程定额(造价管理)站发布的人工价格信息资料取定。

②材料预算价格。材料的规格品种多,而影响价格的因素又是多方面的,在计算时注意以下事项,做到合理可靠。

a. 按经济合理、方便运输的原则,确定材料的供应地点和运输方式,并计算出平均运距及比重。

b. 凡施工单位自采加工的砂石材料,应按"自采材料料场价格计算表"的要求根据现行预算定额第八章"材料采集及加工"进行计算确定自采材料料场价格。凡施工单位自办运输的,应按"材料自办运输单位运费计算表"的要求根据现行预算定额第九章"材料运输"进行计算确定自办运输的材料运费。

c. 最后通过"材料预算单价计算表"计算出各种材料的预算价格。

③按选用的施工机械种类通过"机械台班单价计算表"计算其价格。

④编制"人工、材料、机械单价汇总表"。

⑤根据建设工程的实际情况,合理确定措施费、企业管理费、规费的各项费率标准,并进行综合,编制"措施费、企业管理费、规费的综合费率计算表",以此作为计算其费用的依据。

⑥编制"辅助生产工、料、机械台班单位数量表",该表是对自采加工材料和自办运输工作根据预算定额计算的工、料、机械台班数量的汇总,作为计算建设项目人工、材料、机械台班总需要量的依据之一。

(2)根据摘取的各种主体工程量和辅助工程量,结合施工组织设计的要求,正确套用概算定额或预算定额,按照"概(预)算项目表"规定的项目序列要求,逐项分析计算,并按"目"、"节"内容进行汇总,编制"分项工程概(预)算表"和"建筑安装工程费用计算表"。

①进行工、料、机分析,根据计取的工程量与定额等资料进行直接费的计算,并进一步计算措施费、企业管理费、规费、利润和税金。

根据计取的工程量、采用的施工方法及选用的概(预)算定额,将有关的各种资料分别摘录于计算表内,其中人工、材料、机械台班的预算价格、其他工程经费、间接费的综合费率则是分别从上述相关的计算表转录到"分项工程概(预)算表"内。

其中,分项工程概(预)算表内的"定额表号"是按概(预)算定额的章节来编写的,从左到右,第一位数为章次号,第2~3位数为项目号,第4~6位数为子目号。如109008表示第一章路基工程第9个项目推土机推土的第8个子目每增运10m的定额号,109008×2,是表示推土机增运的距离为20m,故定额相应乘以2的系数,当然其工程数量乘以2亦是可行的。也可使用"章的编号-节的编号-子目的编号",如以上的定额号也可表示为"1-9-8"。

②进行设备购置费计算。设备购置费计算在"设备费计算表"中完成。根据计划购置清单中设备的规格、型号、数量,以设备购置计入。设备购置费包括设备原价、运杂费、运输保险费、采购及保管费等费用组成。如果设备需要安装,还应加计设备的安装工程费用。

③进行专项费用计算。专项费用计算在"专项费用计算表"中填写专项费用的名称,并在说明及计算式栏内填写需要说明的内容和计算式。专项费用包括施工场地建设费和安全生产费。施工场地建设费以施工场地计费基数,按规定的费率,以累进方法计算。安全生产费按建筑安装工程费乘以安全生产费费率计算,费率按不少于1.5%计取。

④进行建筑安装工程费计算。在完成"分项工程概(预)算表"的各项数字的计算并累计后,再分别计算利润和税金,并按照"概(预)算项目表"规定的项目序列要求,将其转录到"建筑安装工程费计算表"内,逐项汇总计算,这样建筑安装费就全部计算完成。

上述各种计算表详见《公路工程基本建设项目概算预算编制办法》(JTG 3830—2018)。

2. 土地使用及拆迁补偿费编制

土地使用及拆迁补偿费计算在"土地使用及拆迁补偿费计算表"中完成,在表中填写各项土地使用及拆迁补偿费的单位、数量、单价和金额等,并在说明及计算式栏内注明标准和计算式。

3. 工程建设其他费用的编制

这是概(预)算的第三部分费用。应根据收集整理的调查资料和国家规定的有关标准为依据,在"工程建设其他费用计算表"中逐项罗列公式进行计算。

4. 建设期贷款利息和预备费

除工程建设其他费外的费用,如建筑安装工程费中的建设期贷款利息和预备费,也要利用"工程建设其他费用计算表"来完成其计算。

5. 总概(预)算的编制

总概(预)算是根据所编制的建设工程项目的建筑安装工程费,土地使用及拆迁补偿费,工程建设其他费用,建设期贷款利息,预备费等,按照概(预)算项目表组成的内容和如下方法进行编制,实际上只是一个节录和汇总的工作环节。

(1)"分项编号""工程或费用名称""单位"按照"概(预)算项目表"的编号和内容填写。数量、概(预)算金额分别从"专项费用计算表""建筑安装工程费用计算表""工地使用及拆迁补偿费""工程建设其他费用计算表"摘取填入"总概(预)算表"中相应的各栏内。

(2)按"目","项",第一、二、三、四、五部分及其合计,概(预)算总金额,公路(桥梁)基本造价,依次求出各项工程或费用的小计、合计及总计。

(3)计算技术经济指标和各项费用的比例(%)。以各项工程的概(预)算金额分别除以相应的工程数量,所得的商即为技术经济指标,也就是各项工程的分部工程单价;而以概(预)算总金额分别去除各项概(预)算金额,即为相应的各项费用所占的比例。

(4)人工、材料、机械台班数量汇总。根据"人工、材料、机械单价汇总表""分项工程概(预)算表"和"辅助生产人工、材料、机械台班单位数量表",将建设项目需要的人工、主要材料、机械台班数量进行汇总,即完成"人工、材料、机械台班数量汇总表"。

(5)当一个建设项目按分段编制概(预)算时,应将各分段的工程数量、概(预)算总金额,以及人工、主要材料、机械台班数量,分别编制成汇总表,即完成"总概(预)算汇总表"和"总概(预)算人工、材料、机械台班数量汇总表"。

6. 写出编制说明

当工程概(预)算汇总完成后,应如实、全面地说明编制过程中的有关情况,以利审核和决策部门了解掌握,从而作出正确的决策。同时,工程建成后,这些资料,就成为宝贵的工程概(预)算的历史资料,如果没有必要的说明,就无法进行造价资料的积累。所以,应十分认真的做好概(预)算编制说明的编写工作。设计概(预)算的编制说明,应着重说明以下有关内容。

(1)采用的各种计价依据,需说明颁发的机关、文号、日期或来源等。因为有些规定是经常变动的,编制人员因没有及时掌握这方面的信息而使用了作废的规定,详细说明就是为了便于在审查时发现此类错误。材料的供应价格,各地公路(交通)工程定额(造价管理)站按年或季发布价格信息,如不说明其来源,无法使审核或使用者了解所采用的计价依据的可靠性。

(2)按路基、路面、桥梁涵洞、隧道、交叉工程等的顺序,分别说明其工程量计算时采用资料的依据,以及采用的施工方法,如土石方施工的机械化程度、路面混合料的拌和方式、桥梁的预制安装方法等。

(3)施工总体部署和必须采用的施工技术安全措施,以及计划工期等。

(4)对前期的工程估算文件批复意见的执行情况的说明。

(5)概(预)算与估算或预算与概算的对比资料的说明,以便了解设计阶段对造价的控制情况。

六、修正设计概算的编制

交通运输部颁发的《公路工程基本建设项目设计文件编制办法》规定,公路工程基本建设项目一般采用两阶段设计,即初步设计和施工图设计。当技术上复杂、基础资料缺乏和不足的建设项目或建设项目中的特大桥、互通式立体交叉、隧道、高速公路和一级公路的交通工程及沿线设施的机电设备等,必要时可采用三阶段设计,即初步设计、技术设计和施工图设计。技术设计必须要有修正概算文件,它是技术设计文件的重要组成部分。

由此可知,技术设计阶段并不是公路建设项目必经的设计阶段,而是在某种特殊条件下,根据初步设计批复的意见,对建设工程项目中重大、复杂的技术问题,通过科学试验、专题研究,加深勘探调查及分析比较,解决初步设计中未解决的问题,进一步落实技术方案和施工方案,并据以编制相应的修正概算文件。

编制技术设计修正概算,是在批准的初步设计概算文件的基础上进行的,对初步设计所定的技术方案和施工方案进一步研究修改,并补充必要的水文、地质资料,修正后的工程量是编制修正概算的依据。实际上是对原设计概算的修正与补充,使之更符合建设工程的实际情况,以提高其准确性。所以,修正概算的作用以及编制依据、程序和方法与设计概算基本上是一样的,因此就不再论述。但初步设计和技术设计毕竟是两个不同的设计阶段,由于客观条件的不同和时间上的差异,必然有其不同的具体情况,故编制修正概算时,除应参考前述的初步设计概算的编制内容与要求外,还应结合建设工程的实际情况,按下列要求做好修正概算的编制工作。

(1)熟悉了解原初步设计方案修改的范围和深度、施工工期是否有调整、需要修正的各项基础资料及有关的内容,做到心中有数。

(2)做好收集、整理和补充外业调查资料的工作。它包括两个方面的内容:一是对与修改的工程结构部分有关的外业资料的调查;二是对初步设计概算的外业调查资料进行分析整理,找出影响修正概算的因素。如建设工程项目用地范围内,是否增加了新的建筑物、构筑物、耕地种植情况有无改变,技术物资供应情况有无变化等,这是在以往的建设工程中经常发生的情况,故不应忽视。

(3)根据技术设计图表资料,按照概算定额内容的要求,正确计算各项工程数量,并提出与原设计概算工程量的比较表,用来进行修正概算的编制和经济分析。

(4)各个设计阶段工程造价文件的编制,按规定都应以工程所在地当时的实际价格作为计算依据。编制修正概算一般不可能在编制初步设计概算的同一年度内进行,在市场经济的条件下,各种价格变化的因素较多,因此,应了解在这期间,人工工资标准、材料供应价格有无变动,国家对工程造价的计价依据和办法有无修改,建设单位有无新的要求,以此作为编制修正概算的依据。

(5)当技术设计修改的内容仅影响局部工程量的增减,人工、材料、机械台班的预算价格拟不做调整,仍按原设计概算资料作为计算依据时,可采用修正总概算表的办法编制修正概算。修正总概算表中有关变动部分的工程数量,以原概算的技术经济指标,即分部工程的核算单价分别乘以相应变动部分的工程数量,并按规定对总概算内有关费用进行修正。同时,修正变动部分工程的人工、材料、机械台班的需要数量,最后修正相关的汇总表。

(6)当有新增工程内容,或人工、材料、机械台班的预算价格,都发生了很大变化时,应按照编制设计概算的程序和方法,对新增加的工程内容进行工、料、机分析,编制分项工程概算表,同时修正人工、材料、机械台班的预算价格,重新计算建筑安装工程费,并据以修正总概算表的各项有关费用,编制修正总概算文件。

(7)修正概算编制完成后,需对照检查对初步设计的批复意见的执行情况,有无不符合要求之处,若修正的总概算超出批准的设计概算时,需分析超出原因,提出解决的办法或意见,供建设主管部门或建设单位决策时参考,并应补办报批手续,待原设计概算审批单位批准后,即成为建设项目投资的最高限额。

(8)无论采用哪种方法编制修正概算,均应对编制说明加以修正,并按规定出版修正概算文件。

[例4-1] 某山岭重丘区有一高速公路,其部分路基土方挖方土质为普通土,平均运距30m的普通土有1000000m^3,平均运距50m的普通土有1000000m^3,平均运距200m的普通土有1000000m^3,平均运距3000m的普通土有1000000m^3。请完成以下工作:

(1)计算挖土方的平均运距;
(2)提出全部合理的机械化施工方式;
(3)提出不同机械施工方式的预算定额工程细目名称、定额表号;
(4)计算推土机施工的定额消耗。

解:本例主要涉及土、石方工程机械的经济运距以及机械规格型号的选择。一般来讲,工程量较大的土、石方施工应选择大功率或大吨位的施工机械,工程量小的土、石方施工应选择小功率或小吨位的施工机械。因此,本例推土机选135~240kW,铲运机选10~12m^3,自卸汽车选 10～15t,装载机选 2～3m³ 均可。

(1)挖土方平均运距。

按不同运距的土方量占总土方量的比例为权重,计算加权平均运距:

$(30×1000000+50×1000000+200×1000000+3000×1000000)÷4000000=820(m)$

(2)机械化施工方式。

因短距离范围内采用推土机完成运输作业是较经济的,因此平均运距为 30m 和 50m 时采用推土机施工。

因短中等运距范围内采用铲运机完成运输作业是较经济的,因此,平均运距为 200m 时采用铲运机施工。

当运距超过 1000m 时,运输机械应采用自卸汽车。平均运距 3000m,土质为普通土,考虑采用推土机集土、装载机装土、自卸汽车运输施工。

(3)不同施工方式的预算定额工程细目名称、定额表号见表 4-7。

不同施工方式的预算定额工程细目名称、定额表号 表 4-7

施工方式	预算定额细目名称	定 额 表 号	数量 (1000m³)	调整系数
推土机施工	165kW 以内推土机推土	第一个 20m	1-1-12-18	2000	—
		每增运 10m	1-1-12-20	1000	4
铲运机施工	10m³ 以内铲运机铲运土方	第一个 100m	1-1-13-6	1000	—
		每增运 50m	1-1-13-8	1000	2
装载机配合自卸汽车运土	165kW 以内推土机推松集土		1-1-12-18	1000	0.8
	3m³ 以内装载机装土		1-1-10-3	1000	—
	15t 以内自卸汽车运土	第一个 1km	1-1-11-9	1000	—
		5km 以内每增运 0.5km	1-1-11-10	1000	4

注:①表中推土机的调整系数"4"表示:"1-1-12-18"为推土机运输第一个 20m 的定额,则平均运距 30m 的 1000000m³ 土方增加运距 10m,平均运距 50m 的 1000000m³ 土方增加运距 30m,而"1-1-12-20"为增加运距 10m 的定额,因而 40m/10m=4 个增运定额单位。

②铲运机的调整系数"2"表示:1000000m³ 土方平均运距 200m,除第一个运距 100m 外,还有运距 100m,定额中列有每增运 50m 的定额消耗,则 100m/50m=2 个增运定额单位。

同样可以计算得到自卸汽车运土的调整系数为"4"。

③表中"0.8"表示:根据预算定额 1-1-10 的附注(1),"装载机装土方如需推土机配合推松、集土时,其人工、推土机台班的数量按'推土机推运土方'第 1 个 20m 定额乘以 0.8 系数计算"。因此,此处的 0.8 为定额调整时的人工和机械台班数量乘系数。

(4)计算推土机施工的定额消耗。

定额消耗 = 工程数量 × 定额单位工料机 × 调整系数

推土机施工的定额消耗 = 2000 × (1-1-12-18) + 1000 × (1-1-12-20) × 4

式中,定额【1-1-12-18】表示 165kW 以内推土机施工第一个 20m:消耗人工 2.6 工日/1000m³,需 165kW 以内推土机 0.97 台班/1000m³;定额【1-1-12-20】表示推土机推土每增运 10m:需增加 165kW 以内推土机 0.32 台班/1000m³。因此:

推土机施工消耗人工为:2000 × 2.6 工日 = 5200 工日;

消耗165kW以内推土机为:(2000×0.97+1000×0.32×4)台班=3220台班。

[**例4-2**] ××高速公路路线全长约125.5km,全线采用双向四车道高速公路标准建设,于2013年建成通车。为满足现行交通需求本次设计主要对A、B级隧道现有交通监控系统故障设备及线路进行修复或更换,以保证交通监控系统能正常诱导和远程控制,以及按现行规范对C级隧道新增交通监控系统(车道指示器和信号灯)。具体为:①修复或更换故障的交通信号灯、情报板和车道指示器;②核查和修复交通区域控制器模块及线路;③核查和修复传输线路断点;④更换故障损坏的微波车检器;⑤按现行规范C级隧道新增车道指示器和信号灯;⑥按现行规范A、B级隧道进洞口增加可变限速标志。本次设计消防工程设计内容包括三方面:取水设备及管道设计、调节构筑物设计、隧道内设备更换。

试根据该施工图设计文件、《公路工程预算定额》(JTG/T 3832—2018)等编制依据,编制××高速公路隧道改造工程施工图预算。

解: 根据现行施工图预算编制的依据按照相关要求,本工程的施工图预算如下:

××高速公路隧道改造工程

施工图预算

编制:×××　　　　　　[执业(从业)印章]

复核:×××　　　　　　[执业(从业)印章]

××工程勘察设计咨询有限公司
二○二○年四月

目　　录

1. 编制说明
2. 总预算表(表4-9)
3. 人工、主要材料、施工机械台班数量汇总表(表4-10)
4. 建筑安装工程费计算表(表4-11)
5. 综合费率计算表(表4-12)
6. 专项费用计算表(表4-13)
7. 工程建设其他费计算表(表4-14)
8. 人工、材料、施工机械台班单价汇总表(表4-15)
9. 材料预算单价计算表(表4-16)
10. 施工机械台班单价计算表(表4-17)
11. 原始数据表(表4-18)

编 制 说 明

一、编制依据

(1)交通运输部《公路工程预算定额》(JTG/T 3832—2018);

(2)交通运输部《公路工程基本建设项目概算预算编制办法》(JTG 3830—2018);

(3)交通运输部《公路工程机械台班费用定额》(JTG/T 3833—2018);

(4)交办公路〔2016〕66 号交通运输部办公厅关于《公路工程营业税改征增值税计价依据调整方案》的通知;

(5)×省交通运输厅关于印发《公路工程建设项目投资估算编制办法》《公路工程建设项目概算预算编制办法》补充规定的通知——×交建设〔2019〕65 号;

(6)《××高速公路隧道改造工程施工图设计》。

二、编制范围

1. 预算项目

本预算为工程项目的总预算,由建安费、工程建设其他费、基本预备费及建设期贷款利息组成。

2. 预算范围

本次施工图设计预算编制范围为××高速公路隧道改造工程施工图设计文件的全部内容、项目内容、详细分项工程预算表。

三、人工、材料、机械台班单价的取定

1. 人工费

×交建设〔2019〕65 号,××省交通运输厅关于印发《公路工程建设项目投资估算编制办法》《公路工程建设项目概算预算编制办法》补充规定的通知,人工工日(含机械工)单价按 100.75 元/工日执行;(注:人工工日单价仅作为编制估算、概算、预算的依据,不作为施工企业实发工资的依据。)

2. 材料单价

根据《××市公路信息价》2020 年 1 月信息价,不足材料部分以当地市场询价计算。

3. 机械台班单价

施工机械台班预算价格按《公路工程机械台班费用定额》(JTG/T 3833—2018)计算,其中:不变费用按定额规定费用计算,可变费用的台班人工费单价采用本补充规定,动力燃料费用按材料费的计算规定计算,车船税按照《××省车船税实施办法》(省政府令第 140 号)规定执行。

四、措施费

1. 措施费费率

(1)冬季施工增加费:按《公路工程建设项目概算预算编制办法》划分,本工程地处××市,冬季施工为准二区。

(2)雨季施工增加费:按《公路工程建设项目概算预算编制办法》划分,本工程地处Ⅱ雨量区,雨季期为 4 个月。

(3)夜间施工增加费:本工程不计列。

(4)特殊地区施工增加费:

本项目所在地不属高原地区,不计列高原施工增加费。

本项目所在地不属风沙地区,不计列风沙地区施工增加费。

(5)行车干扰施工增加费:按《公路工程建设项目概算预算编制办法》规定计列该项费用,按101~500计列。

(6)施工辅助费:按《公路工程建设项目概算预算编制办法》规定计列该项费用。

(7)工地转移费:按《公路工程建设项目概算预算编制办法》规定计列,其中工地转移距离按施工队伍从毕节调遣,调遣里程不足50km按50km计列。

(8)辅助生成间接费:按《公路工程建设项目概算预算编制办法》规定计列。

2. 企业管理费

(1)企业管理费基本费用:按《公路工程建设项目概算预算编制办法》规定计列。

(2)主副食品运费补贴:按《公路工程建设项目概算预算编制办法》规定计列。

(3)职工探亲路费:按《公路工程建设项目概算预算编制办法》规定计列。

(4)职工取暖补贴:本项目属无冬季气温区,不计列该项费用。

(5)财务费用:按《公路工程建设项目概算预算编制办法》计列。

3. 规费

按"×交建设〔2019〕65号文件"标准计列,其中养老保险费率为16%,失业保险费率为0.7%,医疗保险费率为7.5%,工伤保险费率为1.3%,住房公积金为5%,合计规费费率为29.2%,以各类工程的人工费之和为基数计算。

4. 利润

根据《公路工程建设项目概算预算编制办法》,按7.42%的费率计列。

5. 税金

根据交通运输部公告第26号关于调整《公路工程建设项目概算预算编制办法》中"税金"有关规定的公告按9.0%计列。

6. 专项费用

施工场地建设费按《公路工程建设项目概算预算编制办法》规定计列;安全生产费以建筑安装工程费乘以1.5%的费率计算。

五、土地使用及拆迁补偿费

本工程无土地使用及拆迁补偿费。

六、工程建设其他费

(1)建设单位(业主)管理费依据《公路工程建设项目概算预算编制办法》规定,以定额建筑安装工程费总额为基数,按累进办法计算。

(2)建设项目信息化费依据《公路工程建设项目概算预算编制办法》规定,以定额建筑安装工程费总额为基数,按累进办法计算。

(3)工程监理费依据《公路工程建设项目概算预算编制办法》规定,以定额建筑安装工程费总额为基数,按累进办法计算。

(4)设计文件审查费依据《公路工程建设项目概算预算编制办法》规定,以定额建筑安装工程费总额为基数,按累进办法计算。

(5)竣(交)验收试验检测费依据《公路工程建设项目概算预算编制办法》中表3.3.2-5

计算,在其基础上按50%计取。

(6)研究试验费本项目不计列。

(7)建设项目前期工作费:依据《公路工程建设项目概算预算编制办法》规定,以定额建筑安装工程费总额为基数,按累进办法计算,设计费按合同计列。

(8)专项评价(估)费,参照相关文件计列。

(9)生产准备费:依据《公路工程建设项目概算预算编制办法》中表3.3.7计算,在其基础上按50%计取。

(10)本工程交通组织措施费按8万元/km暂列。

(11)工程保险费以建筑安装工程费(不含设备费)为基数,按0.4%费率计算。

(12)本工程建设期贷款按年利率4.35%计取。

(13)由于本工程为机电安装工程,施工场地建设费根据《公路工程建设项目概算预算编制办法》规定,在其基础上按50%计取。

七、预备费

基本预备费以建筑安装工程费、土地使用及拆迁补偿费、工程建设其他费之和为基数,按3%的费率计列。

八、施工图预算结果

本次预算路线里程共27.872km,总造价5526.0433万元,每千米总造价198.2650万元/km,其中建安费4818.0479万元,平均每千米建安造价为172.8634万元,具体详见表4-8。

预算单元造价一览表　　　　　　　　　表4-8

预算费用名称	单位	××高速公路隧道改造工程
第一部分:建筑安装工程	万元	4818.0479
1 交通安全设施	万元	596.1546
2 监控分中心、隧道管理站	万元	491.9873
3 隧道部分	万元	3372.6349
3.1 隧道监控	万元	376.8603
3.2 隧道供电及照明系统	万元	1629.9073
3.3 隧道通风系统	万元	115.1301
3.4 隧道消防系统	万元	924.1355
3.5 洞室门	万元	17.8674
3.6 其他	万元	308.7343
4 交通组织措施费	万元	222.9760
5 专项费用	万元	134.2951
第二部分:工程建设其他费用	万元	466.5841
第三部分:预备费用	万元	158.5390
建设期贷款利息	万元	82.8723
预算总金额	万元	5526.0433
平均每千米造价	万元	198.2650

计算表格详见表4-9~表4-18。

第四章 公路工程建设项目估算、概算、预算编制

表 4-9

总 预 算 表

建设项目名称：××高速公路隧道改造工程
编制范围：××高速公路隧道改造工程

第 1 页 共 34 页 01 表

分项编号	工程或费用名称	单位	数量	金额（元）	技术经济指标	各项费用比例（%）	备注
1	第一部分建筑安装工程费	公路公里	27.872	48180479	1728633.72	87.19	
107	交通工程及沿线设施	公路公里	27.872	44607768	1600450.92	80.72	
10701	交通安全设施	公路公里	27.872	5961546	213890.14	10.79	
JA01	护栏	m	5380.000	3148457	585.22	5.70	
JA0102	现浇钢筋混凝土防撞护栏	m³/m	1135.200/2580.000	1780432	1568.39/690.09	3.22	
JA010201	现浇钢筋混凝土防撞护栏墙体混凝土	m³/m	1135.200/2580.000	1780432	1568.39/690.09	3.22	
JA01020101	RrF-SB	m³/m	1135.200/2580.000	1780432	1568.39/690.09	3.22	
JA0105	钢护栏	m	2800.000	1368025	488.58	2.48	
JA010501	波形钢板护栏	m	2800.000	1368025	488.58	2.48	
JA01050101	Gr-SB-2E	m	2800.000	1292648	461.66	2.34	
JA01050102	I 型端头	个	80.000	5179	64.74	0.01	
JA01050103	端头、立柱反光膜	m²	244.240	70198	287.41	0.13	
JA04	标线	m²	9874.530	1802843	182.58	3.26	
JA0401	路面标线	m²	9874.530	1519758	153.91	2.75	
JA040101	热熔标线	m²	2518.930	104948	41.66	0.19	
JA040104	彩色铺装标线	m²	7355.600	1414810	192.34	2.56	
JA0402	路钮	个	17744.000	283085	15.95	0.51	
JA040201	路面反光路钮	个	17744.000	283085	15.95	0.51	

159

续上表

分项编号	工程或费用名称	单位	数量	金额（元）	技术经济指标	各项费用比例（%）	备注
JA06	轮廓标	个	15640.000	438180	28.02	0.79	
JA0604	隧道侧壁轮廓标 De-Rbwy-At3（间距16m）	个	4010.000	106114	26.46	0.19	
JA0605	波形护栏轮廓标	个	370.000	7243	19.58	0.01	
JA0606	附着式条形轮廓标 De-Rbwy-At4（间距5m）	个	11260.000	324823	28.85	0.59	
JA07	防眩、防撞设施	km	27.872	14384	516.07	0.03	
JA0703	防撞桶	个	30.000	14384	479.47	0.03	
JA09	安全设施拆除工程	公路公里	27.872	557682	20008.68	1.01	
JA0903	拆除波形梁护栏（Gr-SB-2E、Gr-A-4E）	m	8180.000	139684	17.08	0.25	
JA0909	拆除突起路标	块	31939.000	27935	0.87	0.05	
JA0910	铲除标线	m²	18188.530	331202	18.21	0.60	
JA0911	拆除轮廓标	个	27856.000	26948	0.97	0.05	
JA0912	拆除防撞桶	个	30.000	1299	43.30	0.02	
JA0913	拆除端头、立柱反光膜	m²	244.240	10936	44.78	0.02	
JA0914	拆除 I 型端头	个	80.000	991	12.39		
JA0915	废料出渣	m³	1000.000	18687	18.69	0.03	
10703	监控系统	公路公里	27.872	4919873	176516.68	8.90	
1070301	监控中心、分中心	公路公里	27.872	4919873	176516.68	8.90	
107030101	监控中心、分中心设备安装	公路公里	27.872	375989	13489.85	0.68	
10703010101	赫章监控分中心	处	1.000	116776	116776.00	0.21	
……	……	……	……	……	……	……	

续上表

第34页 共34页 01表

分项编号	工程或费用名称	单位	数量	金额（元）	技术经济指标	各项费用比例（%）	备注
SJ020227	电力电缆（NH-VV-3×1.5）	m	170.000	2480	14.59		
SJ020228	可绕金属软管（KV-330号）	m	170.000	10120	59.53	0.02	
SJ020229	人行横洞制防火门	套	2.000	1827	913.50		
SJ020230	原有光电标志及线路对应拆除	项	1.000	5179	5179.00	0.01	
SJ04	隧道消防系统	km	1.306	1250	957.12		
SJ0402	隧道消防设备安装及土建	km	1.306	1250	957.12		
SJ040201	更换灭火器箱门（单开门，宽×高＝75cm×65cm，门框铝合金厚度不小于1.2mm，玻璃厚度为4mm）	个	5.000	971	194.20		
SJ040202	出渣	m³	15.000	279	18.60		
SJ07	其他	km	1.306	19421	14870.60	0.04	
SJ0701	隧道积灰冲洗	项	1.000	19421	19421.00	0.04	
109	其他工程	公路公里	27.872	2229760	80000.00	4.04	
10909	交通组织措施费	公路公里	27.872	2229760	80000.00	4.04	
110	专项费用	元		1342951		2.43	
11001	施工场地建设费	元	27.872	630924		1.14	1261848×0.5
11002	安全生产费	元	27.872	712027		1.29	47468452×1.5%
2	第二部分土地使用及拆迁补偿费	公路公里	27.872	4665841	167402.45	8.44	
3	第三部分工程建设其他费	公路公里	27.872	2958152	106133.47	5.35	
301	建设项目管理费	公路公里	27.872	1453237	52139.67	2.63	
30101	建设单位（业主）管理费	公路公里	27.872	1453237			1453237
30102	建设项目信息化费	公路公里	27.872	171658	6158.80	0.31	171658

续上表

分项编号	工程或费用名称	单位	数量	金额（元）	技术经济指标	各项费用比例（%）	备注
30103	工程监理费	公路公里	27.872	972310	34884.83	1.76	972310
30104	设计文件审查费	公路公里	27.872	33451	1200.17	0.06	33451
30105	竣（交）工验收试验检测费	公路公里	27.872	327496	11750.00	0.59	23500×27.872×0.5
303	建设项目前期工作费	公路公里	27.872	1294900	46458.81	2.34	
30301	工程设计费	公路公里	27.872	880000	31572.90	1.59	按合同
30302	招标代理费	公路公里	27.872	119200	4276.69	0.22	
30303	工程造价咨询服务费	公路公里	27.872	295700	10609.21	0.54	
304	专项评价（估）费	公路公里	27.872	80000	2870.26	0.14	
305	联合试运转费	公路公里	27.872	17377	623.46	0.03	43443312×0.04%
306	生产准备费	公路公里	27.872	170716	6125.00	0.31	27.872×17500×0.7×0.5
30602	办公和生活用家具购置费	公路公里	27.872	170716	6125.00	0.31	
308	工程保险费	公路公里	27.872	144696	5191.45	0.26	3617 3928×0.4%
4	第四部分预备费	公路公里	27.872	1585390	56881.10	2.87	
401	基本预备费	公路公里	27.872	1585390	56881.10	2.87	52846320×3%
402	价差预备费	公路公里	27.872				
5	第一至四部分合计	公路公里	27.872	54431710	1952917.26	98.50	48180479+0+4665841+1585390
6	建设期贷款利息	公路公里	27.872	828723	29733.17	1.50	贷款总额：37748493元。其中××银行贷款额37748493元，计息年0年，
7	公路基本造价	公路公里	27.872	55260433	1982650.44	100.00	54431710+828723+0

编制：×××   复核：×××

人工、主要材料、施工机械台班数量汇总表

建设项目名称：××高速公路隧道改造工程
编制范围：××高速公路隧道改造工程

表 4-10
第 1 页 共 4 页 02 表

代号	规格名称	单位	单价（元）	总数量	分项统计 交通工程及沿线设施	场外运输损耗 数量	%
1001001	人工	工日	100.75	34084.448	34084.448		
1051001	机械工	工日	100.75	3675.186	3675.186		
1511007	普 C20-32.5-2（商）	m³	339.00	6.240	6.240		
1511030	普 C10-32.5-4（商）	m³	319.00	0.694	0.694		
1511032	普 C20-32.5-4（商）	m³	339.00	16.310	16.310		
1511033	普 C25-32.5-4（商）	m³	349.00	1161.291	1161.291		
1511111	防 C30-32.5-4（商）	m³	399.00	152.762	152.762		
2001001	HPB300 钢筋	t	3864.00	148.014	148.013		
2001019	钢丝绳	t	6544.97	1.301	1.301		
2001021	8～12 号铁丝	kg	4.45	558.104	558.104		
2001022	20～22 号铁丝	kg	5.25	1261.131	1261.131		
2003004	型钢	t	4129.04	0.018	0.018		
2003005	钢板	t	3916.65	2.830	2.830		
2003009	镀锌钢管	t	4394.53	0.003	0.003		
2003009	镀锌钢管	t	4394.53	2.339	2.339		
2003009-1	热镀锌钢管（DN25）	t	4660.02	11.219	11.219		
2003009-10	镀锌钢管	t	4409.82	0.068	0.068		
2003009-11	镀锌钢管	t	4783.12	0.114	0.114		
2003009-12	镀锌钢管	t	4403.67	0.022	0.022		

续上表

代号	规格名称	单位	单价（元）	总数量	分项统计 交通工程及沿线设施	场外运输损耗 数量	%
2003009-2	镀锌钢管	t	4449.62	60.504	60.504		
2003009-3	镀锌钢管	t	4503.73	165.102	165.102		
2003009-4	镀锌钢管	t	4565.78	1.891	1.891		
2003009-5	镀锌钢管	t	4403.67	46.621	46.621		
2003009-6	镀锌钢管	t	4565.78	0.103	0.103		
2003009-7	镀锌钢管	t	4449.62	0.239	0.239		
2003009-8	镀锌钢管	t	4503.73	1.367	1.367		
2003009-9	镀锌钢管	t	4394.53	0.022	0.022		
2003012	镀锌钢板	t	4558.00	0.012	0.012		
2003015	钢管立柱	t	4571.52	117.861	117.861		
2003017	波形钢板	t	5364.00	72.114	72.114		
2003025	钢模板	t	3564.00	11.466	11.466		
2003026	组合钢模板	t	3564.00	0.028	0.028		
2003047	可挠金属管（LV-5/50号）	m	20.54	184.000	184.000		
2003047-1	可绕金属软管（KV-330#）	m	19.64	11537.040	11537.040		
2003055	活动地板	m²	155.70	44.880	44.880		
2009003	空心钢钎	kg	6.92	196.277	196.277		
2009004	φ50mm以内合金钻头	个	30.00	305.319	305.319		

编制：××× 复核：×××

第四章 公路工程建设项目估算、概算、预算编制

建筑安装工程费计算表

表 4-11

建设项目名称：××高速公路隧道改造工程
编制范围：××高速公路隧道改造工程

第 1 页 共 64 页 03 表

序号	分项编号	工程名称	单位	工程量	定额直接费(元)	定额设备购置费(元)	直接费(元) 人工费	直接费(元) 材料费	直接费(元) 施工机械使用费	直接费(元) 合计	设备购置费	措施费	企业管理费	规费	利润(元) 费率 7.42(%)	税金(元) 税率 9(%)	金额合计(元) 合计	金额合计(元) 单价
1	2		3	4	5	6	7	8	9	10	11	12	13	14	15	16	17	18
1	107	交通工程及沿线设施	公路公里	27.872													44607768	1600450.92
2	10701	交通安全设施	公路公里	27.872													5961546	213890.14
3	JA01	护栏	m	5380.000													3148457	585.22
4	JA0102	现浇钢筋混凝土防撞护栏	m³/m	1135.200													1780432	1568.39
5	JA010201	现浇钢筋混凝土防撞护栏墙体混凝土	m³/m	1135.200													1780432	1568.39
6	JA01020101	RxF-SB	m³/m	1135.200	1253461		309580	1059867	8450	1377897		19818	42667	95399	97643	147008	1780432	1568.39
7	JA0105	钢护栏	m	2800.000													1368025	488.58
8	JA010501	波形钢板护栏	m	2800.000													1368025	488.58
9	JA01050101	Gr-SB-2E	m	2800.000	1104879		54580	956551	28248	1039379		6551	34948	19976	85062	106732	1292648	461.66
10	JA01050102	I 型端头	个	80.000	4000			4000		4000		109	314		328	428	5179	64.74
11	JA01050103	端头、立柱反光膜	m²	244.240	45972			59151		59151		259	1454		3538	5796	70198	287.41

续上表

序号	分项编号	工程名称	单位	工程量	定额直接费（元）	定额设备购置费（元）	直接费（元）				设备购置费	措施费	企业管理费	规费	利润（元）费率7.42(%)	税金（元）税率9(%)	金额合计（元）		单价
							人工费	材料费	施工机械使用费	合计							合计		
1	2	3	4	5	6	7	8	9	10	11	12	13	14	15	16	17	18		19
12	JA04	标线	m²	9874.530													1802843		182.58
13	JA0401	路面标线	m²	9874.530													1519758		153.91
14	JA040101	热熔标线	m²	2518.930	79210		7867	59673	14011	81551		1504	3518	3460	6250	8665	104948		41.66
15	JA040104	彩色铺装标线	m²	7355.600	1183351		58545	951365	100068	1109978		18219	52553	24185	93056	116819	1414810		192.34
16	JA0402	路钮	个	17744.000			25028	196504		221532		3301	9836	7634	17408	23374	283085		15.95
17	JA0402O1	路面反光路钮	个	17744.000	221472		25028	196504		221532		3301	9836	7634	17408	23374	283085		15.95
18	JA06	轮廓标	个	15640.000													438180		28.02
19	JA0604	隧道侧壁轮廓标 De-Rbwy-A13（间距16m）	个	4010.000	82694		18180	59697	3964	81841		548	2616	5976	6371	8762	106114		26.46
20	JA0605	波形护栏轮廓标	个	370.000	5554		1677	3408	366	5451		39	176	551	428	598	7243		19.58
21	JA0606	附着式条形轮廓标 De-Rbwy-A14（间距5m）	个	11260.000	254698		51050	162663	36853	250566		1762	8056	17992	19627	26820	324823		28.85
22	JA07	防眩、防撞设施	km	27.872													14384		516.07
23	JA0703	防撞桶	个	30.000	11396		302	10369	793	11464		165	506	166	895	1188	14384		479.47
24	JA09	安全设施拆除工程	公路公里	27.872													557682		20008.68

第四章 公路工程建设项目估算、概算、预算编制

第 64 页 共 64 页 续上表 03 表

序号	分项编号	工程名称	单位	工程量	定额直接费(元)	定额设备购置费(元)	直接费(元)				设备购置费	措施费	企业管理费	规费	利润(元) 费率7.42(%)	税金(元) 税率9(%)	金额合计(元)	
							人工费	材料费	施工机械使用费	合计							合计	单价
1	2	3	4	5	6	7	8	9	10	11	12	13	14	15	16	17	18	19
25	JA0903	拆除波形梁护栏（Gr-SB-2E、Gr-A-4E）	m	8180.000	98118		52756		41627	94383		3560	4357	17983	7868	11533	139684	17.08
26	JA0909	拆除凸起路标	块	31939.000	19041		12871		5277	18148		691	846	4416	1527	2307	27935	0.87
27	JA0910	铲除标线	m²	18188.530	238015		87960		140715	228675		8636	10570	36888	19086	27347	331202	18.21
28	JA0911	拆除轮廓标	个	27856.000	18150		14032		3234	17266		659	806	4537	1455	2225	26948	0.97
29	JA0912	拆除防撞桶	个	30.000	1050			1050		1050		13	47		82	107	1299	43.30
30	JA0913	拆除端头、立柱反光膜	m²	244.240	8841			8841		8841		106	393		693	903	10936	44.78
……																		
1216	SJ020224	消防设备指示标志（25cm×40cm（宽×高），IP65，LED光源，表面亮度在50~300cd/m²）	套	26.000	10882		377	3327		3704		308	854	115	894	529	6404	246.31
1217	SJ020225	人行横洞指示标志（50×80cm（宽×高），IP65，LED光源，表面亮度在50~300cd/m²）	套	2.000	837		29	498		527		24	66	9	69	63	758	379.00

167

续上表

序号	分项编号	工程名称	单位	工程量	定额直接费(元)	定额设备购置费(元)	直接费(元) 人工费	直接费(元) 材料费	直接费(元) 施工机械使用费	直接费(元) 合计	设备购置费	措施费	企业管理费	规费	利润(元) 费率7.42(%)	税金(元) 税率9(%)	金额合计(元) 合计	金额合计(元) 单价
1	2	3	4	5	6	7	8	9	10	11	12	13	14	15	16	17	18	19
1218	SJ020226	电力电缆(NH-VV-3×4)	m	2950.000	116450		4310	27113	309	31732		3312	9137	1335	9564	4957	60037	20.35
1219	SJ020227	电力电缆(NH-VV-3×1.5)	m	170.000	6711		248	663	18	929		191	527	77	551	205	2480	14.59
1220	SJ020228	可绕金属软管(kV-330号)	m	170.000	7476		3083	3760		6843		294	587	940	620	836	10120	59.53
1221	SJ020229	人行横洞钢制防火门	套	2.000	1560			1560		1560					116	151	1827	913.50
1222	SJ020230	原有光电标志及线路对应拆除	项	1.000	4000			4000		4000		109	314		328	428	5179	5179.00
1223	SJ04	隧道消防系统	km	1.306													1250	957.12
1224	SJ0402	隧道消防设备安装及土建	km	1.306													1250	957.12
1225	SJ040201	更换灭火器箱门(单开门,宽×高=75cm×65cm,门框铝合金厚度不小于1.2mm,玻璃厚度为4mm)	个	5.000	750			750		750		20	59		62	80	971	194.20

续上表

序号	分项编号	工程名称	单位	工程量	定额直接费（元）	定额设备购置费（元）	直接费（元）					设备购置费	措施费	企业管理费	规费	利润（元）费率7.42(%)		税金（元）税率9(%)		金额合计（元）	
							人工费	材料费	施工机械使用费	合计									合计	单价
1	2	3	4	5	6	7	8	9	10	11	12	13	14	15	16		17		18	19
1226	SJ040202	出渣	m³	15.000	231				217	217		7	5	9	18		23		279	18.60
1227	SJ07	其他	km	1.306															19421	14870.60
1228	SJ0701	隧道积灰冲洗	项	1.000	15000			15000		15000		409	1177		1231		1604		19421	19421.00
1229	109	其他工程	公路公里	27.872						2229760									2229760	80000.00
1230	10909	交通组织措施费	公路公里	27.872							2229760								2229760	80000.00
1231	110	专项费用	元																1342951	
	合计				28275432		3434022	19324478	946499	25934759	11015180	786824	1971804	1160329	2294541		3674091		48180479	1728633.72

编制：×× 复核：××

综合费率计算表

表 4-12

建设项目名称：××高速公路隧道改造工程
程编制范围：××高速公路隧道改造工程

第 1 页 共 1 页 04 表

序号	工程类别	措施费(%) 冬季施工增加费	雨季施工增加费	夜间施工增加费	高原地区施工增加费	风沙地区施工增加费	沿海地区施工增加费	行车干扰施工增加费	施工辅助费	工地转移费	综合费率 I	综合费率 II	企业管理费(%) 基本费用	主副食运费补贴	职工探亲路费	职工取暖补贴	财务费用	综合费率	规费(%) 养老保险费	失业保险费	医疗保险费	工伤保险费	住房公积金	综合费率
1	2	3	4	5	6	7	8	9	10	11	12	13	14	15	16	17	18	19	20	21	22	23	24	25
1	土方		0.700					2.343	0.521	0.224	3.267	0.521	2.747	0.122	0.192		0.271	3.332	16.000	0.700	7.500	1.300	5.000	30.500
2	石方		0.667					1.881	0.470	0.176	2.724	0.470	2.792	0.108	0.204		0.259	3.363	16.000	0.700	7.500	1.300	5.000	30.500
3	运输		0.781					2.230	0.154	0.157	3.168	0.154	1.374	0.118	0.132		0.264	1.888	16.000	0.700	7.500	1.300	5.000	30.500
4	路面	0.198	0.710					2.098	0.818	0.321	3.327	0.818	2.427	0.066	0.159		0.404	3.056	16.000	0.700	7.500	1.300	5.000	30.500
5	隧道								1.195	0.257	1.195	0.257	3.569	0.096	0.266		0.513	4.444	16.000	0.700	7.500	1.300	5.000	30.500
6	构造物I	0.288	0.491					1.386	1.201	0.262	2.427	1.201	3.587	0.114	0.274		0.466	4.441	16.000	0.700	7.500	1.300	5.000	30.500
7	构造物I(不计冬)		0.491					1.386	1.201	0.262	2.139	1.201	3.587	0.114	0.274		0.466	4.441	16.000	0.700	7.500	1.300	5.000	30.500
8	构造物II	0.393	0.565					1.516	1.537	0.333	2.807	1.537	4.726	0.126	0.348		0.545	5.745	16.000	0.700	7.500	1.300	5.000	30.500
9	构造物III	0.721	1.164					1.417	2.729	0.622	3.924	2.729	5.976	0.225	0.551		1.094	7.846	16.000	0.700	7.500	1.300	5.000	30.500
10	构造物III(不计雨夜)	0.721						1.417	2.729	0.622	2.760	2.729	5.976	0.225	0.551		1.094	7.846	16.000	0.700	7.500	1.300	5.000	30.500

续上表

序号	工程类别	措施费(%)										企业管理费(%)							规费(%)				
		冬季施工增加费	雨季施工增加费	夜间施工增加费	高原地区施工增加费	风沙地区施工增加费	沿海地区施工增加费	行车干扰施工增加费	施工辅助费	工地转移费	综合费率 I	综合费率 II	基本费用	主副食运费补贴	职工探亲路费	职工取暖补贴	财务费用	综合费率	养老保险费	失业保险费	医疗保险费	工伤保险费	住房公积金	综合费率
1	2	3	4	5	6	7	8	9	10	11	12	13	14	15	16	17	18	19	20	21	22	23	24	25
11	技术复杂大桥	0.446	0.689						1.677	0.389	1.524	1.677	4.143	0.101	0.208		0.637	5.089	16.000	0.700	7.500	1.300	5.000	30.500
12	钢材及钢结构								0.564	0.351	0.351	0.564	2.242	0.104	0.164		0.653	3.163	16.000	0.700	7.500	1.300	5.000	30.500
13	钢材及钢结构(不计夜)								0.564	0.351	0.351	0.564	2.242	0.104	0.164		0.653	3.163	16.000	0.700	7.500	1.300	5.000	30.500

编制：×××　　　　复核：×××

表 4-13

专项费用计算表

建设项目名称：××高速公路隧道改造工程
编制范围：××高速公路隧道改造工程

第 1 页 共 1 页　06 表

序号	工程或费用名称	说明及计算式	金额（元）	备注
11001	施工场地建设费	{施工场地建设费}×0.5	630924	1261848×0.5
11002	安全生产费	{建安费(不含安全生产费)}×1.5%	712027	47468452×1.5%

编制：××××　　　　　　　　　　　　　　　　　复核：××××

工程建设其他费计算表

建设项目名称：××高速公路隧道改造工程
编制范围：××高速公路隧道改造工程

表 4-14
第 1 页 共 1 页 08 表

序号	费用名称及项目	说明及计算式	金额（元）	备注
3	第三部分工程建设其他费		4665841	
301	建设项目管理费		2958152	
30101	建设单位（业主）管理费	{建设单位（业主）管理费}	1453237	1453237
30102	建设项目信息化费	{建设项目信息化费}	171658	171658
30103	工程监理费	{工程监理费}	972310	972310
30104	设计文件审查费	{设计文件审查费}	33451	33451
30105	竣（交）工验收试验检测费	23500×27.872×0.5	327496	23500×27.872×0.5
303	建设项目前期工作费		1294900	按合同
30301	工程设计费	27.872（公路公里）×31572.90（元/公路公里）	880000	
30302	招标代理费	27.872（公路公里）×4276.69（元/公路公里）	119200	
30303	工程造价咨询服务费	27.872（公路公里）×10609.21（元/公路公里）	295700	
304	专项评价（估）费	27.872（公路公里）×2870.26（元/公路公里）	80000	
305	联合试运转费	[定额建安费（含定额设备购置费×40%）]×0.04%	17377	43443312×0.04%
306	生产准备费		170716	
30602	办公和生活用家具购置费	27.872×17500×0.7×0.5	170716	27.872×17500×0.7×0.5
308	工程保险费	{建安费（不含设备费）}×0.4%	144696	36173928×0.4%
401	基本预备费	{一二三部分合计}×3%	1585390	52846320×3%
402	价差预备费	{价差预备费}		
6	建设期贷款利息	{一至四部分合计}×4.35%×0.7×0.5	828723	贷款总额 3748493 元。其中××银行贷款额 3748493 元 计息年 0 年

编制：××× 　　　　　　　　　　　　　　　　　　　　复核：×××

人工、材料、施工机械台班单价汇总表

表 4-15

建设项目名称：××高速公路隧道提质升级改造设计
编制范围：××高速公路隧道提质升级改造设计

第 1 页 共 3 页　09 表

序号	名　称	单位	代　号	预算单价(元)	备注
1	人工	工日	1001001	100.75	
2	机械工	工日	1051001	100.75	
3	普 C20-32.5-2(商)	m³	1511007	339.00	
4	普 C10-32.5-4(商)	m³	1511030	319.00	
5	普 C20-32.5-4(商)	m³	1511032	339.00	
6	普 C25-32.5-4(商)	m³	1511033	349.00	
7	防 C30-32.5-4(商)	m³	1511111	399.00	
8	HPB300 钢筋	t	2001001	3864.00	
9	钢丝绳	t	2001019	6544.97	
10	8~12 号铁丝	kg	2001021	4.45	
11	20~22 号铁丝	kg	2001022	5.25	
12	型钢	t	2003004	4129.04	
13	钢板	t	2003005	3916.65	
14	镀锌钢管	t	2003009	4394.53	
15	镀锌钢管	t	2003009	4394.53	
16	热镀锌钢管(DN25)	t	2003009-1	4660.02	
17	镀锌钢管	t	2003009-10	4409.82	
18	镀锌钢管	t	2003009-11	4783.12	
19	镀锌钢管	t	2003009-12	4403.67	
20	镀锌钢管	t	2003009-2	4449.62	
21	镀锌钢管	t	2003009-3	4503.73	
22	镀锌钢管	t	2003009-4	4565.78	
23	镀锌钢管	t	2003009-5	4403.67	
24	镀锌钢管	t	2003009-6	4565.78	
25	镀锌钢管	t	2003009-7	4449.62	
26	镀锌钢管	t	2003009-8	4503.73	
27	镀锌钢管	t	2003009-9	4394.53	
28	镀锌钢板	t	2003012	4558.00	
29	钢管立柱	t	2003015	4571.52	
30	波形钢板	t	2003017	5364.00	
31	钢模板	t	2003025	3564.00	
32	组合钢模板	t	2003026	3564.00	
33	可挠金属管(LV-5/50 号)	m	2003047	20.54	
34	可挠金属软管(kV-330 号)	m	2003047-1	19.64	
35	活动地板	m²	2003055	155.70	
36	空心钢钎	kg	2009003	6.92	
37	φ50mm 以内合金钻头	个	2009004	30.00	
38	电焊条	kg	2009011	5.40	
39	螺栓	kg	2009013	7.52	
40	镀锌螺栓	kg	2009014	11.90	
41	膨胀螺栓	套	2009015	4.85	
42	法兰	kg	2009017	9.67	
43	自动排气阀	个	2009021-2	285.97	
44	检修阀	个	2009023-2	227.47	

续上表

序号	名称	单位	代号	预算单价(元)	备注
45	法兰阀门(DN100)	个	2009024	301.74	
46	法兰阀门(DN150)	个	2009025	430.25	
47	铁件	kg	2009028	3.92	
48	铁件	kg	2009028	3.92	
49	镀锌铁件	kg	2009029	5.87	
50	铁钉	kg	2009030	4.78	
51	石油沥青	t	3001001	3854.71	
52	冷底子油	t	3001001-1	1591.92	
53	汽油	kg	3003002	7.96	
54	柴油	kg	3003003	6.68	
55	电	kW·h	3005002	0.66	
56	水	m³	3005004	17.01	
57	原木	m³	4003001	1165.50	
58	锯材	m³	4003002	1265.10	
59	塑料软管	kg	5001017	12.45	
60	硝铵炸药	kg	5005002	10.00	
61	非电毫秒雷管	个	5005008	3.45	
62	导爆索	m	5005009	2.08	
63	PAP铝塑复合卷材	m²	5009006-2	2.62	
64	PAP铝塑复合卷材	m²	5009006-3	4.50	
65	热熔涂料	kg	5009008	4.35	
66	冷塑路面材料底漆	kg	5009015	38.74	
67	冷塑路面材料面漆	kg	5009016	39.92	
68	中(粗)砂	m³	5503005	95.84	
69	片石	m³	5505005	72.65	
70	碎石(2cm)	m³	5505012	92.42	
71	碎石(4cm)	m³	5505013	92.42	
72	碎石	m³	5505016	92.42	
73	青(红)砖	千块	5507003	350.00	
74	32.5级水泥	t	5509001	342.53	
75	超细玻璃棉材料保温层	m³	5513002-2	380.00	
76	超细玻璃棉材料保温层	m³	5513002-3	500.00	

编制：×× ×   复核：×× ×

材料预算单价计算表

表 4-16

建设项目名称：××高速公路隧道改造工程
编制范围：××高速公路隧道改造工程

第 1 页 共 2 页 22 表

代号	规格名称	单位	原价(元)	供应地点	运杂费 运输方式、比重及运距	运杂费 毛质量系数或单位毛质量	运杂费 运杂费构成说明或计算式	运杂费 单位运费(元)	运杂费 原价运费合计(元)	场外运输损耗 费率(%)	场外运输损耗 金额(元)	采购及保管费 费率(%)	采购及保管费 金额(元)	预算单价(元)
1	普C20-32.5-2(商)	m³	325.000	××市—工地	汽车,1.00,20km	1.000000	0.500×20+4.000	14.000	339.00					339.000
2	普C10-32.5-4(商)	m³	305.000	××市—工地	汽车,1.00,20km	1.000000	0.500×20+4.000	14.000	319.00					319.000
3	普C20-32.5-4(商)	m³	325.000	××市—工地	汽车,1.00,20km	1.000000	0.500×20+4.000	14.000	339.00					339.000
4	普C25-32.5-4(商)	m³	335.000	××市—工地	汽车,1.00,20km	1.000000	0.500×20+4.000	14.000	349.00					349.000
5	防C30-32.5-4(商)	m³	385.000	××市—工地	汽车,1.00,20km	1.000000	0.500×20+4.000	14.000	399.00					399.000
6	HPB300钢筋	t	3850.000	××市—工地	汽车,1.00,20km	1.000000	0.500×20+4.000	14.000	3864.00					3864.000
7	钢丝绳	t	6530.970	××市—工地	汽车,1.00,20km	1.000000	0.500×20+4.000	14.000	6544.97					6544.970
8	型钢	t	4115.040	××市—工地	汽车,1.00,20km	1.000000	0.500×20+4.000	14.000	4129.04					4129.040
9	钢板	t	3902.650	××市—工地	汽车,1.00,20km	1.000000	0.500×20+4.000	14.000	3916.65					3916.650
10	镀锌钢管	t	4380.530	××市—工地	汽车,1.00,20km	1.000000	0.500×20+4.000	14.000	4394.53					4394.530
11	镀锌钢管	t	4380.530	××市—工地	汽车,1.00,20km	1.000000	0.500×20+4.000	14.000	4394.53					4394.530
12	热镀锌钢管(DN25)	t	4646.020	××市—工地	汽车,1.00,20km	1.000000	0.500×20+4.000	14.000	4660.02					4660.020
13	镀锌钢管	t	4395.820	××市—工地	汽车,1.00,20km	1.000000	0.500×20+4.000	14.000	4409.82					4409.820
14	镀锌钢管	t	4769.120	××市—工地	汽车,1.00,20km	1.000000	0.500×20+4.000	14.000	4783.12					4783.120
15	镀锌钢管	t	4389.670	××市—工地	汽车,1.00,20km	1.000000	0.500×20+4.000	14.000	4403.67					4403.670
16	镀锌钢管	t	4435.620	××市—工地	汽车,1.00,20km	1.000000	0.500×20+4.000	14.000	4449.62					4449.620
17	镀锌钢管	t	4489.730	××市—工地	汽车,1.00,20km	1.000000	0.500×20+4.000	14.000	4503.73					4503.730

续上表

代号	规格名称	单位	原价(元)	供应地点	运输方式、比重及运距	毛质量系数或单位毛质量	运杂费构成说明或计算式	单位运费(元)	原价运费合计(元)	场外运输损耗 费率(%)	场外运输损耗 金额(元)	采购及保管费 费率(%)	采购及保管费 金额(元)	预算单价(元)
18	镀锌钢管	t	4551.780	××市—工地	汽车,1.00,20km	1.000000	0.500×20+4.000	14.000	4565.78					4565.780
19	镀锌钢管	t	4389.670	××市—工地	汽车,1.00,20km	1.000000	0.500×20+4.000	14.000	4403.67					4403.670
20	镀锌钢管	t	4551.780	××市—工地	汽车,1.00,20km	1.000000	0.500×20+4.000	14.000	4565.78					4565.780
21	镀锌钢管	t	4435.620	××市—工地	汽车,1.00,20km	1.000000	0.500×20+4.000	14.000	4449.62					4449.620
22	镀锌钢管	t	4489.730	××市—工地	汽车,1.00,20km	1.000000	0.500×20+4.000	14.000	4503.73					4503.730
23	镀锌钢管	t	4380.530	××市—工地	汽车,1.00,20km	1.000000	0.500×20+4.000	14.000	4394.53					4394.530
24	钢管立柱	t	4557.520	××市—工地	汽车,1.00,20km	1.000000	0.500×20+4.000	14.000	4571.52					4571.520
25	波形钢板	t	5350.000	××市—工地	汽车,1.00,20km	1.000000	0.500×20+4.000	14.000	5364.00					5364.000
26	钢模板	t	3550.000	××市—工地	汽车,1.00,20km	1.000000	0.500×20+4.000	14.000	3564.00					3564.000
27	组合钢模板	t	3550.000	××市—工地	汽车,1.00,20km	1.000000	0.500×20+4.000	14.000	3564.00					3564.000
28	铁件	kg	3.900	××市—工地	汽车,1.00,20km	0.001100	(0.500×20+4.000)×0.0011	0.015	3.92					3.920
29	石油沥青	t	3840.710	××市—工地	汽车,1.00,20km	1.000000	0.500×20+4.000	14.000	3854.71					3854.710
30	冷底子油	t	1577.920	××市—工地	汽车,1.00,20km	1.000000	0.500×20+4.000	14.000	1591.92					1591.920
31	汽油	kg	7.950	××市—工地	汽车,1.00,20km	0.001000	(0.500×20+4.000)×0.001	0.014	7.96					7.960
32	柴油	kg	6.670	××市—工地	汽车,1.00,20km	0.001000	(0.500×20+4.000)×0.001	0.014	6.68					6.680
33	电	kW·h	0.660						0.66					0.660
34	水	m³	3.010	××市—工地	汽车,1.00,20km	1.000000	0.500×20+4.000	14.000	17.01					17.010
35	原木	m³	1155.000	××市—工地	汽车,1.00,20km	0.750000	(0.500×20+4.000)×0.75	10.500	1165.50					1165.500

续上表 第 2 页 共 2 页 续表 22

代号	规格名称	单位	原价（元）	供应地点	运输方式、比重及运距	毛质量系数或单位毛质量	运杂费构成说明或计算式	单位运费（元）	原价运费合计（元）	场外运输损耗 费率（%）	场外运输损耗 金额（元）	采购及保管费 费率（%）	采购及保管费 金额（元）	预算单价（元）
36	锯材	m³	1256.000	××市—工地	汽车,1.00,20km	0.650000	(0.500×20+4.000)×0.65	9.100	1265.10					1265.100
37	中（粗）砂	m³	80.000	料场—工地	汽车,1.00,10km	1.500000	(0.500×10+4.000)×1.5	13.500	93.50	2.50	2.338			95.840
38	片石	m³	58.250	料场—工地	汽车,1.00,10km	1.600000	(0.500×10+4.000)×1.6	14.400	72.65					72.650
39	碎石(2cm)	m³	78.000	料场—工地	汽车,1.00,10km	1.500000	(0.500×10+4.000)×1.5	13.500	91.50	1.00	0.915			92.420
40	碎石(4cm)	m³	78.000	料场—工地	汽车,1.00,10km	1.500000	(0.500×10+4.000)×1.5	13.500	91.50	1.00	0.915			92.420
41	碎石	m³	78.000	料场—工地	汽车,1.00,10km	1.500000	(0.500×10+4.000)×1.5	13.500	91.50	1.00	0.915			92.420
42	32.5级水泥	t	325.000	××市—工地	汽车,1.00,20km	1.010000	(0.500×20+4.000)×1.01	14.140	339.14	1.00	3.391			342.530

编制：××× 复核：×××

施工机械台班单价计算表

建设项目名称：××高速公路隧道改造工程
编制范围：××高速公路隧道改造工程

第 1 页 共 1 页   表 4-17

序号	代号	规格名称	台班单价(元)	不变费用(元)		人工 100.75 (元/工日)		可变费用(元)												车船税	合计
				调整系数 1	调整值			汽油 7.96 (元/kg)		柴油 6.68 (元/kg)		重油 3.59 (元/kg)		煤 561.95 (元/t)		电 0.66 (元/kW·h)		水 17.01 (元/m³)		木柴 0.71 (元/kg)			
				定额		定额	金额	定额	金额	定额	金额	定额	金额	定额	金额	定额	金额	定额	金额	定额	金额		
1	8001047	2.0 m³ 以内轮胎式装载机	912.63	188.38	188.38	1.00	100.75			92.86	620.30											3.20	724.25
2	8003070	热熔标线设备	767.95	204.62	204.62	2.00	201.50	45.33	360.83													1.00	563.33
3	8003074	标线清除机	429.75	130.00	130.00	1.00	100.75	25.00	199.00														299.75
4	8007001	2t 以内载货汽车	330.46	68.87	68.87	1.00	100.75	20.14	160.31													0.53	261.59
5	8007002	3t 以内载货汽车	387.04	77.74	77.74	1.00	100.75	26.12	207.92													0.63	309.30
6	8007003	4t 以内载货汽车	454.19	79.56	79.56	1.00	100.75	34.29	272.95													0.93	374.63
7	8007005	6t 以内载货汽车	458.29	94.22	94.22	1.00	100.75			39.24	262.12											1.20	364.07
8	8007006	8t 以内载货汽车	566.95	164.33	164.33	1.00	100.75			44.95	300.27											1.60	402.62
9	8007007	10t 以内载货汽车	625.95	187.31	187.31	1.00	100.75			50.29	335.94											1.95	438.64
10	8007015	10t 以内自卸汽车	714.48	241.33	241.33	1.00	100.75			55.32	369.54											2.86	473.15

续上表

序号	代号	规格名称	台班单价(元)	不变费用(元) 调整系数 1		可变费用(元) 人工 100.75 (元/工日)		汽油 7.96 (元/kg)		柴油 6.68 (元/kg)		重油 3.59 (元/kg)		煤 561.95 (元/t)		电 0.66 (元/kW·h)		水 17.01 (元/m³)		木柴 0.71 (元/kg)		车船税	合计
				定额	调整值	定额	金额	定额	金额	定额	金额	定额	金额	定额	金额	定额	金额	定额	金额	定额	金额		
11	8007046	1t以内机动翻斗车	200.62	39.48	39.48	1.00	100.75			9.00	60.12											0.27	161.14
12	8007055	3t以内电瓶车	160.25	59.50	59.50	1.00	100.75																156.86
13	8007127	客货两用车	282.47	54.36	54.36	1.00	100.75	16.00	127.36														228.11
14	8009025	5t以内汽车式起重机	620.04	211.28	211.28	2.00	201.50	25.74	204.89													2.37	408.76
15	8009026	8t以内汽车式起重机	683.40	288.76	288.76	2.00	201.50			28.50	190.38											2.76	394.64
16	8009027	12t以内汽车式起重机	818.69	408.05	408.05	2.00	201.50			30.59	204.34											4.80	410.64
17	8009028	16t以内汽车式起重机	991.60	546.16	546.16	2.00	201.50			35.62	237.94											6.00	445.44
18	8009046	10m以内高空作业车	489.40	146.95	146.95	2.00	201.50			20.95	139.95											1.00	342.45
19	8009081	50kN以内单筒慢动电动卷扬机	120.32	19.57	19.57	1.00	100.75									54.65	36.07						136.82
20	8009123	5t以内燃叉车	552.23	173.59	173.59	1.00	100.75			41.60	277.89												378.64

续上表

序号	代号	规格名称	台班单价(元)	不变费用(元) 调整系数 1		可变费用(元) 人工 100.75 (元/工日)		汽油 7.96 (元/kg)		柴油 6.68 (元/kg)		重油 3.59 (元/kg)		煤 561.95 (元/t)		电 0.66 (元/kW·h)		水 17.01 (元/m³)		木柴 0.71 (元/kg)		车船税	合计
				定额	调整值	定额	金额	定额	金额	定额	金额	定额	金额	定额	金额	定额	金额	定额	金额	定额	金额		
21	8009153	300kg 以内液压升降机	130.03	29.28	29.28	1.00	100.75																	100.75
22	8015028	32V·A 以内交流电弧焊机	105.92	5.17	5.17	1.00	100.75									85.62	56.51						157.26
23	8017001	5kW 以内柴油发电机组	62.59	12.69	12.69					7.47	49.90													49.90
24	8017047	3m³/min 以内机动空压机	279.26	118.94	118.94					24.00	160.32													160.32
25	8021001	光纤测试仪	283.27	283.27	283.27											0.60	0.40						0.40
26	8021003	微机硬盘测试仪	114.62	114.62	114.62											0.60	0.40						0.40
27	8021007	网络分析仪	165.01																					
28	8021014	光纤熔接机	109.31	109.31	109.31											0.60	0.40						0.40
29	8021015	光缆气流吹缆机	438.01	438.01	438.01																		
30	8021016	光时域反射仪	630.43																					

续上表

序号	代号	规格名称	台班单价(元)	不变费用(元)			可变费用(元)													车船税	合计
				调整系数	调整值		人工 100.75 (元/工日)		汽油 7.96 (元/kg)		柴油 6.68 (元/kg)		重油 3.59 (元/kg)		煤 561.95 (元/t)		电 0.66 (元/kW·h)		水 17.01 (元/m³)		木柴 0.71 (元/kg)			
				1	定额	239.26	定额	金额	定额	金额	定额	金额	定额	金额	定额	金额	定额	金额	定额	金额	定额	金额		
31	8025004	90kW以内工程修理车	685.23	239.26			1.00	100.75			51.43	343.55											1.67	445.97

编制：××× 复核：×××

第四章 公路工程建设项目估算、概算、预算编制

原始数据表

表 4-18

建设项目名称：××高速公路隧道改造工程　　编制范围：××高速公路隧道改造工程　　数据文件编号：　　公路等级：高速公路

路线或桥梁长度(km)：27.872　　路基或桥梁宽度(m)：　　　　　　　　　　　　　　　　　　　　　　　　　第 1 页　共 56 页　附表 01

项的代号	目的代号	节的代号	细目代号	费率编号	定额代号	项或目或节或细目或定额的名称	单位	数量	量	定额调整情况
107						交通工程及沿线设施	公路公里	27.872		
	10701					交通安全设施	公路公里	27.872		
		JA01				护栏	m	5380.000		
			JA0102			现浇钢筋混凝土防撞护栏	m^3/m	1135.200	2580.000	
			JA0102.JA010201			现浇钢筋混凝土墙式防撞护栏混凝土	m^3/m	1135.200	2580.000	
			JA0102.JA010201.JA01020101		5-1-1-5 改	RrF-SB	m^3/m	1135.200	2580.000	
				9		现浇钢筋混凝土墙式护栏墙体混凝土	$10m^3$ 实体	113.520		普 C25-32.5-4,-10.2,1503033 量 0,添 1511033 量 10.2,8005002 量 0
				12	5-1-1-6	现浇钢筋混凝土墙式护栏墙体钢筋	1t	142.777		
			JA0105			钢护栏	m	2800.000		
			JA0105.JA010501			波形钢板护栏	m	2800.000		
			JA0105.JA010501.JA01050101	13	5-1-2-3	Gr-SB-2E	m	2800.000		
				13	5-1-2-5	波形钢板护栏立柱钢管柱打入	1t	113.112		
						波形钢板护栏单面波形钢板	1t	71.400		
			JA0105.JA010501.JA01050102	10		I 型端头	个	80.000		
						I 型端头	个	80.000		80×50

续上表

项目的代号	目的代号	节的代号	细目代号	费率编号	定额代号	项或目或节或细目或定额的名称	单位	数量	定额调整情况
			JA0105、JA010501、JA01050103			端头、立柱反光膜	m²	244.240	
				13	5-1-7-4	立面标记反光膜	100m²	2.442	
		JA04				标线	m²	9874.530	
			JA0401			路面标线	m²	9874.530	
			JA0401、JA040101	6	5-1-5-4	热熔标线	m²	2518.930	
						沥青路面热熔标线	100m²	25.189	
				6	5-1-5-9	彩色铺装标线	m²	7355.600	
			JA0401、JA040104			彩色铺装路面	100m²	73.556	
			JA0402			路钮	个	17744.000	
			JA0402、JA040201	6	5-1-5-6	路面反光路钮	个	17744.000	
						路面反光路钮	100个	177.440	
		JA06				轮廓标	个	15640.000	
			JA0604			隧道（侧壁）轮廓标 De-Rbwy-A13（间距16m）	个	4010.000	
				13	渝5-1-10-6	安装附着式轮廓标混凝土护栏上	100个	40.100	
			JA0605			波形护栏轮廓标	个	370.000	
				13	渝5-1-10-5	安装附着式轮廓标波形护栏上	100块	3.700	
			JA0606			附着式条形轮廓标 De-Rbwy-A14（间距5m）	个	11260.000	
				13	渝5-1-10-7	安装附着式轮廓标隧道反光标	100块	112.600	
		JA07				防眩、防撞设施	km	27.872	
			JA0703			防撞桶	个	30.000	
				6	5-1-8-6	防撞桶	1个	30.000	

续上表

项目代号	节的代号	细目代号	费率编号	定额代号	项或目或节或细目或定额的名称	单位	数量	定额调整情况
	JA09				安全设施拆除工程	公路公里	27.872	
		JA0903			拆除波形梁护栏（Gr-SB-2E、Gr-A-4E）	m	8180.000	
			6	5-1-10-4	拆除波形护栏立柱	10根	274.700	
			6	5-1-10-5	拆除波形护栏波型钢板	100m	81.800	
		JA0909			拆除突起路标	块	31939.000	
		JA0910			拆除突起路标	100个	319.390	
			6	5-1-10-11	铲除标线	m²	18188.530	
		JA0911			机械铲除标线	100m²	181.885	
			6	5-1-10-13	拆除轮廓标	个	27856.000	
		JA0912			拆除附着式轮廓标	100块	278.560	
			6	渝5-1-10-2	拆除防撞桶	个	30.000	
		JA0913			拆除防撞桶	个	30.000	30×35
			6		拆除端头、立柱反光膜	m²	244.240	
		JA0914			拆除端头、立柱反光膜	m²	244.240	244.24×36.2
			6		拆除I型端头	个	80.000	
		JA0915			拆除I型端头	个	80.000	80×10
			2	1-1-10-5	废料出渣	m³	1000.000	
					2m³以内装载机装软石	1000m³天然密实方	1.000	
			3	1-1-11-19改	10t以内自卸汽车运石5km	1000m³天然密实方	1.000	+20×8

编制：×××　　　　　　　　　　　　　　　　　　　　　复核：×××

习题

1. 公路工程概、预算文件由哪些部分组成?
2. 公路工程概、预算项目表的作用是什么?分析公路工程概、预算项目表的组成、结构及使用方法。
3. 简述设计概算的作用。公路工程设计概算的编制依据主要有哪些?
4. 简述施工图预算的作用。公路工程施工图预算的编制依据主要有哪些?
5. 简述概算预算编制中工程量计取的方法
6. 简述公路工程概预算编制的程序和方法?

第五章
公路工程建设项目工程量清单编制

第一节 工程量清单概述

一、工程量清单分类

工程造价计价方式一般分为两种：一是工程量清单计价，即以工程量清单为表现形式，按约定的计价规则计算确定单价、工程合价的方式；另一种是定额计价，即以费用项目清单为表现形式，以定额为主要依据计算确定工程造价和技术经济指标的方式。

工程量清单指在工程实施阶段用于表述公路工程工程量及对应价款的组成和内容的明细清单，包括完成公路建设活动所需的实物工程、措施项目以及费用项目等。工程量清单根据其编制的时间和作用不同，分为设计工程量清单、招（投）标工程量清单、合同工程量清单。

设计工程量清单指设计文件中，为完成公路建设活动的实物体，按一定规则以实物计量单位、物理或自然计量单位表示各分部分项工程数量、构件数量及材料消耗数量等，以表列形式层次展现的明细清单。

招标人在招标阶段应编制工程量清单，作为招标文件的组成部分。招标工程量清单是投标人编制投标工程量清单、进行投标报价的依据;招标工程量清单必须作为招标文件的组成部分,其准确性和完整性应由招标人负责。投标工程量清单依据招标文件约定的计量计价规则,根据市场价格和投标企业经营状况等因素编制。

合同工程量清单指在公路工程发、承包活动中,发、承包双方根据合同法、招(投)标文件及有关规定,以约定的工程量清单计价方式,签订工程承包合同时确定的工程量清单。

二、工程量清单文件基本格式

(1)工程量清单计价的造价文件包括封面、目录、编制说明和计价表格。各类造价文件封面、目录和编制说明应符合公路工程工程量清单计价规范的有关规定。

(2)工程量清单计价表格包括清单表、预算表、计量与支付报表以及造价分析表格。清单表、计量与支付报表以及造价分析表格格式应符合公路工程工程量清单计价规范的有关规定。

(3)清单表包括项目清单表、工程量清单表、计日工表和暂估价表,是造价确定和控制的基础性表格。项目清单表包括(合同/变更)项目清单(预算)表;工程量清单表包括(合同)工程量清单(预算)汇总表、(合同/变更)工程量清单(预算)表;计日工表包括计日工汇总表、计日工劳务、计日工材料、计日工施工机械;暂估价表包括材料暂估价表、工程设备暂估价表。

(4)以现行《公路工程建设项目概算预算编制办法》和配套定额为依据计算清单价格时应编制预算表,预算表表格样式应符合现行《公路工程建设项目概算预算编制办法》的有关规定。

第二节　招标工程量清单的编制

招标投标是市场经济中的一种竞争方式,是建设市场的一种交易行为,是由唯一的买方设定标的,招请若干个卖方通过投标进行竞争,从中选择优胜者并与之签订合同的过程。招投标行为,本质上是一种法律行为。招投标的原则是鼓励竞争,防止垄断,因此在招投标工作中应坚持依法办事、平等互利、协商一致、诚实信用的原则,鼓励投标人以其技术水平、管理水平、社会信誉和合理报价等优势开展竞争,不受地区、部门的限制。

在招标投标制度中,招标文件对招标工作及合同的签订和执行具有重要影响,将对最高投标限价、报价、合同价、支付与结算等造价文件均产生直接影响。本节首先介绍招标文件及其与造价的关系,为招投标阶段和合同履行阶段的造价文件编制打好基础;其次介绍招标工程量清单的编制。

一、招标文件

招标文件是编制招标工程量清单及工程量清单的重要依据,也是招标人与中标人今后签订合同的基础,因此,它是对招投标乃至承发包均具有约束力的重要文件,其主要内容包括:

(一)招标公告或投标邀请书

招标公告(未进行资格预审)通常对以下内容进行公告:项目概况与招标范围、投标人资格要求、招标文件的获取、投标文件的递交及相关事宜、发布公告的媒介、联系方式等。

投标邀请书是招标人向投标人正式发出参加本项目投标的邀请,因此,也是投标人具有参加投标资格的证明。对于采用邀请招标方式的投标邀请书,其内容主要包括:项目概况与招标范围、投标人资格要求、招标文件的获取、投标文件的递交及相关事宜等。对于采用投标邀请书代通过资格预审通知书方式的投标邀请书,一般要说明招标工程项目的名称、招标文件的发售时间和费用、踏勘现场时间、投标预备会时间、递交投标文件的截止时间、收到投标邀请书的确认和回复是否参与投标的时间和方式的规定、联系方式等。

(二)投标人须知

投标人须知亦称投标条件,是一份为让投标人了解招标项目及招标的基本情况和要求而准备的一份文件。投标人须知包括以下内容:

1. 总则

总则主要对项目概况、资金来源和落实情况、招标范围、计划工期和质量要求、投标人资格要求、费用承担、保密、语言文字、计量单位、踏勘现场、投标预备会、分包、偏离等内容进行说明。

2. 招标文件

招标文件主要说明招标文件的组成、招标文件的澄清、招标文件的修改等事项。

3. 投标文件

投标文件主要说明投标文件的组成、投标报价、投标有效期、投标保证金、资格审查资料、备选投标方案、投标文件的编制等事项。

4. 投标

主要说明投标文件的密封和标识、投标文件的递交、投标文件的修改与撤回等事项。

5. 开标

主要说明开标时间和地点、开标程序等事项。

6. 评标

评标主要说明评标委员会、评标原则、评标等事项。

7. 合同授予

合同授予主要说明中标候选人公示、评标结果异议、中标候选人履约能力审查、定标、中标通知、履约担保、签订合同等事项。

8. 纪律和监督

纪律和监督主要说明对招标人的纪律要求、对投标人的纪律要求、对评标委员会成员的纪律要求、对与评标活动有关的工作人员的纪律要求、投诉等事项。

9. 是否采用电子招标投标

本项目是否采用电子招标投标方式及如果采用电子招标投标的要求。

10. 需要补充的其他内容

在投标人须知正文前,通常有投标人须知前附表。投标人须知前附表是投标人须知中适用于该项目的信息和数据的归纳与提示,用于进一步明确投标人须知正文中的未尽事宜,由招标人根据招标项目具体特点和实际需要编制和填写的。投标人须知前附表是该项目招标文件的组成部分,同投标人须知正文具有同等的法律效力。

(三)评标办法

公路工程建设项目中采用的评标办法有综合评分法、合理低价法、技术评分最低标价法、经评审的最低投标价法四种。

综合评分法在公路工程建设项目中仅使用于技术特别复杂的特大桥梁和特长隧道项目主体工程。综合评分法是招标人根据项目具体情况确定评分因素分值及各评分因素权重。各评分因素分值合计应为100分,各评分因素(评标价除外,评标价分值不应低于50分)得分均不应低于其权重分值的60%,且各评分因素得分应以评标委员会各成员的打分平均值确定,该平均值通常要去掉一个最高和一个最低分后再进行计算。

合理低价法是综合评分法的评分因素中评标价得分为100分、其他评分因素分值为0分的特例。除技术特别复杂的特大桥和长大隧道工程外,公路工程施工招标评标一般应当使用合理低价法。

技术评分最低标价法是招标人根据项目的具体特点和实际需要,需详细列明全部评审因素、标准进行评标的一种方法。没有列明的因素和标准不得作为评标的依据。评标的方法、因素、标准和程序通常在评标办法前附表中明确。

经评审的最低投标价法通常用于使用世界银行、亚洲开发银行等国际金融组织贷款的项目和工程规模较小、技术含量较低的工程。经评审的最低投标价法以经评审的最低投标价者为中标人。如果经评审的投标价相等时,可依据投标报价从低到高对投标人进行优先排序,也可以依据招标项目所在地省级交通运输主管部门评为较高信用等级的投标人优先,还可以按照招标文件规定的其他优先排序方法进行排序。

不管前面四种评标办法中的哪一种评标办法,其内容都包括评标方法、评审标准(包括初步评审标准、分值构成与评分标准)、评标程序(包括初步评审、详细评审、投标文件的澄清和补正、评标结果)等内容。评标办法正文前有"评标办法前附表"。"评标办法前附表"用于明确评标的方法、因素、标准和程序。招标人应根据招标项目具体特点和实际需要,详细列明全部评审因素、标准,没有列明的因素和标准不得作为评标的依据。

(四)合同条款及格式

1. 合同条款

合同条款主要规定了合同履行中当事人的基本权利和义务以及合同履行中的工作程序等。合同条款通常分通用条款和专用条款两部分。

通用条款在整个项目中是相同的,一般直接采用国家或相关权威机构制定的范本。例如,我国的世行贷款项目通常采用FIDIC条款或财政部的《世界银行贷款项目招标采购文件范本》中的一般条款做通用条款;国内公路工程招标项目可采用《标准施工招标文件》和《公路工程标准施工招标文件》中的通用合同条款。采用国家或权威机构制定的范本,其优点是既容易保证合同条款的合法性、公平性、严谨性和可操作性,又可节省编制招标文件的时间和精力,同时还便于投标人阅读招标文件,研究和消化招标文件的内容。

合同专用条款应根据各项目的具体情况编写,它是对合同通用条款的某些条款具体化,也是对合同通用条款中某些条款作出特殊规定,此外还可以增加合同通用条款所未包括的某些特殊条款。合同专用条款需要工程建设项目的具体情况及项目管理需求专门拟订。

《公路工程标准施工招标文件》中将专用合同条款分为A、B两部分。A部分为公路工程专用合同条款,其内容包括:一般约定,发包人义务,监理人,承包人,材料和工程设备,施工设备和临时设施,交通运输,测量放线,施工安全、治安保卫和环境保护,进度计划,开工和竣工,暂停施工,工程质量,试验和检验,变更,价格调整,计量与支付,交工验收,缺陷责任与保修责任,保险,不可抗力,违约,索赔,争议的解决等内容。B部分为项目专用合同条款。项目专用合同条款根据招标项目的具体特点和实际需要,对"通用合同条款"及"公路工程专用合同条款"进行补充和细化,除"通用合同条款"明确"专用合同条款"可作出不同约定,以及"公路工程专用合同条款"明确"项目专用合同条款"可作出不同约定外,补充和细化的内容不得与"通用合同条款"及"公路工程专用合同条款"强制性规定相抵触。同时,补充、细化或约定的不同内容,不得违反法律、行政法规的强制性规定和平等、自愿、公平和诚实信用原则。项目专用合同条款的编号应与通用合同条款和公路工程专用合同条款一致。

项目专用合同条款可对下列内容进行补充和细化:

①"通用合同条款"中明确指出"专用合同条款"可对"通用合同条款"进行修改的内容,即在"通用合同条款"中用"应按合同约定""应按专用合同条款约定""除合同另有约定外""除专用合同条款另有约定外""在专用合同条款中约定"等多种文字形式表达的内容;

②"公路工程专用合同条款"中明确指出"项目专用合同条款"可对"公路工程专用合同条款"进行修改的内容,即在"公路工程专用合同条款"中用"除项目专用合同条款另有约定外""项目专用合同条款可能约定的""项目专用合同条款约定的其他情形"等多种文字形式表达的内容;

③其他需要补充、细化的内容。

在合同执行中,如果合同通用条款与合同专用条款不一致而产生矛盾时,应以合同专用条款为准。

2.合同附件格式

合同附件格式包括合同协议书、廉政合同、安全生产合同、其他管理人员和技术人员最低要求、主要机械设备和试验检测设备最低要求、项目经理委任书、履约保证金格式、工程资金监管协议格式等。

(五)工程量清单

工程量清单是招标文件的重要组成部分,其用途之一是为投标人报价提供依据。投标人根据合同条款、图纸、技术规范以及拟定的施工方案,根据企业以往的经验或通过单价分析,对清单中各项目进行报价,并逐项汇总为各章和整个工程的投标报价。用途之二是在合同执行过程中进行中期支付和结算时,可按已实施项目的工程数量、工程量清单中的单价来计算应付给承包人的款项。

在招标文件中工程量清单包括说明和清单表两部分内容。工程量清单说明包括工程量清单说明、投标报价说明、计日工说明及其他说明;清单表包括工程量清单表、计日工表(包括计日工劳务表、计日工材料表、计日工施工机械表、计日工汇总表)、暂估价表(包括材料暂估价表、工程设备暂估价表和专业工程暂估价表)、投标报价汇总表、工程量清单单价分析表。

下面以《公路工程标准施工招标文件》为例,对工程量清单的相关内容进行说明。

1. 工程量清单说明

工程量清单说明通常应包括以下内容:

(1)工程量清单是根据招标文件中包括的、有合同约束力的图纸以及有关工程量清单的国家标准、行业标准、合同条款中约定的工程量计算规则编制。约定计量规则中没有的子目,其工程量按照有合同约束力的图纸所标示尺寸的理论净量计算。计量采用中华人民共和国法定计量单位。

(2)工程量清单应与招标文件中的投标人须知、通用合同条款、专用合同条款、技术规范及图纸等一起阅读和理解。

(3)工程量清单中所列工程数量是估算的或预计的数量,仅作为投标报价的共同基础,不能作为最终结算与支付的依据。实际支付应按实际完成的工程量,由承包人按技术规范规定的计量方法,以监理人认可的尺寸、断面计量,按本工程量清单的单价和总额价计算支付金额;或者,根据具体情况,按合同条款的规定,由监理人确定的单价计算支付额。

(4)工程量清单各章是按本项目招标文件中"工程量清单计量规则""技术规范"的相应章次编号的,因此,工程量清单中各章的工程子目的范围与计量等应与"工程量清单计量规则""技术规范"相应章节的范围、计量与支付条款结合起来理解或解释。

(5)对作业和材料的一般说明或规定,未重复写入工程量清单内,在给工程量清单各子目标价前,应参阅"技术规范"的有关内容。

(6)工程量清单中所列工程量的变动,丝毫不会降低或影响合同条款的效力,也不免除承包人按规定的标准进行施工和修复缺陷的责任。

(7)图纸中所列的工程数量表及数量汇总表仅是提供资料,当图纸与工程量清单所列数量不一致时,以工程量清单所列数量作为报价的依据。

2. 投标报价说明

投标报价说明应包括以下内容:

(1)工程量清单中的每一子目须填入单价或价格,且只允许有一个报价。

(2)除非合同另有规定,工程量清单中有标价的单价和总额价均已包括了为实施和完成合同工程所需的劳务、材料、机械、质检(自检)、安装、缺陷修复、管理、保险、税费、利润等费用,以及合同明示或暗示的所有责任、义务和一般风险。

(3)工程量清单中投标人没有填入单价或价格的子目,其费用视为已分摊在工程量清单中其他相关子目的单价或价格之中。承包人必须按监理人指令完成工程量清单中未填入单价或价格的子目,但不能得到结算与支付。

(4)符合合同条款规定的全部费用应认为已被计入有标价的工程量清单所列各子目之中,未列子目不予计量的工作,其费用应视为已分摊在本合同工程的有关子目的单价或总额价之中。

(5)承包人用于本合同工程的各类装备的提供、运输、维护、拆卸、拼装等支付的费用,已包括在工程量清单的单价与总额价之中。

(6)工程量清单中各项金额均以人民币(元)结算。

(7)暂列金额的数量及拟用子目的说明。

(8)暂估价的数量及拟用子目的说明。

3.计日工说明

计日工说明应包括以下内容：

(1)总则

①说明应参照《标准施工招标文件》通用合同条款第15.7款一并理解。

②未经监理人书面指令,任何工程不得按计日工施工;接到监理人按计日工施工的书面指令,承包人也不得拒绝。

③投标人应在计日工单价表中填列计日工子目的基本单价或租价,该基本单价或租价适用于监理人指令的任何数量的计日工的结算与支付。计日工的劳务、材料和施工机械由招标人(或发包人)列出正常的估计数量,投标人报出单价,计算出计日工总额后列入工程量清单汇总表中并进入评标价。

④计日工不调价。

(2)计日工劳务

①在计算应付给承包人的计日工工资时,工时应从工人到达施工现场,并开始从事指定的工作算起,到返回原出发地点为止,扣去用餐和休息的时间。只有直接从事指定的工作,且能胜任该工作的工人才能计工,随同工人一起做工的班长应计算在内,但不包括领工(工长)和其他质检管理人员。

②承包人可以得到用于计日工劳务的全部工时的支付,此支付按承包人填报的"计日工劳务单价表"所列单价计算,该单价应包括基本单价及承包人的管理费、税费、利润等所有附加费,说明如下：

a.劳务基本单价包括：承包人劳务的全部直接费用,如工资、加班费、津贴、福利费及劳动保护费等。

b.承包人的利润、管理、质检、保险、税费；易耗品的使用,水电及照明费,工作台、脚手架、临时设施费,手动机具与工具的使用及维修,以及上述各项伴随而来的费用。

(3)计日工材料

承包人可以得到计日工使用的材料费用(已计入劳务费内的材料费用除外)的支付,此费用按承包人"计日工材料单价表"中所填报的单价计算,该单价应包括基本单价及承包人的管理费、税费、利润等所有附加费,说明如下：

①材料基本单价按供货价加运杂费(到达承包人现场仓库)、保险费、仓库管理费以及运输损耗等计算；

②承包人的利润、管理、质检、保险、税费及其他附加费；

③从现场运至使用地点的人工费和施工机械使用费不包括在上述基本单价内。

(4)计日工施工机械

①承包人可以得到用于计日工作业的施工机械费用的支付,该费用按承包人填报的"计日工施工机械单价表"中的租价计算。该租价应包括施工机械的折旧、利息、维修、保养、零配件、油燃料、保险和其他消耗品的费用以及全部有关使用这些机械的管理费、税费、利润和司机与助手的劳务费等费用。

②在计日工作业中,承包人计算所用的施工机械费用时,应按实际工作小时支付。除非经监理人的同意,计算的工作小时才能将施工机械从现场某处运到监理人指令的计日工作业的

另一现场往返运送时间包括在内。

4. 其他说明

说明其他需交代的内容。

5. 工程量清单

(1) 工程量清单表

工程量清单表包括第100章总则、第200章路基、第300章路面、第400章桥梁涵洞、第500章隧道、第600章安全设施及预埋管线、第700章绿化及环境保护设施。其中第100章总则是开办项目的工程量清单。开办项目是工程施工开工前就要发生或一开工就要发生或大部分发生的项目,如工程保险、临时工程费、承包人驻地建设费等。在工程量清单及技术规范中,这些项目单独列项,放在工程量清单第100章总则中,其特点是有关款项包干支付,按总额结算。第100章具体格式见表5-1。

工程量清单 表5-1

清单 第100章 总则

子目号	子目名称	单位	数量	单价	合价
101	通则				
101-1	保险费				
-a	按合同条款规定,提供建筑工程一切险	总额			
-b	按合同条款规定,提供第三者责任险	总额			
102	工程管理				
102-1	竣工文件	总额			
102-2	施工环保费	总额			
102-3	安全生产费	总额			
102-4	信息化系统(暂估价)	总额			
103	临时工程与设施				
103-1	临时道路修建、养护与拆除(包括原道路的养护费)	总额			
103-2	临时占地	总额			
103-3	临时供电设施架设、维修与拆除	总额			
103-4	电信设施的提供、维修与拆除	总额			
103-5	临时供水与排污设施	总额			
104	承包人驻地建设	总额			
……	……				

清单100章合计 人民币_____

除第100章外,其他的第200章~第700章为永久工程项目的工程量清单。其内容包括路基、路面、桥梁涵洞、隧道、安全设施及预埋管线、绿化及环境保护设施等。其工程量应根据图纸中的工程量并按技术规范的规定确定。该工程量是暂估数量,实际的工程量要通过计量方式来确定。表5-2为第200章路基的清单格式,与其他各章的格式相同。

工 程 量 清 单　　　　　　　　　　　　　　　　　　表5-2

清单　第200章　路基

子目号	子目名称	单位	数量	单价	合价
202	场地清理				
202-1	清理与掘除				
-a	清理现场	m²			
-b	砍伐树木	棵			
-c	挖除树根	棵			
202-2	挖除旧路面				
-a	水泥混凝土路面	m²			
-b	沥青混凝土路面	m²			
-c	碎石路面	m²			
202-3	拆除结构物				
-a	钢筋混凝土结构	m³			
-b	混凝土结构	m³			
-c	砖、石及其他砌体结构	m³			
202-4	植物移栽				
-a	移栽乔(灌)木	棵			
-b	移栽草皮	m²			
203	挖方路基				
203-1	路基挖方				
-a	挖土方	m³			
-b	挖石方	m³			
-c	挖除非适用材料(不含淤泥)	m³			
-d	挖淤泥	m³			
203-2	改河、改渠、改路挖方				
-a	挖土方	m³			
-b	挖石方	m³			
……	……				

清单200章合计　　人民币_____

(2)计日工表

计日工也称散工或按日计工,在招标文件中一般列有计日工劳务、材料和施工机械单价表和计日工汇总表。计日工清单是用来处理一些临时性的或新增加项目(这些项目小到可以用计日工的形式来计价)计价用的,清单中计日工的数量是招标人虚拟的,通常称为"名义工程量",投标者在填入计日工单价后,再乘以"名义工程量",然后将汇总的计日工总价加入投标总报价中,以避免投标人投标时计日工的单价报得太高。若招标文件中缺少计日工的工程量清单将会使合同管理很不方便。

①劳务

计日工劳务样表见表5-3。

劳 务 样 表　　　　　　　　　　　　　　　　　　　　表5-3

编　号	子目名称	单　位	暂定数量	单　价	合　价
101	班长	h			
102	普通工	h			
103	焊工	h			
104	电工	h			
105	混凝土工	h			
106	木工	h			
107	钢筋工	h			
	……				

劳务小计金额：_____
（计入"计日工汇总表"）

②材料

计日工材料样表见表5-4。

材 料 样 表　　　　　　　　　　　　　　　　　　　　表5-4

编　号	子目名称	单　位	暂定数量	单　价	合　价
201	水泥	t			
202	钢筋	t			
203	钢绞线	t			
204	沥青	t			
205	木材	m^3			
206	砂	m^3			
207	碎石	m^3			
208	片石	m^3			
	……				

材料小计金额：_____
（计入"计日工汇总表"）

③施工机械

计日工施工机械样表见表5-5。

施 工 机 械 样 表　　　　　　　　　　　　　　　　　　　　表5-5

编　号	子目名称	单　位	暂定数量	单　价	合　价
301	装载机				
301-1	$1.5m^3$ 以下	h			
301-2	$1.5 \sim 2.5m^3$	h			

续上表

编号	子目名称	单位	暂定数量	单价	合价
301-3	2.5m³ 以上	h			
302	推土机				
302-1	90kW 以下	h			
302-2	90～180kW	h			
302-3	180kW 以上	h			
	……				

施工机械小计金额：_____
（计入"计日工汇总表"）

计日工汇总表见表 5-6。

计日工汇总表　　　　　　　　　　　　　　　　　　表 5-6

名称	金额	备注
劳务		
材料		
施工机械		

计日工总计：_____
（计入"投标报价汇总表"）

（3）暂估价表

暂估价表包括材料暂估价表、工程设备暂估价表和专业工程暂估价表，其具体格式见表 5-7、表 5-8、表 5-9。

材料暂估价表　　　　　　　　　　　　　　　　　　表 5-7

序号	名称	单位	数量	单价	合价	备注

工程设备暂估价表　　　　　　　　　　　　　　　　表 5-8

序号	名称	单位	数量	单价	合价	备注

专业工程暂估价表　　　　　　　　　　　　　　　　表 5-9

序号	专业工程名称	工程内容	金额

（4）投标报价汇总表

投标报价汇总表格式见表 5-10。

投标报价汇总表　　　　　　　　　　　　　　　表 5-10

_____(项目名称)_____标段

序号	章次	科目名称	金额(元)
1	100	总则	
2	200	路基	
3	300	路面	
4	400	桥梁、涵洞	
5	500	隧道	
6	600	安全设施及预埋管线	
7	700	绿化及环境保护设施	
8		第100章~700章清单合计	
9		已包含在清单合计中的材料、工程设备、专业工程暂估价合计	
10		清单合计减去材料、工程设备、专业工程暂估价合计(即8-9)=10	
11		计日工合计	
12		暂列金额(不含计日工总额)	总额
13		投标报价(8+11+12)=13	

注:材料、工程设备、专业工程暂估价已包括在清单合计中,不应重复计入投标报价。

(5)工程量清单单价分析表

工程量清单单价分析表格式见表 5-11。

工程量清单单价分析表　　　　　　　　　　　表 5-11

序号	编码	子目名称	人工费			材料费						机械使用费	其他	管理费	税费	利润	综合单价
						主材				辅材							
			工日	单价	金额	主材耗量	单位	单价	主材费	辅材费	金额						

(六)图纸

图纸是招标文件和合同的重要组成部分,是投标人拟定施工组织方案,确定施工方法及提出替代方案,计算投标报价必不可少的资料。

(七)技术规范

技术规范是招标文件和合同文件中一个非常重要的组成部分,是施工过程中承包人控制质量和监理工程师检查验收施工质量的主要依据,是投标人在投标时必不可少的资料,因此技术规范的拟定,既要符合国家颁布的规范要求,保证工程的施工质量,又不能认为技术要求越高越好或过于苛刻,因为太高的技术要求必然导致投标人提高投标报价。

《公路工程标准施工招标文件》(2018 年版)中技术规范的第 100 章为总则,包括通则、工程管理、临时工程与设施、承包人驻地建设、施工标准化等规定。从第200章开始为专业技术规范,专业技术规范一般包含范围、材料、施工要求、质量检验、计量与支付等内容。专业技术规范一般按施工内容和性质分章,《公路工程标准施工招标文件》(2018年版)中专业技术规范分为路基、路面、桥梁涵洞、隧道、安全设施及预埋管线、绿化及环境保护设施等章。

(八)工程量清单计量规则

工程量清单计量规则由子目号、子目名称、单位、工程量计量、工程内容组成。工程量清单计量规则的每个子目号与工程量清单的子目号一一对应,是承包人报价、发包人支付的依据。

工程量清单各章是按第八章"工程量清单计量规则"、第七章"技术规范"的相应章次编号的,因此,工程量清单中各章的工程子目的范围与计量等应与"工程量清单计量规则""技术规范"相应章节的范围、计量与支付条款结合起来理解或解释。

工程量清单计量规则各章节是按第七章"技术规范"的相应章节编号的,因此,各章节工程子目的工程量计量规则应与"技术规范"相应章节的施工规范结合起来理解、解释和应用。

工程量清单计量规则的计量与支付,应与合同条款、工程量清单以及图纸同时阅读,工程量清单中的支付项目号和本规则的章节编号是一致的。

(九)投标文件格式

招标文件中提供投标文件格式的目的:一是为了使各投标人递送的投标书具有统一的格式;二是提醒各投标人投标以后需要注意和遵守有关规定。

投标文件格式包括投标函及投标函附录、授权委托书或法定代表人身份证明、联合体协议书、投标保证金、施工组织设计、项目管理机构、资格审查资料、已标价工程量清单等。

二、招标工程量清单的编制依据

招标工程量清单的编制依据主要包括:
(1)公路工程工程量清单计价规范;

为指导和规范工程量清单计价行为,建立统一的公路工程工程量清单编制和计价的办法,提升公路工程建设项目管理水平,促进公路工程造价标准化、规范化和信息化,行业主管部门通常会制定工程量清单计价规范。公路工程工程量清单计价规范是在深入调研和总结公路工程工程量清单多年应用实践的基础上,围绕工程量清单自招投标至工程结算在各个阶段的使用和计价特点及要求,对工程量清单的编制要求和计价方法做出的规定,是公路行业采用工程量清单计价的共同的统一的执行标准。

(2)建设工程设计文件及相关资料;
(3)与建设工程有关的标准、规范、技术资料;
(4)拟定的招标文件;
(5)施工现场情况、地勘水文资料、工程特点及施工方案;
(6)其他相关资料等。

三、招标工程量清单编制的基本要求

招标工程量清单的编制应满足以下基本要求:

(1)招标工程量清单应以招标合同段为单位编制。

(2)招标工程量清单应包含招标工程量清单编制说明、项目清单表、工程量清单表,计日工表、暂估价表、工程量清单单价分析表可根据建设管理需要选用。

(3)招标工程量清单的工程量统计过程应清晰明确,便于核对。

(4)招标工程量清单必须载明清单子目编码、清单子目名称、单位和工程量。招标工程量清单中的清单子目编码、清单子目名称、计量单位的编制和工程量计算应符合公路工程工程量清单计价规范的有关规定。

(5)工程量清单子目及其计价内容可根据工程实际情况和管理需要进行修改,但应符合公路工程工程量清单计价规范相关规定并在相应阶段的清单文件中予以说明。

(6)清单子目编码的编制应符合下列规则:

①子目编码应采用阿拉伯数字表示,各级编号之间使用半角的破折号分隔。

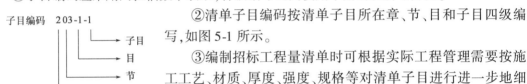

图 5-1 清单子目编码示意图

②清单子目编码按清单子目所在章、节、目和子目四级编写,如图 5-1 所示。

③编制招标工程量清单时可根据实际工程管理需要按施工工艺、材质、厚度、强度、规格等对清单子目进行进一步地细分或增列。

④公路工程工程量清单计价规范中已列出的子目编码不得修改,允许在其基础上进一步深化和细化。公路工程工程量清单计价规范中未包含而需新增清单子目的,其子目编码编制应符合上述规定,编码不得与公路工程工程量清单计价规范中现有的清单子目编码重复,同一工程项目新增相同的清单子目,其清单子目编码应一致。

(7)清单子目名称的编制应符合下列要求:

①清单子目名称应采用公路工程工程量清单计价规范列出的清单子目名称。

②公路工程工程量清单计价规范中未包含而需新增清单子目的,其清单子目名称应按相关技术规范标准名称填写,并简明扼要地体现该清单子目工程的本质特征。

③同一工程项目新增相同的清单子目,其清单子目名称应一致。

(8)清单子目计量单位的确定应符合下列要求:

①单价子目的计量单位应采用中国法定的计量单位,即国际单位及国际单位制导出的辅助单位。

②总价子目应以"总额"为单位。

③计量单位宜采用公路工程工程量清单计价规范列出的单位。

④公路工程工程量清单计价规范中未包含而需新增清单子目的,其计量单位应按下列原则确定:

a.选用公路工程工程量清单计价规范附录中类似子目的计量单位。

b.公路工程工程量清单计价规范中没有类似子目可参照的,按照便于计算和计量的原则选用法定计量单位。

c.选用工程设计文件中对应的计量单位。

d.选用国家或省级交通运输主管部门颁发的计价定额中相应定额单位。

⑤同一工程项目新增相同的清单子目,其清单子目计量单位应一致。

(9)清单子目工程量的计算应符合下列要求:

公路工程工程量清单中工程量计算规则适用于工程量清单计价的各个阶段。单价子目的工程量计算除符合公路工程工程量清单计价规范的有关规定外,还应符合下列要求:

①单价子目的工程数量应按照图纸所标示或实际测量尺寸的理论净量计算。

②单价子目工程量计算的有效位数应符合下要求:

a. 钢筋及其他钢材的质量计算采用单位理论质量取小数点后三位进行计算。

b. 以"t""km"为单位,应保留小数点后三位数字,第四位小数四舍五入。

c. 以"m""m^2""m^3""kg"为单位,应保留小数点后两位数字,第三位小数四舍五入。

d. 以"个""台""套""根""棵""组""系统"为单位,应取整数。

③公路工程工程量清单计价规范中未包含而需新增清单子目的,其工程量计算规则应参照公路工程工程量清单计价规范中类似的清单子目,公路工程工程量清单计价规范中没有类似的清单子目可参照的,其工程量计算规则宜依据设计图纸按实际实施的永久性工程的净量计算。

④总价子目以"总额"为单位,其工程数量应为"1"。

⑤工程量计算规则中的计价内容,规定如下:

a. 工程量计算规则中的计价内容应为完成清单子目而必须进行的全部工程或工作内容。

b. 使用公路工程工程量清单计价规范编制招标工程量清单或变更工程量清单等时应结合工程设计图纸和工程管理需要对清单子目的计价内容进行核对和补充完善。

c. 补充公路工程工程量清单计价规范中未列出的清单子目时,其计价内容应在招标文件及其他合同文件中进行补充和说明。

⑥同一工程项目新增相同的清单子目,其清单子目工程量计算规则应一致。

[例 5-1] 洞身开挖与衬砌工程量清单编制

某高速公路隧道左线长 250m,其设计工程数量(部分)见表 5-12(按新奥法采用复合式衬砌);高速公路招标文件隧道洞身开挖的计量规定如下:

(1)洞内土石方开挖应符合图纸所示(包括紧急停车带、车行横洞、人行横洞以及监控、消防和供配电设施等的洞室),按隧道内轮廓线加允许超挖值(设计给出的允许超挖值按不同围岩级别给出的允许超挖值)后计算土石方。另外,当采用复合衬砌时,除给出的允许超挖值外,还应考虑加上预留变形量。按上述要求计得的土石方工程量,不分围岩级别,只分土方和石方,以 m^3 计量。开挖土石方的弃渣,其弃渣距离在图纸规定的弃渣场内为免费运距;弃渣超出规定弃渣场的距离时(如图纸规定的弃渣场地不足要另外增加弃土场,或经监理人同意变更的弃渣场),其超出部分另计超运距运费,按 $m^3 \cdot km$ 计量。若未经监理人同意,承包人自选弃渣场时,则弃渣运距不论远近,均为免费运距。

(2)不论承包人出于任何原因而造成的超过允许范围的超挖,和由于超挖所引起增加的工程量,均不予计量。

(3)支护的喷射混凝土按验收的受喷面积乘以厚度,以 m^3 计量,钢筋以千克(kg)计量。喷射混凝土其回弹率、钢纤维以及喷射前基面的清理工作均包含在工程子目单价之内,不另行计量。

(4)洞身超前支护所需的材料,按图纸所示或监理人指示并经验收的各种规格的超前锚杆和小钢管、管棚、注浆小导管。锚杆以 m 计量;各种型钢以千克(kg)计量;连接钢板、螺栓、螺帽、拉杆、垫圈等作为钢支护的附属构建,不另行计量。木材以 m³ 计量。

(5)隧道开挖的钻孔爆破、弃渣的装渣作业均为土石方开挖工程的附属工作,不另行计量。

(6)隧道开挖过程,洞内采取的施工防排水措施,其工作量应含在开挖土石方工程的报价之中。

隧道设计工程数量(部分)表　　　　　　　　　　表 5-12

序号	工程部位及材料				单位	数量	小计
1		开挖		Ⅴ级围岩	m³	2601.45	20445
2				Ⅳ级围岩		2220.21	
3				Ⅲ级围岩		15623.7	
4				Ⅱ级围岩		0	
5				Ⅰ级围岩			
6	洞身工程	模筑衬砌	拱部、边墙及仰拱	C25 钢筋混凝土		721.7	721.7
7				钢筋 φ22	kg	0	0
8				钢筋 φ18	kg	24361	24361
9				钢筋 φ10	kg	7731	7731
10				钢筋 φ6	kg	1073	1073
11				钢筋 φ8	kg	0	0
12			仰拱填充	C20 混凝土		2553.6	2553.6
13		初期支护		C10 混凝土	m³	230.6	230.6
14				C20 喷射混凝土		846.2	846.2
15				超挖回填(喷 C20 混凝土)		110.4	110.4
16			钢筋网	φ6	kg	11886	11886
17				φ8		0	0
18				HRB335B22 锚杆		34749	34749
19				锚杆垫板	kg	3503	3503
20				螺母	个	3308	3308
21				A25 中空注浆锚杆	m	4880	4880
22				钢插管 φ42		4764	4764
23			钢支撑	φ22		12136	12136
24				φ16	kg	3751	3751
25				φ12		2416	2416
26				I20a 工字钢		0	0
27				钢板		2747	2747
28				螺栓	套	720	720
29			小导管注浆	φ42 无缝钢管		0	0
30				硅酸盐水泥	kg	0	0
31				水玻璃		0	0
32				缓凝剂		0	0

衬砌部分的工程量计量规定为：

（1）钢管桩依据图纸所示位置和断面尺寸，按图示不同规格的钢管桩长度以 m 为单位计量。

（2）套拱钢架依据设计图纸所示位置及尺寸，按钢材质量以 kg 为单位计量；钢架纵向连接钢筋作为附属工作，不另行计量；连接钢板、螺栓、螺帽、拉杆、垫圈为套拱钢架的附属工作，均不另行计量。

（3）锚杆依据设计图纸所示位置及尺寸，按锚杆长度分不同直径以 m 为单位计量。

（4）钢筋网依据设计图纸所示位置及尺寸，按图示钢筋网质量以 kg 为单位计量；钢筋网锚固件为钢筋网的附属工作，不另行计量。

（5）喷射混凝土依据设计图纸所示位置及尺寸，按图示喷射混凝土体积，分不同强度等级以 m^3 为单位计量。

试根据以上工程量计量规则确定洞身开挖与衬砌的清单工程量，并编制本隧道洞身开挖与衬砌的工程量清单。

解：（1）熟悉基本知识点

首先，熟悉计量规则，如不予计量的项目，计量编号编制的规则，计量单位等；其次，掌握基本的工程技术知识，如隧道围岩的分类、工程量的换算。

（2）计算并复核工程量

作为计量支付依据的工程量，准确性至关重要。对发包人而言，清单的准确性将直接决定合同履行阶段工程造价的波动，工程数量的偏差导致最终结算价与中标价、控制价的基准出入过大，导致合同的可执行力较差，不利于招标人的造价管理。

根据设计图纸纵断面图、隧道通用图等，通过确定隧道各围岩类型长度及各围岩适用图纸，计算汇总出隧道工程量。根据图纸纵断面图得知，此隧道Ⅲ级围岩30m，衬砌类型所见图号数量表见表5-13。

工 程 数 量 表　　　　　　　　　　表5-13

围岩级别	开挖 (m^3)	模筑混凝土 (m^3)	初期养护						钢筋网 (kg)	超挖回填 (m^3)	路面 (m^2)	基层 (m^2)	防水板 (m^2)
			喷混凝土		药卷式锚杆		中空注浆锚杆						
			拱墙(网喷) (m^3)	仰拱(素喷) (m^3)	根	总重 (kg)	根	总长 (m)					
Ⅲ	84.3	9.22	3.4	0	13.5	120.8	5	20	49.5	4.22	7.7	7.65	22.3

锚杆垫板（150mm×150mm×6mm）：13.5个，14.3kg，螺母：13.5个

注：1. 本图尺寸除钢筋以 mm 计外，其余均以 cm 计。
　　2. 建筑材料：
　　　①拱部、边墙：C20 防水混凝土；喷层：C20 喷射混凝土；
　　　②基层：C20 混凝土；水、管沟沟身：C25 钢筋混凝土；药卷式锚杆：HRB335 钢筋；
　　　③防水板：PVC 复合防水板。
　　3. 超挖回填以二次衬砌同级混凝土回填。
　　4. 钢筋数量未计搭头和损耗。
　　5. 中间岩柱从管沟盖板起高度为 5m 范围内布设长为 400cm 的中空注浆锚杆，其余拱墙位置布设长度为 300cm 药卷式锚杆。

则Ⅲ级围岩的工程数量累计见表5-14。

Ⅲ级围岩的工程数量累计　　　　　　表5-14

子 目 号	子目名称	单 位	数 量	每延米数量	长 度
503-1-a-2	石方开挖	m³	2529.00	84.3	30
504-1-b	C20喷射混凝土	m³	102.00	3.4	30
504-1-b	C20喷射混凝土(超挖回填)	m³	126.60	4.22	30
503-2-c-2	$\phi 22$ 药卷式锚杆	m	1215.00	40.5	30
503-2-c-3	$\phi 25$ 中空注浆锚杆	m	600.00	20	30
503-2-d	钢筋网	kg	1485.000	49.5	30
504-1-b	C20模筑防水混凝土	m³	276.60	9.22	30
505-1-c	PVC防水板	m²	669.00	22.3	30

其中:$\phi 22$ 药卷锚杆换算为:$2.98 \mathrm{kg/m}(3.1415 \times 0.022^2 / 4 \times 7.85 \times 10^3 = 2.984)$;
路面面层、基层的清单,此处简略。

由此方法,分别计算各围岩类型的工程数量,依次累加计算出隧道全长的工程数量。

(3)编制工程量清单

将上述汇总表中工程数量与按照围岩类别分别计算汇总,编制工程量清单见表5-15。

工 程 量 清 单 表　　　　　　表5-15

子 目 号	子目名称	单 位	数 量	单 价	合 价
503-1	洞身开挖				
503-1-a	洞身开挖(不含竖井、斜井)				
503-1-a-1	土方	m³	4821.66		
503-1-a-2	石方	m³	15623.7		
503-2	洞身支护				
-a					
-a-1	钢插管(42)	m	1270.4		
-a-4	钢架	kg	18303		
-c	锚杆支护				
c-2	锚杆(22)	m	11661		
c-3	注浆锚杆(25)	m	4880		
-d	喷射混凝土支护	m³			
d-1	钢筋网	kg	11886		
d-2	喷射混凝土	m³	956.6		
504-1	洞身衬砌				
-a	钢筋				
-a-1	衬砌光圆钢筋(R235)	kg	8804		
-a-2	衬砌带肋钢筋(HRB335)	kg	24361		

续上表

子目号	子目名称	单位	数量	单价	合价
-b	现浇混凝土				
-b-1	C20 混凝土	m³	2553.6		
-b-2	C25 混凝土	m³	721.7		
504-2	仰拱、铺底混凝土				
-a	现浇仰拱、铺底混凝土	m³	230.6		

注：①$\phi42$ 钢插管（查图知外径 42mm，壁厚 4mm，无缝钢管）换算为：$3.75kg/m[3.1415 \times (0.042^2 - 0.034^2)/4 \times 7.85 \times 10^3 = 3.748]$。

②喷射混凝土数量计算中计入超挖回填数量。根据工程量清单编制控制价时，预算定额中洞身衬砌已经综合考虑超挖回填因素，因此，在实际应用中，有些项目会在专用条款中对超挖回填做另外约束，不予另外计量。

③参照计量规定(4)，工程数量表中锚杆垫板、螺母及钢支撑下钢板螺栓等不予另行计量。

第三节 工程量清单计价

一、工程量清单计价的基本规定

（1）公路工程施工项目发承包应采用工程量清单计价。

（2）工程量清单子目应采用综合单价计价。综合单价指公路工程中为完成一个规定清单子目所需的人工费、材料和工程设备费、施工机具使用费和企业管理费、规费、利润、税金以及合同约定范围内的风险费用。

（3）工程量清单子目包括单价子目和总价子目，子目合价等于综合单价与工程数量的乘积。单价子目指工程量清单中以单价计价的子目，即根据合同工程图纸和现行国家或行业计量规范规定的工程量计算规则进行计量，与合同工程量清单和变更工程量清单相应综合单价进行价款计算的子目。总价子目指工程量清单中以总价计价的子目，即单位为"总额"且工程数量为"1"，或者在相关工程现行国家计量规范中无工程量计算规则，以总价（或计算基数乘以费率）计算的子目。

（4）工程量清单中的管理、养护及服务房屋金额不作为其他各章清单子目及暂列金额的取费基数。

（5）工程量清单金额以人民币元为单位，单价保留小数点后两位，合价保留整数。

二、招标文件与造价的关系

招标文件是编制投标文件的重要依据，当然也是编制招投标阶段的最高投标限价及投标报价等造价文件不可缺少的依据。

（一）投标人须知和工程造价的关系

投标须知和工程造价的关系一般有以下方面：

1. 投标人能享受一定幅度价格优惠的条件

对世界银行贷款项目土建工程国际竞争性招标，世界银行采购指南规定，在比较已经通过资格审查的借款国的土建工程投标人和外国投标人的投标时,世界银行作为一个开放性的国际金融机构,一个重要的宗旨是帮助发展中国家发展本国的制造业,对于人均国民生产总值低于规定水平的借款国投标人可给予7.5%幅度的价格优惠,享受价格优惠的承包人合格条件标准将在投标人须知中写明。其具体做法是,在计算评标价格时,在国外投标人的投标报价上加上7.5%的幅度,再同国内投标人的价格进行比较。此种价格优惠虽然对实际签订的合同价格没有任何影响,对中、外企业的投标价也没有任何变动,但在计算评标价时有效,有利于国内投标人中标,因此投标人在确定投标价时必然会考虑到这一因素。

2. 投标费用

投标费用包括招标文件购买费、投标人员差旅费、投标文件编制费等。招标文件购买费在投标邀请书中已写明。投标人员差旅费包括到工程现场和周围环境进行现场考察,参加标前会议,去有关厂家和设备材料供应部门调查研究,递交投标文件及参加开标和澄清会等的费用。投标文件编制费包括组织各方面的技术人员编制投标文件和聘请咨询、顾问人员的费用,投标文件的打印、装订成册费用等。参加国际招标还有翻译费用。

投标费用一般规定由投标人自理,投标费用应考虑到投标报价中。

3. 投标保证金和投标有效期

投标人须知中规定了投标保证金金额和投标有效期。投标保证金可以用现款、保兑支票、银行汇票、政府发行的国库券、银行保函等。投标人一般都不愿意把现款做抵押,而宁愿委托银行开保函。银行开保函是有条件的,一是投标人在该银行有一定存款和信誉,二是要交一定的手续费。银行开保函的手续费和担保金额与担保时间有关,投标保证金、银行保函的有效期为投标有效期加上给予中标人提供履约保证金和签订合同的时间,一般为投标有效期后30天内有效。投标人也会将银行手续费等考虑在投标报价中。

4. 备选投标方案

在投标人须知中应告知投标人,招标人是否允许投标人递交备选投标方案。若允许投标人递交备选投标方案,则投标人需考虑有没有选择方案,其报价和招标文件中的方案比较是高还是低。

5. 其他附加的评标准则

投标人须知应将有关投标文件的编制与递交、开标、评标直至签订合同的信息全部给出,因此,除将常规的需要考虑的评标准则在投标人须知中分条款列出外,如有附加的评标准则,如施工借地的数量和其他优惠条件等,也应在这里列出。投标人应考虑据此对报价的影响。

(二)合同条款与工程造价的关系

合同条款包括"通用条款"和"专用条款",牵涉工程造价的以下一些方面在合同条款中是一定要有所体现的:

1. 履约保证金和有效期

承包人为履行合同须向招标人提供履约保证金,履约保证金的形式一般有银行保函或现金、支票的形式。履约保证金金额一般为合同总价的10%。履约保证金多采用银行保函形式,开银行保函牵涉保函的有效期和银行收取的手续费,这些必然要反映到报价中。

2. 保险

保险条款是施工合同条款中必不可少的内容。《公路工程标准施工招标文件》规定对工程一切险和第三者责任险承包人应以承包人和招标人的共同名义投保。要投保势必要支付保险费,保险费按不同项目的危险程度、地理位置、工地环境、工期长短和免赔额高低等因素确定。除以上两项保险外,承包人应按照合同条款要求,为其履行合同所雇用的全部人员缴纳工伤保险费,在整个施工期间为其现场机构雇用的全部人员投保人身意外伤害险并为其施工设备办理保险,其费用由承包人负担。保险费用也应计入报价中。

3. 税收

承包人应根据中华人民共和国税法的规定和地方政府的规定缴纳有关税费。但合同价中是否包括税金,各地的做法不尽相同。有的条款规定承包人为建设承包工程需要运往施工现场的设备和材料的关税、增值税,承包人的营业税等,均由招标人承担。也有的条款明确规定哪些是招标人承担,哪些是承包人承担。

4. 招标人能为承包人提供的施工条件

施工现场的征地、拆迁和水、电、通信等设施招标人提供到什么程度,施工现场征地拆迁工作什么时间完成,场地平整谁负责,电力线路招标人负责到变压器装好还是完全由承包人负责,自来水管和电信线路招标人提供到什么地方,施工用道路怎么办,这些与报价均有直接关系。

5. 招标人可能提供的材料和设备

工程建设所需材料、设备的采购供应办法必须在合同条款中予以明确。如果一部分材料和设备由招标人采购供应,则应明确所供应材料、设备的具体规格和品种,是供应到工地现场还是承包人提货,若承包人提货,则提货地点在哪里,交接和验收如何处理,价款的结算办法怎样,均应在合同条款中写明。这些内容的具体处理方法不同,其报价也会不同。

6. 支付条款

合同条款中规定的支付条款应合情合理,并且符合有关的商业惯例,一旦承包人履行了合同规定的义务,即应该支付其全部款项,这样的支付条款将会促使潜在的投标人提出较低的报价。支付条款对报价影响较大,支付条款主要涉及预付款支付、材料和设备预付款支付、质量保证金支付、暂列金额支付、工程进度付款等。

(1) 预付款

支付预付款是用于承包人为合同工程施工购置材料、工程设备、施工设备、修建临时设施及组织施工队伍进场等。《公路工程标准施工招标文件》在专用合同条款中将预付款划分为开工预付款和材料、设备预付款。具体额度和预付办法如下:

①开工预付款的金额在项目专用合同条款数据表中约定。在承包人签订了合同协议书且承包人承诺的主要设备进场后,监理人应在当期进度付款证书中向承包人支付开工预付款。

②材料、设备预付款按项目专用合同条款数据表中所列主要材料、设备单据费用(进口的材料、设备为到岸价,国内采购的为出厂价或销售价,地方材料为堆场价)的百分比支付。

关于预付款的扣回与还清,《公路工程标准施工招标文件》专用合同条款这样约定:

①开工预付款在进度付款证书的累计金额未达到签约合同价的30%之前不予扣回,在达

到签约合同价30%之后,开始按工程进度以固定比例(即每完成签约合同价的1%,扣回开工预付款的2%)分期从各月的进度付款中扣回,全部金额在进度付款证书的累计金额达到签约合同价的80%时扣完。

②当材料、设备已用于或安装在永久工程之中时,材料、设备预付款应从进度付款中扣回,扣回期不超过3个月。

作为投标人,应根据预付款数额、比例、支付和扣回的方式,考虑对自己投入运营资金多少和利息的影响,最终确定对报价的影响。

(2)质量保证金

《公路工程标准施工招标文件》规定,监理人应从第一个付款周期开始,在发包人的进度付款中,按项目专用合同条款约定扣留质量保证金,直至扣留的质量保证金总额达到项目专用合同条款约定的金额为止。质量保证金的计算额度不包括预付款的支付、扣回以及价格调整的金额。若交工验收时承包人具备被招标项目所在地省级交通主管部门评定的最高信用等级,发包人给予一定比例合同价格质量保证金的优惠,并在交工验收时向承包人返还质量保证金的优惠。作为投标人,应考虑招标人扣留质量保证金对自己资金投入和利息的影响,进而确定对报价的影响。

(3)暂列金额

暂列金额是指包括在合同之内,并列入工程量清单中以此名称标明的、为了实施本工程任何一部分或为了供应货物、材料、设备或服务,或供不可预见费用的一项金额。除合同另有规定外,这项金额应由监理工程师报招标人批准后指令全部或部分地使用,或者根本不予动用。对于经招标人批准的每一笔暂列金额,监理人有权向承包人发出实施工程或提供材料、工程设备或服务的指令,这些指令应由承包人完成,监理人应根据约定的变更估价原则和现行《公路工程标准施工招标文件》第15.7款的规定,对合同价格进行相应调整。当监理人提出要求时,承包人应提供有关暂列金额支出的所有报价单、发票、凭证和账单或收据,除非该工作是根据已标价工程量清单列明的单价或总额价进行估价。

有的招标文件对暂列金额给一个固定的数量或百分比,有的则由投标人自己确定,究竟怎样,需在招标文件中明确以便投标人报价。

(4)工程进度付款

工程进度款付款周期同计量周期。工程款的支付一般每月支付一次。承包人应在每个付款周期末,按监理人批准的格式和专用合同条款约定的份数,向监理人提交进度付款申请单,并附相应的支持性证明文件。除专用合同条款另有约定外,进度付款申请单应包括下列内容:截至本次付款周期末已实施工程的价款;按照合同变更条款规定应增加和扣减的变更金额;按照合同约定的索赔条款规定应增加和扣减的索赔金额;按照合同约定的预付款条款规定应支付的预付款和扣减的返还预付款;按照合同约定的质量保证金条款规定应扣减的质量保证金;按照合同约定应增加和扣减的其他金额。

现行《公路工程标准施工招标文件》规定,监理人在收到承包人进度付款申请单以及相应的支持性证明文件后的14天内完成核查,提出发包人到期应支付给承包人的金额以及相应的支持性材料,经发包人审查同意后,由监理人向承包人出具经发包人签认的进度付款证书。监理人有权扣发承包人未能按照合同要求履行任何工作或义务的相应金额。发包人应在监理人收到进度付款申请单后的28天内,将进度应付款支付给承包人;发包人不按期支付的,按专用合同条款的约定支付逾期付款违约金。在对以往历次已签发的进度付款证书进行汇总和复核中发现错、漏或重复的,监理人有权予以修正,承包人也有权提出修正申请。经双方复核同意的修正,应在本次进度付款中支付或扣除。

对招标人,只要操作程序来得及,手上有资金,早付款对承包人和发包人都更有利,因为承包人贷款利息肯定比发包人将钱放在银行的利息高。

7. 工期的限定范围与提前完工的效益

投标人须知中规定了工期的限定范围和提前完工的效益。要提前完工,承包人一般要多投入施工资源,可能会增加费用,但早完工可给发包人带来超前收益,因此投标人须知规定了提前完工的效益,通常规定为每月或每天效益占投标价的百分比,评标时将每个投标人不同的提前完工的效益贴现为现值,计算到评标价中去,投标人就必须考虑是增加造价好还是缩短工期好,应权衡利弊。

8. 价格调整

价格调整与否是合同条款中最为重要的条款,也是承包人和发包人最为关注的一点。通常的做法是,对于工期在 12 个月内的短期合同,发包人通常不进行价格调整,采用固定价格,让投标人预测市场价格趋势,将合理的风险费用计入报价中;而对于工期在 18 个月以上的工程,为了不使投标人承担太大的风险和防止投标报价太高,则大多采用价格调整;对于工期在 12~18 个月的工程,则有的进行价格调整,有的不调。

(1)物价波动引起的价格调整

《公路工程标准施工招标文件》专用条款规定,除项目专用合同条款另有约定外,因物价波动引起的价格调整应按项目专用合同条款数据表的规定,进行调整;或者采用由承包人自行承担由于人工、材料和设备价格的上涨而引起工程施工成本增加的风险,合同价格不会因此而调整。

调整方式可按照价格指数采用价格调整公式进行或采用造价信息调整价格差额。

对于按照价格指数采用价格调整公式进行调价时,《公路工程标准施工招标文件》专用条款规定,价格调整公式中的各可调因子、定值权重,以及基本价格指数及其来源,由发包人在投标函附录价格指数和权重表中约定。价格指数应首先采用国家或省、自治区、直辖市价格部门或统计部门提供的价格指数,缺乏上述价格指数时,可采用上述部门提供的价格代替。价格调整公式中的变值权重,由发包人根据项目实际情况测算确定范围,并在投标函附录价格指数和权重表中约定范围;承包人在投标时在此范围内填写各可调因子的权重,合同实施期间将按此权重进行调价。

对于采用造价信息调整价格差额时,《公路工程标准施工招标文件》中通用条款规定,施工期内因人工、材料、设备和机械台班价格波动影响合同价格时,人工、机械使用费按照国家或省、自治区、直辖市建设行政管理部门、行业建设管理部门或其授权的工程造价管理机构发布的人工成本信息、机械台班单价或机械使用费系数进行调整;需要进行价格调整的材料,其单价和采购数应由监理人复核,监理人确认需调整的材料单价及数量,作为调整工程合同价格差额的依据。

(2)法律变化引起的价格调整

《公路工程标准施工招标文件》通用条款规定,在基准日后,因法律变化导致承包人在合同履行中所需要的工程费用发生除物价波动外引起的价格增减时,监理人应根据法律、国家或省、自治区、直辖市有关部门的规定,按《公路工程标准施工招标文件》通用条款第3.5款商定或确定需调整的合同价款。

9. 货币和兑换率

在国际竞争性招标中,通常要求投标人用一种货币来计算全部报价,同时容许投标人说明支付时各种货币在报价中所占的比例,以及在换算时的兑换率,这些兑换率在合同执行期间将被冻结,以后发包人就按冻结的兑换率进行支付,这个规定保证了承包人在投标报价与合同支付所用的货币方面不承担任何汇率风险。但若币种选择不当,对投标人同样有风险,如在日本买一台钻机,用美元报价和日元报价就大不一样,在日元升值时,用美元报价,招标人只能给美元,到去买的时候,用美元肯定比日元贵许多,所以投标人在选择货币币种时也是值得推敲的。

10. 索赔条款

即合同条款中允许承包人提出索赔的一些规定。从形式上看,设立索赔条款会使发包人支付索赔费用,但实际上由于索赔条款设立后,承包人的风险责任大大地减小,将有利于降低投标报价,进而降低工程造价。

除了以上十个方面,诸如检验费用由谁负担、工期和缺陷责任期的长短等也都影响到报价,作为一个精明的投标人,应在搞清楚合同条款的有关内容后,才决定报价的数额。

(三)工程量清单、技术规范、工程量清单计量规则与工程造价的关系

现行《公路工程标准施工招标文件》中,工程量清单、技术规范、工程量清单计量规则是紧密联系的几个部分。工程量清单由子目号、子目名称、单位、数量、单价、合价组成;施工技术规范各章节的工程内容、工艺流程、质量检评标准构成每个子目的实施过程;工程量计量规则由子目号、子目名称、单位、工程量计量、工程内容组成。"第五章 工程量清单"中各章是按"第七章 技术规范""第八章 工程量清单计量规则"的相应章次编号的,因此,工程量清单中各章的工程子目的范围与计量等应与"工程量清单计量规则""技术规范"相应章节的范围、计量与支付条款结合起来理解或解释。工程量清单、技术规范、工程量清单计量规则,是承包人报价、发包人支付的依据。

1. 工程量的计量

工程量清单计量规则应和合同条款相呼应。如《公路工程标准施工招标文件》的合同条款规定,工程的计量以净值为准,除非项目专用合同条款另有约定。工程量清单中各子目的具体计量方法按照合同文件工程量清单计量规则中的规定执行。

2. 税金和保险费

税金和保险费一时难以确定,需要单独计量。以税金来讲,大的方面有营业税和随营业税一起征收的城市建设维护税及教育费附加,有进口材料的关税和增值税,还有印花税等。营业税等三项税金和关税需和合同条款对应,如招标人一时定不下来是否能减免,则应在总则中列一个项目,让承包人报个价,并讲明凭单据按实结算,至于印花税等是固定的,应该分摊在管理费中,不必单独列项。对于保险如建筑工程一切险和第三者险,在现行《公路工程标准施工招标文件》第100章中单独列,凭单据按实结算。至于承包人的财产和人身安全等的保险,发生时同样应摊入管理费中。

3. 工程管理费

对于工程记录与竣工文件编制等相关费用、施工现场控制扬尘降低噪声等环境保护工作费用、施工安全生产相关费用、信息化管理费用等都专门列项，便于投标人报价。

4. 临时工程和设施费用

临时工程和设施费用是指为保证永久性工程的顺利施工所必需的各项工程和设施,诸如便道、便桥、码头、堆场、供电、供水、电信、环境保护工程等。投标人根据招标文件中技术规范总则的基本要求和施工组织方案安排,列出工程细目,进行分项计算,以总额报价。

5. 承包人驻地建设费用

承包人驻地建设费用是指承包人为进行建筑安装工程施工所必需的生活和生产用的临时建筑物、构筑物和其他临时设施等临时设施费,应包括在报价内,如国际招标工程承包人(主要是外商)驻地建设费中需修建某些永久性房屋,则可在总则中单列项目计列,这些情况都应在招标文件中阐明,避免在报价编制中重复计算。

6. 为监理工程师提供的设施费用

监理工程师的办公、生活、交通等服务设施是承包人提供,还是招标人负责办理或监理工程师自理,在合同条款中应该明确。如由承包人提供,则在招标文件的技术规范的总则中应详细列明提供到什么程度,有多少监理人员,办公和生活用房面积和标准,配备的仪器、家具、车辆等的数量和规格,服务的时间长短等,承包人才能按此报价,并说明工程竣工后的处理措施。

7. 施工标准化的费用

在施工过程中,承包人应按照国家和合同的要求,对施工驻地、工地试验室、拌和站、钢筋加工场、预制场、施工道路等进行工地标准化建设,其费用也计入报价中。

8. 质量标准(指标)与造价的关系

对于各专业工程来说,当然质量要求越高,其成品(指建成后的工程如路基、路面)质量也会越好,但往往质量高与造价低难以统一,这就有个适度的问题。作为招标人,在招标文件的技术规范中,质量标准应定得恰如其分,就可既达到标准又省钱,而承包人只有对技术规范中的质量标准有充分的理解和把握,才能正确报价。

每个招标项目由于其自身的特点及招标人特殊的管理需求,对以上涉及造价的要求会有所不同,需认真研究招标文件,才能准确把握影响造价的相关要素,正确地进行工程量清单计价。

三、工程量清单预算编制

(一)工程量清单预算编制依据

工程量清单预算编制依据指在编制工程量清单预算时需要进行工程量计量,价格确认,工程计价有关参数、费率的确定等工作时所需的基础性资料。工程量清单预算编制依据主要包括:

(1)国家、行业和地方政府颁发的与工程建设相关的法律、法规及有关规定。
(2)《建设工程工程量清单计价规范》及行业的工程量计价规范。

(3)国家、行业和地方建设主管部门颁发的计价定额和计价办法,如现行《公路工程基本建设项目概算预算编制办法》(JTG 3830)及现行《公路工程预算定额》(JTG/T 3832)、《公路工程概算定额》(JTG/T 3831)、《公路工程机械台班费用定额》(JTG/T 3833)。当公路行业概预算定额不能满足编制需要时,可按下列优先顺序使用补充计价依据:①工程所在地省级公路行业主管部门发布的概预算补充定额;②其他省份省级公路行业主管部门发布的概预算补充定额;③工程所在地其他行业省级主管部门发布的概预算定额;④其他省份其他行业省级主管部门发布的概预算定额。

(4)省级交通运输主管部门发布的补充计价依据。国家、行业和地方建设主管部门对工程造价计价中费用或费用标准有规定的,应按规定执行。省级交通运输主管部门应根据本地实际情况,定期或不定期测算发布补充计价依据,指导本地工程量清单预算及最高投标限价的设立。

(5)国家、行业和地方有关技术标准和质量验收规范等。

(6)工程项目设计文件及相关资料。

(7)工程项目招标文件、招标工程量清单及有关要求。

(8)答疑文件,澄清和补充文件以及有关会议纪要。

(9)施工现场情况、地质勘查报告、工程特点及拟订的施工组织设计或施工方案。

(10)工程项目涉及的人工、主要材料和工程设备价格信息资料,包括工程所在地工程造价管理机构发布的工程造价信息以及市场询价资料等。

(11)施工期间的风险因素。

(12)其他相关资料。

(二)工程量清单预算编制要求

编制工程量清单预算应符合下列要求:

(1)按现行公路工程造价依据计算。

(2)现行公路工程造价依据不适用或无法满足要求的,可按招标文件规定或市场价格计算。

(3)清单子目计价内容与现行《公路工程基本建设项目概算预算编制办法》(JTG 3830)规定包含在相关费率内的费用项目一致的,工程量清单预算不应重复计算。

(4)高填方和软基沉降监测、高边坡稳定监测、桥梁施工监测、隧道施工监控量测和超前地质预报等施工监测项目由发包人另行委托第三方实施时,工程量清单预算应在相应的费率标准中考虑剔除。

(三)工程量清单预算文件的组成

工程量清单预算文件应在招标工程量清单的基础上以招标合同段为单位进行编制。工程量清单预算文件应由工程量清单预算文件编制说明,主要技术经济指标表,项目清单预算表,工程量清单预算表,人工、材料、设备、机械数量、单价表,计日工表(如有),暂估价表(如有)组成,建筑安装工程费计算表、综合费率计算表、设备购置费计算表、专项管理费计算表、土地征用及拆迁补偿费计算表、工程建设其他费用计算表、分项工程预算表等一系列相关表格可根据建设管理需要选用。

工程量清单预算文件格式应符合《公路工程工程量清单计量规范》的有关规定。

(四)工程量清单预算的编制方法

工程量清单预算的编制,就是对招标工程建设所需的全部费用及其构成进行测算。对构成工程量清单预算中的各项费用可采用不同的计价方法,主要有以下方法:

1. 综合单价法计价

综合单价指为完成一个规定清单子目所需的人工费、材料和工程设备费、施工机具使用费和企业管理费、规费、利润、税金以及合同约定范围内的风险费用。

编制工程量清单预算时,对于分部分项工程直接费用计价应采用综合单价法,对于可计量的措施项目也采用综合单价法。

综合单价应按照招标人发布的分部分项工程量清单的项目名称、工程量、项目特征描述,依据工程所在地区颁发的计价定额和人工、材料、机械台班价格信息等进行组价确定。综合单价法的组价步骤如下:

(1)依据提供的工程量清单和施工图纸,按照招标文件中的工程量清单计量规则确定综合单价应包含的工作内容,并进一步根据工程所在地或行业颁发的计价定额规定,确定所组价的定额项目名称,并计算出相应的工程量。

(2)依据工程造价政策规定或工程造价信息确定其人工、材料、机械台班单价。

(3)依据计价定额,并在考虑风险因素确定管理费率和利润率的基础上,按式(5-1)计算组价定额项目的合价。

$$\text{定额项目合价} = \text{定额项目工程量} \times [\sum(\text{定额人工消耗量} \times \text{人工单价}) + \sum(\text{定额材料消耗量} \times \text{材料单价}) + \sum(\text{定额机械台班消耗量} \times \text{机械台班单价})]$$
(5-1)

(4)将若干项组价的定额项目合价相加,并考虑其风险费用等,再除以工程量清单项目工程量,便得到工程量清单项目综合单价,见式(5-2)。在确定综合单价时,应考虑一定范围内的风险因素。在招标文件中应通过预留一定的风险费用,或明确说明风险所包括的范围及超出该范围的价格调整方法。对于招标文件中未做要求的可按以下原则确定:

①对于技术难度较大和管理复杂的项目,可考虑一定的风险费用,并纳入综合单价中。

②对于设备、材料价格的市场风险,应依据招标文件的规定、工程所在地或行业工程造价管理机构的有关规定以及市场价格趋势,考虑一定率值的风险费用,纳入综合单价中。

③税金、规费等法律、法规、规章和政策变化的风险和人工单价等风险费用不应纳入综合单价。

$$\text{工程量清单综合单价} = \frac{\sum(\text{定额项目合价}) + \text{风险费用}}{\text{工程量清单项目工程量}}$$
(5-2)

2. 费率法计价

最高投标限价中对于措施项目费用、企业管理费、规费、利润、税金等费用采用费率法计价。对于措施项目费用,当措施项目可计量时,措施项目费用的计算采用单价法计价;对于不能精确计量的措施项目,可采用费率法计价。

采用费率法时应先确定某项费用的计费基数,再测定其费率,然后将计费基数与费率相乘得到费用。费率法计价的基本公式见式(5-3)。

$$某项费用 = 该项费用计费基数 \times 费率 \tag{5-3}$$

采用费率法计价的措施项目应依据招标人提供的工程量清单项目,按照国家或行业、省级建设主管部门的规定,充分考虑施工管理水平和拟建设采用的施工方案,合理确定计费基数和费率。其中安全文明施工费应按国家或行业、省级建设主管部门的规定计价,不得作为竞争性费用。措施项目费用采用费率法计价时其计算公式见式(5-4)。

$$某项措施项目清单费 = 措施项目计费基数 \times 费率 \tag{5-4}$$

规费应按照国家或行业、省级建设主管部门的规定确定计费基数和费率,不得作为竞争性费用。

税金应按照国家或行业、省级建设主管部门的规定,结合工程所在地情况确定综合税率并参照式(5-5)计算,不得作为竞争性费用。

$$税金 = (分部分项工程量清单费 + 措施项目清单费 + 其他项目清单费 + 规费) \times 综合税率 \tag{5-5}$$

3. 其他方法计价

(1)暂列金额

为保证工程施工建设的顺利实施,在编制最高投标限价时应对施工过程中可能出现的各种不确定因素对工程造价的影响进行估算,列出一笔暂列金额。暂列金额可根据工程的复杂程度、设计深度、工程环境条件(包括地质、水文、气候条件等)进行估算。

(2)暂估价

暂估价包括材料暂估价和专业工程暂估价。暂估价中的材料单价应按照工程造价管理机构发布的工程造价信息中的材料单价计算,工程造价信息未发布的材料单价,其单价参考市场价格估算;暂估价中的专业工程暂估价应分不同专业,按有关计价规定估算。

(3)计日工

计日工包括计日人工、材料和施工机械。在编制最高投标限价时,对计日工中的人工单价和施工机械台班单价应按地方行业建设主管部门或其授权的工程造价管理机构公布的单价计算;材料应按工程造价管理机构发布的工程造价信息计算,工程造价信息未发布材料单价的材料,其价格应按市场调查确定的单价计算。

(4)总承包服务费

编制最高投标限价时,如果需计总承包服务费,总承包服务费应按照行业或省级建设主管部门的规定,并根据招标文件中列出的内容和向总承包人提出的要求计算总承包费。

[例5-2] 某高速公路第2合同段共长16.76km,路基宽度为26m,两端穿越丘陵地带,分别长2.46km和3.40km,土壤为普通土;中间长10.90km,穿越农田、果林,绝大部分为填方地段。路基土、石方工程量如下:

挖方(天然密实方):开挖土方(普通土)262826m^3;

开炸石方(次坚石)1444007m^3;

石方弃方远运3km,400000m^3。

填方(压实方):利用土填方226574m^3(远运4.0km);

利用石填方1135109m^3(远运4.5km);

借土填方 210576m³(普通土远运 5km)。

其他零星工程应摊入填、挖单价内的有：

耕地填前压实计 260000m²，按填方比例分摊：其中利用土方填方 39000m²，利用石方填方 187200m²，借土填方 33800m²。

整修路基分摊到填、挖方单价中，见表 5-16。

整修路基分摊到填、挖方单价   表 5-16

项　目	整修路拱（m²）	整修边坡（km）
挖土方	22854	0.88
开炸石方	129506	4.98
利用土方填方	42510	1.63
利用石方填方	204048	7.85
借土填方	36842	1.42

填方地段为保证路基边缘压实度每边加宽的填方，完工后应刷坡计 80000m³，分摊到填方单价内：其中利用土方填方 12000m³，利用石方填方 57600m³，借土填方 10400m³。

试编制该高速公路土石方的工程量清单并采用综合单价法完成直接费组价。

解：1. 清单工程量的确定

招标文件中工程量清单计量规则对路基挖方和填方的规定如下：

(1)路基挖方：路基土石方开挖数量包括边沟、排水沟、截水沟，依据图纸所示地面线、路基设计横断面图、路基土石比例，采用平均断面面积法计算，按照天然密实体积以立方米为单位计量；

(2)填方路基：依据图纸所示地面线、路基设计横断面图，按平均断面面积法计算压实的体积，由承包人按不同来源（包括利用土方、利用石方和借方等）分别按压实的体积以立方米为单位计量；满足施工需要，预留路基宽度宽填的填方量作为路基填筑的附属工作，不另行计量；零填挖路段的翻松、压实含入报价之中，不另计量；计价中包括基底翻松、压实，挖台阶，临时排水、翻晒，边坡码砌，分层摊铺，小石块（或石屑）填缝、找补，洒水、压实，整型等一切与此有关作业的费用。

根据以上工程量计量规定，该高速公路土石方的工程量清单见表 5-17。

土石方的工程量清单   表 5-17

子目号	子目名称	单位	工程数量	单价	合价
203-1	路基挖方				
203-1-a	挖土方	m³	262826.000		
203-1-b	挖石方	m³	1444007.000		
204-1	路基填筑(包括填前压实)				
204-1-a	利用土方	m³	226574.000		
204-1-b	利用石方	m³	1135109.000		
204-1-d	借土填方	m³	210576.000		

215

2. 直接费组价

(1) 该清单子目工作内容的确定

路基挖填方一般工艺流程如图 5-2、图 5-3 所示。

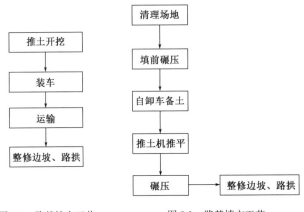

图 5-2 路基挖方工艺　　图 5-3 路基填方工艺

①挖方路基工作内容

工作内容为挖方路基施工和边沟、截水沟、排水沟以及改河、改渠等开挖有关作业,本题所涉及的只有挖方路基施工的工作内容,即挖土或爆破石方、装车、运输、边坡整修、清理工作面等。

②填方路基工作内容

工作内容为填筑路基和结构物处的台背回填以及改路填筑等有关的施工作业,本题所涉及的填筑路基的工作内容为场地清理、填前碾压、推土机推土、碾压、整修边坡、路拱。

(2) 确定完成该清单子目工作内容所采用的定额

该高速公路路基土、石方工程,挖方和填方都比较集中,且工程量大,因此,采用大型土、石方机械施工较为合适,路基土、石方挖运选用 165kW 以内推土机推运和积料,3m³ 装载机装料,15t 自卸汽车运输。填方选用平地机平整、重型振动压路机碾压,以符合高速公路施工进度和质量要求。

根据公路工程预算定额和完成对应清单项目的所有工作内容,确定完成对应清单项目的定额进行直接费组价,见表 5-18 ~ 表 5-22。

"挖土方"直接费组价表　　表 5-18

序号	工程细目		单位	定额代号	工程量	定额调整系数
1	路基土、石方程	推土机推土方 (165kW 以内) 第一个 20m	1000m³	1-1-12-18	262.826	
		推土机推土方 (165kW 以内) 每增运 10m	1000m³	1-1-12-20	262.826	
2		整修边坡	km	1-1-20-3	0.88	
3		整修路拱	1000m²	1-1-20-1	22.854	

"挖石方"直接费组价表 表 5-19

序号	工程细目		单位	定额代号	工程量	定额调整系数
1	路基土、石方工程	开炸石方	1000m³	1-1-14-5	1444.007	
2		推土机推石方 (165kW以内) 第一个20m	1000m³	1-1-12-38	1444.007	
		每增运10m	1000m³	1-1-12-41	1444.007	
3		装载机装石方(3m³)	1000m³	1-1-10-9	400	
4		自卸汽车运石方 (15t以内) 第一个1km	1000m³	1-1-11-23	400	
		每增运0.5km	1000m³	1-1-11-24	400	4
5		整修边坡	km	1-1-20-3	4.98	
6		整修路拱	1000m²	1-1-20-1	129.506	

注:表中自卸汽车的调整系数"4"表示:表中 1-1-11-23 为自卸汽车运输第一个 1km 的定额,本题中石方运输距离为 3km,减去第一个 1km 后增距离为 2km,而 1-1-11-24 为每增加运距 0.5km 的定额,因此本题自卸汽车有 2km/0.5km=4 个增运定额单位。

"利用土方"直接费组价表 表 5-20

序号	工程细目		单位	定额代号	工程量	定额调整系数
1	路基土、石方工程	装载机装土方(3m³)	1000m³	1-1-10-3	226.574	1.16
2		自卸汽车运土方 (15t以内) 第一个1km	1000m³	1-1-11-21	226.574	1.16
		每增运0.5km	1000m³	1-1-11-22	226.574	6×1.16
3		土方碾压	1000m³	1-1-18-5	226.574	
4		耕地填前压实	1000m²	1-1-5-3	39	
5		刷坡	1000m³	1-1-21-2	12	
6		整修边坡	km	1-1-20-3	1.63	
7		整修路拱	1000m²	1-1-20-1	42.51	

注:①表中装载机的调整系数"1.16"表示:根据预算定额第一章第一节的说明:"除定额中另有说明者外,土方挖方按天然密实体积计算,填方按压(夯)实后的体积计算,石方爆破按天然密实体积计算。当以填方压实体积为工程量,采用以天然密实方为计量单位的定额,所采用的定额应乘以系数",本例为普通土,系数为 1.16。
②表中自卸汽车的调整系数"6"与开挖路基石方中自卸汽车的调整系数"4"的表示相同。

"利用石方"直接费组价表 表 5-21

序号	工程细目		单位	定额代号	工程量	定额调整系数
1	路基土、石方工程	装载机装石方(3m³)	1000m³	1-1-10-9	1135.109	0.92
2		自卸汽车运石方 (15t以内) 第一个1km	1000m³	1-1-11-23	1135.109	0.92
		每增运0.5km	1000m³	1-1-11-24	1135.109	7×0.92
3		石方碾压	1000m³	1-1-18-13	1135.109	
4		耕地填前压实	1000m²	1-1-5-3	187.2	
5		刷坡	1000m³	1-1-21-2	57.6	
6		整修边坡	km	1-1-20-3	7.85	
7		整修路拱	1000m²	1-1-20-1	204.048	

注:①表中装载机的调整系数"0.92"表示:根据预算定额第一章第一节的说明内容"填方按压(夯)实后的体积计算,石方爆破按天然密实体积计算,所采用的定额应乘以调整系数",二级及二级以上的公路石方的系数为 0.92。
②表中自卸汽车的调整系数"7"与开挖路基石方的表中自卸汽车的调整系数"4"的表示相同。

"借土填方"直接费组价表　　　　　　　　　　表 5-22

序号	工程细目		单位	定额代号	工程量	定额调整系数
1	路基土、石方工程	推土机推积土方(165kW 以内)	1000m³	1-1-12-18	210.576	1.16×0.8
2		装载机装土(3m³)	1000m³	1-1-10-3	210.576	1.16
3		自卸汽车运土方(15t 以内) 第一个 1km	1000m³	1-1-11-9	210.576	1.19
		自卸汽车运土方(15t 以内) 每增运 0.5km	1000m³	1-1-11-10	210.576	8×1.19
4		土方碾压	1000m³	1-1-18-5	210.576	
5		耕地填前压实	1000m²	1-1-5-3	33.8	
6		刷坡	1000m³	1-1-21-2	10.4	
7		整修边坡	km	1-1-20-3	1.42	
8		整修路拱	1000m²	1-1-20-1	36.842	

注:①表中推土机的调整系数"0.8"表示:根据预算定额1-12 的附注(1),"装载机装土方如需推土机配合推松、积土时,其人工、推土机台班的数量按'推土机推运土方'第 1 个 20m 定额乘以 0.8 系数计算"。因此,此处的 0.8 为定额调整时的人工和机械台班数量乘系数。②表中推土机的调整系数"1.16"与利用土方填方中装载机调整系数"1.16"表示相同。③表中自卸汽车调整系数"1.19":根据预算定额第一章第一节说明"除定额中另有说明者外,土方挖方按天然密实体积计算,填方按压(夯)实后的体积计算,石方爆破按天然密实体积计算。当以填方压实体积为工程量,采用以天然密实方为计量单位的定额,如路基填方为利用方时,所采用的定额应乘以下列系数,如路基填方为借土时,则应在下列系数基础上增加 0.03 的损耗。"本例题为普通土,系数为 1.16,再增加 0.03 即为 1.19。④表中自卸汽车调整系数"8"与开挖路基石方的表中自卸汽车的调整系数"4"的表示相同。

四、最高投标限价的编制

(一)最高投标限价的定义

最高投标限价又称招标控制价,是招标人根据国家以及当地有关规定的计价依据和计价办法、招标文件、市场行情,并按照工程项目设计施工图纸等具体条件编制的、对招标工程项目限定的最高工程造价,也称为拦标价、预算控制价或最高限价等。一个工程项目只能编制一个最高投标限价。

从上述最高投标限价的定义可以看出,最高投标限价和标底虽然都是招标人在招标过程中自身对工程价格的一个测度,但两者还是存在一定的区别:①最高投标限价是工程的最高限价,投标人的投标报价高于最高投标限价的,其投标应予以拒绝。而标底是招标人对工程确定的一个预期价格,通常不会是最高价格。因此投标人的报价不可能突破最高投标限价,否则就是废标,而投标人的报价可能突破标底,通常越接近标底就越容易中标。②最高投标限价是事先公布的,而标底是保密的。③在评标过程中,通常最高投标限价在评标中不占权重,不参与评分,只是一个工程造价参考即最高限价,而标底在评标中参与评标。

(二)最高投标限价的作用

在我国工程招投标中,招标人招标过程中对工程投资的控制先后经历了使用标底、无标底和最高投标限价的不同阶段。经过具体实践发现,设置标底和使用无标底招标都存在一定的弊端。

当采用设置标底的方式时,由于标底作为衡量投标人报价的基准,投标人极力迎合标底,其报价不能真实反映投标人的实力,同时也易发生标底泄露及暗箱操作等问题,使招标失去公平公正性。

使用标底在招标实践中出现了所有投标人报价均高于招标人标底的情况。即使是采用最低价招标人也不能接受。由于缺乏相关制度规定,招标人如果不接受会产生招标合法性问题。为解决这种矛盾一些地方相继推出了无标底招标,即在招标文件中取消了中标价不得低于、高于标底一定范围的规定。随着无标底招标的推行,又出现了新的问题。如评标时,招标人对投标人的报价没有参考依据和评判标准,易出现围标、串标现象,各投标人哄抬价格,给招标人带来投资控制的风险;也出现了中标后偷工减料、高额索赔等问题。针对无标底招标的众多弊端,各地又相继出台了制定最高限价的规定,但在称谓上不统一,有的称为最高投标限价,有的称为招标控制价。

在招投标中推行最高投标限价其作用主要体现在以下几个方面:

1. 保障了招标人的合法利益

正确设立最高投标限价,利于引导投标方投标报价,避免投标方无标底情况下的无序竞争和有标底情况下的弄虚作假、暗箱操作等违规行为,有效防止恶性哄抬投标报价带来的投资风险,从而利于招标人有效控制项目投资。

2. 有利于投标人合理确定投标报价

最高投标限价是衡量、评审投标人投标报价是否合理的尺度和依据。设立最高投标限价,增进了投标人对工程价格的了解,不必与招标人进行心理较量、揣测或套取招标人的标底,只需根据自身企业的实力、工程的施工方案等进行报价。同时,由于不必花费人力、财力去套取招标人的标底,也降低了投标人的交易成本。

3. 提高了招投标成功的可能性

设立最高投标限价,增强招标过程的透明度,避免了暗箱操作等违法活动的产生。最高投标限价既能为招标人判断最低投标价是否低于成本提供参考依据,避免出现较大偏离,把工程投资控制在最高投标限价范围内;也使投标人根据自身的生产水平、装备水平、管理水平等进行报价,不必揣测招标人的标底,提高了市场交易效率。最终有利于有实力的投标企业选择信誉高有资金实力的招标人,因此最高投标限价无论从招标人还是投标人的角度来看都是有利的。

4. 有利于建筑承发包市场的健康发展

最高投标限价可使投标人自主报价,公平竞争,减少了这一环节产生腐败行为的因素,符合市场规律,有利于建筑承发包市场的健康发展。

(三)最高投标限价的费用组成

最高投标限价的费用组成由招标的范围来确定,如施工招标通常由招标项目的建筑安装工程费组成。公路工程建设项目施工最高投标限价应由组成公路工程建设项目的各单项工程费用组成,各单项工程费用应由组成单项工程的各单位工程费用组成,而各单位工程费用应由分部分项工程直接费、措施项目费、企业管理费、规费和税金、专项费用及其他项目费组成。其中其他项目费包括暂列金额、计日工、利润、风险费用等。公路工程建设项目施工最高投标限价的费用组成如图5-4所示。

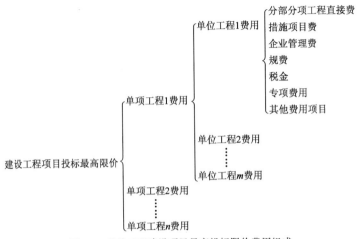

图 5-4　公路工程建设项目最高投标限价费用组成

(四)最高投标限价的编制要求

1. 最高投标限价编制范围要求

国有资金投资的工程建设项目应实行工程量清单招标,并应编制最高投标限价,作为招标人能够接受的最高交易价格,以避免哄抬标价造成国有资产流失和客观、合理的评审投标报价。

2. 最高投标限价编制人资格要求

最高投标限价应由具有编制能力的招标人编制。当招标人不具有编制最高投标限价的能力时,可委托具有相应资质的工程造价咨询人编制。所谓具有相应工程造价咨询资质的工程造价咨询人是指根据《工程造价咨询企业管理办法》(建设部令第 149 号)的规定,依法取得工程造价咨询企业资质,并在其资质许可的范围内接受招标人的委托,编制最高投标限价的工程造价咨询企业。例如甲级工程造价咨询资质的咨询人可承担各类建设项目的最高投标限价编制,取得乙级工程造价咨询资质的咨询人,则只能承担 5000 万元以下的最高投标限价的编制。另外,根据《招标代理服务收费管理暂行办法》规定,取得资质的招标代理机构可以从事编制最高投标限价(标底)的工作。但工程造价咨询人不得同时接受招标人和投标人对同一工程的最高投标限价和投标报价的编制。

工程造价咨询企业和工程造价专业人员在承担最高投标限价的编审时,应遵循合法、独立、公平和诚实守信的原则,以招标文件和有关工程计价规定为编制依据,合理确定最高投标限价,严禁抬高和压低最高投标限价。工程造价咨询企业应在成果上签章,对成果质量或出具的报告承担相应的法律责任;注册造价工程师和造价人员应在各自完成的成果文件上签署执业(从业)印章,并承担相应责任。

3. 最高投标限价编制质量要求

(1)最高投标限价应遵循价值规律,尽可能反映市场价格

最高投标限价应反映建筑产品的价值,即在最高投标限价编制过程中,应遵循价值规律,使最高投标限价能发挥有效控制投资的作用。因此,最高投标限价不宜过低,也不能过高。

最高投标限价是最高上限价,因此在招标中公开最高投标限价,投标人就有了报价目标。

但最高投标限价不宜过高。如果最高投标限价过高，投标人相互串通，只要其报价不超过最高投标限价，报价都是有效的，因此投标人可能围绕这个最高限价串标、围标，投标人不用考虑中标概率就能达到较高的预期利润。同时，最高投标限价亦不宜过低。如果最高投标限价远远低于市场平均价，可能出现无人投标的情况，也可能出现恶性低价抢标，最终使中标人在中标后以变更、索赔等方式弥补成本，或提供低质量的豆腐渣工程。

(2) 最高投标限价应在批准的概算范围内

我国对国有资金投资项目的投资控制实行的是投资概算控制制度，项目投资原则上不能超过批准的投资概算。因此，在工程招标发包时，如果最高投标限价超过批准的概算，招标人应当将其上报原概算审批部门重新审核。

(3) 最高投标限价的编制应采用可靠合理的计价依据

最高投标限价的编制应依据招标文件和工程量清单，符合招标文件对工程价款确定和调整的基本要求。应正确、全面地使用相关国家标准、行业或地方有关工程计价定额等工程计价依据。工料机价格应参照工程所在地的工程造价管理机构发布的工程造价信息，如市场价格应通过调查、分析后确定。规费、税金和不可竞争的措施费按照国家有关规定编制，竞争性的施工措施费应根据工程的特点，结合施工条件和合理的施工方案，本着经济适用、先进合理高效的原则确定。

4. 最高投标限价的使用要求

(1) 最高投标限价无须保密，应在招标文件中公布，不应上调或下浮，招标人应将最高投标限价及有关资料报送工程所在地工程造价管理机构备查。

(2) 最高投标限价应随同招标文件或补遗书发布。招标人在招标文件中公布最高投标限价时，应公布最高投标限价各组成部分的详细内容，不得只公布最高投标限价总价。

(3) 因招标答疑等原因调整最高投标限价的，应当将调整后的最高投标限价对所有投标人公布并将相关资料报送工程造价管理机构备案。

(4) 投标人的投标报价高于最高投标限价的，其投标应予以拒绝。

(5) 投标人经复核认为招标人公布的最高投标限价未按照现行《建设工程工程量清单计价规范》的规定进行编制的，应在开标前5日向招投标监督机构或(和)工程造价管理机构投诉。

(五) 最高投标限价确定

最高投标限价应以工程量清单预算为基础，按式(5-6)进行计算。

$$最高投标限价 = 工程量清单预算 \times 调整系数 \quad (5-6)$$

式中，调整系数需通过市场调研或必要的数据统计，结合项目自身特点确定。

最高投标限价不得超出经批准的设计概算或施工图预算对应部分。

(六) 最高投标限价的审查

最高投标限价的审查应根据最高投标限价的编制依据，建设工程项目的规模、特征、性质及委托方的要求，以及招标人发布的最高投标限价进行审查。其审查方法可采用重点审查法、全面审查法。重点审查法适用于投标人对个别项目进行投诉的情况，全面审查法适用于各类项目的审查。

最高投标限价应重点审查的内容有：

(1)最高投标限价的项目编码、项目名称、工程数量、计量单位等是否与发布的招标工程量清单项目一致。

(2)最高投标限价的总价是否全面，汇总是否正确。

(3)分部分项工程综合单价的组成是否符合现行国家标准如清单计价规范和其他工程造价计价依据的要求。

(4)措施项目施工方案是否正确、可行，费用的计取是否符合现行清单计价规范和其他工程造价计价依据的要求。安全文明施工费是否执行了国家、行业或省级建设主管部门的规定。

(5)管理费、利润、风险费以及主要材料及设备的价格是否正确、得当。

(6)规费、税金是否符合现行国家标准要求，是否执行了国家、行业或省级建设主管部门的规定。

(七)最高投标限价编制示例

[例 5-3] 某公路改扩建工程的第一合同段路线长度 11.993km，其主要工程量如下：路基挖土方 59121m^3、挖石方 176443m^3、填方 160837.3m^3、防护工程 45467.7m^3；路面工程主线部分沥青混凝土路面 94991.7m^2，支线部分水泥混凝土路面 4143m^2；桥涵工程：中桥 120.0m/2 座、小桥 23.0m/1 座、涵洞 6 道(其中钢筋混凝土盖板涵新建 1 道，钢筋混凝土圆管涵 5 道)；平面交叉 1 处。

为有效控制投资，业主确定了该合同段的最高投标限价，凡是高于最高投标限价的投标文件按废标处理。

解： 1. 主要编制依据

(1)该项目的招标文件、工程量清单及有关要求；

(2)该公路改扩建工程第一合同段设计图纸；

(3)《公路工程标准施工招标文件》(2007 版)及《公路工程标准施工招标文件》(2018 版)

(4)《公路工程预算定额》(JTG/T 3832—2018)；

(5)《公路工程建设项目概算预算编制办法》(JTG 3830—2018)；

(6)《公路工程机械台班费用定额》(JTG/T 3833—2018)；

(7)《××市交通局关于发布××市公路工程补充性造价依据(2019-1)的通知》(×交路〔2019〕29 号)；

(8)类似项目的调查资料；

(9)2019 年第 4 期《××地区工程造价信息》；

(10)该工程的施工组织设计。

2. 编制说明

(1)本最高投标限价是依据招标文件并结合现场实际情况确定的工作量编制。

(2)人工单价和机械台班单价依据《××市交通局关于发布××市公路工程补充性造价依据(2019-1)的通知》(×交路〔2019〕29 号)，人工按 101 元/工日，该人工费单价仅作为编制预算的依据，不作为施工企业实发工资的依据。

(3)材料价格：参照 2019 年《××地区工程造价信息》第 4 期建材信息价和现场调查价格计算。

（4）机械台班单价：按现行《公路工程建设项目概算预算编制办法》(JTG 3830)的规定，台班单价按现行《公路工程机械台班费用定额》(JTG/T 3833)分析计算。

（5）措施费：其中冬季施工增加费、特殊地区施工增加费不计列，只计取下列费用。

①雨季施工增加费：以各类工程的定额人工费和定额施工机械使用费之和为基数，按Ⅱ类雨量区、雨季期为4个月对应的费率计算。

②夜间施工增加费：以夜间施工的工程项目的定额人工费和定额施工机械使用费之和为基数，乘以费率计算（费率表略）。

③行车干扰工程施工增加费：以受行车影响部分的工程的定额人工费和定额施工机械使用费之和为基数，乘以费率计算（费率表略）。

④施工辅助费：以各类工程的定额直接费之和为基数，乘以费率计算（费率表略）。

⑤工地转移费：以各类工程的定额人工费和定额施工机械使用费之和为基数，按转移距离200km计算的费率计算（费率表略）。

（6）企业管理费。企业管理费由基本费用、主副食运费补贴、职工探亲路费、职工取暖补贴和财务费用五部分组成。

①基本费用：以各类工程的定额直接费之和为基数，乘以费率计算（费率表略）。

②主副食运费补贴：以各类工程的定额直接费之和为基数，主副食综合里程按10km的费率计算。

③职工探亲路费：以各类工程的定额直接费之和为基数，乘以费率计算（费率表略）。

④职工取暖补贴费：本项费用不计。

⑤财务费用：以各类工程的定额直接费之和为基数，乘以费率计算（费率表略）。

（7）规费。规费费率标准确定为36.6%，其中：养老保险费16%，失业保险费0.5%，医疗保险费10%，工伤保险费1.6%，住房公积金8.5%。规费费率仅作为编制概、预算的依据，不作为施工企业实际交纳费用的依据。

（8）利润：本项费用（利润）按定额直接费及措施费、企业管理费之和的7.42%计算。

（9）税金：税金税率按照现行建筑业增值税税率9%执行。

（10）专项费用。专项费用包括施工场地建设费和安全生产费。施工场地建设费以定额减去专项费用为基数，以费率（费率表略）按累进办法计算；安全生产费以建筑安装工程费为基数，乘以费率计算（其费率不小于1.5%）。

3. 编制成果

本工程最高投标限价包括招标文件工程量清单第100章～第700章清单合计、暂估价及暂列金额，总计为100051164.27元。

本工程最高投标限价费用组成见表5-23和表5-24。

最高投标限价汇总表　　　　　　　　　　　　　　表5-23

合同段：××公路改建工程第一合同段　　　　　　　　　　　　　货币单位：人民币元

序　号	章　次	科目名称	金　额
1	100	清单　第100章　总则	2592660.00
2	200	清单　第200章　路基	47286615.01
3	300	清单　第300章　路面	26644949.27

续上表

序 号	章 次	科 目 名 称	金 额
4	400	清单 第400章 桥梁、涵洞	10892179.57
5	600	清单 第600章 交通安全设施及预埋管线	2997748.18
6	700	清单 第700章 绿化及环境保护设施	441451.85
7		第100章~第700章清单合计	90855603.88
8		暂估价	110000.00
9		按序号7金额的10%作为不可预见因素的暂列金额	9085560.39
10		投标价(7+8+9)=10	100051164.27

工程量清单最高投标限价　　　　　　表5-24

合同段:××公路改建工程第一合同段　　　　　　货币单位:人民币元

清单　第100章　总则

细目号	细目名称	单位	数 量	单价限价	合 价
101	通则				
101-1	保险费				
-a	按合同条款规定,提供建筑工程一切险	总额	1.000	253678	253678
-b	按合同条款规定,提供第三方责任险	总额	1.000	2500	2500
102-3	安全生产费	总额	1.000	1338908	1338908
103	临时工程与设施				
103-1	临时道路修建	总额	1.000	36414	36414
103-3	临时电力线路	总额	1.000	153692	153692
105	施工标准化、承包人驻地建设	总额	1.000	807468	807468
清单 第100章合计 人民币元					2592660

清单　第200章　路基

细目号	细目名称	单位	数 量	单价限价	合 价
202-1	清理与掘除				
-a	清除表土(含砍挖灌木林)	m²	66334.000	5.54	367490.36
-b	伐树、挖根(φ10cm以上)	棵	3140.000	31.44	98721.6
202-2	挖除旧路面				
-a	水泥混凝土路面	m³	40.400	112.5	4545
202-3	拆除结构物				
-a	拆除圬工	m³	9348.000	71.86	671747.28

续上表

细 目 号	细 目 名 称	单位	数 量	单价限价	合 价
203-1	路基挖方				
-a	挖土、石方(含平面交叉、道路接顺)	m³	237396.000	22.91	5438742.36
-c	挖除非适用材料	m³	4579.000	9.20	42126.8
-d	挖淤泥	m³	10067.000	19.65	197816.55
204-1	路基填筑(包括填前压实)				
-c	利用土石混填(含平面交叉、道路接顺)	m³	166150.000	7.65	1271047.5
205-1	软土处理				
-a	抛石挤淤	m³	1181.300	79.79	94255.927
-b	换填工程	m³	25638.700	75.96	1947515.652
205-2	碎(砾)石(低填浅挖)	m³	9596.600	79.27	760722.482
205-3	碎石土(桥头路基)	m³	619.900	53.83	33369.217
205-4	陡坡路堤或填挖交界处理				
-a	挖土质台阶	m²	6057.000	2.91	17625.87
-b	填挖交界	m²	8550.000	20.94	179037
205-5	新旧路基衔接	m²	22815.000	25.57	583379.55
207-1	边沟				
-a	浆砌片石边沟、排水沟	m³	49.600	395.65	19624.24
-c	C20混凝土边沟	m³	7211.500	829.31	5980569.065
-e	预制安装钢筋混凝土盖板	m³	137.900	1438.17	198323.643
207-2	排水沟				
-a	浆砌片石(弃土场、改河)	m³	2465.400	385.7	950904.78
-c	C20现浇混凝土(改河)	m³	1505.200	600.28	903541.456
207-5	盲沟(弃土场)	m	91.100	17.27	1573.297
209-3	浆砌片石挡土墙	m³	17236.000	479.69	8267936.84
209-5	混凝土挡土墙				
-a-1	C20片石混凝土挡土墙	m³	25752.500	651.84	16786509.6
-a-2	C20片石混凝土拦渣坝(弃土场)	m³	958.400	579.68	555565.312
-a-3	C20片石混凝土路堑墙	m³	2479.200	590.36	1463620.512
208-1	护坡(挂网喷锚)	m²	2799.000	160.88	450303.12
清单 第200章合计 人民币元					47286615.01

清单 第300章 路面

细 目 号	细 目 名 称	单位	数 量	单价限价	合 价
304-1	水泥稳定碎石底基层				
-a	厚200mm	m²	94474.000	57.16	5400133.84

续上表

细目号	细目名称	单位	数 量	单价限价	合 价
304-3	水泥稳定碎石基层				
-a	厚200mm	m²	98974.700	61.3	6067149.11
308-2	黏(粘)层	m²	93584.000	2.40	224601.6
310-2	稀浆封层	m²	94252.000	9.87	930267.24
309-1	细粒式SBS改性沥青混凝土				
-a	厚40mm	m²	94991.700	45.90	4360119.03
309-2	中粒式沥青混凝土				
-a	厚50mm	m²	94991.700	47.31	4494057.327
312-1	水泥混凝土面板				
-a	20cm厚C30水泥混凝土面层	m²	3983.000	117.95	469794.85
-b	24cm厚C30水泥混凝土面层	m²	160.000	132.87	21259.2
313-3	C20混凝土路肩	m³	9587.143	487.90	4677567.07
	清单 第300章合计 人民币元				26644949.27

清单 第400章 桥梁、涵洞

细目号	细目名称	单位	数 量	单价限价	合 价
401-1	桥梁荷载试验(暂估价)	总额	1.000	110000	110000
403-1	基础钢筋(包括灌注桩、承台、沉柱、沉井等)				
-b	带肋钢筋(HRB335、HRB400)	kg	61430.000	5.78	355065.40
403-2	下部结构钢筋				
-b	带肋钢筋(HRB335、HRB400)	kg	77604.000	5.86	454759.44
403-3	上部结构钢筋				
-b	带肋钢筋(HRB335、HRB400)	kg	228945.000	5.97	1366801.65
403-4	附属结构钢筋				
-a	光圆钢筋(HPB235、HRB400)	kg	1470.000	5.93	8717.10
-b	带肋钢筋(HRB335、HRB400)	kg	55358.000	5.99	331594.42
404-4	基础挖方	m³	414.000	40.29	16680.06
405-1	钻孔灌注桩				
-a	C30钢筋混凝土桩基φ1200	m	214.000	2290.65	490199.10
-b	C30钢筋混凝土桩基φ1500	m	104.000	2839.04	295260.16
410-1	混凝土基础				
-a	承台	m³	98.300	607.57	59724.13
-b	C30系梁	m³	34.000	811.81	27601.54

续上表

细目号	细目名称	单位	数 量	单价限价	合 价
410-2	混凝土下部结构				
-a	C25 台身	m³	104.800	722.64	75732.67
-b	C30 墩身(柱式)	m³	86.200	810.99	69907.34
-c	C30 盖梁	m³	104.000	1053.01	109513.04
-d	C30 台帽	m³	133.100	893.87	118974.10
-e	挡块-C30	m³	6.900	954.29	6584.60
-f	限位挡块-C50	m³	0.500	1036.00	518.00
-g	C30 背墙及耳墙	m³	69.000	970.35	66954.15
410-5	桥梁上部结构现浇整体化 C50 混凝土（湿接缝）	m³	56.500	935.36	52847.84
410-6	现浇混凝土附属结构				
-a	C30 混凝土搭板	m³	124.100	849.74	105452.73
-f	C40 支座垫石	m³	2.000	760.83	1521.66
411-5	预应力钢绞线	kg	16347.000	10.87	177691.89
411-7	现浇预应力混凝土箱梁-C50	m³	445.100	1329.41	591720.39
411-8	预制、安装预应力混凝土 T 梁-C50	m³	235.700	2265.55	533990.14
413-1	锥坡及防护				
-a	M7.5 浆砌片石锥坡	m³	39.400	390.36	15380.18
-b	锥坡填土	m³	172.000	32.65	5615.80
-c	锥坡挖土方	m³	28.000	37.50	1050.00
415-1	沥青混凝土桥面铺装(含黏层等)	m³	122.300	1313.73	160669.18
415-2	水泥混凝土桥面铺装	m³	60.500	700.33	42369.97
415-3	防水层	m²	1502.000	35.51	53336.02
415-4	桥面排水				
-a	竖、横向集中排水管	m	43.500	39.38	1713.03
416-1	板式橡胶支座	dm³	244.300	150.72	36820.90
416-4	盆式支座				
-a	钢盆式橡胶支座反力 2000kN	个	8.000	3726.25	29810.00
-b	钢盆式橡胶支座反力 3000kN	个	4.000	960.75	3843.00
417-1	伸缩缝	m	63.000	668.50	42115.50
419-1	单孔钢筋混凝土圆管涵				
-a	1×0.75	m	21.000	3774.05	79255.05
-b	1×1.00	m	32.000	32.5	1040.00
420-1	钢筋混凝土盖板涵				
-a	1－1.00×1.50	m	404.940	5641.19	2284343.48
-b	1－2.00×1.50	m	10.530	7537.42	79369.03

续上表

细目号	细目名称	单位	数 量	单价限价	合 价
-c	1－2.00×2.00	m	47.000	8177.38	384336.86
-d	1－3.00×2.00	m	14.730	13497.62	198819.94
-e	1－3.00×3.00	m	84.090	16288.75	1369720.99
-f	1－4.00×4.00	m	26.650	22941.09	611380.05
-g	支线盖板涵恢复	道	2.000	26839.5	53679.00
421-1	检修梯步-C20混凝土	m³	18.800	515.96	9700.05
	清单 第400章合计 人民币元				10892179.57

清单 第600章 安全设施及预埋管线

细目号	细目名称	单位	数 量	单价限价	合 价
602-1	混凝土护栏				
-a	现浇混凝土护栏	m	274.000	276.78	75837.72
602-3	波形梁钢护栏				
-a	路侧波形梁钢护栏				
-1	Gr-C-4E	m	504.000	174.04	87716.16
-2	Gr-B-1E	m	376.000	377.83	142064.08
-3	Gr-B-2E	m	7128.000	234.80	1673654.4
-5	波形梁钢护栏起、终端头				
-6	AT2	m	612.000	263.43	161219.16
-7	AT1-2	m	600.000	348.18	208908
-8	BT1	m	60.000	298.47	17908.2
-b	波形梁护栏附着式(De-Rsw-At1)	个	651.000	5.92	3853.92
604-1	单柱式交通标志				
604-8	道口标柱	根	184.000	123.07	22644.88
604-9	里程碑	个	13.000	145.55	1892.15
604-10	百米桩	个	132.000	30.79	4064.28
604-11	公路界碑	个	130.000	54.68	7108.4
-a	单柱式(一)	块	45.000	1311.87	59034.15
-b	单柱式(二)	块	23.000	1330.22	30595.06
-c	单柱式(三)	块	4.000	1656.00	6624
605-1	热熔型涂料路面标线				
-a	反光型	m²	5442.000	41.53	226006.26
-b	反光突起型(振动)	m²	357.000	171.28	61146.96
605-5	轮廓标				

续上表

细目号	细目名称	单位	数量	单价限价	合价
604-5	单悬臂式交通标志				
-a	单悬臂(一)	块	11.000	4784.22	52626.42
-b	单悬臂(二)	块	4.000	9716.00	38864
-c	单悬臂(三)	块	3.000	11744.67	35234.01
-d	单悬臂(四)	块	4.000	14615.50	58462
605-7	线形诱导标				
-a	附着式	块	12.000	494.50	5934
-b	独立式	块	13.000	1257.69	16349.97
	清单 第600章合计 人民币元				2997748.18

清单 第700章 绿化及环境保护

细目号	细目名称	单位	数量	单价限价	合价
703-1	撒播草种	m²	56070.000	7.08	396975.6
704-1	人工种植乔木				0
-a	小叶榕树(干径3～5cm)	棵	575.000	77.35	44476.25
	清单 第700章合计 人民币元				441451.85

五、投标报价的编制

(一)投标报价编制的依据

投标报价编制的主要依据有：
(1)与建设工程有关的标准、规范、技术资料。
(2)工程量清单计价规范。
(3)企业工料机消耗标准及企业的其他资料。
①企业定额、部颁预算定额。投标报价要反映企业的生产技术水平和管理水平，因此其投标报价的编制应根据企业的施工定额来编制。没有施工定额的企业可参照部颁预算定额并根据企业实际的工料机消耗水平进行调整。
②企业历年来(至少五年)已完工程的成本分析资料。
③企业为项目提供新添施工设备经费的可能性。
(4)招标文件、招标工程量清单及补遗书。
招标文件是编制投标报价的重要资料，应认真仔细地研究，以全面了解承包人在合同中的权利和义务,同时应深入分析施工中承包人所面临的和需要承担的风险,详细研究招标文件中的漏洞和疏忽,为制订投标策略寻找依据,创造条件。实践证明,对招标文件理解透彻,可为投标成功打下良好的基础,否则,易导致投标失误甚至造成无法弥补的损失。

公路工程招标文件包括招标公告/投标邀请书、投标人须知、评标办法、合同条款及格式、工程量清单、图纸、技术规范、工程量清单计量规则、投标文件格式等。另外,招标人在开标前规定日期内颁发的合同、规范、图纸的修改书和变更通知(以书面为准),与招标文件有同等的效力。

(5)建设工程设计文件及相关资料。

(6)工程所在地工程造价管理机构发布的工程造价信息,投标人自行调查和询价资料。

(7)现场考察收集的资料,包括施工现场情况、地质勘察报告、工程特点。

现场考察是投标人投标时全面了解现场施工环境及施工风险的重要途径,是投标人做好投标报价的先决条件。在招标过程中,招标人通常会组织正式的现场考察。当考察时间不够时,投标人可再抽时间到现场收集编标用的资料,或进行重点补充考察。投标人提出的报价应当是在现场考察的基础上编制出来的,而且应包括施工中可能遇见的各种风险和费用。在投标有效期内及工程施工过程中,投标人无权以现场考察不周、情况不了解为由而提出修改标书或调整标价给予补偿的要求。因此,投标人在报价以前必须认真地进行现场考察,全面、细致地了解工地及其周围的政治、经济、地理、法律等情况,收集与报价有关的各种风险与数据资料。现场考察的主要内容如下:

①政治方面(指国外承包工程)。

a.项目所在国政局是否稳定,有无发生政变的可能;

b.项目所在国与邻国的关系如何,有无发生边境冲突的可能;

c.项目所在国与我国的双边关系如何。

②地理、地貌、气象方面。

a.项目所在地及附近地形地貌与设计图纸是否相符;

b.项目所在地的河流水深、地下水情况、水质等;

c.项目所在地近20年的气象资料,如最高最低气温、雨量、雨季期、冰冻深度、降雪量、冬季时间、风向、风速、台风等情况;

d.当地特大风、雨、雪等气象灾害情况;

e.地震灾害情况;

f.自然地理:修筑便道位置、高度、宽度标准,运输条件及水、陆运输情况。

③法律、法规方面。

a.与承包合同有关的经济合同法、外汇管理法、税收法、劳动法、环境保护法、建筑市场管理法、涉外经济合同法等法律及相应的法规;

b.国外承包工程除上述有关法律法规外,尚应了解项目所在地的民法,与项目施工有关的具体规定,如劳动力的雇佣、设备材料的进出口及运输、施工机械使用等规定。

④工程施工条件。

a.工程所需当地建筑材料的料源及分布情况;

b.场内外交通运输条件,现场周围道路桥梁通行能力,便道、便桥的修建位置、长度、数量;

c.施工供电、供水条件,外电架设的可能性(包括数量、架支线长度、费用等);

d. 新盖生产生活房屋的场地及可能租赁民房情况、单价;

e. 当地劳动力来源、技术水平及工资标准情况;

f. 当地施工机械租赁、修理能力。

⑤经济方面。

a. 工程所需各种材料,当地市场供应数量、质量、规格、性能能否满足工程要求及其价格情况;

b. 当地买土地点、数量、单价、运距;

c. 国外承包工程还要了解当地工人工作时间,年法定假日天数,工人假日,冬、雨、夜施工及病假的补贴,工人所交所得税及社会保险金;

d. 监理工程师工资标准;

e. 当地各种运输、装卸及汽柴油价格;

f. 当地主副食供应情况和近3~5年物价上涨率;

g. 保险费情况;

h. 当地工程机械出租的可能性、品种、数量、单价;

i. 当地近几年同类性质已完工程的造价分析资料。

⑥当地的建设市场情况。

a. 该项目中标后,有没有后续工程的可能性;

b. 有哪些竞争对手参加本次投标,各有多大实力,竞争对手信誉如何。

⑦工程所在地有关健康、安全、环保和治安情况,如医疗设施、救护工作、环保要求、废料处理、保安措施等。

⑧其他方面。

现场考察需带有招标人提供的以1/2000比例为宜的平面图,详细标绘施工便道、便桥的布置、数量和其他临时生产生活设施的布置。调查路基范围内拆迁情况,需填筑水塘面积大小、抽水数量、淤泥深度和数量,以及了解开山的岩石等级、打洞放炮设计施工方法、调查桥梁位置、水深水位、便桥架设、钻孔(打桩)工作平台架设、深水基础、承台、下部构造如何施工、上部构造如何预制、预制场设在哪里及怎样布置、安装等有关具体问题,以便为施工组织设计做好准备。

投标人完成标前调查和现场考察工作后,可根据调查结果,确定材料和机械台班单价,同时为施工组织设计提供大量的第一手资料,为确定出合理的报价打下基础。

(8)投标时拟订的施工组织设计或施工方案。

施工组织设计的优劣不仅影响施工能否顺利进行,而且影响造价的高低。不同的施工方案、不同的施工顺序、不同的平面布置所需的工程费用不同,有时会相差很大,因此,在进行投标时,应编制出技术上可行、经济上合理的施工组织设计,并以此作为编制投标报价的依据。

(9)其他资料。

(二)投标报价编制的基本原则

在投标报价编制过程中,为了使报价既包得住成本又具有一定的竞争优势,应遵循以下基本原则:

(1)既要全面响应招标文件的要求,又要力求投标报价具有竞争性。

为使投标报价具有竞争性,投标报价应以招标文件为基础,开展必要的项目环境和施工条件调查,充分考虑项目的施工组织和工法、工期、质量标准、环境保护和安全生产以及各种风险等因素,使投标报价真实、全面地反映项目实际情况和招标文件要求。同时,投标人应全面响应招标文件的要求,应按照招标文件以及招标工程量清单说明的要求逐项填报工程量清单及相关附表,为中标打下基础。

(2)投标报价不得高于最高投标限价,也应避免恶意低价竞标。若在评标过程中发现投标人的报价明显低于其他投标报价及当前市场价,使得投标报价可能低于其个别成本的,招标人会要求该投标人做出书面说明并提供相应的证明材料。投标人不能合理说明或不能提供相应证明材料的,会被认定为以低于成本报价竞标。因此,投标人应该保证投标报价不得高于最高投标限价,也应避免恶意低价竞标。

(3)报价要体现企业生产经营管理水平。报价计算要从企业实际出发,发挥企业的优势和特点,所采用的定额水平要能反映出企业的实际水平。一般定额水平的确定,是以现行的预算定额为基础,结合企业实际功效、实际材料消耗水平、机械设备效率及投标工程的实际条件等加以调整,综合反映企业的技术管理水平。

(4)报价计算要主次分明,详略得当。影响报价的因素多而复杂,在报价计算中要抓住主要问题,如招标单位对投标工程的特殊要求、对报价影响较大的方面、质量不易控制的方面等要认真细致的分析,对次要因素可以简化计算。

(5)报价要以施工方案的经济比较为基础。

(6)报价要从实际出发,报价计算不同于工程概(预)算,必须从实际出发,把实际工作中可能发生的一切费用逐项考虑并计算。

(三)报价编制的步骤

报价编制的步骤如图 5-5 所示。

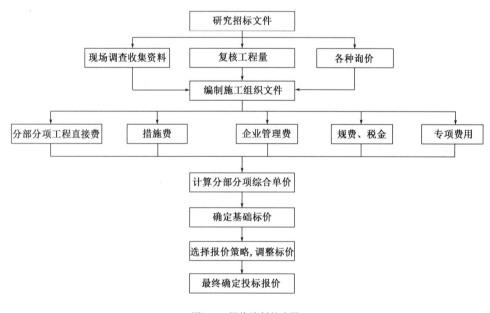

图 5-5 报价编制的步骤

在完成图 5-5 中的这些工作时,应注意以下问题:

1. 仔细核实工程量

工程量是整个算标工作的基础,人工、材料、机械消耗量及辅助设施等,都是根据工程量的多少来确定的。招标项目的工程量在招标文件的工程量清单中有详细说明,但由于种种原因,工程量清单中的工程数量有时会和图纸中的数量存在不一致的现象。因此,有必要进行复核。核实工程量的主要作用如下:

(1) 全面掌握本项目需发生的各分项工程的数量,便于投标中进行准确的报价;

(2) 及时发现工程量清单中关于工程量的错误和漏洞,为制定投标策略提供依据;

(3) 有利于促使投标人对技术规范中的计量支付规定做进一步的研究,便于精确地编写各工程细目的单价。

核实工程量可从两方面入手:一是认真研究招标文件,吃透技术规范;二是通过切实的考察取得第一手资料。具体做好如下几项工作:

(1) 全面核实设计图纸中各分项工程的工程量;

(2) 计算受施工方案影响而需额外发生的工程量;

(3) 根据技术规范中计量与支付的规定,对以上数量进行折算,在折算过程中有时需要对设计图纸中的工程量进行分解或合并。

2. 重视施工组织设计文件的编制

高效率和低消耗是编制施工组织设计的总原则,编制施工组织设计时应遵循连续性、均衡性、协调性和经济性原则,其中,经济性原则是施工组织设计的核心和落脚点,因此,在编制施工组织设计时,应注意如下事项:

(1) 充分满足技术上的先进性和可靠性,最大限度地提高劳动生产率,降低施工成本;

(2) 充分利用现有的施工机械设备,提高施工机械的使用率以降低机械施工成本;

(3) 采用先进的管理手段,优化施工进度计划,选择最优施工排序,均衡安排施工,尽量避免施工高峰的赶工现象和施工低谷中的窝工现象,机动安排非关键线路上的剩余资源,从非关键线路上要效益;

(4) 适当聘用当地员工或临时工,降低施工队伍调遣费,减少窝工现象。

投标竞争是比技术、比管理的竞争,技术和管理的先进性应充分体现在编制的施工组织设计中,以达到降低成本、缩短工期的目的。

3. 明确报价的组成部分及内容

一个项目的投标报价可以划分为以下三部分:

(1) 施工成本。报价时应进行施工成本分析和成本预测。成本分析应建立在以往施工项目成本分析和成本核算工作的基础之上,所以施工企业加强成本核算和统计管理工作是做好投标报价工作的基础。成本预测应使用企业定额,因此,施工企业建立自己的企业定额也是编制施工预算进而做好投标报价工作的前提。

(2) 利润和税金。税金是由国家统一征收的费用,利润是根据项目的具体情况、公司的利润目标、市场行情等确定的。

(3) 风险费用。即在各种风险发生后需由承包人承担的风险损失。风险是一种可能发生可能不发生的概率事件,但一旦发生会给承包人带来损失,甚至使承包人有倒闭破产的危险。

因此对风险应有足够的认识,投标报价中要考虑的风险种类和风险费用,应依据合同条款的规定和当时当地的情况确定。例如,报价中是否要考虑物价上涨费的问题,如果合同条款中规定物价上涨后即调整价差和有关费用,则报价中无须考虑物价上涨费;如果合同条款中规定此项风险由承包人承担,则应在报价中考虑物价上涨费用,物价上涨费用应根据当时的物价上涨情况,在预测物价上涨率的基础上确定。当然这种预测结果与实际情况会有偏差,但这是难免的。又如报价中是否要考虑法律法规变更后增加的费用,是否应考虑不可抗力风险发生后给承包人带来的风险损失及地质情况复杂而需增加的风险费用等等都要依据合同条款的规定来决定,如果合同条款规定由承包人承担,则应在报价中作出充分考虑,而这些费用的多少更无规律可循,主要应依据投标人的经验及对风险的辨别能力和洞察能力来确定。

总之,在投标报价中,应科学的编制以上几项费用,使总报价既有竞争力,又有利可图。

4.掌握市场情报和信息,确定投标策略

报价策略是投标人在激烈竞争的环境下为了企业的生存与发展而可能使用的对策,报价策略运用是否得当,对投标人能否中标并获得利润影响很大,常用的投标策略大致有如下几种:

(1)赢利较大的策略。即在报价中以较大的利润为投标目标的策略。这种投标策略通常在建筑市场任务多,投标人对该项目拥有技术上的垄断优势,竞争对手少或近期施工任务比较饱和时才予采用。

(2)微利保本策略。即在施工成本、利税及风险费几项费用中,降低利润目标,甚至不考虑利润。这种投标策略通常在企业工程任务不饱满,建筑市场供不应求,竞争对手强以及招标人按最低标定标时可采用。

要确定一个低而适度的报价,首先要编制出先进合理的施工方案,在此基础上计算出能够确保合同工期要求和质量标准的最低预算成本。降低公路工程预算成本要从发挥企业优势、降低直接费和企业管理费等方面着手。

(3)低价亏损策略。即在报价中不仅不考虑企业利润,相反考虑一定的亏损后提出的报价策略。这种报价策略通常主要在以下几种情况采用:市场竞争激烈,竞争对手很强;投标人急于打入该建筑市场或保住施工地盘;施工企业面临生存危机,急于解决企业职工的窝工。使用该种投标策略时应注意:第一,招标人肯定是按最低价确定中标单位;第二,这种报价方法属于正当的商业竞争行为。

(4)冒险投标策略。即在报价中不考虑风险费用,这是一种冒险行为,如果风险不发生,即意味着投标人的报价成功;如果风险发生,意味着投标人要承担极大的风险损失。这种报价策略同样只在市场竞争激烈,投标人急于寻找施工任务或着眼于打入该建筑市场甚至独占该建筑市场时才予采用。

(5)其他策略。

投标报价过程中,可以在以上四种策略的基础上采用优化设计、缩短工期、附带优惠、低价索赔等附带策略。

5.报价决策

(1)报价决策方法

在报价分析工作的基础上,根据自己所确定的投标策略,即可进行投标决策,确定投标报价,在总报价确定后,可根据单价分析表中的数据综合考虑其他因素后确定工程量清单中各工程细目的单价。在确定工程细目的单价时,有平衡报价法和不平衡报价法两种方法:平衡报价法将企业管理费和利润等费用平均分摊到各工程细目的单价中,即按某固定的比例分摊。不平衡报价法与此相反。就时间而言,有早期摊入法、递减摊入法、递增摊入法和平均摊入法四种方法。

①早期摊入法。即将投标期间和开工初期需发生的费用全部摊入早期完工的分项工程中。这些费用有投标期间的各种开支、投标保函手续费、工程保险费、部分临时设施费、由投标人承担的监理设施费、施工队伍调遣费、临时工程及其他开支费用。采用不平衡报价法时,可以将工程量清单中的这些费用支付项目适当提高报价,由于这些费用支付时间较早,通常在开工初期支付,这样报价便于承包人尽早收回成本或减少周转资金。

②递减摊入法。即将施工前期发生较多而后期逐步减少的一些费用,按随时间发生逐步减少分摊比例的方法分摊到各分项工程中。这些费用有履约保函手续费、贷款利息、部分临时设施费、业务费、管理费。

③递增摊入法。其方法与递减摊入法相反。这些费用有物价上涨费等费用。当投标人预测物价上涨率在施工后期较高甚至超过银行利率时,可以采用递增摊入法来报价。

④平均摊入法。即将费用平均分摊到各分项工程的单价中。这些费用有意外费用、利润、税金等费用。

(2)投标决策中的报价手法

投标决策中的报价手法通常有以下几种:

①不平衡报价法。具体表现形式如下:

a.先期开工的项目(如开工费,土方工程、基础工程等)的单价报价高,后期开工的项目如高速公路的路面、交通设施、绿化等附属设施的单价报价低。

b.估计到以后将可能增加工程量的项目单价报价高,工程量将可能减少的项目单价报价低。

对单价合同来说,在进行结算支付时,其结算价等于实际完成工程量乘以合同的单价,即合同单价不能变更,因此用这种技巧使承包商获得更多的收益。

c.图纸不明确或有错误的,估计今后会修改的项目的单价报价高,估计今后会取消的项目的单价报价低。

d.没有工程量,只填单价的项目如土方超运,其单价报价高,这样既不影响投标总价,又有利于多获利润。

e.对暂列金额项目,分析让承包商做的可能性大时,其单价报价高,反之,报价低。

f.对于允许价格调整的工程,当利率低于物价上涨时,后期施工的工程细目的单价报价高,反之,报价低。

②扩大标价法。即除了按正常的已知条件编制价格外,对工程中变化较大或没有把握的工作,采用扩大单价、增加"不可预见费"的方法来减少风险。

③多方案报价法。这是利用工程说明书或合同条款不够明确之处,以争取达到修改工程说明书和合同为目的的一种报价方法。其方法是,按原工程说明书和合同条款报一个价格,并加以注释:"如工程说明书和合同条款可作某些改变时,可降低多少费用",使报价成为最低的,以吸引招标人修改说明书和合同条款,但使用该方法时注意不要违反招标文件中规定的投

标一致性，否则会作为废标处理。

④开口升级报价法。这种方法将报价看成是协商的开始，报价时利用招标文件中规定的不明确的有利条件，将造价很高的一些单项工程的报价抛开作为活口，将标价降低至无法与之竞争的数额。利用这种"最低标价"来吸引招标人，从而取得与招标人商谈的机会，利用活口进行升级加价，以达到最后赢利的目的。

⑤突然降价法。这是一种迷惑对手或保密的竞争手段。在整个报价过程中，仍按一般情况报价，甚至有意无意地将报价泄露，或者表示对工程兴趣不大，当临近投标截止期时突然降价，使竞争对手措手不及，从而解决标价保密问题，提高竞争能力和中标机会。

(3)报价决策中应注意的事项

①施工企业在投标中应从自身条件、兴趣、能力和近远期经营战略目标出发来进行报价决策。一个企业，首先要具有战略眼光，投标时既要看到近期利益，更要看到长远目标，承揽当前工程要为今后的工程创造机会和条件。在投标中，企业要注意扬长避短，注重信誉，报价中要量力而行，对不顾实际情况、盲目压低标价的行为应予抵制。

②报价决策中应重视对招标人的条件和心理方面的分析。施工条件是否具备是投标中应予重视的问题，它与承包商的利益密切相关，条件不成熟的项目对招标人是一种风险，应在报价决策中作出相应的考虑。其次应对招标人的心理进行分析，若招标人资金短缺者则一般考虑最低标价中标；若招标人急需工程开工和完工则通常要求工期尽量提前，因此加强对招标人的心理分析和情报收集对做好报价决策是很重要的。

③做好报价的宏观审核。标价编好后，是否合理、有无可能中标，可以采用工程报价宏观审核指标的方法进行分析判断。例如，可采用单位工程造价、全员劳动生产率、个体分析整体综合控制、各分项工程价值比例、各类费用的正常比例、单位工程用工用料等正常指标进行审核。

(四)投标报价编制的方法

投标报价的编制，就是从施工企业的角度，根据企业自身的技术和管理水平对招标工程建设所需的全部费用及其构成进行测算。公路工程施工项目发承包应采用工程量清单计价，投标报价的编制原理和方法，与工程量清单预算的编制方法类似。

工程量清单中的每一子目须填入单价或价格，且只允许有一个报价；没有填入单价或价格的子目，其费用视为已分摊在工程量清单中其他相关子目的单价或价格之中。

清单子目综合单价的确定应符合下列要求：

(1)价格水平由投标人自主确定。

(2)不得修改招标工程量清单已列出的单价或总价。

(3)招标工程量清单编制说明或招标文件中已约定计算办法的清单子目，应按约定的公式、计算基数、费率等计算。

(4)综合单价应包括所需的人工费、材料费、工程设备费、施工机具使用费和企业管理费、规费、利润、税金以及合同约定范围内的风险费用等。

(5)当招标文件指定相应材料、设备的基准价时，应采用该基准价作为材料预算单价进行投标报价编制。

(五)报价编制示例

[例5-4] 某二级公路路线全长29.118km,设计车速60km/h,路基宽度16m,路面宽度15m。底基层采用石灰稳定碎石,厚度为20cm;基层采用水泥稳定碎石,厚度为30cm;面层采用沥青混凝土,厚度为10cm,其中上面层采用细粒式沥青混凝土,厚度为4cm,下面层采用中粒式沥青混凝土,厚度为6cm。招标文件中路面工程部分的招标工程量清单见表5-25,试确定路面工程各子目的投标报价。

路面工程部分的招标工程量清单　　　　　　表5-25

清单　第300章　路面

子目号	子目名称	单位	数量	单价	合价
303-1	石灰稳定碎石底基层				
-a	20cm厚石灰稳定碎石底基层	m²	464390		
304-1	水泥稳定碎石基层				
-a	30cm厚水泥稳定碎石基层	m²	453100		
309-1	细粒式沥青混凝土				
-a	厚40mm	m²	434870		
309-2	中粒式沥青混凝土				
-a	厚60mm	m²	434870		

解:(1)确定各子目的工程数量及采用的定额。

根据招标文件中的工程量清单计量规则规定组价,得到完成工程量清单中各子目的工作内容的定额号,见表5-26。

清单中各子目工作内容的定额号　　　　　　表5-26

序号	工程细目	单位	数量	定额代号
1.石灰稳定碎石底基层		1000m²	464.39	
(1)	基层稳定土厂拌设备安装、拆除(200t/h以内)	座	1	【2-1-10-3】
(2)	推土机平整场地	1000m²	2.0	【1-1-18-26】
(3)	人工铺碎石垫层厚15cm	1000m²	2.0	【2-1-1-5】
(4)	汽车便道平微区路基宽7m	km	3.4	【7-1-1-1】
(5)	汽车便道砂砾路面宽6m	km	3.4	【7-1-1-5】
(6)	厚20cm石灰稳定碎石混合料拌和	1000m²	464.39	【2-1-7-17】
(7)	底基层混合料运输(15t以内,平均运距15km)	1000m³	92.88	【2-1-8-7】+【2-1-8-8】×28
(8)	120kW以内平地机铺筑底基层稳定土混合料	1000m²	464.39	【2-1-9-4】
2.水泥稳定碎石基层		1000m²	453.10	
(1)	基层稳定土厂拌设备安装、拆除(200t/h以内)	座	1	【2-1-10-3】

续上表

序号	工程细目	单位	数量	定额代号
(2)	推土机平整场地	1000m²	2.0	【1-1-18-26】
(3)	人工铺碎石垫层厚15cm	1000m²	2.0	【2-1-1-5】
(4)	汽车便道平微区路基宽7m	km	3.4	【7-1-1-1】
(5)	汽车便道砂砾路面宽6m	km	3.4	【7-1-1-5】
(6)	厚30cm水泥稳定碎石混合料拌和	1000m²	453.10	【2-1-7-5】+【2-1-7-6】×10
(7)	基层混合料运输(15t以内,平均运距15km)	1000m³	135.93	【2-1-8-7】+【2-1-8-8】×28
(8)	120kW以内平地机铺筑基层稳定土混合料	1000m²	453.10	【2-1-9-3】
3.厚40mm细粒式沥青混凝土		1000m²	434.87	
(1)	沥青混合料拌和设备安装、拆除(160t/h以内)	座	1	【2-2-15-4】×0.4
(2)	推土机平整场地	1000m²	3.0	【1-1-18-26】×0.4
(3)	人工铺碎石垫层厚15cm	1000m²	3.0	【2-1-1-5】×0.4
(4)	汽车便道平微区路基宽7m	km	3.4	【7-1-1-1】×0.4
(5)	汽车便道砂砾路面宽6m	km	3.4	【7-1-1-5】×0.4
(6)	拌和沥青混凝土细粒式(160t/h以内)	1000m³	17.40	【2-2-11-18】
(7)	沥青混合料运输17.5km(15t以内)	1000m³	17.40	【2-2-13-7】+【2-2-13-8】×33
(8)	机械摊铺细粒式(160t/h以内)	1000m³	17.40	【2-2-14-21】
(9)	黏层沥青	1000m²	434.87	【2-2-16-5】
4.厚60mm中粒式沥青混凝土		1000m²	434.87	
(1)	沥青混合料拌和设备安装、拆除(160t/h以内)	座	1	【2-2-15-4】×0.6
(2)	推土机平整场地	1000m²	3.0	【1-1-18-26】×0.6
(3)	人工铺碎石垫层厚15cm	1000m²	3.0	【2-1-1-5】×0.6
(4)	汽车便道平微区路基宽7m	km	3.4	【7-1-1-1】×0.6
(5)	汽车便道砂砾路面宽6m	km	3.4	【7-1-1-5】×0.6
(6)	拌和沥青混凝土中粒式(160t/h以内)	1000m³	26.09	【2-2-11-11】
(7)	沥青混合料运输17.5km(15t以内)	1000m³	26.09	【2-2-13-7】+【2-2-13-8】×33
(8)	机械摊中粗粒式(160t/h以内)	1000m³	26.09	【2-2-14-20】
(9)	透层沥青	1000m²	434.87	【2-2-16-3】

（2）综合费费率计算。

根据工程项目和投标人的实际情况，参照《公路工程建设项目概算预算编制办法》(JTG 3830—2018)，计算结果汇总见表5-27。

综合费率计算表（%）

表 5-27

序号	工程类别	措施费费率								综合费率		企业管理费费率						规费费率				综合费率
		冬季施工增加费	雨季施工增加费	夜间施工增加费	高原地区施工增加费	风沙地区施工增加费	沿海地区施工增加费	行车干扰施工增加费	施工辅助费	工地转移费	I	II	基本费用	主副食运费补贴	职工探亲路费	职工取暖补贴	财务费用	综合费率	养老保险费	失业保险费	医疗保险费	工伤保险费	住房公积金	
	1	2	3	4	5	6	7	8	9	10	11	12	13	14	15	16	17	18	19	20	21	22	23	24
1	土方		0.700						0.521	0.224	0.924	0.521	2.747	0.131	0.192		0.271	3.341	16.000	0.500	10.000	1.600	8.500	36.600
2	石方																							
3	运输		0.781						0.154	0.157	0.938	0.154	1.374	0.130	0.132		0.264	1.900	16.000	0.500	10.000	1.600	8.500	36.600
4	路面		0.710						0.818	0.321	1.031	0.818	2.427	0.088	0.159		0.404	3.078	16.000	0.500	10.000	1.600	8.500	36.600
5	隧道																							
6	构造物 I		0.491						1.201	0.262	0.753	1.201	3.587	0.120	0.274		0.466	4.447	16.000	0.500	10.000	1.600	8.500	36.600
7	构造物 I（不计冬）		0.491						1.201	0.262	0.753	1.201	3.587	0.120	0.274		0.466	4.447	16.000	0.500	10.000	1.600	8.500	36.600
8	构造物 II																							
9	构造物 III（桥梁）																							
10	构造物 I（除桥以外不计雨夜）																							
11	技术复杂大桥																							
12	钢材及钢结构（桥梁）																							
13	钢材及钢结构（除桥以外不计夜）																							
14	费率为 0																							
15	路面（不计雨）																							
16	构造物 I（不计雨）																							
17	构造物 III（除桥以外）																							
18	钢材及钢结构（除桥以外）																							

(3)进行工料机分析。本合同段施工所需的人工、各种材料、机械的品种及数量见表 5-28。

人工、主要材料、施工机械台班数量汇总表　　　　　表 5-28

代号	规格名称	单位	总数量	代号	规格名称	单位	总数量
1	人工	工日	14274.005	30	2.0m³ 以内轮胎式装载机	台班	280.597
2	机械工	工日	11368.063	31	3.0m³ 以内轮胎式装载机	台班	626.618
3	型钢	t	0.185	32	120kW 以内自行式平地机	台班	305.852
4	组合钢模板	t	0.396	33	6~8t 光轮压路机	台班	8.160
5	铁件	kg	375.000	34	8~10t 光轮压路机	台班	16.830
6	石油沥青	t	5655.857	35	12~15t 光轮压路机	台班	121.337
7	重油	kg	724321.187	36	18~21t 光轮压路机	台班	2.870
8	汽油	kg	4757.162	37	0.6t 以内手扶式振动碾	台班	42.738
9	柴油	kg	594239.555	38	10t 以内振动压路机(单钢轮)	台班	10.780
10	煤	t	105.413	39	20t 以内振动压路机	台班	348.308
11	电	kW·h	424549.951	40	300t/h 内稳定土厂拌设备	台班	270.039
12	水	m³	34436.120	41	8000L 以内沥青洒布车	台班	26.092
13	锯材	m³	0.050	42	160t/h 内沥青混合料拌和设备	台班	105.072
14	熟石灰	t	10932.042				
15	中(粗)砂	m³	1750.505	43	9.0m 内沥青混合料摊铺机	台班	122.033
16	天然级配	m³	12294.407	44	10t 以内振动压路机(双钢轮)	台班	471.432
17	矿粉	t	4384.508	45	9~16t 轮胎式压路机	台班	286.335
18	路面用石屑	m³	18104.029	46	16~20t 轮胎式压路机	台班	215.441
19	片石	m³	1924.850	47	250L 以内强制式混凝土搅拌机	台班	13.240
20	碎石(4cm)	m³	373.134	48	5t 以内自卸汽车	台班	113.509
21	碎石	m³	335730.650	49	15t 以内自卸汽车	台班	5118.750
22	路面用碎石(1.5cm)	m³	37473.931	50	20t 以内平板拖车组	台班	30.980
23	路面用碎石(2.5cm)	m³	11250.780	51	10000L 以内洒水汽车	台班	164.194
24	块石	m³	2314.040	52	12t 以内汽车式起重机	台班	8.570
25	32.5 级水泥	t	15987.332	53	20t 以内汽车式起重机	台班	34.280
26	其他材料费	元	302154.524	54	40t 以内汽车式起重机	台班	28.380
27	设备摊销费	元	163259.571	55	75t 以内汽车式起重机	台班	57.270
28	75kW 以内履带式推土机	台班	91.698	56	小型机具使用费	元	4167.632
29	0.6m³ 以内履带式液压单斗挖掘机	台班	32.410				

(4)确定工、料、机的单价。

经过市场调查和分析计算,确定该合同段的人工、材料、施工机械台班单价汇总见表 5-29。

人工、材料、施工机械台班单价汇总表   表 5-29

序号	名称	单位	代号	预算单价（元）	序号	名称	单位	代号	预算单价（元）
1	人工	工日	1001001	101.00	31	3.0m³以内轮胎式装载机	台班	8001049	1248.64
2	机械工	工日	1051001	101.00	32	120kW以内自行式平地机	台班	8001058	1182.26
3	型钢	t	2003004	3504.27	33	6~8t光轮压路机	台班	8001078	355.74
4	组合钢模板	t	2003026	4700.85	34	8~10t光轮压路机	台班	8001079	391.21
5	铁件	kg	2009028	4.53	35	12~15t光轮压路机	台班	8001081	581.81
6	石油沥青	t	3001001	4529.91	36	18~21t光轮压路机	台班	8001083	747.65
7	重油	kg	3003001	3.59	37	0.6t以内手扶式振动碾	台班	8001085	159.33
8	汽油	kg	3003002	8.29	38	10t以内振动压路机（单钢轮）	台班	8001088	893.12
9	柴油	kg	3003003	7.44					
10	煤	t	3005001	561.95	39	20t以内振动压路机	台班	8001090	1455.92
11	电	kW·h	3005002	0.85	40	300t/h内稳定土厂拌设备	台班	8003011	1285.24
12	水	m³	3005004	2.72	41	8000L以内沥青洒布车	台班	8003040	831.80
13	锯材	m³	4003002	1504.42	42	160t/h内沥青混合料拌和设备	台班	8003051	32395.77
14	熟石灰	t	5503003	276.70					
15	中(粗)砂	m³	5503005	87.38	43	9.0m内沥青混合料摊铺机	台班	8003059	2634.59
16	天然级配	m³	5503009	60.19					
17	矿粉	t	5503013	155.34	44	10t以内振动压路机（双钢轮）	台班	8003063	1084.92
18	路面用石屑	m³	5503015	106.80					
19	片石	m³	5505005	63.11	45	9~16t轮胎式压路机	台班	8003066	645.66
20	碎石(4cm)	m³	5505013	86.41	46	16~20t轮胎式压路机	台班	8003067	760.24
21	碎石	m³	5505016	75.73	47	250L以内强制式混凝土搅拌机	台班	8005002	172.58
22	路面用碎石(1.5cm)	m³	5505017	94.17					
23	路面用碎石(2.5cm)	m³	5505018	92.23	48	5t以内自卸汽车	台班	8007012	570.33
24	块石	m³	5505025	93.20	49	15t以内自卸汽车	台班	8007017	925.07
25	32.5级水泥	t	5509001	307.69	50	20t以内平板拖车组	台班	8007024	946.49
26	其他材料费	元	7801001	1	51	10000L以内洒水汽车	台班	8007043	1102.44
27	设备摊销费	元	7901001	1	52	12t以内汽车式起重机	台班	8009027	842.44
28	75kW以内履带式推土机	台班	8001002	873.65	53	20t以内汽车式起重机	台班	8009029	1205.37
29	0.6m³以内履带式液压单斗挖掘机	台班	8001025	821.89	54	40t以内汽车式起重机	台班	8009032	2225.45
					55	75t以内汽车式起重机	台班	8009034	3490.04
30	2.0m³以内轮胎式装载机	台班	8001047	983.46	56	小型机具使用费	元	8099001	1

（5）分项计算，汇总得到建筑安装工程费计算表，见表 5-30。

表 5-30

建筑安装工程费计算表

序号	分项编号	工程名称	单位	工程量	定额直接费(元)	定额设备购置费(元)	直接费(元) 人工费	直接费(元) 材料费	直接费(元) 施工机械使用费	直接费(元) 合计	设备购置费	措施费	企业管理费	规费	利润(元) 利润率7.42(%)	税金(元) 税率9(%)	金额合计(元) 合计	金额合计(元) 单价
1	2	3		4	5	6	7	8	9	10	11	12	13	14	15	16	17	18
1	清单	第300章 路面															99231882	
2	304	水泥稳定土底基层、基层															30194584	
3	304-1	水泥稳定类基层															30194584	
4	-a	30cm厚水泥稳定碎石基层	m²	453100.0	24574921		402781	20523547	3616082	24542410		226570	733157	305899	1894672	2493244	30194584	66.64
5	306	石灰稳定底基层、基层															20070936	
6	306-1	石灰稳定类底基层															20070936	
7	-a	20cm厚石灰稳定碎石底基层	m²	464390.0	16293241		358370	13260130	2647014	16265514		153587	486435	249631	1256450	1657047	20070936	43.22
8	309	热拌沥青混合料面层															48966362	
9	309-1	细粒式沥青混凝土															19825723	
10	-a	厚40mm	m²	434870.0	16182736		184188	13601612	2381875	16167675		156297	496016	121441	1249161	1637152	19825723	45.59
11	309-2	中粒式沥青混凝土															29140639	
12	-a	厚60mm	m²	434870.0	23776807		282114	19857276	3614257	23753647		230874	728720	186231	1835442	2406143	29140639	67.01
		合计			80827705	0	1227453	67242565	12259228	80729246	0	767328	2444328	863202	6235725	8193586	99231882	3407922.32

(6) 确定工程量清单中的单价,见表5-31。

工程量清单单价　　　　　　　　　　　　　　　　　　　　　表5-31

清单　第300章　路面

子目号	子目名称	单位	数量	单价	合价(元)
303-1	石灰稳定碎石底基层				
-a	20cm厚石灰稳定碎石底基层	m²	464390	43.22	20070936
304-1	水泥稳定碎石基层				
-a	30cm厚水泥稳定碎石基层	m²	453100	66.64	30194584
309-1	细粒式沥青混凝土				
-a	厚40mm	m²	434870	45.59	19825723
309-2	中粒式沥青混凝土				
-a	厚60mm	m²	434870	67.01	29140639

注:①作为示例,本例以《公路工程预算定额》(JTG/T 3832—2018)来编制报价。但在实际工作中,应以反映施工企业实际技术水平、管理水平的企业定额来编制。

②利润率取7.42%,但在实际工作中,应以市场行情及企业的策略等确定。

习题

1. 什么是工程量清单?
2. 简述工程量清单文件的基本格式。
3. 简述招标工程量清单的编制依据。
4. 什么是清单预算?其编制依据包括哪些内容?
5. 简述如何进行综合单价计价。
6. 什么是最高投标限价?最高投标限价如何确定?
7. 简述投标报价编制的依据。
8. 某段道路由于土基较湿软,容易沉陷,需要对其进行处理,先对其打入石灰砂桩。每个砂桩直径为20cm,桩长1.5m,桩间距为20cm,该路段长为500m,路基宽度为11m,路肩宽度为1m,试根据《公路工程标准施工招标文件》确定石灰砂桩的清单工程量。

9. ××高速公路第10合同××互通式立交工程,其采用振动沉管碎石桩进行软土地基处理,桩径φ377mm,桩距1.00m,其工程数量见题9表-1,软土地基处理的立面、平面及细部结构见题9图,招标文件中对软土地基处理的相关子目约定见题9表-2,试根据《公路工程标准施工招标文件》(2018年版)和此工程的招标文件编制该合同段的软土地基处理的工程量清单。

××高速公路10合同××互通式立交工程软土地基处理数量汇总表 题9表-1

起讫桩号	长度(m)	平均宽度(m)	防渗土工布(m²)	碎石垫层		土工格栅		填前处理(透水性良好的填料)		振动沉管碎石桩			桩头	
				厚度(m)	数量(m³)	层数	面积(m²)	厚度(m)	数量(m³)	单根长(m)	总长(m)	碎石数量(m³)	混凝土(m³)	钢筋(kg)
1	2	3	4	5	6	7	8	9	10	11	12	13	14	15
主线														
K47+355~K47+598.03	243.03	42.58	10348	0.5	5174.1	3	33451	0.5	5174	13.0	156051	17419.6	528.2	804.3
K48+183~K48+340	157.00	41.42	6503	0.5	3251.5			0.5	3251	10.0	75434	8420.5	331.9	505.4
匝A														
K0+162~K0+624.21	462.21	29.42	13598	0.5	6799.1	2	30247	0.5	6799	13.0	205061	22890.5	694.1	1056.9
匝B														
K0+000~K0+215	215.00	28.17	6057	0.5	3028.3	2	13532	0.5	3028	13.0	91333	10195.3	309.1	470.7
匝C														
K0+000~K0+317.50	317.50	36.62	11627	0.5	5813.4	3	38024	0.5	5813	13.0	175333	19572.1	593.4	903.6
匝D														
K0+275~K0+485.81	210.81	29.24	6164	0.5	3082.0	3	20579	0.5	3082	13.0	92954	10376.3	314.6	479.1
匝E														
K0+000~K0+300	300.00	32.21	9663	0.5	4831.5			0.5	4832	13.0	145718	16266.2	493.2	751.0
K0+463~K0+515.20	52.20	30.43	1588	0.5	794.5			0.5	794	13.0	23954	2673.9	81.1	123.5
合计	1957.75		65548		32774.2		135833		32773		965838	107814.5	3345.6	5094.4

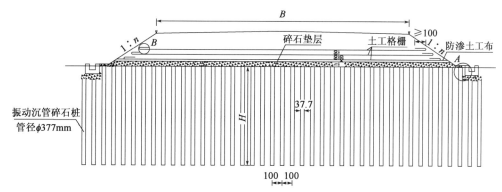

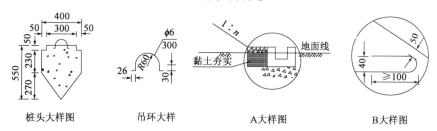

题9图 软土地基处理立面、平面及细部结构图（尺寸单位：mm）

××高速公路第10合同××互通式立交工程软土地基处理子目约定表　　题9表-2

子目号	子目名称	单位	数量	备注
205-1	软土地基处理			
-a	填前处理（透水性良好的填料）	m³		
-b	碎石垫层	m³		
…	…			
i	碎石桩	m		
…	…			
-l	土工织物			
-(a)	防渗土工布	m²		
-(b)	土工格栅	m²		

10. 某大桥桥宽 26m，与路基同宽。桥长 1216m，两岸接线长各 500m，地势较为平坦（土石方填挖计入路基工程，预制场建设不考虑土石方的填挖）。桥梁跨径为 12×30m + 6×40m + 20×30m 先简支后连续预应力混凝土 T 形梁结构，每跨布置预制 T 形梁 14 片。其中 30m 预应力 T 形梁梁高 180cm、底宽 40cm、顶宽 160cm，40m 预应力 T 形梁梁高 240cm、底宽 50cm、顶宽 160cm。T 形梁预制、安装工期均按 8 个月计算，预制安装存在时间差，按 1 个月考虑。吊装设备考虑 1 个月安拆时间，每片梁预制周期按 10 天计算。上部结构的主要工程量见题 10 表。

上部结构主要工程量表 题 10 表

工程子目		单位	数量	备注
40m 预制 T 形梁	C50 混凝土	m³	2520	
	光圆钢筋	t	50.4	
	带肋钢筋	t	403.2	
	钢绞线	t	92.4	OVM 锚 15-7:672 套
30m 预制 T 形梁	C50 混凝土	m³	8960	
	光圆钢筋	t	179.2	
	带肋钢筋	t	1433.6	
	钢绞线	t	289.9	OVM 锚 15-7:3136 套
湿接缝	C50 混凝土	m³	784	
	光圆钢筋	t	23.52	
	带肋钢筋	t	141.12	
	钢绞线	t	137.9	长度 20m 内，BM 锚 15-5:3920 套

根据《公路工程标准施工招标文件》(2018 年版)及上述工程量表，编制该桥梁工程上部结构工程量清单和清单预算。

第六章
公路工程建设项目结算、决算编制

按照现行的公路工程建设项目管理方式,在施工过程中及工程交工后,发包人与承包人要进行工程费用结算工作;在工程竣工后,发包人还要按国家有关规定编制工程竣工决算。本章对公路工程建设项目结算和决算的编制进行介绍。

第一节 公路工程建设项目结算编制

一、概述

(一)结算的定义与作用

公路工程建设项目结算是在公路工程实施过程中或工程交工后,发、承包双方依据国家有关法律、法规,按合同约定计算确定最终工程价款并办理支付的过程。结算的作用主要体现在以下四个方面:

(1) 是确保工程施工正常进行的需要

发包人将工程发包给承包人,承包人根据设计图纸和施工合同的要求组织施工。由于公路工程具有工程规模大、建设时间长、施工环节多、工序复杂、风险较大、费用巨大等特点,以及应保证工程施工的连续性和均衡性的要求,承包人在工程施工中必定会投入大量的人力、物力、财力,垫付大量的资金,而承包人的筹资能力又是有限的,如果在一定时期内发包人不按合同规定将承包人垫付资金已转化为合格工程的价值部分支付给承包人,势必会造成承包人的资金短缺而影响工程施工的正常进行。为了确保工程施工的正常进行、使承包人能在合同工期内完成工程施工,因此在施工过程中应进行施工结算。

(2) 是确保工程质量的需要

在施工过程中进行施工结算的一项基本工作就是进行工程计量,而工程计量的依据之一是质量必须合格,即要符合合同文件规定的质量要求。如果质量不合格,则不得进行工程计量,因此发包人也就谈不上要向承包人进行工程费用的结算,这就会促使承包人在施工中注重工程质量,在出现质量问题或质量缺陷后能及时对质量问题或质量缺陷进行整改,保证工程达到质量要求。

(3) 是合同双方履行施工承包合同的保证

在施工过程中是否进行施工结算、如何进行施工结算,是在施工承包合同文件中已约定了的,承发包双方都应当遵守合同的约定,认真履行自己的职责,行使自己的权利,获取自己的利益。如果某一方不履行自己的职责,则要承担相应的责任。

(4) 是提高经济效益的重要措施

实行施工结算,是促进缩短建设周期、加速资金周转、提高投资效益的一项重要措施。从发包人的角度来看,可以根据承包人的施工进度计划和费用支付计划按计划筹集建设资金,这样可以降低资金成本,提高投资效益;从承包人的角度来看,可以促使承包人加速资金周转,提高资金的周转率,减少流动资金贷款利息,甚至可以促使缩短建设工期。

(二)结算的分类

按不同的分类标准,工程结算可分为相应的类别和方式。

1. 按结算要求、作用、时间的不同,可分为施工过程中结算、交工结算和竣工结算

施工过程中结算,又称工程进度付款或期中结算,是指工程还未交工,发包人根据监理人签认的某一时期内"中间证书"中合格工程量及相应单价,确定并支付承包人应获取的工程款项的过程。支付价款中还可能包括工程变更、工程索赔、价格调整等承包人应获得的其他款项。期中结算不要求十分精确,承包人的累计进度款收入大致符合工程进度即可。如果前一期支付证书中有错,可在下一期中予以纠正。

交工结算是指工程交工后,发包人与承包人之间对于承包工程内容进行的建筑安装工程费的结算,是根据合同条款、有关造价法规以及施工阶段发生的工程变更、工程索赔、价格调整等变动情况,对原合同协议价格进行调整修正后的总结性技术经济文件,也是期中结算的最后汇总。

竣工结算是在工程缺陷责任期终止后,最后一次准确确定的造价。不同于项目全过程中的投资估算、设计概算、施工图预算、招标控制价、合同价等预测价,竣工结算是项目的实际造价。公路工程项目根据路基、中小桥、大桥、特大桥、互通立交、路面、隧道、交通工程及安全设

施、沿线房建等不同的施工技术特点和路线长度划分不同的标段,分别由不同的承包人施工,每个标段的结算造价按各自的工程内容进行计算,整个项目的竣工结算是所有标段的竣工结算费用之和。竣工结算时应返还之前扣留的承包人质量保证金的剩余部分。

2. 按结算的具体时间节点,可分为按月结算、分段结算、竣工后一次结算和其他结算方式

(1)按月结算

按月结算,即实行月末或月中预支,月终结算,竣工后清算的办法。跨年度施工的工程,在年终进行工程盘点,办理年度结算。

(2)分段结算

分段结算,即当年开工、当年不能竣工的单项工程或单位工程按照工程进度,划分不同阶段进行结算。分段结算可以按月预支工程款。

实行竣工后一次结算和分段结算的工程,当年结算的工程款应与分年度的工作量一致,年终不另行清算。

(3)竣工后一次结算

建设项目或单项工程全部建筑安装工程建设期较短,如在 12 个月以内,或者工程承包合同价值较小,如在 100 万元以下的,可以实行工程价款每月月中预支,竣工后一次结算。

(4)其他结算方式

其他结算方式是指不同于以上的结算方式,而是根据工程承包合同中约定的特定结算方式进行的施工结算。

我国工程项目建设管理一般都采用招标投标制、合同制、施工监理制和施工企业项目经理制,也有采用其他承发包方式的,如直接按施工图预算加系数包干、按概算包干、按建筑平米造价、按里程造价包干等。因此,具体工程项目在施工结算的方式上有一定差异。在进行施工结算时,应当严格遵守承发包双方签订的工程承包合同中约定的结算方式,在等价有偿、平等互利的基础上,实事求是地进行结算。

3. 按照公路工程项目建设管理方式,可分为开工前预付、工程进度付款、交工结算、最终结清

(1)开工前预付

开工前预付,即开工预付款的支付。在承包人已履行合同文件中的约定后,由监理人在规定的时间内签发开工预付款支付证书、报发包人审批后,由发包人向承包人付款。该预付的款额在工程进度付款中要予以扣回。

(2)工程进度付款

工程进度付款又称期中支付,指施工过程中按照工程完成进度(一般按月)将承包人在本计量支付期内完成的合格工程价值进行的付款。进度付款的性质是属于一种临时性的付款(结算),发包人付款的依据就是监理人开出的进度付款证书。

(3)交工结算

交工结算是指工程经交工验收后,承包人根据原施工图预算,加上补充修改预算并整合变更、索赔等资料向发包人办理交工工程价款结算的文件。它是调整工程计划、确定和统计工程进度、考核基本建设投资的效果,进行工程成本分析的依据。

(4)最终结清

最终结清,又叫最终支付,即最后一次支付,指交工以后一定时间(缺陷责任期)后的结

清。它是在承包人的缺陷责任期满,缺陷责任终止证书签发后才进行的支付,是发包人与承包人经济关系的结清;最终结清申请单中的总金额应认为是代表了根据合同规定应付给承包人的全部款项的最后结算。

(三)结算的编制依据

公路工程施工结算编制的主要依据有:

(1)国家和地方交通主管部门颁发的有关工程造价编制方面的文件

国家和地方交通主管部门颁发的现行有关工程造价编制方面的文件,它们既是设计阶段、招投标阶段工程造价编制的依据,也是在一定条件下的工程施工费用结算编制的依据。

(2)工程承包合同

工程承包合同(协议书)中明确约定了合同双方应承担的责任、可以行使的权利、应获得的利益,也明确载明了该工程的合同总价、合同清单单价等。在施工结算编制中,应受合同文件有关条款的约束。

(3)专用合同条款、通用合同条款

通用合同条款以及发包人根据本地区和项目实际情况设置的专用合同条款,涉及施工结算中的一些特定支付项目,如开工预付款、材料预付款、质量保证金、变更费用、价格调整费用、索赔费用、逾期竣工违约金、工期提前奖金、逾期付款违约金等的具体处理方式。因此,通用合同条款、专用合同条款是施工结算的编制依据。

施工结算中涉及的一些基本数据,通常在招标文件中就以项目专用条款数据表的形式给出,见表6-1,表中条目号所对应的内容参见现行《公路工程标准施工招标文件》。

项目专用合同条款数据表(样表)　　　　　表6-1

序号	条目号	信息或数据
1	1.1.2.2	发包人: 地　址:　　　　　　　　邮政编码:
2	1.1.2.6	监理人: 地　址:　　　　　　　　邮政编码:
3	1.1.4.5	缺陷责任期:自实际交工日期起计算2年
4	1.6.3	图纸需要修改和补充的,应由监理人取得发包人同意后,在该工程或工程相应部位施工前7天签发图纸修改图给承包人
5	3.1.1	监理人在行使下列权利前需要经发包人事前批准: (6)根据15.3款发出的变更指示,其单项工程变更涉及的金额超过了该单项工程签约时合同价的3%或累计变更超过了签约合同价的10%
6	5.2.1	发包人是否提供材料或工程设备:否 如发包人负责提供部分材料或工程设备,相关规定如下:本工程不提供
7	6.2	发包人是否提供施工设备和临时设施:否
8	8.1.1	发包人提供测量基准点、基准线和水准点及其书面资料的期限:签约后14天内 承包人将施工控制网资料报送监理人审批的期限:发包人提供资料后21天内
9	11.5	逾期交工违约金:20000元/天

续上表

序号	条目号	信息或数据
10	11.5	逾期交工违约金限额:10%签约合同价
11	11.6	提前交工的奖金:10000元/天
12	11.6	提前交工的奖金限额:3%签约合同价
13	15.5.2	承包人提出的合理化建议降低了合同价格或者提高了工程经济效益的,发包人按所节约成本的40%或增加收益的30%给予奖励
14	16.1	因为物价波动引起的价格调整按照第16.1.1或第16.1.2项约定的原则处理 若按第16.1.1项的约定采用价格调整公式进行调价,每半年按价格调整公式进行一次调整
15	17.2.1	开工预付款金额:10%签约合同价
16	17.2.1	材料、设备预付款比例:钢材、木材、水泥、沥青等主要材料、设备单据所列费用的75%
17	17.3.2	承包人在每个付款周末向监理人提交进度付款申请单的份数:6份
18	17.3.3(1)	进度付款证书最低限额:4%签约合同价或500万元
19	17.3.3(2)	逾期付款违约金的利率:3‰/天
20	17.4.1	质量保证金百分比:月支付额的10%
21	17.4.1	质量保证金限额:5%合同价格,若交工验收时承包人具备被招标项目所在地省级交通主管部门评定的最高信用等级,发包人给予1%合同价格质量保证金的优惠,并在交工验收时向承包人返还质量保证金优惠的金额
22	17.5.1	承包人向监理人提交交工付款申请单(包括相关证明材料)的份数6份
23	17.6.1	承包人向监理人提交最终结清申请单(包括相关证明材料)的份数6份
24	18.2	竣工资料的份数:6份
25	18.5.1	单位工程或工程设备是需要投入施工期运行:否
26	18.6.1	本工程及工程设备是否进行试运行:否
27	19.7	保修期:自实际交工日期起算5年
28	20.1	建筑工程一切险的保险费率4‰
29	20.4.2	第三者责任险的最低投保金额:300万元,事故次数不限(不计免赔),保险费率:5‰
30	24.1	争议的最终解决方式:仲裁 仲裁委员会名称:××省仲裁委员会

(4)工程量清单计量规则

工程量清单计量规则对施工结算的计量和支付进行了详细规定。因此,工程量清单计量规则是施工结算的编制依据。

(5)工程量清单

作为合同文件重要组成部分的工程量清单,其中列有支付细目编号、项目名称、计量单位、数量、单价、合价或金额。在施工结算中,细目编号、项目名称、计量单位、单价是施工结算编制的重要依据,且不得随意更改。

(6)计量的工程量

已标价工程量清单中的单价子目工程量为估算工程量,而结算工程量是承包人实际完成的,并按合同约定的计量方法进行计量的工程量。除合同另有规定外,监理人应根据施工监理规范对承包人提出的已完工程量通过计量进行工程量核实。计量的工程量是确定承包人已完成工程价值的基础,是施工结算编制的基本依据。

(7)日常施工记录

对于一些特定的费用支付项目的核定,如索赔费用、工程变更费用等,常常要根据承包人的现场施工记录、监理人的监理日志等来确认对承包人造成的实际影响程度和责任的分担,据此核定应向承包人支付的费用。因此,日常施工记录是施工结算的编制依据。

(8)国家有关主管部门颁发的文件

国家有关主管部门颁发的文件如关于建设工程价款结算办法、国家审计实施办法等。

二、公路工程建设项目结算费用组成及计算

(一)结算的费用构成

施工结算的费用项目在施工结算的不同时期有所差异。按照《公路工程标准施工招标文件》(FIDIC 合同条款基本相同)中的有关规定和已经完成或正在实施的高等级公路项目的实际施工结算情况,施工结算的费用项目可以划分为两类:一类是工程量清单内的费用项目,它包括清单内各章、各节、各细目应支付的费用项目及工程量清单汇总表中包含的计日工、暂列金额费用项目等;另一类是清单以外、合同以内的费用项目,它包括开工预付款、材料预付款、质量保证金、变更费用、价格调整费用、索赔费用、逾期竣工违约金、工期提前奖金、逾期付款违约金等费用项目。施工结算费用项目构成如图6-1所示。

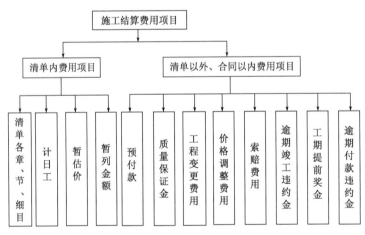

图 6-1　施工结算费用项目构成

1. 清单内费用项目

工程量清单内的费用项目,是将整个工程项目按照一定的划分原则和工程量计算规则,将整个工程项目进行分解并计算出工程量而构成的工程细目表。按照现行《公路工程标准施工招标文件》中的工程量清单内费用组成的规定,其内容主要包括工程量清单100章~第700章的全部内容及计日工、暂估价和暂列金额,其费用计算方法在《公路工程标准施工招标文件》的第八章"工程量清单计量规则"中均进行了严格规定。

(1) 第100章总则

按现行《公路工程标准施工招标文件》，工程量清单第100章为总则，包括保险费、竣工文件、临时工程与设施、施工标准化等。这些费用项目，承包人在投标时应按招标文件要求逐一报价，施工过程中按合同文件规定进行支付(结算)。

(2) 第200章～700章

第200章～700章分别是路基、路面、桥梁、涵洞、隧道、安全设施及预埋管线、绿化及环境保护设施。这些内容是将整个工程按一定的划分原则进行分解后列出的子目，按工程量计量规则列出各工程细目的工程量。这些费用项目，承包人在投标时应按招标文件要求报价，在施工过程中按实际完成的合格工程的工程数量和该工程细目的合同清单单价计算应支付的款额。

(3) 计日工

在《公路工程标准施工招标文件》的工程量清单中列有计日工表，在计日工表中按劳务、材料、施工机械分别列出，并列出计日工汇总表。计日工表是承包人对计日工进行报价的依据，其计日工的合价是承包人报价及合同价的组成部分，也是在工程施工过程中进行费用结算(支付)的依据。

(4) 暂估价

暂估价包括材料暂估价、工程设备暂估价、专业工程暂估价。

(5) 暂列金额

投标报价汇总表中的暂列金额是在已标价工程量清单中所列的暂列金额，用于本工程在签订合同协议书时尚未确定或不可预见变更的施工及其所需材料、工程设备、服务等的金额，包括以计日工方式支付的金额。

2. 清单以外、合同以内的费用项目

清单以外、合同以内费用项目是指那些没有包括在工程量清单以内，但根据合同条款规定可以成立的费用项目。按现行《公路工程标准施工招标文件》通用合同条款，清单以外、合同以内的费用项目如下：

(1) 预付款

预付款用于承包人为合同工程施工购买材料、工程设备、施工设备、修建临时设施以及组织施工队伍进场等。预付款的额度和预付办法在专用合同条款中约定。预付款必须专用于合同工程，不得挪为他用。

(2) 质量保证金

质量保证金是在进度付款证书中将承包人已交工程应得的款额扣留一部分，用以促使承包人履行合同中规定的质量责任。质量保证金的扣留和退还应严格按该工程合同文件的规定办理。

(3) 工程变更费用

工程变更是指在工程实施中，对某些工作内容做出修改或者追加或取消某一工作内容。由于勘测、设计、试验与实际的差异，在合同执行过程中，工程变更是不可避免的，为了更加合理的完成工程，工程变更也是很有必要的。

变更工程费用计价，应以工程量清单中的单价或总额价为依据。如果工程量清单中未包含适用于变更工程的单价，则采用工程量清单中监理人认为适合的单价作为变更计价的依据；如果不合适，则由监理人和承包人协议一个合适的单价或总额并报发包人审批。如果不能达成协议,则监理人应根据情况在报发包人审批后,定出合理的单价或总额价,并通知承包人,抄送发包人。如果此单价或总额价一时不能议定,监理人可以确定暂时的单价或总额价,作为暂付款列入期中支付证书中,待议定后再在其后的期中支付证书中调整。

(4)价格调整费用

工程建设的周期往往都较长,在这样的一个较长的建设周期中,无论是发包人还是承包人都必须考虑到与工程有关的各种价格变化。为了避免双方的风险损失,降低投标报价和合理确定工程造价,合同通用条款通常会对价格调整做出专门规定。

(5)索赔费用

索赔,即权利的索取,是指在施工中由于发包人或其他非承包人的原因,使承包人在施工中付出了额外的费用,承包人根据合同的规定和正常、合法的途径,要求发包人赔偿施工中损失的权利的一种行为。索赔按目的来分,可分为费用索赔和工期索赔两类,通常以费用索赔为主,这里指的费用是为履行合同所发生的或将要发生的所有合理开支,包括管理费和应分摊的其他费用,但不包括利润。

索赔按照其依据来分,可分为合同内索赔、合同外索赔和道义索赔。合同内索赔是按合同文件规定能成立的索赔。合同外索赔是指其索赔依据在合同文件中无法找到,但在国家的法律、法规中能找到依据的索赔。道义索赔又称优惠补偿,是指在合同文件内及国家的法律、法规中无法找到依据,发包人也没有违约或违反法律、法规的规定,但承包人的确已尽了最大努力后仍产生了严重亏损,甚至导致工程无法继续施工下去,这时承包人通常会寻求道义索赔;例如承包人在施工中发现投标时对施工的难度估计不足,报价太低,虽然尽了最大努力并且发生了较大亏损情况下,仍然不能完成工程施工,这时通常可寻求道义索赔,希望通情达理的发包人为使工程项目顺利建成而给予一定的补偿。本教材所涉及的索赔以合同内索赔为主。

(6)逾期竣工违约金

逾期竣工违约金是指承包人未能按合同工期完成工程施工或在监理人批准的延期内完成工程施工而给予发包人的补偿。

由于承包人原因造成工期延误,承包人应支付逾期竣工违约金。逾期竣工违约金的计算方法通常在专用合同条款中约定。承包人支付逾期竣工违约金,不免除承包人完成工程及修补缺陷的义务。

(7)逾期付款违约金

发包人有按合同的规定时间准时付款给承包人的责任和义务,监理人应督促发包人按合同约定办理。如果发包人不按合同约定的时间付款,则应支付承包人逾期付款违约金。

(8)工期提前奖金

根据通用合同条款,发包人要求承包人提前竣工,或承包人提出提前竣工的建议能够给发包人带来效益的,应由监理人与承包人共同协商采取加快工程进度的措施和修订合同进度计划。发包人应承担承包人由此增加的费用,并向承包人支付专用合同条款约定的相应奖金。

(二)各项结算费用的计算

1. 工程量清单内各费用项目的计算

(1)现行《公路工程标准施工招标文件》第100章各费用项目的计算

第100章费用项目应严格按照施工招标文件中的工程量清单计量规则进行计算。通常,保险费是按缴纳费用的收据(发票)进行计算并在合同清单该支付项金额内予以支付;其余费用项目是在满足合同文件要求后,按合同文件规定的百分比进行计算并支付。

(2)现行《公路工程标准施工招标文件》清单中第200章~第700章各费用项目的计算

第200章~第700章各费用项目按合同内该费用项目的清单单价乘以计量的工程量计算;暂列金额、计日工的计算按工程量清单、合同条款中的规定进行计算。

用于支付的进度付款证书样表见表6-2。

No._____ **进度付款证书**(样表)　　　　　　　　表6-2

项目名称:　　　　　承包人:　　　　　合同号:06
截止日期:　　　　　监理人:　　　　　编号:　　　　　货币单位:人民币元

清单章号	项目内容	合同价及变更金额			到本期末完成			到上期末完成			本期完成		
		原有总金额	变更总金额	变更后总金额	金额	人民币部分	外汇部分	金额	人民币部分	外汇部分	金额	人民币部分	外汇部分
100	总则												
200	路基												
300	路面												
400	桥梁、涵洞												
500	隧道												
600	安全设施及预埋管线												
700	绿化及环境保护设施												
	计日工												
	暂列金额												
	小计												
	价格调整												
	索赔金额												
	逾期竣工违约金												
	逾期付款违约金												
	开工预付款												
	扣回开工预付款												
	材料、设备预付款												
	扣回材料、设备预付款												
	质量保证金												
	支付												

说明:1.表列各值均以人民币计,单位为元;2.支付的外汇比例为_____%,外汇汇率为1美元=_____元(人民币);
　　3.支付的外汇折合为_____美元。

承包人:　　　　　　　　　　监理人:　　　　　　　　　　发包人:

2.清单以外、合同以内费用项目的计算

清单以外、合同以内费用项目应严格按照合同条款的规定进行计算。各项费用的计算、款额的预付或扣回应严格按合同的约定进行,并在规定的计量支付表格中示明。

(1)预付款

预付款通常包括开工预付款和材料、设备预付款。

①预付款的额度和预付办法

开工预付款的金额通常在专用合同条款数据表中约定。承包人签订了合同协议书并提交了开工预付款保函后,监理人在当期进度付款证书中向承包人支付合同约定比例的开工预付款,剩余款额在承包人承诺的主要设备进场后再进行支付。

材料、设备预付款按项目专用合同条款数据表中所列主要材料、设备单据费用(进口的材料、设备为到岸价,国内采购的为出厂价或销售价,地方材料为堆场价)的百分比支付。

②预付款的扣回与还清

开工预付款在进度付款证书的累计金额未达到签约合同价的一定比例如30%之前不予扣回,在达到签约合同价的一定比例如30%之后,开始按工程进度以固定比例(如完成签约合同价的1%,扣回开工预付款的2%)分期从各月的进度付款中扣回,全部金额在进度付款的累计金额达到签约合同价的一定比例如80%时扣完。

当材料、设备已用于或安装在永久工程之中时,材料、设备预付款应从进度付款中扣回,扣回期一般不超过3个月。已经支付材料、设备预付款的材料、设备的所有权应属于发包人。

(2)质量保证金

①质量保证金的扣留

监理人从第一个付款周期开始,在发包人的进度付款中,按专用合同条款的约定扣留质量保证金,直至扣留的质量保证金总额达到专用合同条款约定的金额或比例为止。质量保证金的计算额度不包括预付款的支付、扣回以及价格调整的金额。

②质量保证金的退还

质量保证金的返还次数、比例由项目专用合同条款规定。

(3)工程变更费用

①变更的估价原则

除项目专用合同条款另有约定外,因变更引起的价格调整按照合同约定处理。在涉及变更时,变更估价遵循如下原则:

a. 如果取消某项工作,则该项工作的总额价不予支付。

b. 已标价工程量清单中有适用于变更工作的子目的,采用该子目的单价。

c. 已标价工程量清单中无适用于变更工作子目,但有类似子目的,可在合理范围内参照类似子目的单价,由监理人商定或确定变更工作的单价。

d. 已标价工程量清单中,无适用或类似子目的单价,可在综合考虑承包人投标时所提供的单价分析表的基础上,由监理人商定或确定变更工作的单价。

e. 如果本工程的变更指示是因承包人过错、承包人违反合同或承包人责任造成的,则这种违约引起的任何额外费用应由承包人承担。

②变更估价

a. 除专用合同条款对期限另有约定外,承包人应在收到变更指示或变更意向书后的一定时间如14天内,向监理人提交变更报价书,报价内容应根据变更估价原则的约定,详细开列变更工作的价格组成及其依据,并附必要的施工方法说明和有关图纸。

b. 变更影响工期时,承包人应提出调整工期的具体细节。监理人认为有必要时,可要求承包人提交提前或延长工期的施工进度计划及相应施工措施等详细资料。

c.除专用合同条款对期限另有约定外,监理人收到承包人变更报价书后的一定时间内如14天内,根据约定的估价原则,商定或确定变更价格。

用于支付的变更工程通知单样表见表6-3。

变更工程通知单(样表)   表6-3

××项目 06 标段   货币单位:人民币元

变更令编号		2001-06		变更工程名称		钻孔桩:直径1.0m变更为1.2m			
清单编号	项目名称	单位	原合同单价	原合同数量	重新核定的单价	单价(+/-)	变更后的数量	数量(+/-)	估计变更金额(+/-)
405-1	钻孔灌注桩直径(ϕ1.0m)	m	655	278	825	+170	268	-10	+39010

监理工程师(签发人):   年 月 日

(4)价格调整费用

价格调整费用包括由于物价波动引起的价格调整和由于法律变化引起的价格调整两部分。

①物价波动引起的价格调整

物价波动引起的价格调整,有采用价格指数调整价格差额和采用造价信息调整价格差额两种方式。

a.采用价格指数调整价格差额

在处理物价波动引起的价格调整时,公路工程施工专用合同条款中规定为:除项目专用合同条款另有约定外,因物价波动引起的价格调整应按项目专用合同条款数据表的规定,按照约定的原则处理;或者在合同执行期间(包括工期拖延期间),由于人工、材料和设备价格的上涨而引起工程施工成本增加的风险由承包人自行承担,合同价格不会因此而调整。

因人工、材料和设备价格波动影响合同价格时,根据投标函附录中的价格指数和权重表约定的数据,按式(6-1)计算差额并调整合同价格。

$$\Delta p = p_0 \left[A + \left(B_1 \times \frac{F_{t1}}{F_{01}} + B_2 \times \frac{F_{t2}}{F_{02}} + B_3 \times \frac{F_{t3}}{F_{03}} + \cdots + B_n \times \frac{F_{tn}}{F_{0n}} \right) - 1 \right] \quad (6\text{-}1)$$

式中: Δp——需调整的价格差额;

        p_0——合同约定的付款证书中承包人应得到的已完成工程量的金额,此项金额应不包括价格调整、不计质量保证金的扣留和支付、预付款的支付和扣回。约定的变更及其他金额已按现行价格计价的,也不计在内;

        A——定值权重(即不调部分的权重);

B_1、B_2、B_3……B_n——各可调因子的变值权重(即可调部分的权重)为各可调因子在投标函投标总报价中所占的比重;

F_{t1}、F_{t2}、F_{t3}……F_{tn}——各可调因子的现行价格指数,指合同约定的付款证书相关周期最后一天的前42天的各可调因子的价格指数;

F_{01}、F_{02}、F_{03}……F_{0n}——各可调因子的基本价格指数,指基准日期的各可调因子的价格指数。

以上价格调整公式中的各可调因子、定值和变值权重,以及基本价格指数及其来源在投标书附录价格指数和权重表中约定。价格指数应首先采用有关部门提供的价格指数,缺乏上述价格指数时,可采用有关部门提供的价格代替。

价格调整公式中的变值权重,由发包人根据项目实际情况测算确定范围,并在投标函附录价格指数和权重表中约定范围;承包人在投标时在此范围内填写各可调因子的权重,合同实施期间将按此权重进行调价。

在计算调整差额时得不到现行价格指数的,可暂用上一次价格指数计算,并在以后的付款中再按实际价格指数进行调整。

约定的变更导致原定合同中的权重不合理时,由监理人与承包人和发包人协商后进行调整。

由于承包人原因未在约定的工期内竣工的,则对原约定竣工日期后继续施工的工程,在使用价格调整公式时,应采用原约定竣工日期与实际竣工日期的两个价格指数中较低的一个作为现行价格指数。

b. 采用造价信息调整价格差额

施工期内,因人工、材料、设备和机械台班价格波动影响合同价格时,人工、机械使用费按照国家或省、自治区、直辖市建设行政主管部门、行业建设管理部门或其授权的工程造价管理机构发布的人工成本信息、机械台班单价或机械使用费系数进行调整;需要进行价格调整的材料,其单价和采购数量应由监理人复核,监理人确认需要调整的材料单价及数量,作为调整工程合同价格差额的依据。

②法律变化引起的价格调整

在基准日后,因法律变化导致承包人在合同履行中所需要的工程费用发生除物价波动引起的价格调整约定以外的增减时,监理人应根据法律及国家或省、自治区、直辖市有关部门的规定,按商定或确定需调整的合同价款进行调整。

(5)索赔费用

①承包人的索赔

承包人可索赔费用的组成通常包括直接费、措施费、规费、企业管理费、分包费等,有时甚至会包括利润、税金。具体索赔项目的费用组成不能一概而论,应根据索赔事件的具体情况确定。

②发包人的索赔

a. 发生索赔事件后,监理人应及时书面通知承包人,详细说明发包人有权得到的索赔金额和(或)延长缺陷责任期的细节和依据。

b. 监理人商定或确定发包人从承包人处得到赔付的金额和(或)缺陷责任期的延长期。

承包人应付给发包人的金额可从拟支付给承包人的合同价款中扣除,或由承包人以其他方式支付给发包人。

按《公路工程标准施工招标文件》通用合同条款,承包人可引用的索赔见表6-4,发包人可引用的索赔见表6-6;按FIDIC合同条款,承包人可引用的索赔见表6-5、发包人可以引用的索赔见表6-7。

《公路工程标准施工招标文件》(2018版)通用合同条款中承包人可引用索赔　　表6-4

序号	条目号	条款主题内容	可调整的项目
1	1.10	化石、文物	工期+费用
2	3.4	监理人的指示中第3.4.5项	工期+费用+利润
3	4.1.8	为他人提供方便	费用+利润
4	4.11	不利物质条件	费用+工期
5	5.2	发包人提供的材料和工程设备中第5.2.4项	费用
6	5.2	发包人提供的材料和工程设备中第5.2.6项	工期+费用+利润
7	5.4	禁止使用不合格的材料和工程设备中第5.4.3项	工期+费用
8	6.1	承包人提供的施工设备和临时设施中第6.1.2项	费用
9	7.1	道路通行权和场外设施	费用
10	8.3	基准资料错误的责任	工期+费用+利润
11	9.1	发包人的施工安全责任中第9.1.3项	人身伤亡和财产损失
12	9.2	承包人的施工安全责任中第9.2.5项	费用
13	9.2	承包人的施工安全责任中第9.2.6项	工伤事故损失
14	11.3	发包人的工期延误	工期+费用+利润
15	11.4	异常恶劣的气候条件	工期
16	11.6	工期提前	费用
17	12.2	发包人暂停施工的责任	工期+费用+利润
18	12.4	暂停施工后的复工中第12.4.2项	工期+费用+利润
19	12.5	暂停施工持续56天以上中第12.5.1项	工期+费用+利润
20	13.1	工程质量要求中第13.1.3项	工期+费用+利润
21	13.5.3	监理人重新检查	工期+费用+利润
22	13.6.2	清除不合格工程中第13.6.2项	工期+费用+利润
23	14.1	材料、工程设备和工程的试验和检验中第14.1.3项	工期+费用+利润
24	18.4	单位工程验收中第18.4.2项	工期+费用+利润
25	18.6	试运行中第18.6.2项	费用+利润
26	19.2	缺陷责任中第19.2.3项	费用+利润
27	21.3.1	不可抗力造成损害的责任	工期+费用
28	21.3.4	因不可抗力解除合同	费用
29	22.2	发包人违约	工期+费用+利润

FIDIC《合同条件》(1999版)中承包人可引用索赔　　表6-5

序号	条目号	条款主题内容	可调整的项目
1	1.9	延误的图纸或指示	工期+费用+利润
2	2.1	现场进入权	工期+费用+利润
3	4.7	放线	工期+费用+利润
4	4.12	不可预见的物质条件	工期+费用
5	4.24	化石	工期+费用

续上表

序号	条目号	条款主题内容	可调整的项目
6	7.4	试验	工期+费用+利润
7	8.4	竣工时间的延长	工期
8	8.5	当局造成的延误	工期
9	8.8、8.9	暂时停工、暂停的后果	工期+费用
10	10.2	部分工程的接收	成本+利润
11	10.3	对竣工试验的干扰	工期+费用+利润
12	11.8	承包商调查	费用+利润
13	13.7	因法律改变的调整	费用+成本
14	16.1	承包商暂停工作的权利	工期+费用+利润
15	17.3、17.4	雇主的风险、雇主风险的后果	工期+费用(或)+利润
16	18.1	有关保险的一般要求	费用
17	19.4	不可抗力的后果	工期(或)+费用
18	20.1	承包商的索赔	

《公路工程标准施工招标文件》(2018 版)通用合同条款中发包人可引用索赔　　表 6-6

序号	条目号	条款主题内容	可调整的项目
1	4.1.1	遵守法律	任何责任
2	4.1.7	避免施工对公众与他人的利益造成损害	相应责任
3	5.2	发包人提供的材料和工程设备中第 5.2.5 项	工期延误+费用
4	5.4	禁止使用不合格的材料和工程设备中第 5.4.1 项	工期延误+费用
5	6.3	要求承包人增加或更换施工设备	工期延误+费用
6	7.2	场内施工道路中第 7.2.1 项	费用
7	11.5	承包人的工期延误	逾期竣工违约金
8	12.1	承包人暂停施工的责任	工期延误+费用
9	12.5	暂停施工持续 56 天以上中第 12.5.2 项	工期延误+费用
10	13.1	工程质量要求中第 13.1.2 项	工期延误+费用
11	13.5.3	监理人重新检查	工期延误+费用
12	13.6	清除不合格工程中第 13.6.1 项	工期延误+费用
13	14.1	材料、工程设备和工程的试验和检验中第 14.1.3 项	工期延误+费用
14	18.7	竣工清场中第 18.7.2 项	费用
15	19.2	缺陷责任第 19.2.2 项	负责修复
16	19.2	缺陷责任第 19.2.4 项	费用+利润
17	19.3	缺陷责任期的延长	延长缺陷责任期
18	22.1.2	对承包人违约的处理	工期延误+费用
19	22.1.3	承包人违约解除合同	工期延误+费用
20	22.1.6	紧急情况下无能力或不愿进行抢救	工期延误+费用

FIDIC《合同条件》(1999版)中发包人可引用索赔 表6-7

序号	条目号	条款主题内容	可调整的事项
1	2.5	雇主的索赔	
2	4.2	履约担保	有关费用
3	4.19	电、水和燃气	有关费用
4	4.20	雇主设备和免费供应的材料	有关费用
5	7.5	拒收	有关费用
6	7.6	修补工作	有关费用
7	8.6	工程进度	有关费用
8	8.7	误期损害赔偿费用	有关费用
9	9.4	未能通过竣工试验	有关费用
10	11.3	缺陷通知期限的延长	缺陷期延长
11	11.4	未能修补缺陷	有关费用
12	15.2、15.4	由雇主终止、终止后的付款	有关费用
13	18.1	有关保险的一般要求	有关费用
14	18.2	工程和承包商设备的保险	有关费用

(6)逾期竣工违约金

由于承包人原因造成工期延误,承包人应支付逾期交工违约金。逾期交工违约金的计算方法在项目专用合同条款数据表中约定,时间自预定的交工日期起到交工验收证书中写明的实际交工日期止(扣除已批准的延长工期),按天计算。逾期交工违约金累计金额最高不超过项目专用合同条款数据表中写明的限额。发包人可以从应付或到期应付给承包人的任何款项中或采用其他方法扣除此违约金。

如果在交工之前,已对按时交工的单位工程签发了交工验收证书,则逾期交工违约金应按已签发交工验收证书的单位工程的价值占整个合同工程价值的比例减少。

逾期交工违约金可按式(6-2)计算:

$$逾期交工违约金 = [实际交工日期 - (合同规定的交工日期 + 监理工程师批准的延期)](日) \times 拖期工程价值 \times 合同规定的百分数 \qquad (6-2)$$

(7)逾期付款违约金

《公路工程专用合同条款》规定,发包人不按期支付的,按项目专用合同条款数据表中约定的利率向承包人支付逾期付款违约金。违约金的计算基数为发包人的全部未付款额,时间从应付而未付该款额之日算起(不计复利)。

利息可按式(6-3)计算:

$$I = P \times i \times n \qquad (6-3)$$

式中:I——逾期付款违约金;

P——迟付款的金额;

i——迟付款的日利率;

n——超过合同规定付款时间(迟付款)的天数。

按FIDIC合同条款规定,该项费用按月计算复利,收取延误期的融资费用。计算公式见

式(6-4):
$$I = P[(1+i)^n - 1] \tag{6-4}$$

式中:I——迟付款利息;

P——迟付款金额;

i——迟付款的月利率(世界银行推荐值为0.033%~0.04%,国内项目取值一般低于世界银行推荐值);

n——超过合同规定付款时间(迟付款)的月数。

(8)工期提前奖金

如果承包人提前交工,发包人支付奖金的计算方法在项目专用合同条款数据表中约定,时间自交工验收证书中写明的实际交工日期起至约定的交工日期止,按天计算。但奖金最高限额不超过项目专用合同条款数据表中写明的限额。

3. 解除合同后的支付(结算)

解除合同后的支付是指由于某种情况的发生导致合同无法履行而解除合同后的支付。通常,合同解除可能产生于承包人违约、发包人违约和特殊风险的发生。

(1)承包人违约解除合同后的支付

按照《公路工程标准施工招标文件》通用合同条款规定,承包人违约导致解除合同后,监理工程师应通过协商和调查询问之后,尽快确定:

①合同解除后,监理人商定或确定承包人实际完成工作的价值,以及承包人已提供的材料、施工设备、工程设备和临时工程等的价值。

②合同解除后,发包人应暂停对承包人的一切付款,查清各项付款和已扣款金额,包括承包人应支付的违约金。

③合同解除后,发包人应按约定向承包人索赔由于解除合同给发包人造成的损失。

④合同双方确认上述往来款项后,出具最终结清付款证书,结清全部合同款项。

⑤发包人和承包人未能就解除合同后的结清达成一致而形成争议的,按争议的解决约定办理。

FIDIC条款对承包人违约导致合同终止后,终止日期时的估价、终止后的付款进行了规定。

(2)因不可抗力解除合同后的支付

按现行《公路工程标准施工招标文件》通用合同条款规定,合同一方当事人因不可抗力不能履行合同的,应当及时通知对方解除合同。合同解除后,承包人应按照约定撤离施工场地。已经订货的材料、设备由订货方负责退货或解除订货合同,不能退还的货款和因退货、解除订货合同发生的费用,由发包人承担,因未及时退货造成的损失由责任方承担。合同解除后的付款,参照约定,由监理人商定或确定。

由于不可抗力的发生而致终止合同后,发包人应向承包人支付终止之日前已完成的全部工程费用,其范围限于在已给承包人的暂付款中尚未包括的款额与款项,其单价和总额价应按合同的约定。另外还应支付下述费用:①合同终止之日前,承包人已按合同规定完成的第100章工作或服务的相应比例费用;②承包人为本工程合理订购的材料、设备或货物的费用,此费用由发包人支付后,其财产应归发包人所有;③承包人已合理开支的、确实是为了完成本合同工程而预期开支的任何款额,而该开支没有包括在其他支付项目内;④由于特殊风险而产生的附加费用;⑤承包人装备的撤离费;⑥承包人雇员的合理遣返费。

除发包人应向承包人支付上述费用外,对承包人应归还发包人的各项预付款余额及发包人应收回的任何其他款项,应根据合同的规定在应支付的款额中扣除。

在 FIDIC 条款中,不可抗力的事件发生后,监理工程师应确定已完成工作的价值,并发出包括以下各项的付款证书:

a. 已完成的、合同中有价格规定的任何工作的应付金额;

b. 为工程订购的,已交付给承包商或承包商有责任接受交付的生产设备和材料的费用,当雇主支付上述费用后,则此项生产设备和材料应成为雇主的财产(风险也由其承担),承包商应将其交由雇主处置;

c. 在承包商原预期要完成工程的情况下,合理导致的任何其他费用或债务;

d. 将临时工程和承包商设备撤离现场,并运回承包商本国工作地点的费用(或运往其他任何目的地,但其费用不得超过前者);

e. 将终止日期时的完全为工程雇用的承包商的员工遣返回国的费用。

(3)发包人违约解除合同后的支付

按现行《公路工程标准施工招标文件》通用合同条款规定,发包人违约解除合同后,发包人应在解除合同后 28 天内向承包人支付下列金额,承包人应在此期限内及时向发包人提交支付下列金额的有关资料和凭证:

①合同解除日以前所完成工作的价款;

②承包人为该工程施工订购并已付款的材料、工程设备和其他物品的金额。发包人付款后,该材料、工程设备和其他物品归发包人所有;

③承包人为完成工程所发生的,而发包人未支付的金额;

④承包人撤离施工场地以及遣散承包人人员的金额;

⑤由于解除合同应赔偿的承包人损失;

⑥按合同约定在合同解除日前应支付给承包人的其他金额。

发包人应按本项约定支付上述金额并退还质量保证金和履约担保,但有权要求承包人支付应偿还给发包人的各项金额。

三、施工过程中的结算编制

(一)施工过程中结算的工程计量

施工过程中的结算,又称工程进度付款。

要进行施工过程中的结算,首先应对承包人已经完成的合格工程进行工程计量。在工程计量中,应注意计量的条件、计量的依据、计量的程序、计量的方法等方面的问题。

1. 工程计量的条件

工程计量的条件是计量的项目应符合合同文件要求、质量应达到合同文件规定的质量标准、管理程序符合约定、验收手续完备。

2. 工程计量的依据

工程计量的依据是证实工程质量合格的各项资料、工程量清单及说明、设计图纸、工程变更令及修订的工程量清单、合同条件、技术规范、工程量清单计量规则、有关计量的补充协议、索赔审批书和施工记录等。

3. 工程计量的程序

工程计量的程序为:(1)承包人提出计量申请并附各种证实质量合格的资料;(2)监理人审查计量申请,认为需要计量,则通知承包人;(3)承包人作计量准备工作;(4)承包人与监理人双方委派合格人员参加计量,填写《中间计量单》并签认;(5)监理人审核、确认。经监理人审核确认的工程量,是计算支付费用额的依据。

4. 工程计量的方式

工程计量的方式有:(1)现场量测;(2)按图纸计算;(3)图纸结合施工记录计量。工程计量、计算的规则和方法要严格按照所在工程合同文件中的工程量清单前言、工程量清单计量细则进行。

工程计量的权利在监理人。在计量时,要按规定的程序进行工程计量,按规定的方法进行工程计量、按规定的项目进行工程计量并应准确测定已完合格工程的数量。经监理人确认的工程细目中间计量单或交工计量证书(例表见表6-8)中的工程数量,是计算支付金额的依据。

工程细目交工计量证书(样表) 表6-8

合同段:06

清单编号	工程细目名称	单 位	合同工程量	计量的工程量	工程量增减 (+/-)	备 注
203-1-1	路基挖方土方	m³	1240000	1243740	+3740	路基已验收
203-1-2	路基挖方石方	m³	455000	453450	-1550	路基已验收
…	…	…	…	…	…	…

监理人(签发人):　　　　　　　　　　　　　　　　　　　年　月　日

5. 通用合同条款对计量的规定

在《公路工程标准施工招标文件》通用合同条款中,对工程计量有如下规定:

(1)计量单位、计量方法、计量周期

①计量单位:计量采用国家法定的计量单位。

②计量方法:工程量清单中的工程量计算规则应按有关国家标准、行业标准的规定,并在合同中约定执行。

《公路工程专用合同条款》对计量方法约定为:工程的计量应以净值为准,除非项目专用合同条款另有约定。工程量清单中各个子目的具体计量方法按本合同文件工程量清单计量规则中的规定执行。

③计量周期:除专用合同条款另有约定外,单价子目已完成工程量按月计量,总价子目的计量周期按批准的支付分解报告确定。

(2)单价子目的计量

①已标价工程量清单中的单价子目工程量为估算工程量。结算工程量是承包人实际完成的,并按合同约定的计量方法进行计量的工程量。

②承包人对已完成的工程进行计量,向监理人提交进度付款申请单、已完成工程量报表和有关计量资料。

③监理人对承包人提交的工程量报表进行复核,以确定实际完成的工程量。对数量有异议的,可要求承包人按约定进行共同复核和抽样复测。承包人应协助监理人进行复核并按监理人要求提供补充计量资料。承包人未按监理人要求参加复核,监理人复核或修正的工程量视为承包人实际完成的工程量。

④监理人认为有必要时,可通知承包人共同进行联合测量、计量,承包人应遵照执行。

⑤承包人完成工程量清单中每个子目的工程量后,监理人应要求承包人派员共同对每个子目的历次计量报表进行汇总,以核实最终结算工程量。监理人可要求承包人提供补充计量资料,以确定最后一次进度付款的准确工程量。承包人未按监理人要求派员参加的,监理人最终核实的工程量视为承包人完成该子目的准确工程量。

⑥监理人应在收到承包人提交的工程量报表后的7天内进行复核,监理人未在约定时间内复核的,承包人提交的工程量报表中的工程量视为承包人实际完成的工程量,据此计算工程价款。

⑦《公路工程专用合同条款》补充:承包人未在已标价工程量清单中填入单价或总额价的工程子目,将被认为其已包含在本合同的其他子目的单价或总额价中,发包人将不另行支付。

(3)总价子目的计量

《公路工程标准施工招标文件》通用合同条款中有如下规定:

除专用合同条款另有约定外,总价子目的分解和计量按照下述约定进行:

①总价子目的计量和支付应以总价为基础,不因物价波动引起的价格调整中的因素而进行调整。承包人实际完成的工程量,是进行工程目标管理和控制进度支付的依据。

②承包人在合同约定的每个计量周期内,对已完成的工程进行计量,并向监理人提交进度付款申请单,专用合同条款约定的合同总价支付分解表所表示的阶段性或分项计量的支付性资料,以及所达到工程形象目标或分阶段需完成的工程量和有关计量资料。

③监理人对承包人提交的上述资料进行复核,以确定分阶段实际完成的工程量和工程形象目标。对其有异议的,可要求承包人按施工测量约定进行共同复核和抽样复测。

④除合同约定的变更外,总价子目的工程量是承包人用于结算的最终工程量。

《公路工程专用合同条款》对此进行了补充:本项目工程量清单中要求承包人以"总额"方式报价的子目,各子目的支付原则和支付进度按照项目专用合同条款的规定执行。

(二)施工过程中工程进度付款的编制程序

施工过程中工程进度付款的编制程序为:

(1)承包人提出进度付款申请。

承包人提出工程进度付款申请单,并附各类结账单(支付报表)。按照通用合同条款规定,进度付款申请单应包括下列内容:

①截至本次付款周期末已实施工程的价款;
②按照变更应增加和扣减的变更金额;
③根据索赔应增加和扣减的索赔金额;
④根据预付款的约定应支付的预付款和扣减的返还预付款;
⑤根据质量保证金约定应扣减的质量保证金;
⑥根据合同应增加和扣减的其他金额。

(2)监理人核查进度付款申请单。

按通用合同条款的规定,监理人应在收到承包人进度付款申请单后 14 天内完成进度付款申请单核查工作。

对进度付款申请的核查,主要核查支付申请的格式和内容是否满足要求,各项资料、证明文件手续是否齐全,各款项计算与汇总是否正确;除了特殊费用项(如计日工、暂列金额、索赔费用等)外,其余费用项目的金额应基本正确。核查确认后报送发包人(发包人)审查确认;发包人审查确认后,由监理人签发进度付款证书。

监理人可通过以后任何一期进度付款证书对已支付的工程款中发现的问题或已颁发的进度付款证书的错误进行更正。

监理人在核查时,要与合同文件中规定的支付最低限额进行比较。有的合同文件对进度付款规定了最低限额,承包人的当期支付净额未达此限额时,监理人则不向发包人报送进度付款申请。

(3)发包人应在监理人收到进度付款申请单后的 28 天内,将进度应付款支付给承包人。发包人不及时支付的,按专用合同条款的约定支付逾期付款违约金。

(三)施工结算中月结账单中的费用项目

承包人应在每一计量支付周期向监理人提交由其项目经理签署的、按监理人批准格式填写的月结账单(即计量支付申请),该结账单应包括以下栏目,承包人应逐项填写清楚:

(1)自开工到本月末止已完成的工程价款;
(2)自开工到上月末止已完成的(已实际结算的)工程价款;
(3)本月完成的(应结算的)工程价款,即1(项)-2(项);
(4)本月应支付的暂列金额;
(5)本月应支付的已进场将用于或安装在永久工程中的材料、设备预付款;
(6)根据合同规定,本月应结算的其他款项(如工程变更费用、价格调整费用、索赔费用);
(7)本月应扣留的质量保证金和扣回的材料、设备预付款及开工预付款;
(8)根据合同规定,本月应扣除的其他款项。

(四)支付表格的编制

进度付款的月结账单是由一系列支付表格及其附件组成。通常,将发包人编制的表格称为甲种表格,监理人编制的表格称为乙种表格,承包人编制的表格称为丙种表格。表格的种类及各种表格的格式由各工程项目根据工程实际及合同文件对支付的要求具体确定。下面给出通常情况下承包人、监理人、发包人使用的支付表格种类。

1. 承包人编制的表格

在中期支付中,承包人应编制的表格一般有:
(1)进度付款申请单(丙—01 表)(样表见表 6-9);
(2)进度完成情况汇总表(丙—02 表);
(3)进度完成情况明细表(丙—03 表);
(4)中间计量单(丙—04 表);
(5)计日工支付申报表(丙—05 表);

(6)材料到达现场报表(丙—06表);
(7)材料供应情况报表(丙—07表);
(8)材料预付款申报表(丙—08表);
(9)承包人的人员设备报表(丙—09表);
(10)外汇价格调整表(丙—10表);
(11)人民币价格调整表(丙—11表);
(12)价格调整汇总表(丙—12表);
(13)索赔申请书(丙—13表);
(14)变更一览表(丙—14表)。这些表格中除丙—07表、丙—09表外,其余表格均与中期支付有关。各支付表格的关系如图6-2所示。

No._____期进度付款申请单(丙—01表)(样表)　　　　表6-9

合同编号:06　　道路起讫点:_____　　合同段路线长_____km　　货币单位:人民币(元)

_____年____月____日

序号	章次	章名称	合同价			到本期末完成			到上期末完成			本期完成		
			金额	其中		金额	其中		金额	其中		金额	其中	
				人民币	外币		人民币	外币		人民币	外币		人民币	外币
1	100	总则												
2	200	路基												
3	300	路面												
4	400	桥梁、涵洞												
5	500	隧道												
6	600	安全设施及预埋管线												
7	700	绿化及环境保护设施												
8		计日工												
9		暂列金额												
10		合计												
11		开工预付款												
12		材料预付款												
13		逾期付款违约金												
14		扣留质量保证金												
15		扣回开工预付款												
16		扣回材料预付款												
17		变更费用												
18		索赔费用												
19		价格调整费用												
20	其中	实际支付												
		人民币												
		外币(按人民币计)												
21		(外币)美元支付比例:_____;1美元=_____元(人民币)												

承包人:　　　　　　　　　　监理人:　　　　　　　　　　发包人:

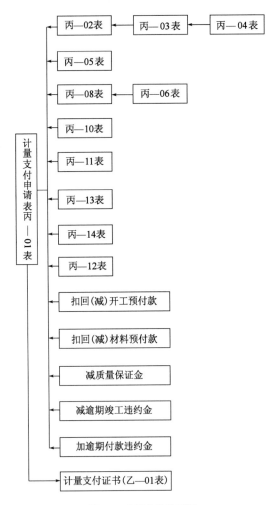

图 6-2 支付表格关系图

2. 监理人编制的表格

监理人要根据承包人编制的报表编制以下报表：
(1) 进度付款证书(乙—01 表)；
(2) 工程计划进度与实际完成情况表(乙—02 表)；
(3) 工程投资支付月报(乙—03 表)；
(4) 工程质量监理月报(乙—04 表)。

这些表格中,除乙—04 表外,其余表格均与中期支付有关。

3. 发包人编制的表格

发包人要根据监理人编制的表格和其他费用支出情况编制以下报表：
(1) 支付月报(甲—01 表)；
(2) 土木工程以外费用支付报表(甲—02 表)。

发包人除要编制上述两种表格外,按《基本建设财务规则》(财政部〔2016〕81 号)中的要求,每年尚应编制财政基本建设支出预算汇总表上报。

四、竣(交)工结算的编制

(一)竣(交)工结算

1. 工程竣(交)工

合同范围内的全部工程已基本完成,监理人收到承包人的竣(交)工申请报告,并经过对工程的全面检查、验收,认为符合合同文件要求时,将工程移交发包人。由监理人向承包人签发工程交工验收证书;若不符合合同文件要求,监理人应书面指出承包人尚应完善哪些工作,在具备条件后再进行交工验收。

2. 竣(交)工付款申请单

按《公路工程专用合同条款》的约定,在交工验收证书签发后规定期限内,承包人应以监理人批准的格式、项目专用合同条款数据表中约定的份数向监理人提交交工付款申请单,并附上用详细资料说明的证实文件,表明:

(1)直到交工验收证书中写明的交工日期为止按合同完成的全部工程的最终价值;

(2)承包人认为应付给他的其他款项;

(3)承包人认为本合同项下(整个合同期)到期应付给他的各项款额的估算值。

第(3)条应在交工验收申请单内单独填报。监理人应按照进度付款申请单核查的有关要求,核证并报发包人审批,签发交工结算支付证书。如果发生工程逾期,应按合同文件规定计算逾期交工违约金并在承包人的支付中予以扣除。

3. 竣(交)工结算

竣(交)工结算仍然可用期中支付表格(结账单)进行。只是有些费用支付项目,如开工预付款的预付与扣回、材料预付款的预付与扣回等支付项目均已结清。具体进行竣(交)工结算时,应按该工程项目规定的支付表格(结账单)和合同文件约定的费用项目的具体计算方法进行计算。对于有的费用项目,如索赔费用、工程变更费用等费用项目,若金额、单价或合价未能协商一致时,该类项目的支付可留待最后(终)结清支付时,经协商一致后再支付。竣(交)工结算明细表样表见表6-10,竣(交)工结算汇总表样表见表6-11。

竣(交)工结算明细表(样表)   表6-10

合同段编号:06   货币单位:人民币元

细目编号	项目名称	计量单位	签约合同价			计量支付(不含变更)			变更(+/-)			实际支付		备注
			工程量	单价	金额	工程量	单价	金额	工程量	单价	金额	工程量	金额	
101-1	保险费	…	…	…	…	…	…	…	…	…	…	…	…	…
…	…													
…	…													
	计日工													
	暂列金额													
	合计													

承包人: 监理人: 发包人:

竣(交)工结算汇总表(样表)　　　　　　　　　　　　　　　　表 6-11

合同段编号:06　　　　　　　　　　　　　　　　　　　　　　　货币单位:人民币元

序号	章	费用项目名称	合同价	计量支付(不含变更)	工程变更(+/-)	计日工	暂定金额	实际支付	备注
1	100	总则	3255000	…	…	…	…	…	…
2	200	路基	14597580						
3	300	路面	9753760						
4	400	桥梁、涵洞	21576590						
5	500	隧道	19874250						
6	600	安全设施及预埋管线	2536250						
7	700	绿化及环境保护设施	879540						
8		清单支付小计	81615260	…	…	…	…	…	…
9		变更							
10		价格调整							
11		索赔							
12		逾期付款违约金							
13		工期提前奖金							
14		扣-质量保证金							
15		扣-逾期交工违约金							
16		清单以外、合同以内支付小计		…	…	…	…	…	…
17		交工结算支付合计(8+16)		…	…	…	…	…	…

承包人:　　　　　　　　　　　　监理人:　　　　　　　　　　　　发包人:

(二)最终结清

1. 最终结清的程序

(1)承包人提出最终结清申请单(结账单)草案,并附详细证实文件;

(2)监理人核查、协商,达成一致意见,报送发包人审核确认;

(3)承包人编制最终结清申请单(结账单);

(4)监理人签发最终结清证书;

(5)发包人在规定的时间内付款。

2. 最终结清申请单

现行《公路工程标准施工招标文件》合同通用条款及公路工程专用合同条款对最终结清申请单有如下规定:在监理人签发缺陷责任终止证书后 28 天(FIDIC 合同条款 14.11 款规定为 56 天)内,承包人应按约定的格式和份数向监理人提交最终结清申请单(最终报表)草案,并要附上详细的证实文件,供监理人审查、协商。

(1)承包人提交的最后结账单草案应表明:①根据合同规定已经完成的全部工程的价值;②根据合同规定承包人认为应该付给他的任何其他的款项。

(2)监理人核查、协商,达成一致意见。监理人在核查中,如果不同意或者不核证最终结清申请单(结账单草案)的任一部分,承包人应按监理人的合理要求,提交进一步的资料,并对最终结清申请单(草案)根据协商意见进行修改;然后由承包人按协商一致的意见编制最终结清申请单。

(3)若最终结清申请单(结账单草案)中有的支付项目承包人、监理人或发包人之间存在分歧而不能达成一致意见,监理人应对最终结清申请单(结账单草案)中不存在分歧的部分(如果有)核证并用签发进度付款证书的方式对其进行支付;有分歧部分则按合同争议予以解决。

3. 清账书

承包人在提交最终结清申请单的同时,宜提交发包人一份书面清账书,并抄送监理人,确认最终结清申请单中的总金额代表了根据合同规定应付给承包人的全部款项的最后结清。该清账书只有在监理人签发的最终结清支付证书中的支付款额已经被发包人支付,且原发包人扣留的质量保证金已归还承包人后才生效。

4. 最终结清证书

在最终结清申请单和清账书收到 14 天内,监理人应提出发包人应支付给承包人的价款送发包人审核并抄送承包人。发包人应在收到后 14 天内审核完毕,由监理人向承包人出具经发包人签认的最终结清证书。

最终结清证书中应表明:

(1)监理人认为根据合同规定最后应付给承包人的款额;

(2)在对发包人以前所付的全部款额和发包人根据合同规定应得的全部款项予以确认后,证实发包人欠承包人或承包人欠发包人的差额(如有)。最终结清证书仍由一整套支付表格构成,其表格与进度付款证书、交工结算证书的表格基本相同。

5. 支付时间

按现行《公路工程标准施工招标文件》通用合同条款、公路工程专用合同条款中的规定,发包人应在监理人签发进度付款证书后 14 天(FIDIC 合同条款规定为 28 天)、签发交工结算证书后 14 天(FIDIC 合同条款为 56 天)、签发最终结清证书后 14 天内付款给承包人;具体支付时间应按该项目专用合同条件的约定执行。

五、竣(交)工结算的审查

新建、扩建、改建等建设项目的结算编制与审查工作通常可由工程造价管理机构委托造价咨询企业承担。竣(交)工结算的审查需严格遵照工程结算编审规程进行。此外,审查活动还应当符合国家法律、行政法规及有关强制性规范的要求。

(一)审查依据

工程结算审查需要委托合同和完整、有效的工程结算文件。具体来说除建设期内影响合

同价格的法律、法规和规范性文件外,工程结算审查依据主要还有以下几个方面:

(1)工程结算审查委托合同。

(2)完整、有效的工程结算书。

(3)施工发承包合同、专业分包合同及补充合同,有关材料、设备采购合同。

(4)与工程结算编制相关的国务院建设行政主管部门以及各省、自治区、直辖市和有关部门发布的建设工程造价计价标准、计价方法、计价定额、价格信息、相关规定等计价依据。

(5)招标文件、投标文件。

(6)工程竣工图或施工图、经批准的施工组织设计、设计变更、工程洽商、索赔与现场签证,以及相关的会议纪要。

(7)工程材料及设备中标价、认价单。

(8)双方确认追加(减)的工程价款。

(9)经批准的开、竣工报告或停、复工报告。

(10)工程结算审查的其他专项规定。

(11)影响工程造价的其他相关资料。

(二)审查要求

(1)严禁采用抽样审查、重点审查、分析对比审查和经验审查的方法,避免审查疏漏现象发生。

(2)应审查结算文件和与结算有关的资料的完整性和符合性。

(3)按施工发承包合同约定的计价标准或计价方法进行审查。

(4)对合同未作约定或约定不明的,可参照签订合同时当地建设行政主管部门发布的计价标准进行审查。

(5)对工程结算内多计、重列的项目应予以扣减,对少计、漏项的项目应予以调增。

(6)对工程结算与设计图纸或事实不符的内容,应在掌握工程事实和真实情况的基础上进行调整。工程造价咨询单位在工程结算审查时发现的工程结算与设计图纸或事实不符的内容应约请各方履行完善的确认手续。

(7)对由总承包人分包的工程结算,其内容与总承包合同主要条款不相符的,应按总承包合同约定的原则进行审查。

(8)工程结算审查文件应采用书面形式,有电子文本要求的应采用与书面形式内容一致的电子版本。

(9)结算审查的编制人、校对人和审核人不得由同一人担任。

(10)结算审查受托人与被审查项目的发承包双方有利害关系,可能影响公正的,应予以回避。

(三)审查内容

1.审查结算的递交程序和资料的完备性

(1)审查结算资料的递交手续、程序的合法性,以及结算资料具有的法律效力;

(2)审查结算资料的完整性、真实性和相符性。

2.审查与结算有关的各项内容

(1)建设工程发承包合同及其补充合同的合法性和有效性;
(2)施工发承包合同范围以外调整的工程价款;
(3)分部分项、措施项目、其他项目工程量及单价;
(4)发包人单独分包工程项目的界面划分和总包人的配合费用;
(5)工程变更、索赔、奖励及违约费用;
(6)取费、税金、政策性调整以及材料差价计算;
(7)实际施工工期与合同工期发生差异的原因和责任,以及对工程造价的影响程度;
(8)其他涉及工程造价的内容。

(四)审查方法

工程结算的审查应依据施工发承包合同约定的结算方法进行,根据施工发承包合同类型,采用不同的审查方法。下面介绍采用单价合同的工程量清单单价法编制竣工结算的审查方法。

(1)审查工程结算,除合同约定的方法外,对分部分项工程费用的审查应参照现行工程结算编审规程的规定,依据施工合同约定以及实际完成的工程量、投标时的综合单价等进行计算。

(2)工程结算审查时,对原招标工程量清单描述不清或项目特征发生变化,以及变更工程、新增工程中的综合单价应按下列方法确定:

①合同中已有使用的综合单价,应按已有的综合单价确定;
②合同中有类似的综合单价,可参照类似的综合单价确定;
③合同中没有适用或类似的综合单价,由承包人提出综合单价,经发包人确认后执行。

(3)工程结算审查中涉及措施项目费用的调整时,措施项目费应依据合同约定的项目和金额计算,发生变更、新增的措施项目,以合同约定的计价方式计算。施工合同中未约定措施项目费结算方法时,审查措施项目费可按以下方法审查:

①审查与分部分项实体消耗相关的措施项目,应随该分部分项工程的实体工程量的变化是否依据双方确定的工程量、合同约定的综合单价进行结算;
②审查独立性的措施项目是否按合同价中相应的措施项目费用进行结算;
③审查与整个建设项目相关的综合取定的措施项目费用是否参照投标报价的取费基数及费率进行结算。

对安全文明措施费用应审查是否按国家或省级、行业建设主管部门的规定计算。

(4)工程结算审查中涉及其他项目费用的调整时,按下列方法确定:

①审查计日工是否按发包人实际签证的数量、投标时的计日工单价,以及确认的事项进行结算;
②审查暂估价中的材料单价是否按发承包双方最终确认价在分部分项工程费中对相应综合单件进行调整,计入相应分部分项工程费用;
③对专业工程结算价的审查应按中标价或发包人、承包人与分包人最终确定的分包工程价进行结算;
④审查总承包服务费是否依据合同约定的结算方式进行结算,以总价形式固定的总承包

服务费不予调整,以费率形式确定的总包服务费,应按专业分包工程中标价或发包人、承包人与分包人最终确定的分包工程价为基数和总承包单位的投标费率计算总承包服务费;

⑤审查计算金额是否按合同约定计算实际发生的费用,并分别列入相应的分部分项工程费、措施项目费中。

(5)投标工程量清单的漏项、设计变更、工程洽商等费用应依据施工图以及发承包双方签证资料确认的数量和合同约定的计价方式进行结算,其费用列入相应的分部分项工程费或措施项目费中。

(6)工程结算审查中涉及索赔费用的计算时,应依据发承包双方确认的索赔事项和合同约定的计价方式进行结算,其费用列入相应的分部分项工程费或措施项目费中。

(7)工程结算审查中涉及规费和税金的计算时,应按国家、省级或行业建设主管部门的规定计算并调整。

(五)工程结算审查的成果文件形式

1. 工程结算审查的成果文件组成

(1)审查报告封面,包括工程名称、审查单位名称、审查单位工程造价咨询单位执业章、日期等;

(2)签署页,包括工程名称、审查编制人、审定人姓名和执业(从业)印章、单位负责人印章(或签字)等;

(3)结算审查报告书;

(4)结算审查相关表式;

(5)有关的附件。

2. 工程结算审查成果的相关表式

(1)结算审定签署表;

(2)工程结算审查汇总对比表;

(3)单项工程结算审查汇总对比表;

(4)单位工程结算审查汇总对比表;

(5)分部分项工程清单与计价结算审查对比表;

(6)措施项目清单与计价审查对比表;

(7)其他项目清单与计价审查汇总对比表;

(8)规费税金项目清单与计价审查对比表。

第二节 公路工程竣工决算的编制

一、公路工程建设项目竣工决算概述

(一)定义

公路工程建设项目竣工决算是公路工程经审定的从筹建到竣工验收、交付使用全过程中

实际支出的全部工程建设费用。竣工决算是整个公路工程的最终造价,是考核交通基本建设项目投资效益、全面反映建设成果和投资者权益的文件,是建设单位财务部门汇总固定资产的主要依据。所有竣工验收的项目在办理验收手续之前,必须对所有财产和物资进行清理,编制好竣工决算报告。竣工决算报告是反映建设项目实际造价和投资效果的文件,是工程项目竣工验收系列文件的重要组成部分。建设单位要从项目筹建开始,做好有关资料的收集、整理、积累、分析工作;项目完建时,应组织工程技术、计划、财务、物资、统计等有关人员共同完成工程竣工决算的编制工作,正确核定新增资产价值;建设单位要认真做好各项财务、物资、财产、债权债务、投资资金到位情况和报废工程的清理工作,做到工程结束账清。各种材料、物资、设备、施工机具等要逐项清点核实,妥善保管,按照国家规定处理,不得任意侵占。在没有编制出竣工决算报告、项目未清理完毕以前,机构不得撤销、有关人员不得调离。

竣工决算可分为竣工工程决算和财务竣工决算。竣工工程决算是财务竣工决算的编制基础。竣工决算由发包人负责编制。

(二)作用

公路工程是考核工程项目建设成果的主要依据,主要有以下几方面作用:

(1)竣工决算是检查基本建设投资计划、设计概算执行情况和考核投资效果的依据。

公路建设项目的建设通常都是在国家基本建设计划安排下进行的,其投资额要以批准的可行性研究投资估算、设计概算、施工图预算文件为依据;实施要符合批准的建设计划和设计文件要求;工程项目的建设方案、技术标准不得随意变更;建设规模不得随意扩大或缩小;投资额应控制在批准的概算或预算值以内。因此竣工决算就应围绕检查基本建设投资计划的执行情况和概、预算的执行情况而进行。

通过项目的竣工决算,可以考核项目建设的投资效果。投资效果主要体现在投资资金转化为新增资产价值上及项目的使用价值上。

(2)竣工决算是核定新增资产价值、办理交付使用财产的依据。

工程项目建设好后,要核定新增资产价值,并办理交付使用财产的移交手续。通常,新增资产包括新增固定资产、流动资产、无形资产、递延资产、其他资产等。要根据竣工决算报告的编制要求编制交付使用财产总表和交付使用财产明细表,详细计算全部交付使用财产的价值。要向管理或使用单位提交交付使用财产的具体名称、规格型号、数量、价值等的明细表,作为办理交付使用资产交接手续的依据。

(3)竣工决算是建设项目财务状况、财务管理水平的综合反映。

竣工决算表明了建设项目开始建设以来各项资金的来源和支出以及取得的财务成果,它是建设项目财务状况的综合反映,也体现了项目建设中的财务管理水平。通过竣工决算,可以检查建设单位(发包人)是否遵守国家的财经纪律和投资计划的执行情况,并为基建主管部门、财务部门总结经验,改进管理提供信息。

(4)竣工决算为建立交通基本建设工程技术经济档案、为工程定额修订提供资料和依据。

竣工决算反映了主要工程的全部数量和实际成本、工程造价以及从开始筹建至竣工为止全部资金的运用情况和工程建成后新增资产价值。大中型项目的竣工决算报告要报交通运输部,它是国家基本建设的技术经济档案,并为以后基本建设规划和项目投资安排提供参考。

通过对竣工决算中的人工、材料、机械台班消耗及其他费用的分析,可以反映出在一定时期内各种资源消耗水平、各项费率的取值水平,这些参数可以作为工程定额修订和各项取费标准修订的参考。有些工程项目改进了施工方法,采用了新技术、新工艺、新材料、新结构,降低了材料消耗,提高了劳动生产率,降低了成本,通过竣工决算资料的积累和分析,可以为以后编制新定额或补充定额提供必要的数据、资料。

(5)竣工决算资料是工程造价管理中应积累的基础资料之一,它对提高工程造价的编制水平和管理水平具有积极作用。

二、工程竣工决算的编制

1992年,交通部以第42号令发布了《交通基本建设项目竣工决算报告编制办法》,2000年,以交财发〔2000〕207号对《交通基本建设项目竣工决算报告编制办法》进行了修改;对公路建设项目的竣工决算,2004年发布了《公路建设项目工程决算编制办法》(交公路发〔2004〕507号)。下面分别对其进行阐述。

(一)交通基本建设项目竣工决算报告的编制

为严格执行基本建设项目竣工验收制度,正确核定新增资产价值,全面反映投资者的权益,根据国家有关规定,结合交通部门的实际情况,制定了《交通基本建设项目竣工决算报告编制办法》。

交通基本建设项目是指列入国家和地方交通基本建设投资计划的公路、水运及其他基本建设项目。竣工决算报告是考核交通基本建设项目投资效益、反映建设成果的文件,是确定交付使用财产价值、办理交付使用手续的依据。建设单位要有专人负责有关资料的收集、整理、分析、保管工作。项目完建后,要组织工程技术、计划、财务、物资、统计等有关部门的人员共同编制项目竣工决算报告。设计、施工、监理等单位应积极配合建设单位做好竣工决算报告的编制工作。交通基本建设项目竣工后,应按照国家有关规定及本办法编制竣工决算报告。没有编制竣工决算报告的项目不得进行竣工验收。

1. 竣工决算报告的编制依据

竣工决算报告应当依据以下文件、资料编制:

(1)经批准的可行性研究报告、初步设计、概算或调整概算、变更设计以及开工报告等文件;

(2)历年的年度基本建设投资计划;

(3)经审核批复的历年年度基本建设财务决算;

(4)编制的施工图预算、承包合同、工程结算等有关资料;

(5)历年有关财产物资、统计、财务会计核算、劳动工资、审计及环境保护等有关资料;

(6)工程质量鉴定、检验等有关文件,工程监理有关资料;

(7)施工企业交工报告等有关技术经济资料;

(8)有关建设项目副产品、简易投产、试运营(生产)、重载负荷试车等产生基本建设收入的财务资料;

(9)有关征地拆迁资料(协议)和土地使用权确权证明;

(10)其他有关的重要文件。

2. 竣工决算报告的组成

竣工决算报告由以下四部分组成：
(1) 竣工决算报告的封面、目录；
(2) 竣工工程平面示意图；
(3) 竣工决算报告说明书；
(4) 竣工决算表格。

竣工决算报告说明书是竣工决算报告的重要组成部分，主要内容包括：工程项目概况及组织管理情况；工程建设过程和工程管理工作中的重大事件、经验教训；工程投资支出和财务管理工作的基本情况（包括主要会计事项处理原则，财产物资清理及债权债务清偿情况；基建结余资金、基建收入等的上交分配情况；主要技术经济指标的分析、计算情况等）；工程遗留问题等。

3. 编制要求

(1) 竣工决算报告按照建设项目类型分公路建设项目、桥梁隧道建设项目、内河航运建设项目、港口（码头）建设项目和不能归入上述四类的其他建设项目等分别编制。编制竣工决算报告时，必须填制本类项目工程概况专用表和全套财务通用表。

(2) 建设项目完建时的收尾工程，建设单位可根据概算所列的投资额或收尾工程的实际情况测算投资支出列入竣工决算报告。但收尾工程投资额不得超过工程总投资的5%。

(3) 对列入竣工决算报告的基本建设收入、基建结余资金等财务问题，建设单位应按国家规定进行相应处理。

(4) 建设项目完建时，建设单位要认真做好各项账务、物资、财产、债权债务、投资资金到位情况和报废工程的清理工作，做到工完料清，账实相符。各种材料、物资、设备、施工机具等要逐项清点核实，妥善保管，按照国家规定处理，不准任意侵占。

(5) 建设单位编制的竣工决算报告在审计部门提出审计意见后，方可组织竣工验收。未经竣工验收委员会认定的竣工决算报告不得上报。

(6) 中央级大中型基本建设项目，其项目竣工决算报告经省级交通主管部门或部属一级单位签署意见后报部备案。竣工决算报告在竣工验收委员会审查同意后规定时间内如3个月内报出。

(7) 竣工验收合格的基本建设项目其正式交付使用时间由竣工验收委员会确定。

(8) 对编制竣工决算报告工作认真负责、上报及时的，上级交通主管部门可以给予表彰。对不按本办法编制和报送竣工决算报告的，上级交通主管部门可以通报批评；情节严重的，可暂停拨付建设资金、停批新建项目，并按有关规定对单位负责人及直接责任人给予行政处分和行政处罚。

4. 竣工决算报告表格

竣工决算报告表式分为决算审批表、工程概况专用表和财务通用表三类。
(1) 竣工决算审批表
(2) 工程概况专用表
①公路建设项目工程概况表；

②桥梁隧道建设项目工程概况表；
③内河航运建设项目工程概况表；
④港口(码头)建设项目工程概况表；
⑤其他建设项目工程概况表；
(3)财务通用表
①建设项目竣工财务决算总表；
②资金来源情况表；
③待核销基建支出及转出投资明细表；
④工程造价和概算执行情况表；
⑤外资使用情况表；
⑥基本建设项目交付使用资产总表；
⑦基本建设项目交付使用资产明细表。

5. 竣工决算编制

竣工决算编制要根据经审定的期中支付证书、最后(终)支付证书及其支付表格(结账单)，对原概预算进行调整，重新核定各单项工程、单位工程造价。

竣工决算图表的编制方法，与概预算编制不同，需进行各种资料的分析计算，主要是对建设工程的各种原始资料进行全面的审查与统计汇总，然后按照竣工决算表格的要求，将各种数据资料摘录填入；同时做好决算与概预算的对比分析，编制技术经济指标比较表。竣工决算表格的填列参见《公路建设项目工程决算编制办法》，此处不再赘述。

6. 新增固定资产价值的确定

(1)新增固定资产的含义

新增固定资产又称交付使用的固定资产，它是投资项目竣工投产后所增加的固定资产价值，它是以价值形态表示的固定资产投资最终成果的综合性指标。新增固定资产价值包括：

①已经投入生产或交付使用的建筑安装工程价值。

②达到固定资产标准的设备工器具的购置价值。

③增加固定资产价值的其他费用，如建设项目管理费、研究试验费、建设项目前期工作费、工程保通管理费、土地使用及拆迁补偿费、联合试运转费等。

(2)新增固定资产价值的计算

新增固定资产的价值计算是以独立发挥生产或服务能力的单项工程为对象的，当单项工程建成，经有关部门验收、鉴定合格，正式移交生产或使用，即应计算新增固定资产价值；一次交付生产或使用的工程，一次计算新增固定资产价值；分期分批交付生产或使用的工程，应分期分批计算新增固定资产价值。

①固定资产价值计算中应注意的几个问题

固定资产价值计算中应注意如下问题：

a. 为了提高服务质量、改善劳动条件、保护环境等而建设的附属、辅助工程，只要全部建成，正式验收或交付使用就要计入新增固定资产价值；

b. 单项工程中不构成生产或服务系统，但能独立发挥效益的非生产或服务性工程，如

住宅、食堂、医务室、托儿所、生活服务网点等,在建成并交付使用后,要计入新增固定资产价值;

c.凡购置达到固定资产价值标准而不需要安装的设备、工器具,应在交付使用后,计入新增固定资产价值;

d.属于新增固定资产价值的其他投资,应随同受益工程交付使用的同时一并计入新增固定资产价值。

②交付使用财产的成本费用计算

交付使用财产的成本费用应按下列内容计算:

a.路线、桥梁、房屋、管线、建筑物、构筑物、沿线设施等固定资产的成本费用包括建筑安装工程成本和应分摊的待摊投资;

b.动力设备、通风设备、监控设备、收费系统等固定资产的成本,包括需要安装设备的采购成本、设备的安装成本、设备基础、支柱等的建筑工程成本和应分摊的待摊投资;

c.运输设备及其他不需要安装的设备、工具、器具、家具等固定资产和流动资产的成本,一般仅计算采购成本,不分摊待摊投资。

③同费用(待摊投资)的分摊方法

增加固定资产价值的共同费用(待摊投资),如果能够确定应由某项交付使用财产负担的,应直接计入该项交付使用资产成本中;如果是属于整个建设项目或两个以上的单项工程的,在计算新增固定资产价值时,应在各单项工程中按比例分摊。分摊时,哪些费用应由哪些工程负担,又要按具体规定,一般情况下,建设单位管理费应按建筑工程、安装工程、需要安装设备价值的总额做等比例分摊;而土地征用费、拆迁补偿费等费用则只按有关构筑物、建筑物的建筑工程价值分摊。

[例6-1] 某公路建设项目建筑安装工程投资中,桥梁工程投资4258万元,路线及其防护、排水工程等投资为19288万元;需要安装设备价值为1565万元,待摊投资为征地、迁移补偿等费用为3250万元,建设单位管理费895万元,试计算路线工程、桥梁工程、需要安装设备各自应分摊的待摊投资。

解:(1)计算分摊率

对建设单位管理费分摊的分摊率 = $[895/(4258+19288+1565)] \times 100\% = 3.5642\%$

对征地、迁移补偿等费用分摊的分摊率 = $[3250/(4258+19288)] \times 100\% = 13.8028\%$

(2)分摊额的计算

a.桥梁工程分摊额 = $4258 \times (3.5642\% + 13.8028\%) = 739.49$(万元)

b.路线工程分摊额 = $19288 \times (3.5642\% + 13.8028\%) = 3349.75$(万元)

c.需要安装设备分摊额 = $1565 \times 3.5642\% = 55.78$(万元)

7.新增流动资产价值的确定

新增流动资产是指新增加的在一年内或者超过一年的一个营业周期内变现或者运用的资产,包括现金及各种存款、存货、应收及预付款等。在确定流动资产价值时,按以下原则处理:

(1)货币性资金,即现金、银行存款及其他货币资金,根据实际入账价值核定。

(2)应收及预付款项包括应收票据、应收账款、其他应收款、预付款和待摊费用。一般情况下,应收及预付款项按企业销售商品、产品或提供服务、提供劳务时的实际成交金额入账核算。

（3）各种存货应当按照取得时的实际成本计价。存货的形成，主要有外购和自制两种途径。外购的，按照购买价加运输费、装卸费、保险费、途中合理损耗、入库前加工、整理及挑选费用以及缴纳的税金等计价；自制的，按照制造过程中的各项实际支出计价。

8.新增无形资产价值的确定

新增无形资产是指新增加的、可供今后企业长期使用但是没有实物形态的资产，包括专利权、商标权、著作权、土地使用权、非专利技术、商誉等。无形资产的计价，原则上应按取得时的实际成本费用计价；企业取得无形资产的途径不同，所发生的支出也不一样，无形资产的计价也不相同。按现行财务制度，无形资产价值的计价原则和计价方式如下：

（1）无形资产的计价原则

①投资者将无形资产作为资本金或者合作条件投入的，按照评估确认或合同协议约定的金额计价；

②购入的无形资产，按照实际支付的价款计价；

③企业自创并依法申请取得的，按开发过程中的实际支出计价；

④企业接受捐赠的无形资产，按照发票账单所持金额或者同类无形资产市价计价。

（2）无形资产的计价

①专利权的计价。专利权可分为自创和外购两类。

a.自创专利权的计价，其价值为开发过程中的实际支出，主要包括专利的研究开发费、专利申请费、专利登记费、专利年付费、法律诉讼费等；

b.专利转让（包括购入或卖出）的计价，其价值主要包括转让价格和手续费。由于专利是具有专有性并能带来超额利润的生产要素，因而其转让价格不能按其成本估价，而是要依据其所能带来的超额收益来估价。

②非专利技术的计价。

a.自创的非专利技术，一般不得作为无形资产入账，自创过程中发生的费用，现行财务制度允许作当期费用处理，这是因为非专利技术自创时难以确定是否成功，这样处理符合财务会计的稳健性原则；

b.购入非专利技术时，应由具有资格的评估机构确认后再进一步估价，往往是通过其产生的收益来进行估价的，其基本思路同专利权的计价方法。

③商标权的计价。

a.自创的商标，自创时发生的各项费用，如商标设计、制作、注册和保护、宣传广告等费用，一般不作为无形资产入账，而是直接作为销售费用计入当期损益；

b.当企业购入或转让商标时，才需要对商标权计价。商标权的计价一般根据被许可方新增收益来确定。

④土地使用权的计价。

a.建设单位（发包人）向土地管理部门申请土地使用权，并为其支付了一笔出让金的，这时应作为无形资产进行计价；

b.土地是通过行政划拨的，不能作为无形资产计价；只有在将土地使用权有偿转让、出租、抵押、作价入股和投资，按规定补交土地出让金后，才作为无形资产计价。

9. 递延资产及其他资产价值的确定

递延资产是指不能全部计入当年损益,应当在以后年度内分期摊销的各项费用,包括开办费、租入固定资产的改良支出等。

(1)开办费的计价。开办费是指在筹建期间发生的费用,包括筹建期间人员的工资、办公费、培训费、差旅费、印刷费、注册登记费以及不计入固定资产和无形资产购建成本的汇兑损益和利息支出等。根据现行财务制度的规定,除了筹建期间不计入资产价值的汇兑净损失外,开办费从企业开始生产经营月份的次月起,按照不短于5年的期限平均摊入管理费用。

(2)以经营租赁方式租入的固定资产改良工程支出的计价,应在租赁有效期限内分期摊入制造费用或管理费用。

(3)其他资产,包括特准储备物资等,主要以实际入账价值核算。

[例6-2] 某投资公司承担的某高速公路工程项目,竣工时反映的财务核算资料如下:

(1)经验收合格,交付使用的资产有:

①线路、桥梁、隧道等建筑安装工程资产价值218560万元;设备、收费、通信系统价值54775万元;

②为运营准备使用期在一年以内的工器具、物品等125万元;使用期在一年以上,单件价值在2000元以上的工、器具40万元;

③建设期间购买非专利技术75万元,摊销期5年;

④筹建期间的开办费136万元。

(2)收尾零星工程支出的项目有:

①建筑安装工程支出185万元;

②设备、工器具投资45万元;

③建设单位管理费、勘察设计费等待摊投资25万元;

④其他支出35万元。

(3)非经营性项目发生待核销基建支出60万元。

(4)购置需安装设备65万元,其中待处理设备损失8万元。

(5)货币资金1560万元。

(6)应收有偿调出材料款45万元。

(7)建设单位自有固定资产原值8750万元,累计折旧2140万元。

反映在《资金平衡表》上的各类资金来源的资金余额是:

(1)预算拨款72350万元。

(2)自筹资金拨款62639万元。

(3)商业银行借款145962万元。

(4)交付使用资产价值中,有120万元属利用投资借款形成的待冲基建支出。

(5)应付设备商设备款965万元,应付承包人工程款(原扣留的保留金未归还部分)8123万元尚未支付。

(6)未交税金158万元;未交基建收入24万元。

试编制建设项目竣工财务决算表。

解:建设项目竣工财务决算表见表6-12。

某项目竣工财务决算表

表 6-12

货币单位：人民币(万元)

资 金 来 源	金 额	资 金 占 用	金 额
一、基建拨款	134989	一、基本建设支出	274061
1. 预算拨款	72350	1. 交付使用资产	273711
2. 基建基金拨款		2. 在建工程	290
3. 进口设备转账拨款		3. 待核销基建支出	60
4. 器材转账拨款		4. 非经营性项目转出投资	
5. 煤代油转用基金拨款		二、应收借款	
6. 自筹资金拨款	62639	三、应收生产单位投资借款	
7. 其他拨款		四、器材	65
二、项目资本		其中待处理器材损失	8
1. 国家资本		五、货币资金	1560
2. 法人资本		六、预付及应收款	45
3. 个人资本		七、有价证券	
三、项目资本公积		八、固定资产	6610
四、基建借款	145962	固定资产原值	8750
五、上级拨入投资借款		减：累计折旧	2140
六、企业债券资金		固定资产净值	6610
七、待冲基建支出	120	固定资产清理	
八、应付款	9088	待处理固定资产损失	
九、未交款	182		
1. 未交税金	158		
2. 未交基建收入	24		
3. 未交基建包干结余			
4. 其他未交款			
十、上级拨入资金			
十一、留成收入			
合计	290341	合计	290341

(二)公路建设项目工程决算的编制

公路建设项目工程决算是指项目实际完成的工程量、采用的单价和费用支出，以及与批准的概(预)算对比情况。

工程决算是建设项目竣工验收工作的重要组成部分；未编制工程决算的建设项目，不得组织竣工验收。

建设项目法人应加强建设项目投资管理工作，配备具有相应资格的公路工程造价人员，做好工程决算资料的收集、整理和分析工作，工程决算文件的编制应真实、准确和完整。

工程决算表应按照规定的填表说明编制，基础数据应在工程实施的过程中随时填写，使工程决算与工程管理紧密结合，保证基础资料的完整性，提高管理工作的规范性。

工程决算文件的组成包括工程决算编制说明和工程决算表。

1. 编制依据

(1)经交通主管部门批准的设计文件,以及批准的概(预)算或调整概(预)算文件;

(2)招标文件、招标控制价及与各有关单位签订的合同文件;

(3)建设过程中的文件及有关支付凭证;

(4)竣工图纸;

(5)其他有关文件、资料、凭证等。

2. 基本要求

(1)工程决算总费用由建设安装工程费,设备、工具及器具购置费,工程建设其他费用三部分构成。对于概(预)算编制办法规定的项目及批准概(预)算文件中未列明且不能列入第一、二部分的费用列入第三部分。

(2)工程决算通过工程决算表进行计算,各表格的相互关系如图6-3所示。

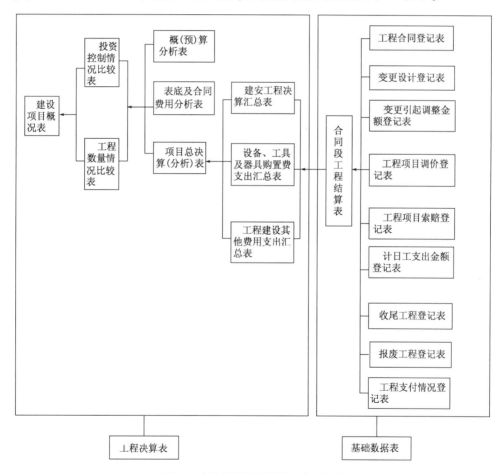

图6-3 各种表格的计算顺序与相互关系

(3)工程决算文件由项目法人在交工验收后负责组织编制,竣工验收前编制完成,并将工程决算文件及工程决算数据上报交通主管部门,同时抄送工程造价管理部门。

(4)工程决算文件应简明扼要、字迹清晰、数据真实、计算正确、符合规定。

3. 工程决算编制说明

工程决算编制说明应包括以下内容：

(1) 工程决算概况；
(2) 工程概(预)算执行情况说明，应说明招标方式、结果及重大设计变更情况；
(3) 设备、工具、器具购置情况的说明；
(4) 工程建设其他费用使用情况的说明(包括征地拆迁费、建设单位管理费、监理费等)；
(5) 预留费用使用情况的说明；
(6) 工程决算编制中有关问题处理的说明；
(7) 造价控制的经验与教训总结；
(8) 工程遗留问题；
(9) 其他需要说明的事项。

习题

1. 公路工程结算的作用是什么？
2. 公路工程结算的编制依据有哪些？
3. 公路工程结算的方式有哪些？
4. 公路工程结算由哪些费用项目构成？
5. 公路工程施工过程中结算怎样编制？
6. 简述在施工过程中工程进度付款的编制程序。
7. 公路工程的工程量清单中第100章各费用项目支付额应怎样计算和支付？
8. 公路工程的工程量清单中第200章至第700章的费用项目支付额应怎样计算和支付？
9. 公路工程中工程变更支付费用应怎样确定？
10. 公路工程中价格调整涉及的支付费用应怎样确定？
11. 公路工程中索赔涉及的支付费用应怎样确定？

第七章
公路工程建设项目养护造价编制

第一节 公路养护造价概述

一、公路养护的种类

公路养护按照不同的划分标准,可以划分为不同的种类。

公路养护按照养护的内容和方法不同可以分为日常养护、养护检查、养护工程;养护检查又具体划分为经常巡查及检查、定期检查及评定、专项检查及评定、应急检查及评定;养护工程按照养护目的和养护对象,分为预防养护、修复养护、专项养护、应急养护。

养护工程作为在一段时间内集中实施并按照项目进行管理的公路养护作业,是公路养护的重要内容,养护工程按其工程性质不同、规模大小、技术繁简又可分为小修保养、中修、大修和改善工程四类。

(1)小修保养工程

对公路及其一切工程设施进行预防保养和修补其轻微损坏部分,使之经常保持完好状态。

(2)中修工程

对公路工程设施的一般性磨损和局部损坏进行定期的修理加固,以恢复原状的小型工程项目。

(3)大修工程

对公路设施的较大损坏进行周期性的综合修理,以全面恢复到原设计标准,或在原技术等级范围内进行局部改善和个别增建以逐步提高公路通行能力的工程项目。

(4)改善工程

对公路及其工程设施因不适应交通量和载重需要而分期逐段提高技术等级,或通过改善显著提高通行能力的较大工程项目。

二、公路养护工程造价的特点

(一)公路养护工程特点

公路养护工程除具有新建公路的属性以外,还具有不同于新建公路的一些特点:

1. 养护工程的规模普遍较小

养护工程的规模普遍较小,特别是小修保养,其单个工程量小,项目数量多,可谓面广量大、琐碎、繁杂、动态,项目化特征不突出,而且难以计量。而大中修项目与新建项目具有一定的相似性,即具有一定规模,项目化特征比较明显,工程量可以计量。

2. 养护工期的紧迫性

养护工程实施时,为不中断交通,影响通行,要求在最短时间完成,对工期要求高。

3. 养护施工环境和条件复杂性

养护施工是在不同的地区、或同一地区的不同现场、或同一现场的不同位置上进行的,因此,施工具有流动性,且行车干扰大。

(二)公路养护工程造价的特点

养护施工生产与新建项目的施工生产相比,呈现出施工难度大、一次性作业工程量小、流水施工组织困难、作业连续性差、工地转移次数多、施工工作面小、作业安全系数低、作业对象结构形式复杂、施工工艺复杂等特点,这些特点导致养护工程成本高,造价控制困难。

三、公路养护工程造价的全过程控制

为有效控制养护费用,必须实行公路养护工程造价的全过程控制。

1. 养护经费计划的编制和控制

养护经费计划是控制公路养护投资的基础,是控制养护投资的指导性文件,养护经费计划随同养护工程计划一并下达。养护经费计划的编制按照工作量、养护工程经费定额编制。养护工作量的确定比较复杂,准确、合理地确定养护工作量,是进行造价控制的基础。

2. 养护工程设计阶段的造价控制

养护工程由于实施周期短,同时不易形成大的工作面,因此单位造价比较高。设计阶段应合理确定、有效控制养护工程造价。因此,应加强方案设计和技术经济比较,优化设计,以提高设计的合理性和经济性。设计单位应根据养护计划实施限额设计。在外业详尽调查基础上,认真做好施工组织设计,合理套用养护预算定额,编制养护工程预算。对影响造价的材料价格详细询价,分析询价数据,对影响价格涨跌的因素尽量考虑全面。

3.养护工程施工阶段的造价控制

《公路养护工程施工招标投标管理暂行规定》指出实行招投标的范围:公路小修保养最小标的为连续20km以上或者小于20km的整条路段,最短养护合同期限为一年;大中修公路养护工程投资100万元以上的项目。实施招标的养护工程项目,项目管理方应认真编制招标文件和工程量清单,避免合同条款风险带来的进度、造价损失。

由于养护工程施工周期短,在项目实施过程中,项目管理方应加强合同管理和现场管理。合同管理人员或公路造价工程师应熟悉养护施工清单,充分理解清单单价中包含的工程细目,及时确定工程计量,避免重复或遗漏工程量等问题。对养护工程施工中的变更工程项目,应及时确定工程量、合理确定单价,并纳入计量程序。

第二节 公路养护预算编制

一、养护预算费用组成

公路养护预算费用包括养护检查费、日常养护费、养护工程费,如图7-1所示。

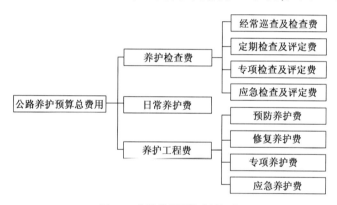

图7-1 公路养护预算费用组成

二、养护检查费的编制

(一)费用组成

根据检查项目的组成,养护检查费包括经常巡查及检查费、定期检查及评定费、专项检查及评定费、应急检查及评定费。

经常巡查及检查费指对公路及其附属设施的使用状况、病害或缺损的严重程度进行的周期性日常巡查、经常检查和一般性判定所需的费用。经常巡查及检查费包括道路工程、桥涵工程、隧道工程、机电工程经常巡查及检查费。

定期检查及评定费指对公路及其附属设施的技术状况进行的定期检查、技术状况评定所需的费用。定期检查及评定费包括道路工程、桥涵工程、隧道工程、机电工程定期检查及评定费。

专项检查及评定费指对公路及其附属设施的详细技术状况,包括承载能力、通行能力、运行安全、抗灾能力和构造物性能等进行的专项检测、专项调查、专项评定所需费用。

应急检查及评定费指在自然灾害、交通事故等应急突发事件发生后,对公路及其附属设施所遭受的影响或可能遭受的次生灾害影响进行的详细调查、检测、评定所需费用。

(二)计算方法

经常巡查及检查费、定期检查及评定费与具体检查工程量相关,其计算公式为:

$$经常巡查及检查费 = 检查工程量 \times 经常巡查及检查费用指标 \quad (7\text{-}1)$$

$$定期检查及评定费 = 检查工程量 \times 定期检查及评定费用指标 \quad (7\text{-}2)$$

专项检查及评定费根据专项检查及评定实际情况或合同计算。

应急检查及评定费按预算编制年前三个年度实际发生额的平均值预留。

1. 养护检查费用指标

养护检查费用指标包括养护检查作业所需的人工费、材料费、机械(仪器仪表)使用费、措施费、企业管理费、规费、利润、税金、安全生产费、进出场费等。养护检查费用指标值宜综合考虑检查内容、检查频率、技术复杂程度、地形、路龄、气候、海拔、交通量、设施规模等特征综合确定。

经常巡查及检查费、定期检查及评定费指标分为高速公路、一级公路、二级公路、三级公路、四级公路五个级别。当年完成了改扩建工程的路段按改扩建之后的技术等级确定。同一线路不同技术等级应分别计算。

(1)经常巡查及检查费指标确定

《公路养护预算编制导则》(JTG 5610—2020)作为公路工程标准体系公路养护板块中造价模块总领性标准,对公路养护费用组成和费用计算方法等作出了规定,但考虑到全国各省(区、市)地质、地形、气候环境、经济发展水平等差异较大,对养护资金存在不同的需求,因此《公路养护预算编制导则》(JTG 5610—2020)没有制定具体的费率和配套的养护定额。具体的费率和配套定额由各省级交通运输主管部门组织制定并发布,以满足当地实际工作需要。但《公路养护预算编制导则》(JTG 5610—2020)对经常巡查及检查费指标做了如下规定:

①经常巡查及检查费指标应按不同公路等级制定。高速公路、一级公路宜根据单向检查工作内容制定指标。

②道路工程宜按平原微丘、山岭重丘等地形分别制定指标。单位为元/km/年。

③桥涵工程宜按桥梁工程、涵洞工程分别制定指标。桥梁工程宜按桥梁类型分别制定指标,单位为元/m/年。涵洞工程单位为元/道/年。

④隧道工程宜按单洞检查工作内容制定指标,单位为元/m/年。

⑤机电设施宜按隧道机电设施、其他机电设施分别制定指标。单位为元/km/年或元/m/年。

⑥各地可根据养护特点,在《公路养护预算编制导则》(JTG 5610—2020)基础上细化指标分类。

(2)定期检查及评定费指标

《公路养护预算编制导则》(JTG 5610—2020)对定期检查及评定费指标做了如下规定:

①道路工程宜按单车道检查及评定内容制定指标。单位为元/km/车道/年。

②桥涵工程应按桥梁工程、涵洞工程分别制定指标。桥梁工程宜按桥梁结构类型分别制定指标。高速公路、一级公路桥梁工程指标宜按单幅检查工作内容制定,单位为元/m/年。涵洞工程单位为元/道/年。

③隧道工程宜按单洞检查及评定内容制定指标,单位为元/m/年。

④机电设施宜按隧道机电设施、其他机电设施分别制定指标。隧道机电设施单位为元/m/年,其他机电设施单位为元/km/年。

⑤各地可根据养护特点,在《公路养护预算编制导则》(JTG 5610—2020)基础上细化指标。

2. 养护检查工程量计算

(1) 经常巡查及检查工程量

经常巡查及检查工程量规定如下:

①高速公路、一级公路道路工程的工程量为双向路基长度之和。二级公路、三级公路、四级公路道路工程的工程量为路基长度。连接线、匝道长度可根据各地实际情况制定折算系数。单位为km。

②高速公路、一级公路桥梁工程的工程量为桥梁双幅长度之和。二级公路、三级公路、四级公路桥梁工程工程量为桥梁长度。单位为m。涵洞工程工程量单位为道。

③隧道工程工程量为隧道单洞长度。单位为m。

④隧道机电设施工程量为隧道单洞长度。单位为m。

⑤高速公路、一级公路其他机电设施工程量为双向路线长度(扣减隧道长度)。二级公路、三级公路、四级公路其他机电设施工程量为路线长度(扣减隧道长度)。单位为km。

(2) 定期检查及评定工程量规定如下

①道路工程的工程量为列入预算年定期检查及评定计划的各条车道长度之和。单位为km。

②高速公路、一级公路桥梁工程工程量为列入预算年定期检查及评定计划的桥梁双幅长度之和。二级公路、三级公路、四级公路桥梁工程的工程量为列入预算年定期检查及评定计划的桥梁长度。单位为m。涵洞工程的工程量单位为道。

③隧道工程工程量为列入预算年定期检查及评定计划的隧道单洞长度。单位为m。

④隧道机电设施工程量为列入预算年定期检查及评定计划的隧道单洞长度。单位为m。

⑤高速公路、一级公路其他机电设施工程量为列入预算年机电设施定期检查及评定计划的双向路线长度(扣减隧道长度);二级公路、三级公路、四级公路其他机电设施工程量为列入预算年机电设施定期检查及评定计划的路线长度(扣减隧道长度)。单位为km。

三、日常养护费的编制

日常养护费指为保证公路及其附属设施的服务质量和水平而开展清洁、维护等日常保养,以及对轻微损坏或缺陷等局部一般病害的日常修复作业所需要的费用。

日常养护费包括道路工程、桥涵工程、隧道工程、机电工程、房建工程的日常养护费。日常养护费计算见式(7-3):

$$日常养护费用 = 日常养护工程量 \times 日常养护费用指标 \qquad (7-3)$$

1. 日常养护费用指标

日常养护费用指标包括日常养护作业所需的人工费、材料费、机械使用费、设备购置费、措施费、企业管理费、规费、利润、税金、安全生产费、施工场地建设费、施工进出场费等。

日常养护费用指标规定如下：

①日常养护费用指标宜分为高速公路、一级公路、二级公路、三级公路、四级公路五个级别。

②日常养护费用指标包含道路工程、桥梁工程、隧道工程、机电工程、房建工程。

③道路工程高速公路、一级公路宜按单向日常养护工作内容制定指标。二级公路、三级公路、四级公路宜按双向日常养护工作内容制定指标。

④桥涵工程宜按桥梁工程、涵洞工程分别制定指标。桥梁工程按单幅桥梁土建工程日常养护工作内容制订指标，并宜按桥梁结构类型分别制定指标，单位为元/m/年。涵洞工程按一道涵洞日常养护工作内容制定指标。涵洞工程单位为元/道/年。

⑤隧道工程按单洞日常养护工作内容制订，并宜根据隧道长度分别制定指标。单位为元/m/年。

⑥机电设施宜按隧道机电设施、其他机电设施分别制定指标。隧道机电设施宜按单洞隧道机电设施日常养护工作内容制定，并宜根据隧道长度分别制定指标，单位为元/m/年。其他机电设施按单向公路隧道外的机电设施制订指标，单位为元/km/年。

⑦房建工程宜按建筑面积制定指标，单位为元/m^2/年。

⑧日常养护费用指标宜根据公路所处地区、车道数、交通量、路龄、海拔高度、地形等影响因素制定调整系数。

⑨各地可根据养护特点，在《公路养护预算编制导则》（JTG 5610—2020）基础上细化指标分类。

2. 日常养护工程量

日常养护工程量规定如下：

①高速公路、一级公路道路工程工程量为双向路基长度之和。二级公路、三级公路、四级公路道路工程工程量为路基长度。连接线、匝道长度可根据各地实际情况制定折算系数。单位为km。

②高速公路、一级公路桥梁工程工程量为桥梁双幅长度之和。二级公路、三级公路、四级公路桥梁工程工程量为桥梁长度。单位为m。涵洞工程工程量单位为道。

③隧道工程工程量为隧道单洞长度。单位为m。

④隧道机电设施工程量为隧道单洞长度。单位为m。

⑤高速公路、一级公路其他机电设施工程量为双向路线长度（扣减隧道长度）。二级公路、三级公路、四级公路其他机电设施工程量为路线长度（扣减隧道长度）。单位为km。

⑥房屋工程工程量为公路沿线各类房屋的建筑面积。

四、养护工程费的编制

养护工程是指在一段时间内集中实施并按照项目进行管理的公路养护作业。养护工程费按照养护目的和养护对象，分为预防养护费、修复养护费、专项养护费、应急养护费。

预防养护费、修复养护费、专项养护费编制预算时,应根据现行《公路养护预算编制导则》(JTG 5610)及现行部、省(自治区、直辖市)交通运输主管部门颁布的造价依据的相关规定进行编制。根据现行造价依据规定的人工、材料与设备、施工机械台班消耗量以及预算编制时工程所在地的人工费工日单价、材料预算单价和施工机械台班单价,计算养护工程项目的人工费、材料费、设备购置费和施工机械使用费。按现行《公路养护预算编制导则》(JTG 5610)及现行部、省(自治区、直辖市)交通运输主管部门颁布的造价依据相关规定计算其他各项费用。

(一)公路养护工程预算编制的要求

(1)公路养护工程预算编制必须严格执行国家的方针、政策和有关制度,符合公路养护、施工技术规范。

(2)公路养护工程预算文件应符合相关规定、结合实际、经济合理、提交及时、不重不漏、计算正确、表格规范、字迹打印清晰、装订整齐完整。

(3)公路养护工程预算应由具备相应资质的公路养护、设计、造价咨询单位负责编制,编制及审核人员须具备公路注册造价员执业资格,并对其编制质量负责。

(二)养护工程预算编制依据

养护工程预算的编制依据主要有:
(1)国家发布的有关法律、法规等。
(2)工程所在地省级交通运输主管部门发布的公路养护造价依据及相关规定等。
(3)工程可行性研究报告或技术设计批(核)准文件或养护工程设计文件(含施工方案及交通组织设计)等有关资料。
(4)工程所在地的人工、材料与设备、施工机械价格等。
(5)有关合同、协议等。
(6)其他有关资料。

(三)养护工程预算文件组成

养护工程预算文件由封面、扉页、目录、编制说明及全部计算表格组成。

1. 封面及目录

预算文件的封面应按现行《公路工程基本建设项目设计文件编制办法》中的规定制作,扉页的次页应有建设项目名称,编制单位,编制、复核人员姓名并加盖资格印章,编制日期及第几册共几册等内容。

目录应按预算表的表号顺序编排。

2. 编制说明

预算编制完成后,应写出编制说明,文字力求简明扼要。应叙述的内容一般有:
(1)编制范围、工程概况等。
(2)养护工程项目设计资料的依据及有关文号。
(3)采用的定额、费用标准,人工、材料与设备、施工机械台班预算单价的依据或来源,补充定额及编制依据的详细说明等。并将补充定额作为附件附说明之后。

(4)有关的委托书、协议书、会议纪要的主要内容或将文件附后。

(5)预算总金额,人工、钢材、水泥、沥青等材料的总数量。各设计方案的技术经济比较。以及编制中存在的问题。

(6)其他有关费用计算项及计价依据的说明。

(7)其他需要说明的问题。

3. 预算表格

材料与设备、施工机械台班单价及各项费用的计算宜通过统一表格表述,表格样式宜符合《公路养护预算编制导则》(JTG 5610—2020)附录 A 的规定。

4. 预算文件

养护工程预算文件可按不同的需要分为甲、乙组文件。甲组文件为各项费用计算表,乙组文件为养护工程建筑安装工程费各项基础数据计算表。甲、乙组文件应按相关设计文件报送份数的要求,随设计文件一并报送,并同时提交可计算的造价电子数据文件和新工艺单价分析的详细资料。乙组文件中的"分项工程预算表"可只提交电子版,或按需要提交纸质版。

养护工程预算应按一个养护工程项目分类进行编制,当一个养护工程项目需要分段或分部编制时,可根据需要分别编制,但应汇总编制"养护工程预算汇总表"。还应汇总编制"公路养护预算汇总表"。

甲、乙组文件包括的内容如图 7-2 所示。

甲组文件
1. 编制说明
2. 养护工程预算汇总表
3. 人工、材料、设备、施工机械台班数量单价汇总表
4. 养护工程预算表
5. 人工、材料、设备、施工机械台班数量单价表
6. 建筑安装工程费计算表
7. 措施费、企业管理费及规费综合费率计算表
8. 措施费、企业管理费及规费综合费用计算表
9. 设备费计算表
10. 土地使用及拆迁补偿费计算表
11. 养护工程其他费计算表
12. 人工、材料、施工机械台班单价表

乙组文件
1. 分项工程费用计算数据表
2. 分项工程预算表
3. 材料预算单价计算表
4. 自采材料料场价格计算表
5. 材料自办运输单位运费计算表
6. 施工机械台班单价计算表
7. 辅助生产人工、材料、施工机械台班数量表

图 7-2 甲、乙组文件包含的内容

各种表格的计算顺序和相互关系如图 7-3 所示。

(四)公路养护工程预算项目

公路养护工程预算项目应按养护工程费、土地使用及拆迁补偿费、养护工程其他费用、预备费用四个部分进行编制,即预算项目主要包括以下内容:

第一部分　养护工程费
　　第一项　临时工程
　　第二项　路基工程
　　第三项　路面工程
　　第四项　隧道工程
　　第五项　桥涵工程
　　第六项　交叉工程
　　第七项　交通工程及沿线设施
　　第八项　绿化及环境保护工程
　　第九项　其他工程
　　第十项　专项费用
第二部分　土地使用及拆迁补偿费
第三部分　养护工程其他费
第四部分　预备费

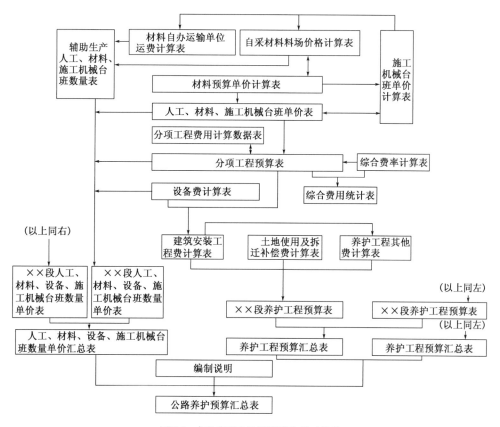

图 7-3　各种表格的计算顺序和相互关系

编制养护工程预算时,应按照养护工程预算项目表的内容和序列进行。养护工程预算项目表见表 7-1,路基养护工程项目分表(LJ)见表 7-2,路面养护工程项目分表见表 7-3,涵洞养护工程项目分表见表 7-4,桥梁养护工程项目分表见表 7-5,隧道养护工程项目分表见表 7-6,房建养护工程项目分表见表 7-7。

养护工程预算项目表 表7-1

项目编码	工程或费用名称	单位	备 注
YHGC 1	第一部分 养护工程建筑安装工程费	公路公里	
YHGC 101	临时工程	公路公里	
YHGC 10101	临时施工道路	km	
YHGC 1010101	施工便道(含涵洞)	km	
YHGC 1010102	施工便桥	m/座	
YHGC 10102	临时供电设施	km	
	……		
YHGC 10103	运营临时保通工程	公路公里	
YHGC 1010301	公路运营临时保通便道	km	按保通便道、便桥分级
YHGC 1010302	涉水工程通航安全保通费	处	按工程内容分级
YHGC 1010303	铁路运营保通工程	处	按工程内容分级
YHGC 10104	临时安全设施	km	按设施类型分级
	……		
YHGC 10105	既有设施保护	处	按设施类型分列
	……		
YHGC 102	路基工程	km	下挂路基养护工程分项表
YHGC 10201	拆除旧排水、防护工程	m³	按拆除结构及材料分级
	……		
YHGC 103	路面工程	km	下挂路面养护工程分项表

路基养护工程项目分表 表7-2

项目编码	工程或费用名称	单位	备 注
LJ01	清理现场	m³	
LJ0101	清除表土	m³	
LJ0102	清理危石	m³	
LJ0103	清除塌方	m³	按清理土、石分级
	……		
LJ02	路基病害防(处)治	m/处	
LJ0201	路基沉降	m/处	按处治方式及材料分级
LJ0202	桥头跳车	m/处	按处治方式及材料分级
LJ0203	路基翻浆	m/处	按处治方式及材料分级
LJ0204	路基开裂滑移	m/处	按处治方式及材料分级
LJ0205	失稳、水毁边坡	m/处	按处治方式及材料分级
LJ0206	防风(砂)、防雪处治	m/处	按处治方式及材料分级
	……		

续上表

项目编码	工程或费用名称	单位	备注
LJ03	路基修复完善	km	
LJ0301	路基挖方	m³	
LJ030101	挖土方	m³	挖、装、运
LJ030102	挖石方	m³	挖、装、运
	……		

路面养护工程项目分表 表7-3

项目编码	工程或费用名称	单位	备注
	……		
LM01	路面病害防(处)治	m²	
LM0101	沥青混凝土路面	m²	按病害类型分级
LM010101	防损、防水、防滑、抗老化等表面处治	m²	按防治方式及材料分级
LM010102	修补坑槽	m²	按处治方式及材料分级
LM010103	修补裂缝	m	按处治方式及材料分级
LM010104	车辙、拥包、泛油等处治	m²	
LM010105	沉陷处治	m²	按处治方式及材料分级
	……		
LM0102	水泥混凝土路面	m²	按病害类型分级
LM010201	防滑、防剥落处治	m²	按处治方式及材料分级
LM010202	板底脱空、沉陷处治	m²	按处治方式及材料分级
LM010203	接缝处治	m	按处治方式及材料分级
LM010204	破碎板修补	m²	按处治方式及材料分级
LM010205	裂缝修补	m	按处治方式及材料分级
	……		
LM0103	路肩修补	m³	
LM0104	路面排水修补	m	按修补内容及材料分级
LM0105	中间带缘石修补	m³	
	……		

涵洞养护工程项目分表 表7-4

项目编码	工程或费用名称	单位	备注
HD01	涵洞修复完善	道	
HD0101	洞口维修加固	m³/个	按加固方式及材料分级
HD0102	涵身修复完善	m³/道	按涵洞形式和加固方式及材料分级
HD010201	涵身维修加固	m³/道	按涵洞形式和加固方式及材料分级
HD010202	涵身接长	m/道	按涵洞形式分级
HD02	重建或新增涵洞	m/道	按涵洞形式及孔径分级
	……		

桥梁养护工程项目分表 表 7-5

项目编码	工程或费用名称	单位	备 注
QL01	桥梁病害防(处)治	m^2	以处治病害的桥面面积计量
QL0101	防腐、防锈、防侵蚀处理	m^2	按部位及处治方式及材料分级
QL0102	桥梁结构修复	m^2	以维修的桥面面积计量
QL010201	桥面系及支座	m^2	以维修的桥面面积计量
QL01020101	桥面铺装	m^2	按维修和重铺及材料分级
QL01020102	护栏	m	按维修和重建及材料分级
QL01020103	伸缩装置维修更换	m	按材料分级
QL01020104	支座维修更换	个	按支座类型分级
QL010202	上部构造修复	m^2	按修复的桥面面积计量
QL01020201	上部构造维修加固	m^2	按维修的桥面面积计量。按结构类型和加固部位、加固方式、加固材料分级
QL01020202	上部构件更换	m^3	按结构类型及材料分级
QL010203	下部结构维修加固	m^2	按维修的桥面面积计量
QL01020301	桥台	m^3	按结构类型和加固方式、加固材料分级
QL01020302	桥墩	m^3	按结构类型和加固方式、加固材料分级
	……		
QL010204	基础修复	m^3	按基础形式和加固方式及加固材料分级
	……		
QL010205	附属及调治工程修复完善	m^2	按结构类型和加固方式、加固材料分级
	……		

隧道养护工程项目分表 表 7-6

项目编码	工程或费用名称	单位	备 注
SD01	隧道病害防治	m	
SD0101	防腐、防水等防侵蚀处治	m^2	按处治材料及处治方式分级
	……		
SD02	隧道病害修复	m	
SD0201	洞口维修加固	m^3	按结构形式及加固方式、加固材料分级
SD0202	洞门建筑维修加固	m^3/座	按加固方式及材料分级
SD0203	明洞维修加固		按加固方式、加固及材料分级
SD0204	洞身衬砌维修加固	m	按结构部位及加固方式、加固材料分级
SD020401	隧道衬砌空洞处理	m^3	按处理方式及材料分级
SD020402	围岩注浆加固处理	m^3	按处理方式及材料分级
SD020403	锚杆加固	kg	
SD020404	衬砌裂缝处理	m	按处理方式及材料分级
	……		

续上表

项目编码	工程或费用名称	单位	备注
SD0204	洞内管、沟维修加固	m	
SD0205	防排水维修更换	m	按材料及部位分级
SD0206	路面维修	m²	按路面结构及维修方式、材料等分级
SD0207	辅助工程	m	
SD020701	斜井维修加固	m	按部位及维修加固方式、加固材料分级
SD020702	竖井维修加固	m	按部位及维修加固方式、加固材料分级
……			

房建养护工程项目分表 表7-7

项目编码	工程或费用名称	单位	备注
FJ01	房建工程修复	m²	
FJ0101	房屋工程维修加固	m²	按加固方式或加固部位分级
FJ0102	配套设施修复完善	m²	按水电暖消防排污等设施分级
FJ0103	附属设施修复完善	m²	按围墙、大门、道路、场区硬化、绿化、排水等分级
FJ0104	设备更换	m²	按设备购置和安装等分级
……			
FJ02	重建或新增房建工程	m²	
FJ0201	房屋工程	m²	
FJ0202	配套设施	m²	按水电暖消防排污等设施分级
FJ0203	附属设施	m²	按围墙、大门、道路、场区硬化、绿化、排水等分级
FJ0204	新增设备	m²	按设备购置和安装等分级
……			

养护工程预算项目应按附录B的编号及内容编制。当实际出现的工程和费用项目与项目表的内容不相符时，第一、二、三、四部分和"项"的序号、内容应保留不变，项目表中"项"以下的分项在引用时应保持序号、内容不变，缺少的分项内容可随需要增加，并按项目表的顺序以实际出现的级别依次排列，不保留"项"以下缺少的项目序号和内容。

(五)养护工程预算费用组成及费用计算

1. 养护工程预算费用组成

养护工程预算费用的组成与公路工程基本建设项目概算预算费用的组成基本相同。养护工程预算费用组成如图7-4所示。

2. 养护工程预算费用计算

养护工程预算费用的计算原理和方法与现行公路工程概算预算费用的计算原理和方法基本相同。养护工程各项费用的计算方法见表7-8。

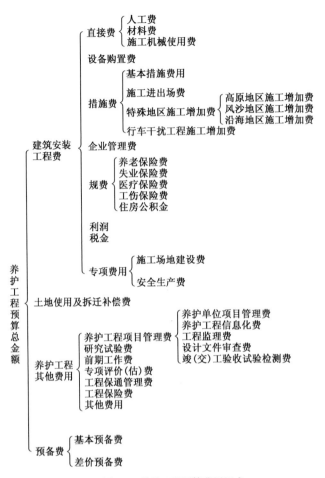

图 7-4 养护工程预算费用组成

养护工程各项费用的计算方法　　　　　　　　　　　　　　　　　表 7-8

代号	项　目	说明及计算式
一	直接费	
（一）	人工费	以养护工程预算定额人工工日乘以综合工日单价计算
（二）	材料费	按工程所在地材料价格计算
（三）	施工机械使用费用	按相应的施工机械台班费用定额计算
二	设备购置费用	按需要购置的数量和相应的单价计算
三	措施费	
（一）	基本措施费	以各类工程的定额人工费和定额施工机械使用费之和，乘以费率
（二）	施工进出场费	以各类养护工程的定额人工费和定额施工机械使用费之和，乘以费率
（三）	特殊地区施工增加费	以各类工程的定额人工费和定额施工机械使用费之和，乘以费率
（四）	行车干扰工程施工增加费	以受行车影响部分的工程项目的定额人工费和定额施工机械使用费之和，乘以费率

续上表

代号	项 目	说明及计算式
四	企业管理费	以各类工程的定额直接费为基数,乘以费率
五	规费	以各类工程的人工费之和为基数,按项目所在地法律、法规所规定的标准计算
六	利润	按定额直接费及措施费、企业管理费之和的7.42%计算
七	税金	[(一)+(二)+(三)+(四)+(五)+(六)]×增值税税率
八	专项费用	
(一)	施工场地建设费	
(二)	安全生产费	按建筑安装工程费(不含安全生产费本身)×安全生产费费率
九	建筑安装工程费	(一)+(二)+(三)+(四)+(五)+(六)+(七)+(八)
十	土地征用及拆迁补偿费	按有关规定计算
十一	公路养护工程其他费用	
(一)	养护工程管理费	1—5合计
1	建设单位(业主)管理费	(九)×费率
2	项目信息化费	(九)×费率
3	设计文件审查费	(九)×费率
4	工程监理费	(九)×费率
5	竣(交)工验收试验检测费	按合同或规定标准计算(可参照类似工程所发生的费用标准进行计列)
(二)	研究试验费	按设计提出的研究试验内容和要求进行编制
(三)	养护工程前期工作费	1—4合计
1	工程勘察费	按类似工程发生的费用或合同金额进行计列
2	专题研究费	按类似工程发生的费用或合同金额进行计列
3	工程设计费	(九)×费率
4	招标费用	(九)×费率
(四)	专项评估费	依据委托合同,或参照类似工程已发生的费用进行计列
(五)	保通管理费	按设计需要进行列支
(六)	工程保险费	以建筑安装工程费(不含设备费)为基数,按0.4%费率计算
(七)	其他相关费用	按相关规定计算
十二	预留费	
(一)	基本预备费	[(九)+(十)+(十一)]×4%
(二)	价差预备费	按设计文件编制年始至养护工程项目交工年终的年数和年工程造价增涨率计算
十三	公路养护工程总费用	(九)+(十)+(十一)+(十二)

习题

1. 公路养护工程造价有什么特点?
2. 简述公路养护预算费用的组成。
3. 简述公路养护检查费的费用组成及各项费用的计算方法。
4. 简述公路日常养护费的计算方法。
5. 公路养护工程预算编制有哪些要求?养护工程预算编制依据有哪些?
6. 简述养护工程预算的费用组成及各项费用的计算方法。

第八章
工程造价管理

工程造价管理是指运用技术、经济及法律等手段,针对建设工程投资费用和工程价格进行全过程、全方位、多层次地预测、优化、控制、分析、监督等,以获得资源的最优配置和建设项目最大的投资效益的全部业务行为和组织活动。工程造价管理的内容包括建立、完善工程造价管理体制,做好工程造价管理的基础工作、科学地确定工程造价各项费用的构成及水平、在工程项目建设各阶段正确地确定工程造价、有效地控制工程造价。

公路工程造价管理,体现在公路建设的每一个环节,贯穿于公路建设管理的全过程,对公路工程品质、公路投资效益等均具有直接影响,是公路建设可持续发展的重要保障。

第一节　工程造价管理工作要素

工程造价管理工作要素,是指工程造价管理工作的基本要素和基本资料。工程造价管理工作的基本要素包括工程造价的管理主体、管理客体、管理目的、管理职能和管理方法;工程造价管理的基本资料即工程造价资料。本节对工程造价管理工作的基本要素和基本资料进行介绍。

一、工程造价管理工作的基本要素

(一)管理主体

工程造价的管理主体,即进行工程造价管理工作的人员和部门。由现时我国工程造价的管理来看,宏观工程造价管理主体有国家建设行政主管部门、各省(自治区、直辖市)建设行政主管部门、各部(委)工程造价管理机构、各省(自治区、直辖市)工程造价管理机构;微观工程造价管理主体有发包人、设计单位、施工单位、监理单位、工程造价咨询单位及其从事工程造价工作的人员。

宏观工程造价管理主体主要从宏观方面对工程造价进行管理,包括制定有关工程造价管理的方针、政策;发布有关工程造价的定额、标准、编制办法;设置有关工程造价的管理机构、管理模式;确定工程造价管理改革的发展方向等。

微观造价管理主体主要对具体工程项目的造价工作进行管理,包括进行工程项目的投资估算、概算、预算、结算、决算、编制标底和投标报价等。

(二)管理客体

管理客体即管理的对象。工程造价的宏观管理对象是整个建筑业的价格及全国(地区、行业)工程建设过程中各种资源的有效配置和合理流通。

工程造价的微观管理对象是具体工程项目的造价要素及其价值,即工程项目建设中所消耗的人、财、物、时间、空间、信息(人工、材料、机械设备、各种自然资源和社会资源)的数量和价值。

(三)管理目的

工程造价的宏观管理目的是通过建设工程的合理价格水平来促进建筑业健康发展;通过对工程造价的宏观管理来控制投资规模、提高投资效益、维护建设市场秩序、促使工程造价咨询和管理工作健康发展。工程造价微观管理的目的是要在具体工程项目建设的各个阶段正确确定工程造价、有效控制工程造价;在工程施工阶段,按照合同文件要求公正、合理地处理发包人和承包人的经济利益,正确进行工程结算。

(四)管理职能

管理职能即管理功能。工程造价的管理职能包括对造价工作的计划与预测、组织和指挥、监督和控制、教育和激励、挖潜与创新等。

(五)管理方法

工程造价的管理方法有:

1. 法律的方法

法律的方法,即通过国家的法律或部门的法规对工程造价进行管理。如通过国家的《民法典》《招标投标法》《价格法》等对工程造价进行管理;通过交通运输部的《概算定额》《预算定额》《编制办法》,住房和城乡建设部的《建设工程施工发包与承包价格管理暂行规定》《工程造价咨询单位管理办法》《造价工程师注册管理办法》等对工程造价工作进行管理。

2. 行政领导的方法

行政领导的方法是指利用一套严格的组织机构,通过行政命令直接对管理对象发生影响。这种行政命令对执行者具有强制力。管理的主动方与被动方是上下级关系,下级服从上级是行政领导方法的基本原则。例如在工程造价管理中,地方建设行政主管部门要服从中央建设行政主管部门的领导和管理,就属于行政领导的方法。

3. 经济的方法

经济的方法,即利用经济杠杆来调节工程建设利益主体各方的经济利益,从而达到管理目的。例如在造价编制与管理中,实行造价工作人员经济责任制就是属于造价管理的经济方法。

4. 咨询顾问的方法

咨询顾问的方法,即由工程造价咨询机构和咨询人员对工程造价进行专业性管理。例如,现行的《工程造价咨询单位管理办法》《造价工程师注册管理办法》就是咨询顾问方法的社会化、具体化。

5. 宣传教育的方法

宣传教育的方法就是通过宣传教育来提高工程造价人员、工程建设参与人员进行投资控制的自觉性、主动性,以达到正确确定工程造价、有效控制工程造价的目的。

二、工程造价管理工作的基本资料

工程造价管理的基本资料即工程造价资料,它包括历史工程造价资料和现行工程造价资料。历史工程造价资料是过去工程建设在工程造价方面的经验总结和教训吸取,它是编制估算指标、概(预)算定额、各种取费标准、有关技术经济指标和进行工程造价宏观管理的基础资料;现行工程造价资料是编制工程造价的依据,主要包括现行的《估算指标》《概算定额》《预算定额》《编制办法》《交通基本建设项目竣工决算报告编制办法》等。工程造价资料要在工程建设过程中不断积累和完善。

(一)工程造价资料种类与作用

1. 建设项目的基本造价资料

建设项目造价资料是指具体项目(一条公路或一座独立的大、中桥梁)的造价资料,它包括:

(1)项目的建设标准,如公路等级、路基路面宽度等;建设地点、标段的划分等;承担设计、施工、监理的单位等;建设工期等。

(2)主要工程数量,如路基土石方、路面、桥涵等的工程量;材料的消耗数量,如水泥、钢材、木材、沥青、劳动力、机械设备等的消耗量;并应将实际数与预算数进行对比,掌握变化情况、分析差异。

(3)项目的投资估算、概算、预算、工程结算、竣工决算、造价指数;项目总造价及其建筑安装工程费、设备和工器具购置费、工程建设其他费用各自所占比例等造价资料。

(4)主要原材料的供应方式、运输方式、平均运距、运价等造价资料。

(5) 主要原材料价格、施工机械台班单价及人工工资标准等资料。

(6) 工程建设过程中有关设计和施工的重大经验、教训；工程变更、价格调整、索赔等的数额及对工程造价产生的影响等资料。

建设项目的基本造价资料反映了项目的基本造价信息，是利用造价资料和使用造价资料的基础。

2. 按分部分项工程划分的造价资料

分类造价资料的分类应与概(预)算定额子目划分的口径、深度相一致。一般可分为路基工程、路面工程、桥涵工程、隧道工程、安全设施及预埋管线、绿化及环境保护设施等的造价资料；对工程实施中使用新材料、新技术、新工艺、新结构、新设备的项目，应包括人工工日、主要材料消耗量、施工机械台班使用量、劳动组织与劳动生产率等造价资料。这些资料是编制、修订概、预算定额的重要基础资料。

3. 按费用项目划分的造价资料

按费用项目划分的造价资料可分为：(1) 人工费、材料费、施工机械使用费、设备费、措施费、企业管理费、规费等造价资料；(2) 与现场有关的造价资料，如现场管理机构的组织和人员配备情况，临时房屋建筑面积及价格等资料；(3) 各项费用及主要材料的比重，以及相应的人工、材料、施工机械台班的价格指数等资料；(4) 与概预算比较，施工实际成本节约或超支情况的资料等。这些资料是编制、修订措施费和企业管理费标准的重要基础资料。

(二) 工程造价资料积累的方法和要求

造价资料要通过不断的搜集、整理、存储来进行积累。要保证搜集的造价资料的质量，使其具有合理性、可靠性、实用性。

1. 采取必要的行政措施来确保造价资料的积累

采取必要的行政措施来确保造价资料的积累，比如规定建设单位、设计单位、施工单位、监理单位等将其编制的投资估算、设计概算、施工图预算、招标控制价、投标报价、工程结算、竣工决算等资料和施工单位的工程实际成本等造价资料，报送一份到工程所在省(自治区、直辖市)的公路(交通)工程定额(造价)管理机构(站)，报送的资料还应包括工、料、机分析资料和设计、施工总结等。

2. 公路造价资料应具有可使用性和重复使用价值

造价资料的积累应符合近期和远期公路交通行业发展方向的需要，使资料具有可使用性和重复使用价值。

3. 积累的造价资料应当有"量"有"价"

积累的造价资料应当有"数量"和"价格"，量、价的取定应符合有关工程造价管理的规定，其基础资料应能满足工程造价动态管理和修订、补充有关投资估算指标、概(预)算定额、费率标准等的需要。

4. 搜集的造价资料应完整

应搜集每个项目建设全过程的造价资料，即从投资估算到竣工决算以及施工单位的工程成本等全面的、完整的造价资料，以便了解、掌握造价全过程的变化情况和最终结果，以有利于总结经验、改进工作。

5. 造价资料的分类整理应符合有关规定

造价资料的分类整理、工程量计算规则、表现形式、设备材料目录及代码等,应该以概预算中的规定为准;若合同价或竣工决算等与其存在差异,应进行调整以取得一致。这样,可提高造价资料相互间的可比性。

6. 搜集的造价资料应真实、可靠

搜集的造价资料应真实、可靠,对其中不实或计算错误的数据资料,应进行必要的调整或修正。

7. 建立规范化、标准化的造价资料积累工作制度

应建立规范化、标准化的造价资料积累工作制度,以完整地、全面地、有效地搜集、积累工程造价资料。

8. 运用现代化的技术手段进行造价资料的积累

在造价资料的搜集、整理、存储中,应运用计算机技术作为搜集、整理、分析、存储造价资料的手段;开发工程造价数据库系统软件,以提高工作效率和造价资料数据的准确性。

(三)工程造价资料分析

工程造价资料分析,是指根据构成造价的要素,对其进行系统的分解,为不同工程项目之间进行造价详细比较创造条件,进而可通过分析找出造价的差异和产生差异的原因。工程造价分析的主要困难在于正确界定所分析工程项目的造价资料的内容和范围,建立完善的工程造价资料分析体系,采用正确的工程造价资料分析方法,得出较为客观、真实、准确的分析结论。

工程造价资料分析的范围和内容应以现行的概、预算制度所确定的工程细目和费用项目为依据来确定;工程造价资料分析体系应以所确定的造价资料分析范围和内容、造价资料分析的目的、采用的分析方法等来建立;造价资料的分析方法应根据分析目的来具体选用。工程造价资料的分析内容和方法主要有以下几种:

1. 工程建设成本分析

工程建设成本分析,是指通过对工程项目的成本计算、分析、比较,来判断项目建设是否达到预期经济效果。工程建设成本分析采用的经济指标是工程建设成本降低或超支率,其计算公式可以表达为:

$$R = [(P_0 - P_1)/P_0] \times 100\% \tag{8-1}$$

式中:R——工程建设成本降低或超支率,%;

P_0——批准概算的现值,折算的基准期为项目建成年;

P_1——工程建设实际成本的现值,折算的基准期为项目的建成年;

折现率可取社会折现率。

2. 固定资产形成率分析

固定资产形成率分析是对工程项目建设成果(固定资产价值)的相对比较。固定资产形

成率是指工程项目建设形成的固定资产价值与投资额之比;计算固定资产价值采用的价格应与计算投资额采用的价格相一致。固定资产形成率的计算公式可表达为:

$$GR = (F/U) \times 100\% \tag{8-2}$$

式中:GR——固定资产形成率,%;

F——固定资产价值,按现行的基本建设核算制度规定,拨付给外单位的基建投资、报废工程损失等,不应包括在新增固定资产价值中;

U——实际投资额。

3. 建设工期分析

建设总工期,是指包括设计、施工的整个时间在内的期限;施工工期则是从正式开工到竣工验收交付使用时为止的时间长度。建设工期的计算公式可表达为:

$$T = (\sum t_i)/L \tag{8-3}$$

式中:T——设计或施工平均工期,月/km;

$\sum t_i$——实际设计工期或各标段实际施工工期之和,月;

L——修建的公路里程长度,km。

建设工期虽然只是一个时间参数,但它既影响工程造价,还直接影响工程的投入使用时间;而合理工期则是既要使工程费用最低,又要能使工程顺利建成的时间最短。因此,通过大量建设实践而总结的建设工期信息资料,是同类工程标段的划分和确定合理施工工期的参考依据。

4. 分类造价资料分析

公路工程造价的构成,虽然复杂而繁琐,但基本上都是由路基、路面、桥涵、隧道等各项工程内容所花费的费用所构成。因此应建立分类工程造价资料分析的标准格式、工作方法及相应的资料数据库,以提高造价信息资料的可靠性和使用价值。

例如,路基土石方(开挖)的价格,如果把土石方(汽车)运输的费用划分出来,对其价格产生影响的只是土石方成分这一因素。故当土石方成分发生变化时,我们就可以根据土石方成分的比例和各种土石方之间比价的相应关系,建立修正土石方综合价格的计算公式,经修正后的造价资料就能作为造价信息供使用。修正综合价格计算公式可以表达为:

$$P_x = [(\sum a_i f_i')/(\sum a_i f_i)] \times P \tag{8-4}$$

式中:P_x——修正后的土石方综合价格;

a_i——各类土石方的比价,%;

f_i——原土石方成分比例,%;

f_i'——修正的土石方成分比例,用百分比表示;

P——原土石方价格。

[**例8-1**] 原有已建成公路工程建设项目造价资料中的土方开挖,土的成分为:松土占15%、普通土占60%、硬土占25%;其土方的综合单价为8.5元/m³;同时,经分析测定普通土同松土的比价为125%,硬土同松土的比价为160%;现拟建设的某公路建设项目的土方比例为松土占10%、普通土占40%、硬土占50%,试计算拟建项目土方的综合价格。

解:由题意知,松土的比价为100%,于是按式(8-4)有:

$$P_x = [(1.00 \times 0.1 + 1.25 \times 0.4 + 1.6 \times 0.5) \div (1.0 \times 0.15 + 1.25 \times 0.6 + 1.6 \times 0.25)] \times 8.5$$
$$= 9.16(元/m^3)$$

不同工程内容之间的比价,可以直接采用《概(预)算定额》中的定额基价进行确定,也可以根据过去的工程造价资料确定;其比价应基本反映各工程内容消耗的社会必要劳动量,即价值量之间的比例关系。

采用权重和比价资料也可以对类似上述工程内容的综合扩大价格进行修正;这应在实践中不断积累经验,建立相应的计算模型。

在路基土石方工程中影响造价的另一个因素是土石方的运输距离,由于事先计划不周或现场情况的变化,以致取土和弃土地点会发生变化,这是常有的事;加之每个工程项目土石方的运输情况也不尽相同,因此当运输距离产生差异需要调整时,可按下式进行修正:

$$P_x = P \times \frac{1 + a \times (s' - 1) \times 2}{1 + a \times (S - 1) \times 2} \tag{8-5}$$

式中:P_x——修正后的土石方运输综合价格,元/m^3;

P——原土石方运输综合价格,元/m^3;

a——第一个一千米同每增加 0.5 千米的比价,用百分比表示;

S——原土石方的平均运距,km;

s'——修正的土石方平均运距,km。

[**例 8-2**] 某公路工程的土石方平均运距原为 2km,每 m^3 价格为 8 元,因为现场情况的变化,运距增至 4km;经测定,第一个一千米(含装卸工作)同每增加 0.5 千米的比价为 12%,试计算运距变更后的价格。

解:由式(8-5)有:

$$P_x = \{[1 + 0.12 \times (4 - 1) \times 2] / [1 + 0.12 \times (2 - 1) \times 2]\} \times 8 = 11.1(元/m^3)$$

对运输距离和土(石)方成分修正后的综合价格即可作为拟建项目的路基土(石)方价格。

前述分析、修正未考虑物价变动的影响;若工资、原材料价格同时也发生了变化,还应进行价格修正计算;价格修正计算可以在前述修正计算之前或之后进行。

造价人员在工作中要随时搜集和积累设备、材料、施工机械台班等的价格指数和各类工程内容的价格指数及其在工程造价构成中的权重数据资料,以便进行"动态"造价分析和管理。

5. 造价构成要素权重分析

造价构成要素权重,是指构成一个工程建设项目的各类工程内容的造价在总造价中各自所占的比例,它是一种用货币计量的加权系数。该加权系数可以按工程内容,如路基、路面、桥涵等进行分类计算;也可以按费用项目,如人工费、材料费、施工机械使用费等进行分类计算。工程造价构成要素权重是编制工程价格指数的基础和基本依据。

(1)按工程内容分类对建筑安装工程费构成进行权重分析

按工程内容分类,建筑安装工程费构成有两种分类形式:一是按现行概预算制度的规定,将整个项目分解为八大项,如路基工程,路面工程,隧道工程,桥涵工程,交叉工程,其他工程及沿线设施,服务设施和临时工程、管理、养护等;二是对大项再行细分,如对路基工程中的土石方,可按施工工艺分、施工方法分、工作难易程度分等方式分类。这些分类细目任何一项发生变化,均会影响工程造价。在建筑安装工程费(造价)权重分析中,应广泛搜集、分析和积累以下各种权重数据资料。

①建筑安装工程中路基工程,路面工程,隧道工程,桥涵工程,交叉工程,其他工程及沿线设施,服务设施和临时工程、管理、养护等按各项所占比例,对包含较多分部(分项)工程的大项,如路基工程,其造价还可分别列出土石方工程、排水工程、防护工程、特殊路基处理等造价各自所占比例。通过这类分析,能够充分了解其造价的详细构成。

②路基土石方中土石方开挖、运输、压实和其他工作四项造价各自所占的比例。其他工作包括填前挖松压实、台阶开挖、挖方路段路基压实和路基修整等;当然,这些工作也可分别综合在开挖、压实项内。在收集上述资料的同时,对以下资料也应收集:

  a. 土石方成分及比例;
  b. 填方压实的土石比例、压实度和压实系数等;
  c. 土石方的运输方式及综合平均运输距离等;
  d. 土石方开挖的机械化程度等。

③路面工程中行车道、硬路肩和路缘石三项造价各自所占比例,以及按挖路槽、垫层、基层、面层分类造价各自所占比例。同时还应收集:

  a. 分层次、结构的平均厚度;
  b. 各种混合料的平均运距;
  c. 路槽废方远运处理情况等资料。

④桥涵工程中大桥、中桥、小桥、涵洞造价各自所占比例,同时应尽可能再按桥涵结构形式及桥涵基础、下部结构、上部结构造价分别列其比例。

⑤交叉工程中分离式立交、互通式立交、平面交叉、通道、人行天桥造价各部分所占比例。如果互通式和分离式立交工程中包含有路基土石方、路面工程等的造价时,应分别列出其比例;同时还应收集匝道的宽度、长度等资料。

⑥隧道工程中隧道开挖、喷锚、衬砌、照明、通风等造价各自所占的比例,以及废渣的平均运距等。

⑦其他工程及沿线设施,临时工程、管理和养护等,可按概预算项目的"目"和"节"分别列其比例。

(2)按费用项目分类对建筑安装工程费进行权重分析

按费用项目分类,建筑安装工程费可分为人工费、材料费、施工机械使用费、设备购置费、措施费、企业管理费、规费、利润、税金等项。这些费用项目,都要通过一定的计算方式来进行计算。由于工程项目之间的差异、各种资源价格的差异、地区间自然、地理、气候等条件的差异,各项费用所占比例相互之间差异较大。为适应工程造价"动态"管理的需要,在分析中应包括建筑安装工程费用总额及分项的权重系数。应以总额为100%,分别计算出人工费、材料费、施工机械使用费等项费用各自所占比例;其中的材料费,由于材料品种、规格多,价格变动有大有小,因此可按钢材、木材、水泥、沥青、炸药、中(粗)砂、块(片)石、碎(砾)石等主要材料分别列出其费用占材料费的比例。

(四)工程造价指数和物价指数的分析、计算

要分析、计算工程价格指数,首先要分析、计算各种资源的物价指数。

1. 物价指数的编制

物价指数,通常是相对于某一基期而言的。将前一期作为基期,后一期相对于前一期的变动指数通常称为环比指数;将某一规定时间作为基期,以后的各期相对于基期的变动指数通常称为定基指数。在公路工程造价分析中,通常是以批准的概预算及采用的人工、材料等的预算价格等作为基期及基期价格;在工程施工结算中,通常采用投标截止日期前28天(或一个月)作为基期,这时的人工、材料等的价格作为基期价格。

(1)工资。工资的分配要遵循按劳分配的原则,在经济发展的基础上逐步得到提高;在现阶段,我国的工资基本上是由国家来决定其变化或调整的,所以在一定时间范围内,工资基本上是一个不变数,其指数为100%。但工资是与物价联系在一起的,若考虑物价变动对工资的影响,工资应随物价指数而浮动,实行工资指数化。

(2)材料价格。由于建筑材料的品种、规格多,凡是在费用权重系数中单独列出来的材料名称,均应一一编制其物价指数。例如,某公路建设项目在建设中耗用强度等级为32.5级的水泥5200t、42.5级的水泥16500t、52.5级的水泥1250t,其工地价分别为285元/t、320元/t、355元/t;原预算价格分别为275元/t、305元/t、340元/t。于是,水泥的物价指数为:

$I_{sl} = (285 \times 5200 + 320 \times 16500 + 355 \times 1250) \div (275 \times 5200 + 305 \times 16500 + 340 \times 1250) \times 100\%$
$= 104.6\%$

物价指数应按加权值计算,并应以概预算资料为准。

(3)施工机械台班单价。按现行公路工程造价管理制度,将施工机械台班单价分为不变费用和可变费用两部分。机械设备的基本折旧费和大修理费等费用由国家统一制定标准,通常是固定的、不可进行调整的;燃料、油料费和驾驶人员的工资等费用是可变的、可以调整的。因此,可以根据概预算文件列入施工机械使用费中的各种机械台班需要量与编制的工资和燃、油料的物价指数资料,按加权方法计算出施工机械使用费的物价指数。

需要注意的是,当运输材料的车辆因燃、油料价格变化需要调整时,应计入所运输的材料价格中,不能将其综合在机械台班费用中。

(4)措施费、企业管理费、规费、利润、税金等费用项目。根据现行公路工程概预算编制的规定,这些费用中,除税金外,都是按费率并以定额基价为基数来计算的,这意味着在概预算中,这些费用是不可调的,其价格指数为100%;但在承包人投标中,这些费用应根据工程实际和承包人生产经营情况而具体确定。

2. 工程造价指数的编制

工程造价指数,应根据工程造价管理的需要进行编制。可以按一个建设项目编制,或按标段、按分部工程等进行编制。在编制工程造价指数时,首先应做好权重指数和物价指数方面的分析计算工作。根据我国现行税法的规定,纳税人的营业额为向对方收取的全部价款和价外费用,所以因调价而增加的费用,亦应相应增计其税金,于是有工程造价指数的计算公式:

$$CI = [\sum K_i \times f_i \times (1 + R) - R] \times 100\% \tag{8-6}$$

式中:CI——工程造价指数,%;

K_i——工资、水泥、钢材等的物价指数,%;

f_i——工资、水泥、钢材等的权重系数,%;

R——综合税率,%。

第二节　工程造价管理

要合理确定工程造价、有效控制工程造价,应进行工程建设的全过程造价管理。本节对工程建设前期、设计阶段及施工阶段的造价管理进行介绍。

一、工程建设前期的造价管理

工程建设前期,是指工程项目建设进入设计阶段工作以前的时期,工程建设前期的工作内容主要包括项目建议书、可行性研究、勘测、立项、资金筹措等。在这一时期的造价管理,主要涉及宏观管理和微观管理两个层次。

(一)国家对工程建设前期的造价管理

国家对工程建设前期的造价管理属于宏观管理范畴,国家作为工程造价的宏观管理主体,主要进行宏观指导、监督、控制。

1. 规范建设市场、完善市场体系、"强化"预算约束

国家要有效地进行造价管理,首先应该规范建设市场、完善市场体系、建立有效的市场机制、充分利用价格杠杆、利益机制来调节工程建设各利益主体的行为,抑制投资主体的投资冲动,使工程项目的立项符合国家在一定时期经济建设的发展方向和发展规划;"强化"预算约束,控制好投资规模。

2. 用法律手段进行管理

国家可以通过立法和司法来建立和规范工程造价管理领域的秩序,使工程造价管理规范化、法制化。比如,国家通过《经济法》《民法典》《价格法》《建筑法》《招标投标法》等法律来规范工程建设造价管理领域的秩序,使工程造价管理能有一个良好的法制环境。

3. 利用行政手段进行管理

利用行政手段进行工程造价管理,是指国家通过政府职能、利用行政法规、行政指令等行政手段所进行的管理。国家对造价的宏观管理,应由原来的直接管理和控制转变为间接管理和调控。

(1)引导。国家可以用产业政策来引导投资,通过一定时期的权威性的投资分析和预测,明确告诉投资者在一定时期内、投资领域里国家鼓励什么、限制什么、禁止什么以及为此而采取的行政性、经济性措施,以此来引导资源的合理配置,达到合理确定造价,有效控制造价的目的。

(2)监督。国家可以利用行政职能部门的功能对造价管理活动进行监督,主要的监督方式有银行监督、审计监督、统计监督等。

(3)控制。国家通过行政法规、行政指令等方式,对工程造价管理活动进行控制。控制的方式主要有①实行"项目法人责任制",使项目"法人"(业主)能对项目建设从筹划、筹资(建设前期工作)到设计、施工、项目使用、贷款偿还等全过程的造价管理承担责任。②计划控制。工程造价管理中,仍然离不开计划控制,比如国家需要通过国民经济建设计划来控制信贷规

模、控制建设项目投资总规模、控制年度投资规模等,以避免投资规模膨胀、投资失控而导致造价管理失控;③通过部门或行业的行政性法规进行控制。对于工程造价的管理,各行业或部门通常通过行政性法规来进行;④审批控制:a.国家通过基本建设程序和项目审批制度对项目的立项进行控制,未经审查批准的项目,不得进行建设;b.对设计任务书的审批。设计任务书是以批准的可行性研究报告为依据编制的,按照分级管理的原则,要对设计任务书进行审查。应重点审查建设规模、技术标准、使用功能、配套项目、主要资源消耗、投资总额等技术经济指标;c.对初步设计的评审、审批。要对初步设计文件分别从初步设计图纸和设计概算两方面进行评审、审查,以确保初步设计文件质量。

工程建设前期的各项工作成果,经有权机关审批后,不得随意更改、变更,如确实需要修改、调整时,要报原审批机关同意。

(4)对项目前期的审查。

项目前期审查内容包括:①参与项目前期论证,重点了解项目建议书、可行性研究报告等资料,对项目可行性提出意见;②根据项目初步设计或扩大初步设计图纸,概算定额和概算指标,各项费用定额、取费标准、建设地区自然、技术经济条件和设备预算价格等资料,审查项目设计概算;审查项目设计概算是否经国家相关部门批准;③审查项目是否超规模、超标准或缺项漏项;审查项目有关手续是否完备;④审查项目资金来源及落实情况;⑤审查项目前期费用开支是否符合国家有关规定。

4.用经济手段进行管理

国家可以利用经济政策、经济杠杆、经济方法进行工程造价管理。例如,可以通过信贷政策(信贷规模、信贷方向、贷款利率等)、税收政策(税种、税目、税率等)、财政政策、金融政策等来调控造价管理;通过实行经济责任制、制订完善的经济法规来加强工程造价工作人员的责任心、约束工程造价工作人员的行为。

(二)业主(建设单位)对工程建设前期的造价管理

业主(建设单位)对工程建设前期的造价管理属于微观管理范畴。业主是工程造价的微观管理主体,作为投资主体和工程建设的直接投资者,要承担工程建设的全部责任,包括经济责任。因此,项目建设前期造价管理工作的好坏,将直接影响业主的投资决策和项目实施的技术经济效果。业主可以通过以下方式对工程造价进行管理:

(1)通过招标择优选择设计、咨询单位进行工程建设前期的可行性研究。

(2)实行合同制。业主应按有关规定与承担任务方签订委托合同,合同中除应明确双方的责权利外,对可行性研究报告的质量、特别是对工程造价管理的质量,即对投资额的估算精度要予以明确规定。

(3)严格检查验收。对可行性研究承担单位提交的可行性研究报告,应委托有资格的其他咨询单位进行认真审查和评估,要从技术、财务、经济、组织等各个方面审查项目可行性研究报告中所反映的各项内容和指标是否符合实际,是否客观公正;特别是对投资额、效益值、经济评价结论、财务评价结论等更要认真分析、审查、评估。审查、评估确认符合质量要求后,方为验收合格;否则应交由可行性研究承担单位再进行补充研究并再组织复审。

(4)严格按基本建设程序和项目审批权限,将项目可行性研究报告上报审批。

(5)委托有资格的勘察设计单位进行资源勘探,工程地质、水文地质勘察,地形测量,科学研究,工艺技术试验及进行地震、气象、环境保护等方面的资料搜集工作;并对工作成果进行严格审查、鉴定、验收。

(6)编制(建设单位自编或委托编制)设计任务书,在设计任务书中要具体体现已审批的可行性研究报告的投资控制目标、资源消耗控制目标、建设规模控制目标、使用功能控制目标等;并按规定程序和审批权限对设计任务书报批。

(7)择优选择设计单位进行初步设计,在初步设计过程中加强对设计质量的检查、监督和控制(可委托监理单位进行监督管理),认真进行勘测、设计外业、内业成果的验收;初步设计完成后,认真组织对初步设计文件的评审并按规定程序和审批权限报批。经批准的该项目设计概算值是今后造价管理控制的目标和依据。

(三)设计、咨询单位对工程建设前期的造价管理

承担可行性研究的设计、咨询单位是工程建设前期造价的直接管理者,需要通过大量的调查研究工作来估算项目的投资额和收益额并进行项目的经济评价和财务评价,以确定项目在技术上是否可行、经济上是否合理。主要通过以下方式进行管理:

(1)认真组织项目可行性研究的工作队伍,参加研究的人员应专业配套,并应成立相应的专业工作组,实行项目可行性研究技术经济责任制。

(2)要对项目可行性研究工作实行目标控制和过程控制。项目可行性研究中,要将研究精度(特别是对投资额的估算精度)、完成时间、研究费用、研究工作质量、研究成果质量等作为控制目标;要对研究工作的全过程进行控制,建立确保研究工作质量和研究成果质量的保证体系、拟定确保质量的具体措施,以确保研究目标的实现。

(3)加强对项目可行性研究工作的监督、检查、考核,对可行性研究报告要认真校核(复核)、审核,确认无误后方能将可行性研究报告提交给委托单位。

(4)对可行性研究报告审查、评估中提出的问题和需要补充研究或修改的部分,及时组织人员认真进行补充研究或修改,然后提交复审。

(5)项目可行性研究人员应充分认识到项目投资估算在项目建设造价管理中的重要性,提高做好造价管理工作的主动性和自觉性。在工程项目造价管理中,项目的投资估算是项目造价管理的起点,经批准的投资估算额是设计任务书中的投资限额。

(6)受发包人委托,组织技术过硬的设计队伍认真编制设计任务书或初步设计文件;实行技术经济责任制,建立、健全设计质量管理制度;做好设计中的"事前指导、中间检查、成品校审、质量评定"等环节的工作,做到设计的基础资料齐全、准确,各专业采用的技术条件一致,采用的新技术行之有效,选用的设备性能优良,计算依据齐全可靠,计算结果准确无误,正确执行现行标准、规范,设计文件的内容、深度符合国家(或部门)有关规定,设计方案合理、可行。设计单位要组织对勘察设计工作的外业和内业成果认真进行审核验收;对设计文件认真进行复核校验、审核工作,确保初步设计文件质量;积极推行限额设计,既要使设计概算值控制在设计任务书确定的投资限额以内,又要确保工程项目的建设规模和使用功能符合要求。

二、设计阶段的造价管理

设计阶段的造价管理涉及国家的宏观造价管理和对具体项目(微观)的造价管理。

（一）国家对设计阶段的造价管理

国家对设计阶段的造价管理主要通过基本建设程序、基本建设计划、对设计文件的审查、审批等方式来进行。初步设计经过审批,列入国家基本建设计划,即可进入项目的技术设计或施工图设计阶段。对技术设计或施工图设计文件、特别是概(预)算文件,要在设计评审的基础上,由国家有关机构进行审批。

对工程预算进行审查的内容包括：建设项目工程预算是否控制在概算允许范围以内；工程量计算、定额套用与换算、费用和费率计取是否合理、准确；审定项目工程预算造价。

对工程预算进行审查步骤为：收集建设单位提供的相关资料；根据项目技术特点和具体情况制定审查方案；组织初审；根据审查重点深入现场实地调查；复审并出具审查结论。

对工程预算进行审查的依据有：工程施工图；国家和地方统一制定的工程预算定额、费用定额、人工和材料价格、价格调整指数等相关取费规定；行业主管部门制定的相关专业定额等。

（二）发包人对设计阶段的造价管理

(1)进行设计招标,择优选择设计单位；实行合同制,严格规定合同双方的责任、权利、义务；实行设计监理制,对设计过程和设计质量进行社会监理。

(2)认真组织对设计图纸和概(预)算文件的审查、验收。发包人应认真组织对设计图纸和概(预)算文件的审查、验收,以确保设计图纸的质量和概(预)算编制质量。要审查设计图纸的完整性、正确性,技术上的先进性、可行性,经济上的合理性。对概(预)算,要审查编制依据是否正确,各项定额、取费标准、有关规定是否得到遵守；要审查工程量计算是否正确、有无重算、漏算和错算；要审查各项资源单价取值的合理性；要全面衡量直接费的计算结果与同类工程相比的合理性,如果相差太大,明显不合理,应重新审查；要审查措施费、企业管理费、工程建设其他费用等费用计算时费率取定是否符合规定,是否有高套或错套等问题；要审查计算程序和计算结果的正确性等。在工程造价全过程管理和控制中,施工图预算值应控制在批准的概算(或修正概算)值的一定范围内,概算值应控制在批准的可行性研究报告投资估算值的一定范围内。要审查预算值是否超概算值、概算值是否超估算值。在概预算审查中,从组织形式上来看,可采用单审、会审等的方式进行；在审查方法上,可采用重点审查、全面审查、对比审查等方法进行。

(3)要遵守基本建设程序,按规定程序和审批权限对各设计阶段的设计文件上报审批。

（三）设计单位对设计阶段的造价管理

(1)承接设计任务后,应组织技术过硬、专业配套的技术队伍参加勘测设计工作并实行岗位技术经济责任制和持证上岗制度,进行工程造价编制和管理的人员应具有造价工程师资格,以确保工程造价编制质量。

(2)正确执行国家主管部门颁布的技术标准、设计规范、设计规程,注重对设计方案的优化选择,确保设计方案先进、合理、可行、经济；结合设计图纸正确选用定额标准、资源价格、各项取费及各种参数,按《编制办法》合理确定工程造价。

(3)积极推行限额设计,通过限额设计的目标制定、目标展开、目标推进、目标成果评价的全过程目标管理,来达到即使设计先进、合理,又使造价能控制在要求的控制值范围内。

(4)与业主或监理单位协调配合,加强设计过程的中间监督、检查,使设计"工作有秩序、进度有控制、质量有保证";要充分重视、认真处理好每个设计环节和每项专业设计,做到技术和经济的统一;通过设计过程来控制造价而不是在编制概预算时才控制造价。

(5)进行工序控制,严把工序质量关,将工序控制贯穿到设计的前期准备阶段、方案设计阶段、初步设计阶段、施工图设计阶段和配合施工验收总结阶段的设计全过程;突出体现"事先指导、中间检查和成品检验"的三环节控制原则,按照工程设计程序和专业设计程序中的关键环节做好重点控制。

(6)对设计图纸和概(预)算文件加强复核、审查,把好设计文件"出厂检验"关。

(四)监理单位对设计阶段的造价管理

若监理单位在设计阶段接受业主委托而进行设计监理,则监理单位应对设计工作的质量、设计文件的质量、设计进度、工程造价编制负有检查、监督的责任。

(1)监理单位应选派技术水平高,熟悉业务,懂建筑、结构、经济、造价等的人员组成监理机构;对监理人员实行岗位技术经济责任制。

(2)对设计的全过程进行跟踪监理,加强工序控制,用工序质量、工作质量来确保设计质量。

(3)加强设计过程的中间审查、监督。监理机构应对总体设计、设计方案等组织审查和评价;对勘测、设计的外业、内业工作组织验收;在设计任务量完成到30%、60%和90%时应分别进行审查,以分别确定设计意图是否满足设计任务书和建设单位的要求、设计思想是否能实现设计意图、设计是否基本实现了设计意图;一般来讲,设计经常在完成到60%~90%的审查中进行修改。设计工作完成后,监理人员应对设计图纸和概预算文件进行全面审查,确保提交给业主(建设单位)的设计图纸和概(预)算文件质量符合要求。

(4)对工程造价编制进行监督、对编制结果进行审查,确保编制依据正确、定额运用适当、费率取值合适、资源价格合理、工程量计算无误、编制程序符合规定、编制结果合理并能控制在要求的范围内。

(五)造价咨询单位对设计阶段的造价管理

在设计阶段,造价咨询单位接受业主或项目主管部门的委托,对基本建设工程预算进行审查,以确保预算的真实性、合法性、完整性。在预算审核时,应重点审查以下事项:

(1)单项工程预算编制是否真实,主要包括:

a. 工程量计算是否符合规定的计算规则、计算方法,计算结果是否准确;

b. 分项工程预算定额选取和套用是否符合规定,选用是否恰当;

c. 工程取费是否执行了相应计算基数和费率标准;

d. 设备、材料用量是否与定额含量或设计含量一致;

e. 设备、材料是否按国家定价或市场价计价;

f. 利润和税金的计算基数、利润率、税率是否符合规定。

(2)预算项目是否与图纸相符。

(3)多个单项工程构成一个工程项目时,要审查工程项目是否涵盖了所有单项工程,费用内容是否正确、项目是否齐全等。

(4)预算是否控制在概算允许范围内。

三、施工阶段的造价管理

施工阶段的造价管理既涉及国家的宏观管理,又涉及业主(建设单位)、设计单位、施工单位、监理单位、造价咨询单位等的微观管理。

(一)国家对施工阶段的造价管理

1. 国家或主管部门通过法律、法规进行管理

在工程项目施工阶段,国家对工程造价的管理通常采用法律、法规的形式来进行宏观调控。比如采用基本建设程序、基本建设计划来调控投资总规模和年度投资规模;通过用《民法典》《建筑法》《反不正当竞争法》《招标投标法》等法律来明确规定工程建设各方在工程建设过程中应担负的职责、具有的权利、可以获得的利益及应承担的法律责任;通过部门法规,比如交通运输部颁发的《公路工程建设项目招标投标管理办法》《公路工程施工监理办法》《公路工程竣工验收办法》《交通基本建设项目竣工决算编制办法》等来统一和规范公路行业在施工阶段的造价管理工作。

2. 通过统计与审计监督进行管理

通过全国工程项目施工阶段投资完成情况的统计信息,为国家制定宏观投资政策提供基本资料;通过工程开工前审计,工程价款结算审计、竣工决算审计来保证国家在工程建设上的各项技术经济政策能得到遵守。

审计工作可由各级审计机关进行或委托社会咨询机构进行。

(二)发包人对施工阶段的造价管理

(1)编制完善的、符合实际的施工、监理招标文件,确定合理的招标控制价并按规定报批;通过招标择优选择承包人、监理单位。

(2)选择适合工程特点、业主管理水平的工程承包合同形式;制定完善的合同文件(包括工程量清单、合同条件等)。

(3)认真做好施工条件准备,为工程开工提供必要条件,包括土地征用,各种障碍物的拆除,人员的拆迁安置,水、电、临时道路等的完善,项目开工应办理的各种手续等。

(4)按时筹集工程建设需要的资金,按照合同文件规定和监理工程师签发的中期支付证书、最终支付证书中的款额向承包人进行费用支付。

(5)严格控制工程变更,特别是涉及项目建设规模、重大设计方案、重要结构形式等的更改或变动,要通过对技术、经济两方面的反复论证、比较后确定。

(6)严格履行合同文件中规定的业主方的职责,为工程施工的顺利进行提供条件;正确认识和处理由于业主方的责任而给承包人造成的损失,实事求是地、合理地给予补偿(处理索赔)。

(7)在施工过程中,经常巡查工地,掌握工程施工的全面情况,特别是工程质量情况、工程进度情况、承包人的履约情况等。

(8)参加工程中间交工验收和竣工验收,在工程竣工验收符合合同要求后,及时办理费用结算;在缺陷责任期满后,及时办理最终支付。

(9)工程竣工后,按照有关规定及时编制竣工决算上报。

(三)承包人对施工阶段的造价管理

(1)全面熟悉、深刻理解招标文件,特别是与工程费用支付有关的内容,比如专用合同条款、通用合同条款、工程量清单、技术规范、设计图纸等,并在现场调查的基础上,合理确定投标价。

(2)积极做好进场准备(包括人员、设备、材料、资金等方面的准备),认真编制实施性施工组织设计,制定切合实际的、可行的施工计划,确保工程开工后施工的连续性、均衡性。

(3)建立完善的质量保证体系,采取切实可行的质量保证措施来确保工程质量,努力避免由于质量缺陷、质量事故而造成经济损失。

(4)做好成本分析和成本控制工作,积极采用新技术、新方法、新工艺施工,努力降低成本,提高效率。

(5)认真做好施工记录,做好与工程费用支付有关的资料收集、整理、积累工作,特别是工程量计量资料,清单以外、合同以内支付项目如工程变更、索赔、价格调整等的资料,以便进行费用结算。

(6)按照合同文件的规定,认真做好工程计量和工程费用支付报表(结账单)的编制工作,及时向业主进行工程费用结算。

(四)设计单位对施工阶段的造价管理

在施工阶段,设计单位与造价管理有关的工作有:

(1)做好设计交底,以便承包人(施工单位)能掌握设计意图、工程特点、技术关键、施工重点,采用适合的施工技术、施工方法,进行合理的施工组织,在确保工程质量、工程进度的同时,降低工程成本。

(2)进行施工现场服务,对施工过程中出现的、与设计有关的问题要及时配合监理工程师、业主予以解决,以避免由于设计单位延误处理而导致承包人向业主索赔。

(3)遵循设计变更的原则及时处理设计变更,在进行设计变更时,要综合考虑变更后对工程质量、工程进度、项目使用功能等的影响,特别应考虑变更对工程费用的影响。

(4)参加工程中间交工验收和竣工验收,对工程正确使用和维护提供指导性意见,以降低业主的使用、维护费。

(五)监理单位对施工阶段的造价管理

监理单位受业主委托进行施工监理,主要任务是进行"三控制"(质量控制、进度控制、费用控制)、"两管理"(合同管理、信息管理)、"一协调"(施工环境的协调),而其中的费用控制就是监理单位对施工阶段的造价管理。在造价管理中,主要应做好以下工作:

(1)组织专业配套、人员配备完善的监理机构,配置专门从事工程费用监理的监理工程师从事费用监理(造价管理)工作。

(2)根据合同文件的要求,按规定的计量程序、规定的计量方法、规定的工程细目准确测定已完合格工程的数量;按规定的支付程序、规定的支付内容和项目、规定的时间正确计算和核定支付款额,核签中期支付证书和最终支付证书。

(3)根据工程实际,正确确定工程变更价格或费率、处理索赔、进行价格调整;按合同条款规定处理工程量清单以外、合同以内支付项目的支付;站在公正立场上处理业主和承包人的经济利益和他们之间在经济方面的纠纷。

(六)造价咨询机构对施工阶段的造价管理

造价咨询机构受国家有关主管部门或业主委托进行工程造价管理,主要是利用社会中介机构的公正性、独立性、客观性执业准则,对施工阶段工程造价进行客观、公正、独立的审查或审计。在施工过程中,主要进行:

1. 招标标底或最高投标限价的编制或审查

在招标人没有力量或能力进行最高投标限价编制或审查时,造价咨询单位可以为招标人进行最高投标限价的编制或审查。

招标标底或最高投标限价的编制,主要依据招标文件、现行法律法规、现场实际进行。

招标标底审查,主要审查招标标底是否控制在概算或预算的相应费用范围内,工程量计算、定额套用与换算、费用和费率计取是否准确、合理;费用项目是否与招标文件的规定相一致;有关费用的计算是否与招标文件规定的原则或方法相符等。

目前的工程项目招标,通常不再编制标底,而是要编制最高投标限价(又称招标控制价)。最高投标限价是招标人根据国家或省级、行业建设行政主管部门颁发的有关计价依据和招标人发布的工程量清单,对招标工程设定的最高价格。工程造价咨询企业和造价专业人员可以进行招标控制价的编制或审查。具体进行最高投标限价编制和审查时,可根据中国建设工程造价管理协会标准《建设工程招标控制价编审规程》(CECA GC6—2011)和《公路工程建设项目造价文件管理导则》(JTG 3810—2017)中的要求进行。

2. 工程价款结算编制与审查

在发包人没有力量或能力进行工程价款结算的编制或审查时,造价咨询单位可以为发包人进行工程结算的编制或审查。工程价款结算的编制已如前面章节所述。工程价款结算审查主要审查中期支付及其结账单(支付报表及其附件)、最终支付及其结账单(支付报表及其附件)。在具体审查前,应当获取如下的资料:

(1)工程项目批准建设文件,监理、质量验收等有关文件;

(2)概预算资料及招投标文件;

(3)合同或协议书;

(4)施工图或竣工图;

(5)工程量计算书;

(6)材料费用资料;

(7)取费资料;

(8)付款资料;

(9)有关证照;

(10)施工组织设计;

(11)工程变更签证资料;

(12)隐蔽工程资料;

(13)工程结算(或决算)的财务资料;

(14)其他影响工程造价的有关资料。

工程价款的审查重点,应在预算审查相同事项基础上,还要重点审查:工程实施过程中发生的设计变更和现场签证;工程材料和设备价格的变化情况;工程实施过程中的建筑经济政策变化情况;补充合同或协议的内容。此外,还应审查计量、支付程序是否符合合同要求,手续是否完善;工程量计量是否与工程进度相符,是否符合工程实际;采用单价或总额价是否与合同清单单价或总额价相一致;工程变更手续是否完善、变更单价是否合理并符合合同文件规定;索赔依据是否成立,是否遵守索赔程序、索赔时效,审批的索赔金额是否合理;价格调整有无合同文件依据,各项参数取值是否合理并符合合同文件规定;是否存在乱收乱支行为等。

3. 竣工决算编制与审查

在发包人(业主)没有力量或能力进行竣工决算编制或审查时,造价咨询单位可以为业主进行竣工决算的编制或审查。竣工决算的编制已如前面章节所述。竣工决算的审查主要审查:竣工决算资料是否齐全,编制依据是否符合国家规定;项目是否按批准概算执行,有无提高建设标准和扩大规模;主要材料取价、设备购置价格是否合理;费用计算是否符合规定;重大设计变更是否合理,审批手续是否完备;审核交付使用资产是否符合条件;核实项目结余资金,属于应上交财政部分应及时督促上交;清算基建收入和投资包干结余,属于应上交财政部分应及时督促上交;审核项目竣工财务决算报表的真实性、完整性;审核项目从筹建到竣工、交付使用的全部费用,审定项目结算造价。

审查重点主要有:工程项目概算执行情况;工程项目资金的来源、支出及结余等财务情况;工程项目合同工期执行情况和合同工程质量等级控制情况;交付使用资产情况。此外,还应审查各项费用支出是否合法、有无混淆生产成本和建设成本的情况;报废工程是否经主管部门审批;有无隐匿、截留或拖延不交应交财政部门的包干结余、竣工记余及各项收入;尾工工程的预留工程款及建设情况等。

在工程结算和竣工决算审查过程中,必要时,咨询单位应会同建设单位、施工单位、监理单位对以下项目进行现场查勘:

(1)分部或分项工程;
(2)实际施工用料偏离结算的工程项目;
(3)变更设计的工程项目;
(4)必须丈量的工程项目;
(5)交付使用的资产;
(6)预留的尾工工程;
(7)需要查勘的其他事项。对涉及工程结算和决算的重要资料还要审查是否经过批准或是否有相应的签证。

4. 建设工程造价鉴定

工程建设中,发包人、承包人之间难免会发生合同纠纷,为工程费用对簿公堂(产生诉讼),这就可能需要进行造价鉴定,包括造价司法鉴定。

我国《民事诉讼法》规定:"人民法院对专门性问题认为需要鉴定的,应当交由法定鉴定部门鉴定;没有法定鉴定部门的,由人民法院指定的鉴定部门鉴定",该条所涉及的即为司法鉴定。最高人民法院《关于民事诉讼证据的若干规定》对司法鉴定作了进一步的操作规定。建设工程司法鉴定涉及质量、造价和工期鉴定,尤其是造价的司法鉴定情况比较复杂,针对相关的法律问题,最高人民法院颁发的《关于审理建设工程施工合同纠纷案件适用法律问题的解释(一)》对建设工程案件的司法鉴定,做出了一系列特别规定。为规范建设工程造价的司法鉴定在实践中存在的操作问题,严格鉴定程序,提高工程造价鉴定成果质量,住建部制定了《建设工程造价鉴定规程》(GB/T 51262—2017)(下称鉴定规程)并从2018年3月1日起实施。

造价咨询单位和造价从业人员,在取得司法鉴定资格后,可以从事造价的司法鉴定;也可以接受委托人(国家、政府等有权机关或机构)的委托,对纠纷项目的工程造价以及由此延伸而引起的经济问题进行鉴别和判断并提供鉴定意见。

在造价鉴定过程中,要依法、重事实、讲证据、按程序,遵循有关法律法规及行业规范,独立、客观、公正地出具鉴定意见书。

5. 工程造价审计

造价咨询部门可以接受业主委托进行企业内部的工程造价审计,也可以受政府审计部门委托进行工程造价审计。

经过审查或审计后,造价咨询单位要出具相应的审查(计)报告,并与委托人、建设单位、施工单位会审,根据会审情况形成最后审查结论。经会审后,如果委托人、建设单位、施工单位对审核结论无异议,审核人员应提请其在"基本建设工程预算审核定案表""基本建设工程结算审核定案表"上签章确认。

6. 全过程造价咨询

全过程造价咨询指工程造价咨询企业接受委托,依据国家有关法律、法规和建设行政主管部门的有关规定,运用现代项目管理的方法,以工程造价管理为核心、合同管理为手段,对建设项目各个阶段、各个环节进行计价,协助建设单位进行建设投资的合理筹措与投入,控制投资风险,实现造价控制目标的智力服务活动。造价咨询单位可以受委托人的委托,在工程建设期中进行全过程造价咨询,包括投资估算的编制和审查、预算的编制和审查、标底或招标控制价的编制与审查、工程费用结算、跟踪审计、决算审计等咨询服务。全过程造价咨询活动可遵循中国建设工程造价管理协会标准《建设项目全过程造价咨询规程》(CECA/GC4—2017)中的有关要求进行。

7. 工程造价咨询报告

造价咨询单位在进行造价咨询服务中,均应出具工程造价咨询报告(或审查报告、审查意见书、鉴定意见书等),通常这类审查(核)报告应包括以下基本内容:

(1)标题。标题规范为"基本建设工程预算审核报告""基本建设工程结算审核报告""基本建设工程决算审核报告"。

(2)收件人。收件人为审核(查)业务的委托人,审核报告应当载明收件人的全称。

(3)范围段。范围段应当说明审核的工程范围、被审核单位责任、审核单位责任、审核依据和已实施的审核程序。

(4)意见段。意见段应当明确说明审核意见。

(5)签章和咨询单位地址。审核报告应当由审核人员签名、盖执业专用章,并加盖造价中介机构公章。

(6)报告日期。审核报告日期是指审核人员完成外勤审核工作的日期,审核报告日期不应早于被审核单位确认和签署基本建设工程预算、结算及决算的日期。

（7）附件。例如基本建设工程预算审核报告附件包括"基本建设工程预算审核定案表"；基本建设结算审核报告附件包括"基本建设工程结算审核定案表"；基本建设工程决算审核报告附件包括"基本建设工程决算审核定案表"。

工程结算审核定案表的样表见表8-1，预算、决算审核定案表的表式基本相同。

_____工程结算审核定案表　　　　　　　　　表8-1

编制单位：　　　　　　　　　货币单位：

工程项目名称	送审范围	送审金额	审增金额	审减金额	定案金额

发包人意见：	承包人意见：

备注：

制表：　　　　　　　　复核：　　　　　　　　日期：

习题

1. 工程造价管理工作的基本要素包括哪些？
2. 工程造价资料分类通常可按照哪些分类标准进行划分？
3. 工程造价资料积累的方法有哪些？
4. 工程造价资料的分析内容和方法主要有哪几种？
5. 如何进行工程建设成本分析？
6. 如何进行固定资产形成率分析？
7. 如何进行建设工期分析？
8. 如何进行分类造价资料分析？
9. 如何进行造价构成要素权重分析？
10. 如何进行工程造价指数分析和计算？
11. 工程建设前期、设计阶段、施工阶段的造价管理包括哪些工作？

参 考 文 献

[1] 中华人民共和国行业标准. 公路工程建设项目造价文件管理导则:JTG 3810—2017[S]. 北京:人民交通出版社股份有限公司,2017.
[2] 中华人民共和国行业标准. 公路工程建设项目投资估算编制办法:JTG 3820—2018[S]. 北京:人民交通出版社股份有限公司,2019.
[3] 中华人民共和国行业标准. 公路工程建设项目概算预算编制办法:JTG 3830—2018[S]. 北京:人民交通出版社股份有限公司,2019.
[4] 中华人民共和国行业标准. 公路工程养护预算编制导则:JTG 5610—2020[S]. 北京:人民交通出版社股份有限公司,2020.
[5] 中华人民共和国行业推荐性标准. 公路工程估算指标:JTG/T 3821—2018[S]. 北京:人民交通出版社股份有限公司,2019.
[6] 中华人民共和国行业推荐性标准. 公路工程概算定额:JTG/T 3831—2018[S]. 北京:人民交通出版社股份有限公司,2019.
[7] 中华人民共和国行业推荐性标准. 公路工程预算定额 JTG/T 3832—2018[S]. 北京:人民交通出版社股份有限公司,2019.
[8] 中华人民共和国行业推荐性标准. 公路工程机械台班费用定额:JTG/T 3833—2018[S]. 北京:人民交通出版社股份有限公司,2019.
[9] 中国建设工程造价管理协会标准. 建设项目工程结算编审规程:CECA/GC 3—2010[S]. 北京:中国计划出版社,2010.
[10] 中国建设工程造价管理协会标准. 建设工程招标控制价编审规程:CECA/GC 6—2011[S]. 北京:中国计划出版社,2011.
[11] 中国建设工程造价管理协会标准. 建设项目全过程造价咨询规程:CECA/GC 4—2017[S]. 北京:中国计划出版社,2017.
[12] 《标准文件》编制组. 中华人民共和国标准施工招标文件 2007 年版[M]. 北京:中国计划出版社,2008.
[13] 交通运输部. 公路工程标准施工招标文件(2018 版)[M]. 北京:人民交通出版社股份有限公司,2018.
[14] 基本建设财务规则. 中华人民共和国财政部令第 81 号.
[15] 财政性基本建设资金投资项目工程预、决算审查操作规程. 财基字[1999]37 号文.
[16] 财政性投资基本建设项目工程概、预、决算审查若干规定. 财建字[2000]43 号文.
[17] 国际咨询工程师联合会、中国工程咨询协会编译. FIDIC 施工合同条件(2017 版)[M]. 北京:机械工业出版社,2017.